LISSABON

JOHANNES BECK

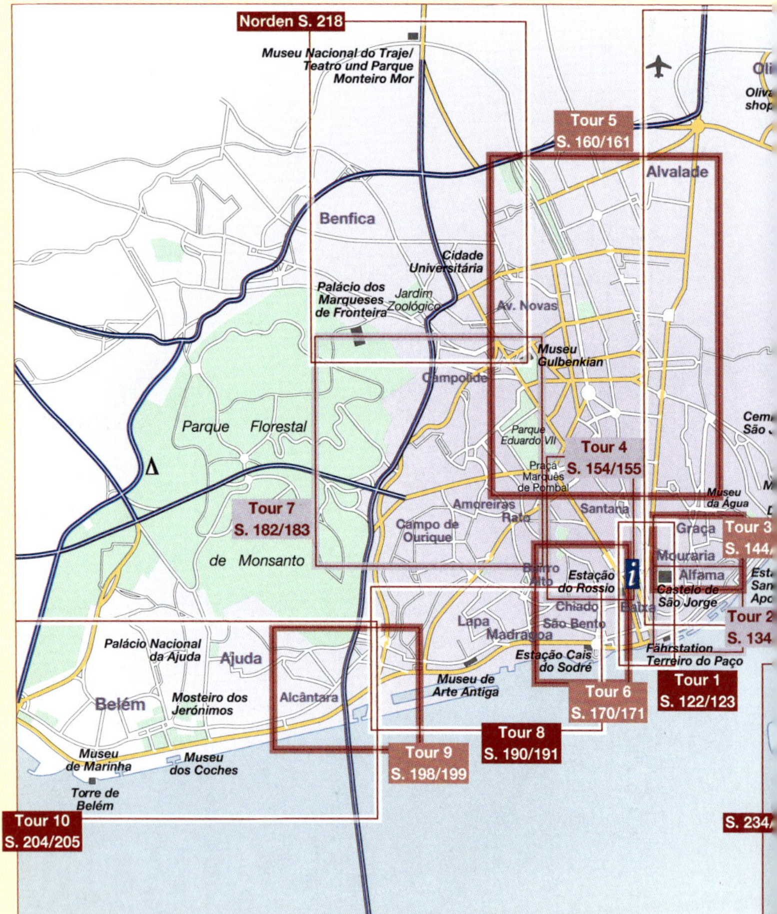

Norden S. 218
Museu Nacional do Traje/
Teatro und Parque
Monteiro Mor
Tour 5
S. 160/161
Alvalade
Benfica
Cidade
Universitária
Palácio dos
Marqueses
de Fronteira
Jardim
Zoológico
Av. Novas
Museu
Gulbenkian
Campolide
Parque Florestal de Monsanto
Parque
Eduardo VII
Tour 4
S. 154/155
Praça
Marquês
de Pombal
Tour 7
S. 182/183
Amoreiras
Rato
Campo de
Ourique
Santana
Museu
da Água
Graça
Tour 3
Mouraria
Alfama
Castelo de
São Jorge
Bairro
Alto
Estação
do Rossio
Chiado
São Bento
Baixa
Lapa
Madragoa
Tour 2
S. 134
Fährstation
Terreiro do Paço
Estação Cais
do Sodré
Palácio Nacional
da Ajuda
Ajuda
Museu de
Arte Antiga
Tour 1
S. 122/123
Tour 6
S. 170/171
Belém
Mosteiro dos
Jerónimos
Alcântara
Tour 8
S. 190/191
Tour 9
S. 198/199
Museu
de Marinha
Museu
dos Coches
Torre de
Belém
Tour 10
S. 204/205

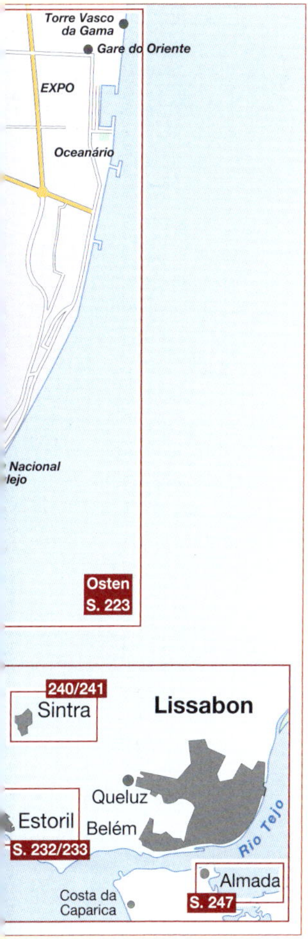
Torre Vasco da Gama
Gare do Oriente
EXPO
Oceanário
Nacional
lejo
Osten S. 223
240/241
Sintra
Lissabon
Queluz
Estoril
Belém
S. 232/233
Rio Tejo
Almada
S. 247
Costa da Caparica

Unterwegs mit Johannes Beck

Ein lauer Herbstabend 1991, die Stadt ist schon im Dunkeln versunken. Zum ersten Mal in Lissabon. Ankunft mit dem Schiff am Terreiro do Paço. Die Säulen des Cais das Colunas, das gewaltige Rund der Praça do Comércio, der Duft von gebratenen Maronen und Tejo-Brackwasser.

Mein erster Besuch war gleich auf eineinhalb Jahre angelegt: Zivildienst im Ausland in der Resozialisation von Häftlingen. Vom Mosteiro dos Jerónimos, dem Bairro Alto oder der Costa do Estoril bekam ich wenig mit, dafür besuchte ich Slums, Sozialwohnungsviertel und Gefängnisse. Doch auch so wurde Lissabon meine zweite Heimat und Portugiesisch meine zweite Sprache.

Da lag es nahe, Regionalwissenschaften Lateinamerika mit Schwerpunkt Portugiesisch in Köln zu studieren und für mehrere Auslandssemester zurück an den Tejo zu gehen. Neben dem Studium an der Wirtschaftsfakultät ISEG entstand mein erster Reiseführer.

Auch heute komme ich als Leiter der Portugiesischen Redaktion der Deutschen Welle immer wieder in Portugals Hauptstadt.

Zwei Programmpunkte lasse ich mir bei fast keinem Besuch entgehen. Die Pastéis de Nata in Belém: Mit Zimt, Puderzucker und einem Galão munden sie mir bestens. Und das Oceanário: Stundenlang könnte ich den Fischschwärmen zusehen, wie sie durchs Wasser kreisen und zu schweben scheinen. Dann bin ich so richtig in Lissabon, in meiner zweiten Heimat angekommen.

Impressum

Autor: Johannes Beck, **Weiterer Text und Recherche:** Michael Böhme, Jutta Wasserrab **Lektorat:** Sabine Senftleben, Anja Elser (Überarbeitung) **Redaktion und Layout:** Susanne Beigott **Karten:** Judit Ladik, Michaela Nitzsche, Gábor Sztrecska, Annika Zeddel **Fotos:** alle von Johannes Beck, außer: S. 105, 141, 146 Martin Heiden; S. 72, 74, 80, 91, 129 Fremdenverkehrsverein Lissabon **Covergestaltung:** Karl Serwotka **Covermotive:** oben: Lissabon © lite/Fotolia.com unten: Torre de Belém © Torsten Krüger/Fotolia.com

6. komplett aktualisierte und überarbeitete Auflage 2012

Lissabon – Hintergründe & Infos

Wissenswertes von A – Z

Inhalt

Kartenverzeichnis

Zeichenerklärung für die Karten und Pläne

Straße	Kirche	Bushaltestelle
Stadtrundgang	Schloss/Festung	Metrostation
bebaute Fläche	Turm	Parkplatz
Grünanlage	Museum	Krankenhaus
Gewässerfläche	Information	Post

Inhalt

Mit dem grünen Blatt haben unsere Autoren Betriebe hervorgehoben, die sich bemühen, regionalen und nachhaltig erzeugten Produkten den Vorzug zu geben.

Alles im Kasten

Der ebenfalls im Michael Müller Verlag erschienene Reiseführer „*Lissabon und Umgebung*" (ISBN 978-3-89953-698-0, 6. Aufl. 2012) bietet ausführliche Informationen zu den Orten in der Lissabonner Umgebung sowie Hintergrundartikel u. a. zur Geschichte, Politik und Wirtschaft Portugals. Zudem werden auf insgesamt 532 Seiten noch mehr Sehenswürdigkeiten und praktische Tipps zu Lissabon vorgestellt, als es in diesem Buch möglich ist.

Lissabon: Die Vorschau

Architektur und Sehenswürdigkeiten

Lissabon wartet nicht mit großen Attraktionen auf wie andere europäische Hauptstädte, Lissabon ist eher ein Gesamtkunstwerk. Und da gibt es viel zu entdecken: beispielsweise die wuchtige, im romanischen Stil erbaute Kathedrale Sé in der Alfama oder das Renaissance-Gotteshaus São Vicente de Fora samt angeschlossenem Kloster sowie das nicht weit davon entfernte Nationalpantheon im Stadtteil Graça. Nahe an der Tejo-Mündung im Westen der Stadt liegt der Stadtteil Belém, in dem zahlreiche Sehenswürdigkeiten zu finden sind. Zum Beispiel Lissabons prächtigstes Bauwerk, das Kloster Mosteiro dos Jerónimos – ein Zeugnis der Reichtümer, welche die portugiesischen Flotten aus Afrika, Indien und Brasilien nach Europa brachten.

Nur zu Fuß richtig erkunden lassen sich die Straßen, Sackgassen und Treppenaufgänge des ältesten Lissabonner Viertels Alfama. Dicht an dicht stehen hier die Häuser, Privatsphäre ist für die Bewohner ein Fremdwort – dafür könnten sie sich teilweise quer über die Gasse von Balkon zu Balkon Küsschen geben. Die Häuser sind an vielen Stellen verfallen oder stark renovierungsbedürftig, doch man kann stundenlang durch die Gassen schlendern und sich hier einfach in Lissabon verlieren. Oder man nimmt die historischen Trambahnen der Linie 28: Manche Gassen in der Alfama sind so eng, dass die Bahnen nur noch eingleisig fahren können und sich die Fußgänger in die Hauseingänge drücken müssen, um nicht erfasst zu werden.

Auch die anderen Stadtviertel ziehen Besucher in ihren Bann: Lissabon hat viele Gesichter und durch die Lage auf Hügeln öffnen sich immer wieder neue Blicke auf die Stadt – auf die traditionellen Geschäftsviertel Baixa und Chiado, auf die Oberstadt Bairro Alto, das

frühere Fischerquartier Madragoa oder die Neustadt um die Avenidas Novas. Ganz im Osten der Stadt breitet sich mit dem Parque das Nações, dem Gelände der Weltausstellung von 1998, Lissabons modernster Stadtteil aus. Faszinierend ist das Ozeanarium mit seinen 15.000 Meerestieren, die sich hier durch große Scheiben beobachten lassen.

Kunst

Im Museu Nacional de Arte Antiga in der Lissabonner Gemeinde Lapa ist Portugals bedeutendste Kunstsammlung zu sehen. Das Centro Cultural de Belém sollten sich Kunstinteressierte nicht entgehen lassen, im Museu Colecção Berardo ist hier die beste Sammlung moderner Kunst Portugals ausgestellt. Weltruhm genießt auch das Museu Calouste Gulbenkian, in dem die private Kunstsammlung des armenischen Ölmilliardärs Calouste Gulbenkian ausgestellt ist. Einen Überblick zur traditionellen Kunst und Kultur mehrerer Länder Asiens gibt das Museu do Oriente im Stadtteil Alcântara.

Ein Museum ganz besonderer Art ist das Fliesenmuseum im Ostteil der Stadt. Das Museu Nacional do Azulejo zeigt nicht nur besonders gelungene Bilder, man erfährt auch einiges über die Herstellung dieser für Portugal so typischen Fliesen. Auch in der Untergrundbahn, einer der schönsten der Welt, stößt man auf herrliche Beispiele moderner Fliesenkunst.

Küche

Besonders Freunde von deftiger Küche und Liebhaber von Fisch und Meeresfrüchten kommen in Lissabon auf ihre Kosten. Zubereitet werden Fisch und Fleisch dabei vor allem auf dem Holzkohlegrill. Die Sardinen, ein in Deutschland kulinarisch leider so gut wie völlig ignorierter Schwarmfisch, sind dabei Lissabons Hausspeise. Aber auch eine *açorda de mariscos* (Brotbrei mit Meeresfrüchten) oder *amêijoas à Bulhão*

Pato (Herzmuscheln mit Zitronensauce) können begeistern. Zum Fisch empfiehlt es sich, einen der Weißweine der Region zu trinken, z. B. einen Tropfen aus Azeitão.

Fleischliebhaber sollten das „schwarze Schwein" *(porco preto)* kosten. Das in der freien Natur Südportugals lebende Landschwein ist in ausgesuchten Restaurants erhältlich und überzeugt gegrillt oder gebraten durch seinen kräftigen Geschmack.

Nachtleben

Bis spät in die Nacht kann man in Lissabon abendessen und sich anschließend in das pulsierende Lissabonner Nachtleben stürzen. Von kleinen, gemütlichen Jazzkneipen über stilvolle Fado-Lokale bis hin zu Diskotheken in alten Lagerhäusern am Hafen ist alles vorhanden.

Zentrum des Nachtlebens ist das Bairro Alto, wobei sich inzwischen viele weitere Kneipenzonen gebildet haben. In unmittelbarer Nähe trifft sich das etwas intellektuellere Publikum rund um den Bica-Aufzug. Die jüngeren Nachtschwärmer findet man etwas weiter Richtung Westen im Stadtteil Santos. Die Tanzwütigen der Stadt zieht es dagegen vor allem in die Clubs um den Bahnhof Santa Apolónia im Osten.

Kinder

Kindern begegnen die Portugiesen sehr aufgeschlossen, kleinen Kindern schallt oft ein freundliches „Olá Bebé" entgegen. Familien mit Kindern werden in Hotels, Restaurants oder Cafés herzlich empfangen. Spielplätze sind in Lissabon nicht so häufig wie in deutschen Großstädten, und so kann der Stadtbesuch mit Kindern manchmal etwas zäh verlaufen. Dafür locken bei gutem Wetter die gut erreichbaren Sandstrände der Umgebung. Bei Wind und Regen bieten sich das Ozeanarium

oder der Zoo an. Ältere Kinder haben auch am Technik-Museum Pavilhão do Conhecimento ihren Spaß.

Umgebung

Die Metropole ist inzwischen weit über ihre Stadtgrenzen hinausgewachsen, und so fahren täglich Hunderttausende von Pendlern aus der Umgebung in die Stadt. Den schönsten Weg zur Arbeit haben die Bewohner der Städte an der Küsten-Bahnlinie nach Estoril und Cascais, zwei mondäne Seebäder. Aber auch eine Fährfahrt über den Tejo nach Cacilhas, einem Stadtteil Almadas, hat ihre Reize: Hier bietet die Christkönigstatue einen ganz besonderen Blick auf Lissabon.

Ein Muss für alle Lissabon-Besucher ist der Besuch Sintras, der Stadt der Königspaläste inmitten der grünen Serra de Sintra. Vor allem an Sommerwochenenden ist es dort zwar oft sehr überlaufen, aber der Besuch der Altstadt, der Paläste und der romantischen Gartenanlagen lohnt sich.

Saudade

Was man in Lissabon immer wieder spürt, ist eine gewisse Schicksalsergebenheit und eine Art wehmütige Grundstimmung, die die Portugiesen mit dem kaum zu übersetzenden Wort *saudade* bezeichnen. Vieles, was darüber geschrieben wird, ist übertrieben und klischeehaft. Dennoch: Dass die nicht eindeutig zu definierende Mischung aus Einsamkeit, Wehmut und Sehnsucht nach vergangenen Zeiten zumindest latent vorhanden ist, kann nicht völlig wegdiskutiert werden. Aber keine Angst: Für die meisten Lissabon-Besucher beginnt die *saudade* erst, wenn sie wieder zu Hause sind und beginnen, sich nach der nächsten Reise in die portugiesische Hauptstadt zu sehnen.

Ausblick vom Miradouro de São Pedro de Alcântara auf Burg, Baixa und Alfama

Hintergründe & Infos

Von Lissabon in alle Welt –
Karte vor dem Monument der Entdeckungen in Belém

Stadtgeschichte

Keine europäische Hauptstadt ist so sehr vom Atlantik geprägt wie Lissabon, das sich jahrhundertelang vollkommen aufs Meer und sein überseeisches Kolonialreich konzentriert hat. Die Einflüsse des alten Imperiums sind noch heute deutlich erkennbar, vornehmlich in der Architektur, aber auch in den Sitten und Gebräuchen der Menschen.

Zudem leben in und um Lissabon viele Einwanderer aus den ehemaligen Kolonien, die teilweise eingebürgert wurden und nun als portugiesische Staatsbürger in den Statistiken geführt werden. Darunter sind vor allem viele Brasilianer und Bewohner der einstigen afrikanischen Kolonien Kapverdische Inseln, Guinea-Bissau, São Tomé und Príncipe, Angola sowie Mosambik, aber auch Inder und Chinesen.

Gebürtige Lissabonner bezeichnen sich übrigens als *Alfacinhas,* was wörtlich „Salatköpfchen" heißt. Verschiedene mehr oder minder spekulative Thesen waren lange Zeit über den Ursprung des Stadtnamens *Lisboa* im Umlauf. Heute ist die Genese des Stadtnamens zumindest für die seriöse Geschichtsschreibung kein großes Rätsel mehr: Den Ausgangspunkt bilden die Phönizier, die die Siedlung wegen der herrlichen Lage an der Tejo-Mündung *Alis Ubbo* („Liebliche Bucht") nannten. Nach der römischen Inbesitznahme wurde sie zu Ehren von Julius Cäsar offiziell *Felicitas Julia* getauft. Bei den Einheimischen hieß sie dagegen zu dieser Zeit *Olisipo.* Unter den Westgoten wurde daraus *Olisipona,* die Araber wiederum nannten sie *Aluxbuna.* Nach dem Ende der maurischen Herrschaft setzte sich schließlich die verkürzte und lautlich assimilierte Form *Lisboa* durch.

Das antike Lissabon

Die Zeugnisse menschlicher Existenz reichen bis weit in die Zeit vor Christi Geburt zurück. Etwa ab dem 8. Jh. v. Chr. ließen sich die Phönizier an der Mündung des 1.007 km langen, in der spanischen Sierra de Albarracín entspringenden Tejo nieder. Das weite Binnenmeer des Tejo war und ist ein fast perfekter natürlicher Hafen. Die nur schmale Verbindung zum offenen Meer hält die wuchtigen Atlantik-Wellen fast vollständig ab – ein idealer Platz, um in Ruhe zu ankern und Schiffe zu beladen. Die Phönizier nutzten den Hafen als Zwischenstation auf ihrem Weg nach Nordeuropa. In der Folgezeit wuchs Lissabon schnell zu einem Handelsstützpunkt heran und gewann zunehmend an Bedeutung.

Seit 218 v. Chr. wurde Lissabon administrativ, politisch, kulturell und wirtschaftlich vom Römischen Reich dominiert. Integriert in die Provinz Lusitanien, war Lissabon nun der westlichste Stützpunkt des Reiches. Um das Jahr 60 v. Chr. erhielt die Stadt dann neben dem Ehrennamen *Felicitas Julia* den Status eines römischen Kolonialmunizipiums *(Municipium Civium Romanorum)*. Damit waren die Bürger Lissabons mit denen Roms rechtlich gleichgestellt.

Die mittelalterliche Stadt

Um 411 n. Chr. beendeten die Alanen die römische Herrschaft in Lissabon durch eine Invasion. Die Westgoten ihrerseits vertrieben die Alanen aber nur fünf Jahre später wieder. Während der westgotischen Herrschaft und der Wirren der Völkerwanderung stagnierte die Entwicklung Lissabons. Als Schutz vor den „Barbaren“ zogen sich die Bewohner in das Gebiet innerhalb der Stadtmauern um das Castelo de São Jorge zurück. Die städtische Bevölkerung nahm stark ab, das urbane Leben kam fast zum Erliegen.

Nach der Eroberung durch die Mauren im Jahr 714 blühte die Stadt wieder auf. Unter der neuen Herrschaft breitete sie sich erneut über die Stadtmauer hinaus aus. Die Araber bauten den Burgpalast, die *Alcáçova,* und die unter den Römern angelegte Stadtmauer aus, die daraufhin den Namen *Cerca Moura* (maurische Stadtmauer) erhielt. In dieser Zeit rückte der Hafen zunehmend in den Mittelpunkt des Geschehens: Er wurde ein wichtiger Ausgangspunkt für die Kommunikation und den Handel mit anderen Küstenstädten und mit der restlichen Welt. Wissenschaft und Kunst wurden gefördert, Handel und Handwerk gediehen, den religiösen Minderheiten der Christen und Juden war die freie Religionsausübung gestattet.

Am 28. Juni 1147 erreichte eine Flotte von 164 Kreuzfahrerschiffen Lissabon und begann die Stadt zu belagern. König Dom Afonso Henriques hatte den Zeitpunkt geschickt gewählt: Aufgrund interner Streitigkeiten unter den Mauren konnten diese keine Verstärkung erwarten. Nach vier Monaten gelang es

Castelo de São Jorge: Von hier aus entwickelte sich Lissabon

den Kreuzrittern die Stadt zu erobern: Die Einnahme war dabei alles andere als christlich – sie plünderten, vergewaltigten und töteten Zivilisten, darunter sogar das Oberhaupt der christlichen Gemeinde Lissabons. Die christlichen Eroberer strukturierten die Stadt städtebaulich, sozial und administrativ um: Die Moscheen machten sie dem Erdboden gleich, auf ihren Trümmern bauten sie Dutzende neuer Kirchen. Alle Moslems, die sich nicht zum Christentum bekehren lassen wollten, verwiesen sie hinter die Stadtmauern in das Mauren-Ghetto Mouraria.

Um 1256 wurde Lissabon offiziell Sitz des Königshauses und somit Hauptstadt Portugals; 1290 gründete man hier die erste Universität des Landes. Durch den zunehmenden Außenhandel stieg die Einwohnerzahl kontinuierlich an, sodass die heutige Baixa als neues Wohngebiet erschlossen wurde. Das städtische Leben konzentrierte sich dennoch weiter eng um den Burgpalast.

Lissabons Bedeutung als politisches Zentrum und Handelsplatz nahm ab dem 14. Jh. rapide zu. Der Hafen wurde ausgebaut, es entstanden Werften und Warenhäuser. Der Handel mit England, Flandern und den Hansestädten blühte. Dem Aufstieg der Stadt, der Pforte zum Atlantik, stand nichts mehr im Wege.

Die Fahne des Christusritterordens: Symbol für die portugiesische Übersee-Expansion

Lissabon im Zeitalter der Eroberungen

Im 15. Jh. begann das Zeitalter der überseeischen Entdeckungsfahrten, die Portugals Aufstieg zur Weltmacht begründeten. Den Anfang bildete die Besetzung Madeiras (1419/20) und die Entdeckung der Azoren (1427). Danach tasteten sich die portugiesischen Seefahrer Schritt für Schritt die afrikanische Westküste entlang, bis Bartolomeu Dias 1488 schließlich das Kap der Guten Hoffnung umrundete. Kurz vor der Jahrhundertwende (1498) entdeckte Vasco da Gama den Seeweg nach Indien, und nur wenig später (1500) landete Pedro Álvares Cabral in Brasilien, das später Portugals größte Kolonie werden sollte.

Die Dynamik, mit der der Prozess der Entdeckungen und Eroberungen voranschritt, war auch in Lissabon zu spüren. Das starke Bevölkerungswachstum führte dazu, dass die Stadtteile um den Burgpalast im wahrsten Sinne des Wortes aus allen Nähten platzten. König Dom Manuel I. bewirkte schließlich die Verlagerung des Stadtzentrums an das Flussufer, indem er direkt neben den Warenhäusern und Waffenarsenalen in Hafennähe einen neuen Königspalast am Terreiro do Paço (heute Praça do Comércio) bauen ließ. Der einflussreiche Adel errichtete bald darauf seine neuen Wohnsitze in der Umgebung des Palastes. Im Vergleich zu früheren Jahrhunderten breitete sich die Stadt diesmal nach einem wesentlich geordneteren Konzept aus. Nach geometrischem Muster entstanden bis ins 17. Jh. die Stadtteile Bairro Alto, Bica und Madragoa.

Zerstörung und Chaos waren dagegen die Folgen eines vernichtenden Erdbebens am 25. Januar 1531, das 30.000 Menschen tötete. 1597 folgte das nächste Beben, und auch dieses sollte nicht das letzte gewesen sein ...

Doch ungeachtet dieser großen Naturkatastrophen brachte der florierende Handel großen Wohlstand in die Stadt. Lissabon wurde zum Umschlagplatz für Edelhölzer aus Brasilien, Elfenbein aus Afrika und Gewürze aus Indien.

Auch zahlreiche afrikanische Sklaven lebten in Lissabon: Manche Geschichtsschreiber schätzen, dass während der Hochzeit der Sklaverei im 16. Jh. jeder zehnte Bewohner der Stadt afrikanischer Herkunft gewesen sein könnte. Zahlreiche portugiesische Privathaushalte nutzten diese billigen und leicht auszubeutenden Arbeitskräfte. Mehrere Wörter angolanischen Ursprungs fanden damals ihren Eingang ins Portugiesische.

Aus ganz Europa kamen Künstler und Baumeister nach Lissabon, angezogen durch den Reichtum. Symbole aus dieser Zeit des Überflusses sind das im 16. Jh. errichtete Kloster Mosteiro dos Jerónimos und der Wehrturm Torre de Belém, der direkt an der Stelle platziert wurde, von der die Expeditionen nach Übersee starteten.

Ab 1547 verfolgte die Inquisition „ketzerisches" Gedankengut. Inspektoren der Inquisition durchsuchten die in den Hafen Lissabons einlaufenden Schiffe nach Büchern, Flugblättern oder anderem Material, das der herrschenden katholischen Lehre hätte widersprechen können. Die Inquisitoren folterten zahlreiche „Ketzer" und verbrannten sie in besonders gravierenden Fällen öffentlich auf dem Rossio.

Die pombalinische Stadt

An Allerheiligen 1755 schlug die traurigste Stunde Lissabons: Die Erde bebte, und binnen weniger Sekunden lag ein Großteil der Stadt in Schutt und Asche. Den Rest erledigten um sich greifende Brände und eine riesige Flutwelle, ähnlich dem Tsunami an Weihnachten 2004 in Südostasien. Insgesamt kamen nach heutigen Schätzungen damals etwa 30.000 Menschen ums Leben – erst etwa 100 Jahre später erreichte die Einwohnerzahl Lissabons wieder das ursprüngliche Niveau.

Convento do Carmo – Mahnmal des Erdbebens von 1755

Der Erdstoß hatte ungeheure Kraft: Man schätzt ihn auf 8,5 bis 8,7 auf der Richterskala. Bis heute ist er das stärkste Erdbeben aller Zeiten in Europa. (Würde sich heute ein solches Beben wiederholen, so könnte es Schäden von 3,6 Milliarden Euro verursachen, schätzt die portugiesische Versicherungsvereinigung APS.) Wo das Epizentrum lag, ist unter den Wissenschaftlern umstritten. Allgemein gilt der Banco do Gorringe, ein Seeberg 300 km südwestlich Lissabons, als Zentrum des Seebebens. Neuere Forschungen deuten dagegen auf eine Verwerfung bei Gibraltar als

Epizentrum. Andere Theorien vermuten gleich zwei Epizentren: Einmal Gorringe und ein weiteres im Tejo-Tal.

Das Beben erschütterte nicht nur Lissabon, sondern auch das optimistische Weltbild des aufgeklärten Jahrhunderts. Dank des wachsenden Wohlstands und des vermeintlich unaufhaltsamen Fortschritts der Zivilisation war man der Auffassung, in der besten aller möglichen Welten zu leben, die von Stabilität und innerer Sinnhaftigkeit gekennzeichnet war. Eine Katastrophe solchen Ausmaßes stellte diese Deutung der Welt zwangsläufig in Frage, sodass schon bald eine nachhaltige philosophische Auseinandersetzungen in Gang kam, an der vor allem die Philosophen Voltaire und Jean-Jacques Rousseau beteiligt waren.

Voltaire zweifelte prinzipiell an der optimistischen Grundausrichtung seines Zeitalters und wandte sich insbesondere dagegen, die zerstörerischen Kräfte der Natur durch allerlei spitzfindige Erklärungsansätze als Teil eines zielgerichteten und letztlich sinnvollen göttlichen Plans anzuerkennen. Das immer wieder in Form von Naturkatastrophen über die Menschheit hereinbrechende Übel müsse als solches einfach hingenommen werden, selbst wenn der aufgeklärte Geist sich dagegen sträube.

Blickt Richtung Baixa –
Statue des Marquês de Pombal

Für Rousseau wiederum waren die schrecklichen Ereignisse von Lissabon nur ein weiterer Beleg für seine allgemeine Zivilisations- und Kulturkritik. Schuld an der verheerenden Opferzahl seien im Grunde nicht die unbeherrschbaren Naturgewalten, sondern die zivilisatorischen Eingriffe des Menschen. „Gestehen Sie mir", schrieb er an Voltaire, „dass nicht die Natur zwanzigtausend Häuser von sechs bis sieben Stockwerken zusammengebaut hatte, und dass wenn die Einwohner dieser großen Stadt gleichmäßiger zerstreut und leichter beherbergt gewesen wären, so würde die Verheerung weit geringer, und vielleicht gar nicht geschehen sein." Dem schloss sich auch der Königsberger Philosoph Immanuel Kant an. Der Mensch müsse sich eben der Natur anpassen.

Doch ungeachtet aller philosophischen Debatten musste in Lissabon der Wiederaufbau organisiert werden. Übernommen wurde diese schwierige Aufgabe vom damaligen Premierminister Marquês de Pombal (→ Kasten), unter dessen Ägide die Baixa, der vom Erdbeben am stärksten betroffene Stadtteil, völlig neu errichtet wurde. Innerhalb kurzer Zeit entstand ein im Schachbrettmuster angelegtes neues Zentrum, ausgestattet mit Abwasserkanälen und befestigten Straßen.

Nach der Wiedererrichtung der Baixa legte man nach und nach neue Wohnviertel in São Bento und in der Lapa an. Eine erste Industriezone bildete sich in Amoreiras um den Largo do Rato.

Marquês de Pombal – aufgeklärter Erneuerer und brutaler Diktator

1750 berief König José I. (1750–1777) den kleinadeligen Sebastião José de Carvalho e Melo und späteren Marquês de Pombal zum Premierminister. Als überzeugter Anhänger des aufgeklärten Absolutismus griff er sogleich hart gegen die damals in Portugal herrschende Misswirtschaft durch und nahm dem ihm verhassten Klerus und Adel etliche Privilegien. Die ihm zu mächtig gewordenen Jesuiten ließ er 1759 aus Portugal und Brasilien vertreiben; als Vorwand diente ihre angebliche Beteiligung an einem Attentat auf König José I. Die Inquisition unterstellte Pombal im selben Jahr der Krone und verbot per Dekret auch die *autos-da-fé* (Ketzergerichte). Außerdem ordnete er an, dass zum Christentum übergetretene Moslems und Juden im Mutterland und in den Kolonien nicht mehr diskriminiert werden durften. Gleichzeitig erfolgte eine systematische Förderung der Wirtschaft des eigenen Landes und der Kolonien. Bekannt ist der Marquês de Pombal in Lissabon aber vor allem wegen seiner Leistungen beim raschen Wiederaufbau der Lissabonner Unterstadt nach dem Erdbeben von 1755.

Neben diesen teilweise durchaus lobenswerten Initiativen sollte jedoch nicht vergessen werden, dass der Marquês de Pombal ein erbarmungsloser Diktator war, der seine persönlichen Feinde gnadenlos verfolgte und bestrafte. Besonders Klerus und Hochadel litten unter seiner Herrschaft. Sein Hass rührte vielleicht daher, dass er erst relativ spät zu höheren Adelsweihen kam: 1759 erhielt er von König José I. den Titel eines „Conde de Oeiras" (Graf von Oeiras), und 1770 wurde er zum „Marquês de Pombal" (nach einem Ort in Mittelportugal) befördert, womit er in Rang und Namen dem Hochadel endlich in nichts mehr nachstand – mit diesem Titel sollte er dann in die Geschichtsbücher eingehen.

Gestürzt wurde Pombal nach dem Tod König Josés I. durch dessen Tochter Königin Maria I., die eine große Abneigung gegen den Antiklerikalismus des Premierministers, aber auch gegen seinen despotischen Führungsstil hegte.

Lissabon im 19. Jahrhundert

In der ersten Hälfte des 19. Jh. wuchs die Stadt zwar nicht weiter, dennoch fanden gravierende Veränderungen statt. 1834 wurden die kirchlichen Güter säkularisiert und wechselten den Besitzer. Die neuen Eigentümer, der Staat und das liberale Bürgertum, installierten in den ehemaligen kirchlichen Gebäuden öffentliche Schulen, Krankenhäuser und Warenlager. Die Stadtviertel Baixa und Chiado wurden in dieser Zeit zunehmend zu Intellektuellentreffs. Dort eröffneten zahlreiche Cafés, Theater und Büchereien. Öffentliche Parks und Alleen wurden angelegt, Brunnen und Statuen aufgestellt – ganz dem von der Romantik geprägten Zeitgeist entsprechend. Prekär blieben allerdings die hygienischen Verhältnisse in der Stadt: 1856 und 1857 starben Tausende Menschen bei einer Cholera- und einer Gelbfieber-Epidemie.

Die zweite Hälfte des 19. Jh. war von einem dynamischen Stadtausbau und einer verstärkten Industrialisierung geprägt. Man baute die erste Eisenbahnlinie, einen neuen Hafen und führte die *eléctricos* (elektrische Straßenbahnen) als Neuheit des öffentlichen Transportwesens ein.

Die Stadt in der Zeit des Estado Novo

Wie auch in anderen Ländern Europas hatte sich bereits zum Ende des 19. Jh. abgezeichnet, dass die Monarchie vor ihrem Aus stand. Wirtschaftskrisen und dadurch bedingte soziale Spannungen ließen die demokratische Bewegung stärker werden. Im Jahr 1910 war es dann so weit: Die Republik wurde ausgerufen, und der letzte portugiesische König, Manuel II., musste ins Exil nach England fliehen. Die Demokratie, in die viele große Erwartungen gesetzt hatten, konnte sich allerdings nie so recht konsolidieren. Korruption, Inflation und hohe Staatsschulden ließen das Land bald in Anarchie versinken.

1926 putschte schließlich das Militär mit dem erklärten Ziel, dem „Unsinn der Republik" ein Ende zu setzen. 1928 berief es dann mit António de Oliveira Salazar ein Mann zum Finanzminister, der Portugals Geschicke für fast 50 Jahre maßgeblich bestimmen sollte. 1933 legte er, inzwischen zum Ministerpräsidenten aufgestiegen, eine scheindemokratische Verfassung vor, die den sog. *Estado Novo* („Neuer Staat") begründete, mit dem die Diktatur praktisch legalisiert war. Portugal präsentierte sich nunmehr als Ständestaat, in dem alle Parteien mit Ausnahme der Einheitspartei *União Nacional* verboten waren, in dem Pressezensur herrschte und die Bürgerrechte weitgehend außer Kraft gesetzt waren.

Zeugen der Lissabonner Vergangenheit: Häuser in der Rua do Século im Bairro Alto

In Lissabon setzte sich der *Estado Novo* mit zahlreichen monumentalen Bauwerken selbst ein Denkmal. Stilistisch waren die Gebäude zwar anfangs von einem schlichten modernistischen Stil geprägt. Später baute man aber zunehmend konservativer und nahm als traditionell portugiesisch empfundene Ornamente auf. Beispielsweise umgab man die Fenster mit Steinrahmen. Anschauliche Beispiele für diesen Baustil des *Estado Novo* finden sich vor allem in der Gegend der Avenidas Novas, z. B. die Praça do Areeiro mit den ersten Hochhäusern der Stadt.

Nach der Machtübernahme durch die Nationalsozialisten in Deutschland und verstärkt mit dem Ausbruch des Zweiten Weltkrieges wurde Lissabon zur Hauptdrehscheibe der jüdischen Emigration nach Amerika. Hilfsorganisationen versorgten hier Zehntausende Flüchtlinge, bis diese ein Visum bekamen und die rettende Schiffspassage nach New York, Rio de Janeiro oder Buenos Aires organisieren konnten. Über Lissabon flüchteten auch zahlreiche Intellektuelle vor der Nazidiktatur, unter ihnen die Schriftsteller Alfred Döblin, Heinrich Mann und Franz Werfel.

Ende der 40er und in den 50er Jahren realisierte Bürgermeister Duarte Pacheco, der gleichzeitig portugiesischer Bauminister war, große städtebauliche Projekte: Im Westen der Stadt entstanden vornehme Wohnviertel in Restelo, in der östlichen Randzone Olivais errichtete man dagegen weitläufige Sozialsiedlungen, um das Problem der rapide wachsenden Stadtbevölkerung in den Griff zu bekommen. In der gleichen Zeit ließ Duarte Pacheco viele Gärten und Parks anlegen, darunter den Monsanto-Park, heute die grüne Lunge Lissabons.

Die moderne Stadt

Die Diktatur konnte sich bis Mitte der 70er Jahre halten. Salazar war zwar bereits 1968 nach einem Schlaganfall abgelöst worden, aber sein Nachfolger Marcello Caetano hielt trotz leichter Liberalisierungstendenzen am grundsätzlichen Kurs fest. International hatte sich Portugal damit längst isoliert, und auch innenpolitisch waren über die Jahre wirtschaftliche und soziale Probleme entstanden, die man mit den bestehenden politischen Strukturen kaum mehr unter Kontrolle bringen konnte. Hinzu kam, dass Portugal es versäumt hatte, sich frühzeitig von seinen Kolonien zu trennen. Die Folge war, dass das Land auf dem afrikanischen Kontinent ab Beginn der 60er Jahre in eine Reihe von Befreiungskriegen verwickelt war, die militärisch kaum zu gewinnen waren. Selbst unter dem Eindruck mehrerer UNO-Resolutionen, in denen das Festhalten an den Kolonien verurteilt wurde, erwies sich Caetano aber auch in dieser Hinsicht als unnachgiebig.

Widerstand gegen diese Politik formierte sich insbesondere in den Reihen der Militärs. 1974 kam es dann zum abrupten Ende der jahrzehntelangen Diktatur: Im Zuge der sog. *Nelkenrevolution* übernahmen die Militärs die Macht und legten damit die Grundlage für die Rückkehr zur Demokratie, die mit den ersten freien Parlamentswahlen von 1976 vollzogen war.

Die Kriege in den afrikanischen Kolonialgebieten waren mittlerweile beendet und die Kolonien in die Unabhängigkeit entlassen worden. Schon bald zeigten sich die bevölkerungspolitischen Folgen, denn Portugal sah sich mit einem Strom von Rückkehrern *(retornados)* und Einwanderern aus den ehemaligen afrikanischen Kolonien konfrontiert. In Lissabon entstanden an den Stadträndern große Slums und illegale Viertel.

Bankgebäude des Stararchitekten Tomás Taveira an der Av. 5 de Outubro

20.000 Baracken zählte die Stadtverwaltung Mitte der 80er Jahre, als sie begann, die Elendshütten abzureißen und ihre Bewohner umzusiedeln. Das damals formulierte Ziel, die Slums komplett zu beseitigen, wurde allerdings erst 2002 erreicht. Im Zuge der knapp 20 Jahre dauernden Arbeiten sind allerdings mit Sozialwohnungsvierteln wie Chelas neue Ghettos entstanden.

Im August 1988 erschütterte erneut eine Katastrophe die portugiesische Hauptstadt. Die Bilder des verheerenden Großbrands, der im Stadtteil Chiado über 20 Gebäude, darunter die beiden berühmtesten Kaufhäuser Lissabons, zerstörte, gingen um die ganze Welt. Schon ein Jahr später waren die Pläne für den Wiederaufbau fertig, den der bekannteste portugiesische Architekt Álvaro Siza Vieira leitete. Ursprünglich sollte die Restaurierung bis Mitte der 90er Jahre abgeschlossen sein, aber aufgrund eines langwierigen Gerichtsverfahrens zogen sich die Arbeiten bis zur Fertigstellung im Dezember 1999 schließlich über zehn Jahre hin. Bis dahin dienten die ausgebrannten Gebäude als Touristenattraktion – bei Nacht angestrahlt, wirkten sie fast malerisch.

1998 präsentierte die Stadt der Weltöffentlichkeit die EXPO 98, die dem Thema „Ozeane" gewidmet war. Aus diesem Anlass wurden große Teile des bis dahin eher vernachlässigten Lissabonner Ostens rundum erneuert. Neben dem Weltausstellungsgelände am Tejo entstand mit der Gare do Oriente Lissabons moderner Hauptbahnhof, der durch eine neue Metrolinie an das Lissabonner Zentrum angebunden ist. Wo vorher die Tristesse einer Mülldeponie, eines Schlachthofs und einer alten Ölraffinerie herrschte, steht heute ein neues Wohnviertel mit viel Grün und Tejo-Blick. Ein weiteres Großereignis war die Fußball-Europameisterschaft 2004. Dafür baute man jeweils ein neues Stadion für die beiden Lokalrivalen Sporting und Benfica.

In den 80er und 90er Jahren wurde den Lokalpolitikern die Bedeutung des kulturellen Erbes der Stadt zunehmend bewusst, sodass 1992 endlich ein Plan zum Erhalt und zur Sanierung der historischen Bausubstanz verabschiedet wurde. Dies war bitter nötig, da der vorherige, christdemokratische Bürgermeister Lissabons, Krus Abecasis (CDS), großzügig Abrissgenehmigungen erteilt hatte. Sein Nachfolger, der Sozialist Jorge Sampaio (PS), versuchte zum ersten Mal, dem kontinuierlichen Verfall der alten Stadtviertel entgegenzuwirken.

Einen weiteren Aufschwung erlebte die Stadterneuerung unter dem konservativen Pedro Santana Lopes (PSD), der 2001 als Bürgermeister den glücklosen João Soares (PS) ablöste. Trotz aller Mühen stehen heute aber noch immer viele Altstadtgebäude in Ruinen, sind zugemauert oder nur notdürftig vor dem Einsturz gesichert. Jedes zweite Gebäude in den historischen Vierteln befindet sich in einem sehr schlechten Zustand, schätzt die Stadtverwaltung.

Unter Santana Lopes sperrte die Stadt außerdem zahlreiche Altstadtviertel für den Autoverkehr: Seitdem öffnen sich die Schranken nur noch für registrierte Fahrzeuge der Anwohner, fremden Fahrzeugen bleibt die Einfahrt in weite Teile der Alfama und des Bairro Alto verwehrt. Eher für mehr als weniger Autoverkehr sorgte allerdings der Bau eines umstrittenen Tunnels unter der Praça Marquês de Pombal.

Schwerstes Erbe der Amtszeit von Santana Lopes ist aber die dramatische Verschuldung der Hauptstadt. Mit seinen Mega-Projekten hatte sich die Stadt übernommen. Allein die Untertunnelung der Praça Marquês de Pombal verschlang 30 Millionen Euro.

Mit dem Schuldenberg musste sich auch der nächste Bürgermeister, der parteilose, dem PSD nahe stehende Carmona Rodrigues, herumschlagen. Aber erst nachdem dieser 2007 aufgrund dubioser Immobiliengeschäfte unter Korruptionsvorwürfen zurücktreten musste, wurde das Ausmaß der Krise voll sichtbar. So tat sich jahrelang auf zahlreichen städtischen Baustellen überhaupt nichts mehr, da die Stadt ihre Rechnungen nicht bezahlt hatte. In den folgenden, außerplanmäßig abgehaltenen Kommunalwahlen erlitten die Sozialdemokraten des PSD eine vernichtende Niederlage. Sieger waren die Sozialisten des PS unter dem ehemaligen Innenminister António Costa.

Bei den planmäßigen Kommunalwahlen 2009 entschieden sich die Lissabonner erneut mehrheitlich für António Costa. Allerdings wird der Schuldenberg den politischen Spielraum seiner Koalition aus linken und unabhängigen Kräften auch in den nächsten Jahren einschränken. Sie muss vor allem versuchen, die Stadt solvent zu halten.

Der Balkon des Rathauses: Hier wurde 1910 die Republik ausgerufen

Zeittafel

8. Jh. v. Chr.	Die Phönizier lassen sich in der Gegend des heutigen Stadtgebiets nieder.
218 v. Chr.	Beginn der römischen Herrschaft. Die Römer machen Lissabon zum westlichsten Stützpunkt ihres Reiches.
um 410 n. Christus	Ende der Römerzeit. Invasionen während der Völkerwanderung durch Alanen und Westgoten.
714	Die Mauren erobern die Stadt. Während ihrer bis 1147 andauernden Herrschaft erlebt Lissabon seine erste Blütezeit.
1094	Der König von Kastilien und León überträgt seinem Schwiegersohn Heinrich von Burgund die Grafschaft Portucale im heutigen Nordportugal.
1139	In Ourique lässt sich der Sohn Heinrichs, Dom Afonso Henriques, nach einem Sieg gegen die Mauren zum König von Portugal ausrufen.
1143	König Dom Afonso Henriques schließt einen Friedensvertrag mit Kastilien-León. Damit ist die Unabhängigkeit Portugals gesichert.
1147	Eroberung Lissabons durch die Christen um König Dom Afonso Henriques.
13. Jh.	Beginn der Besiedelung der Lissabonner Unterstadt *(Baixa).*

ca. 1256	Lissabon wird offiziell Sitz des Königshauses und portugiesische Hauptstadt.
1290	Die erste Universität Portugals entsteht in Lissabon.
1375	Bau der Fernandinischen Stadtmauer *(Cerca Fernandina).* Sie umschließt auch die Unterstadt.
1383	Ende der Dynastie Burgund und Beginn der Dynastie Aviz.
15./16. Jh.	Lissabon ist Ausgangspunkt der portugiesischen Entdeckungsfahrten nach Afrika, Asien und Amerika. Die Stadt kommt zu großem Reichtum, überall entstehen prunkvolle Bauten.
1500	König Dom Manuel I. lässt einen neuen Königspalast am Tejo errichten (am damaligen *Terreiro do Paço,* heute *Praça do Comércio* genannt).
1531	Ein Erdbeben erschüttert Lissabon.
1578	Der junge König Sebastião stirbt auf einem Kreuzzug in Marokko bei Alcácer-Quibir.
1580	Nach dem Tod des kinderlosen Königs Henrique stirbt die Dynastie Aviz aus. König Felipe II. von Spanien beansprucht die Herrschaft für sich und erobert Portugal.
1640	Die Portugiesen erheben sich erfolgreich gegen die spanische Herrschaft. Der Herzog von Bragança wird als Dom João IV. neuer König. Beginn der Dynastie Bragança.
1.11.1755	An Allerheiligen zerstören ein starkes Erdbeben und eine gewaltige Flutwelle weite Teile Lissabons und tötet ca. 30.000 Menschen.
1775	Ende der Wiederaufbauphase, während der die Baixa unter Leitung des Premierministers Marquês de Pombal komplett neu erbaut wird.
1807–1809	Drei Napoleonische Invasionen verwüsten das Land. Der portugiesische Hof flieht nach Brasilien. Rio de Janeiro ist bis zur Rückkehr Dom Joãos VI. 1821 portugiesische Hauptstadt.
ab 1834	Säkularisierung: Der Staat löst viele Klöster auf.
1873	Die ersten Pferdebahnen *(americanos)* fahren.
1879	Die neue Prachtmeile der Stadt, *Avenida da Liberdade,* wird eröffnet.
	Lissabon wächst nach Norden ins Gebiet der *Avenidas Novas.*
31.8.1901	Die Straßenbahn wechselt vom Pferde- auf elektrischen Antrieb. Die Ära der *eléctricos* hat begonnen.
1.2.1908	Republikanische Attentäter töten König Dom Carlos und seinen Sohn, den Thronfolger, auf der Praça do Comércio.
5.10.1910	Auf dem Balkon des Rathauses wird die Republik ausgerufen. König Dom Manuel II. flieht nach England ins Exil.
1916–1918	Portugal kämpft im Ersten Weltkrieg auf der Entente-Seite gegen Deutschland.
28.5.1926	Ein Militärputsch beendet die Republik.
1928	Der Volkswirtschaftsprofessor António de Oliveira Salazar wird Finanzminister und 1932 Ministerpräsident.

1933	Beginn des faschistischen Ständestaates Estado Novo unter dem Diktator Salazar. Bau vieler monumentaler Gebäude in Lissabon. Es entstehen neue Sozialsiedlungen.
1933–1945	Während des Hitlerregimes wird Lissabon zur Fluchtstation für viele Juden und andere Verfolgte der Nazis. Portugal bleibt trotz gewisser Sympathien für Deutschland im Zweiten Weltkrieg neutral.
1959	Einweihung der ersten Metrolinie.
1961	Beginn der Kolonialkriege in Angola.
1966	Die Tejo-Brücke nach Almada wird als Ponte Salazar eröffnet. Heute heißt sie in Gedenken an den Tag der Nelkenrevolution (s. u.) Ponte 25 de Abril.
1968	Salazar erleidet einen Schlaganfall. Sein Nachfolger ist der Juraprofessor Marcello Caetano.
25.4.1974	Die Militärs putschen in der Nelkenrevolution gegen die Caetano-Diktatur. Nach einigen revolutionären Wirren herrscht in Portugal spätestens ab April 1976 eine stabile Demokratie.
1974–1975	Die afrikanischen Kolonien erlangen die Unabhängigkeit. Durch den Strom der Rückkehrer (retornados) aus den Kolonien entstehen neue Slums am Stadtrand.
1986	Beitritt Portugals zur Europäischen Union. In der Folgezeit fließen beträchtliche finanzielle Mittel ins Land.
25.8.1988	Im Stadtviertel Chiado brennen mehrere Häuserblocks komplett ab, darunter die beiden schönsten Kaufhäuser der Stadt (Grandella und Grandes Armazéns do Chiado).
1992	Großflächige Renovierungsprojekte werden begonnen, um den zunehmenden Verfall der Altstadtviertel zu stoppen.
1994	Lissabon ist Kulturhauptstadt Europas.
1998	Die Weltausstellung EXPO 98 findet im Osten Lissabons statt. Ein neuer Stadtteil, ein moderner Hauptbahnhof (Gare do Oriente) und das größte Ozeanarium Europas entstehen. Als zweite Tejo-Brücke wird die Ponte Vasco da Gama eröffnet.
1999	Der Wiederaufbau des Chiado ist nach elf Jahren beendet.
16.12.2001	Der populistische Pedro Santana Lopes (PSD) gewinnt die Bürgermeister-Wahlen gegen den sozialistischen Amtsinhaber João Soares (PS).
4.7.2004	Fußballeuropameisterschaft: Im Estádio da Luz in Lissabon verliert Portugal das Finale gegen Griechenland mit 0:1.
15.7.2007	António Costa (PS) gewinnt die Kommunalwahlen und wird neuer Bürgermeister. Hauptproblem ist die dramatische Überschuldung der Stadt.
11.10.2009	Wiederwahl von Bürgermeister António Costa (PS). Seine zweite Amtszeit endet planmäßig 2013.
21.3.2011	Laut Volkszählung hat Lissabon 545.245 Einwohner, der Großraum Lissabon (inklusive Halbinsel Setúbal) insgesamt 2.815.851 Einwohner.

Der neue Hauptbahnhof Lissabons: Gare do Oriente

Anreise

Wer auf die Hilfe **professioneller Reiseveranstalter** zurückgreifen will, kann sich an die folgenden Adressen wenden:

Olimar, Glockengasse 2, 50667 Köln, ✆/✆ 0221/20590590, in der Schweiz ✆ 044/9282030, www.olimar.de. Der Portugalreiseveranstalter mit dem umfangreichsten Programm.

Soltugal, Alter Markt 46–48, 50667 Köln, ✆ 0221/27249890, www.soltugal.de. Individuell gestaltete Reisen nach Portugal.

Check-In, Bergstr. 25, 56812 Cochem an der Mosel, ✆ 02671/916660, ✆ 915420, www.check-in-reisen.de. Ein großes Angebot für Azoren und Madeira, daneben auch für das portugiesische Festland.

Mit der Bahn

Ein wesentlicher Vorteil der Bahnreise ist es, Zwischenstopps einlegen zu können. Außerdem fällt kein Zuschlag für Übergepäck an, was für Langzeitaufenthalte interessant sein könnte. Die Bahn ist zudem das mit Abstand umweltfreundlichste Verkehrsmittel, sie belastet das Klima nur etwa ein Sechstel so stark wie ein Flug.

Die günstigsten Bahnverbindungen von Deutschland nach Lissabon erfordern in der Regel zweimal Umsteigen, einmal in Paris und einmal im nordspanischen Irún (bei der Rückreise steigt man statt in Irún erst im französischen Hendaye um). Von Frankfurt aus benötigt man beispielsweise insgesamt 27 Stunden für die Fahrt.

Nach Paris geht es mit bis zu 320 km/h im Thalys (ab Köln), im ICE (ab Frankfurt, Mannheim und Saarbrücken) oder im TGV (ab München, Augsburg, Ulm, Stuttgart, Karlsruhe sowie Basel, Bern und Zürich). Der Thalys aus Köln kommt in Paris am Gare du Nord an, die ICE und TGV aus Süddeutschland und Basel am Gare de l'Est, die TGV aus Bern und Zürich am Gare de Lyon. Zur Weiterfahrt geht es mit der Metro quer durch Paris zum Gare de Montparnasse. Dafür sollte man 45 Min. einkalkulieren (Infos zur Pariser Metro unter www.ratp.fr).

Ab Gare de Montparnasse weiter mit dem TGV-Atlantique bis Irún an der französisch-spanischen Grenze. In Irún steigt man auf den Nachtzug um, der Lissabon am nächsten Tag erreicht.

Wer mehr Zeit mitbringt kann auch die Mittelmeerroute über Barcelona und Madrid wählen und dort Zwischenstopps einlegen. Von Barcelona fahren zahlreiche AVE-Hochgeschwindigkeitszüge der RENFE nach Madrid und von dort geht täglich ein Nachtzug nach Lissabon.

Preise

Die einfache Fahrt Frankfurt – Paris in der zweiten Klasse kostet normal 106 €, die Strecke Paris – Lissabon 170 € (im 4er-Liegewagen-Abteil 195 €). Wer deutlich im Voraus bucht und Sonderpreise nutzt, zahlt für Frankfurt – Paris ab 39 € (Europa-Spezial-Tarif der Deutschen Bahn) und für Paris – Lissabon ab 109 € (Prem's Tarif der SNCF). Die Fahrkarten können bei diesen Spezialtarifen aber nicht umgetauscht werden.

Der Thalys, die TGV-Züge und der Nachtzug nach Lissabon sind alle reservierungspflichtig. Besonders um Ostern, im Sommer und zur Weihnachtszeit empfiehlt sich eine frühzeitige Reservierung, auch um sich Sonderpreise zu sichern.

Jugendliche unter 26 J. oder Senioren ab 60 J., die im Besitz einer Bahncard sind, erhalten für grenzüberschreitende Reisen eine Ermäßigung von 25 % auf den Normalpreis in Frankreich, Spanien und Portugal. Diese Fahrkarten können in der Regel nur in Deutschland, nicht in Portugal gekauft werden.

Die Tickets für rein innerportugiesische Verbindungen sollte man übrigens erst in Portugal kaufen, da sie dort wesentlich günstiger sind als in Deutschland.

Informationen

Auskünfte zu Verbindungen und Fahrpreisen im In- und Ausland bei der Deutschen Bahn kostenlos unter ✆ 08001507090, mit persönlicher Beratung kostenpflichtig unter ✆ 01805996633. Außerdem im Internet unter www.bahn.de. In der Schweiz bei der SBB unter ✆ 0900300300 und www.sbb.ch. In Österreich bei der ÖBB unter ✆ 051717 und www.oebb.at. Zum Thalys erhalten Sie Informationen unter www.thalys.de.

Alle europäischen Bahnangebote präsentiert übersichtlich „Verträglich Reisen". Im Internet unter www.vertraeglich-reisen.de. Gedruckt zu bestellen bei fairkehr, Redaktion Verträglich Reisen, Niebuhrstr. 16 b, 53113 Bonn, ✆ 0228/98585-45.

Ankunft in Lissabon

Die Züge aus dem Ausland enden in Lissabon alle im **Bahnhof Santa Apolónia** (Stadtteil Alfama), der in Kursbüchern meist mit S.A. abgekürzt wird (Busverbindungen → „Unterwegs/Verbindungen Bahnhöfe – Flughafen", S. 38, Ⓜ Santa Apolónia).

Außerdem halten alle internationalen Züge auch am neuen Hauptbahnhof im Osten Lissabons, an der **Gare do Oriente** (hier besteht ebenfalls Anschluss an die Lissabonner Metro).

Gepäckschließfächer: In den Bahnhöfen Santa Apolónia, Rossio, Cais do Sodré und Gare do Oriente (im unterirdischen Durchgang zum Busbahnhof auf der rechten Seite).

Mit dem Flugzeug

Zahlreiche Gesellschaften fliegen Lissabon direkt an. Wer Sondertarife nützt und früh bucht, zahlt in der Regel etwa 200 € für einen Hin- und Rückflug. Bei den sog. Billigfliegern kann man mit Glück sogar Flüge ab etwa 70 € buchen. Oft sind bei den günstigen Tarifen allerdings Umbuchungen vor und nach Reiseantritt recht teuer oder teilweise gar nicht möglich.

Wer die Klimabilanz seines Fluges aufbessern will, kann übrigens mit einer Spende bei www.atmosfair.de klimaschonende Projekte unterstützen. Außerdem können Sie dort herausfinden, wie stark das Weltklima durch Ihre Flugreise belastet wird.

Tipp: Oft sind die Last-Minute-Charterflüge nach Faro an der Algarve die günstigsten. In der Nebensaison gibt es sie ab ca. 100 €. Von Faro kann man mit Zug oder Bus in ca. 3–4 Stunden nach Lissabon gelangen. Bahnhof und Busbahnhof befinden sich direkt nebeneinander im Stadtzentrum von Faro und sind vom Flughafen per Stadtbus zu erreichen.

Fluggesellschaften

TAP Portugal: Die portugiesische Staats-Fluggesellschaft TAP fliegt mehrmals tägl. von Hamburg, Frankfurt, München, Zürich und Genf direkt nach Lissabon. Auch mehrere Direktverbindungen pro Woche ab Düsseldorf, Luxemburg und Wien. Innerhalb Deutschlands mit der Bahn günstiger Anschluss per Rail&Fly möglich. Kooperation mit der Lufthansa im Rahmen der Star Alliance. In Deutschland ✆ 0180/3000341, in der Schweiz ✆ 044/8009652. In Lissabon: Av. Duque de Loulé 125/125 A (Ⓜ Marquês de Pombal), ✆ 707205700, www.flytap.com.

Air Berlin: Mehrmals pro Woche verbindet Air Berlin Lissabon mit Palma de Mallorca. Von dort geht es mit Umsteigen weiter zu zahlreichen Flughäfen in Deutschland, Österreich und der Schweiz. www.air-berlin.de.

Easyjet: Der britische Billigflieger verbindet Berlin-Schönefeld sowie Basel-Mülhausen-Freiburg mehrmals pro Woche und Genf mehrmals tägl. direkt mit Lissabon. www.easyjet.com.

Germanwings: verbindet Lissabon das ganze Jahr über mehrmals pro Woche mit Köln und im Sommer auch mit Stuttgart. www.germanwings.com, in Portugal ✆ 707780033.

Lufthansa: Direktflüge nach Lissabon mehrmals tägl. ab Frankfurt und München, weitere Flüge auch ab Düsseldorf. Teilweise in Kooperation mit der TAP. www.lufthansa.de, in Portugal ✆ 707782782.

Swiss: tägl. ein Direktflug nach Lissabon ab Zürich. www.swiss.com, in Lissabon ✆ 808200487.

Flugtickets im Internet: Fündig werden Sie z. B. bei www.lissabon-umgebung.de, www.airline-direct.de, www.expedia.de, www.opodo.de, www.statravel.de, www.travel-overland.de.

Flug überbucht?

Wenn Sie durch Überbuchung Ihre Maschine verpassen sollten, garantiert Ihnen die Europäische Union bei Linienflügen innerhalb der EU mehrere Rechte: Sie können entweder den Flugpreis zurückerstattet bekommen oder schnellstmöglich bzw. erst zu einem von Ihnen gewünschten späteren Datum weiterfliegen. Außerdem muss Ihnen die Fluggesellschaft der Wartezeit angemessen Getränke und Speisen anbieten und – falls nötig – Übernachtungen bezahlen. Zusätzlich steht Ihnen eine Entschädigung in Höhe von 400 € zu (bei Entfernungen bis 1500 km 250 €, bei Flugdistanzen über 3500 km 600 €). Diese Regeln gelten auch, wenn Flüge aus Gründen annulliert werden, die die Fluggesellschaft zu vertreten hat. Für längere Verspätungen von mehr als 3 Stunden (bis 1500 km schon ab 2 Stunden, über 3500 km erst ab 4 Stunden) gilt Folgendes: Die Airline muss für Mahlzeiten und Getränke sorgen und außerdem eine Übernachtung bereitstellen, falls diese nötig ist.

Flughafen Lissabon

Der Lissabonner Flughafen liegt mit nur 7 km Entfernung zur Stadtmitte relativ zentrumsnah. In den letzten Jahren wurde er gründlich umgebaut und renoviert. Mietautos bekommt man bei den großen Autoverleihern, Geld an zahlreichen Automaten, und das Gepäck kann bei der Gepäckaufbewahrung abgegeben werden. Infos zur Stadt gibt es am Turismo in der Ankunftshalle.

Die meisten Flüge kommen am Terminal 1 an der Ostseite des Flugfeldes an, hier finden sich alle o. g. Einrichtungen. Terminal 2 liegt am Südende des Flugfeldes und ist deutlich kleiner. Da es hier keine Parkplätze gibt, kann Terminal 2 nur per Taxi oder Bus-Shuttle erreicht werden (Abfahrt vor der Abflughalle von Terminal 1).

Auskunft zu den Flugzeiten unter ✆ 2184 13700 sowie unter www.ana-aeroportos.pt.

Internetcafé: *Casa Viola*, direkt in der Ankunftshalle neben dem Turismo. Mehrere Rechner. 4,50 € pro Stunde, Mindestnutzung 30 Min. für 3 €. Tägl. 5–1 Uhr. Auch Aufladen von portugiesischen Mobilfunkkarten. Außerdem werden hier wie in einer Apotheke Medikamente verkauft.

Hinweis: Im Jahr 2012 soll der U-Bahn-Anschluss des Flughafens fertiggestellt werden. Dann kann man mit der roten Metrolinie über den Bahnhof Gare do Oriente zur Praça Duque de Saldanha fahren. Mit einmal Umsteigen erreicht man alle anderen Metrostationen Lissabons.

Busse: Es gibt drei Flughafenbuslinien. Von 7 bis 23 Uhr fährt der Aerobus 1 City Center etwa alle 20 Min. ins Stadtzentrum (Entrecampos, Saldanha, Picoas, Marquês de Pombal, Av. Liberdade, Rossio, Endhaltestelle am Bahnhof Cais do Sodré). Der Aerobus 2 Orient verbindet alle 30 Min. von 8.50 bis 21.50 Uhr den Flughafen mit dem Bahnhof Gare do Oriente. Der Aerobus 3 Financial Center bedient alle 30 Min. von 7.40 bis 22.10 Uhr die Metrostation Campo Grande, den Busbahnhof Sete Rios (Ⓜ Jardim Zoológico) und die Praça de Espanha sowie die Av. José Malhoa.

Alle drei Flughafenbuslinien bieten mehr Platz für Gepäck als die normalen Stadtbusse. Der Fahrpreis beträgt 3,50 €, dafür gilt dieses spezielle Ticket den ganzen Tag bei der Carris und in allen Flughafenbussen. Die Aerobusse dürfen nur mit dieser speziellen Tageskarte benutzt werden. Normale Vorverkaufstickets, Pässe oder die Zapping-Karten gelten hier nicht. Fahrpläne unter www.yellowbustours.com oder www.carris.pt.

Man kann aber auch auf die günstigeren Linienbusse zurückgreifen (eine Übersicht finden Sie auf S. 38. Mit viel Gepäck wird man aber teilweise nicht mitgenommen.

Vorfeld Flughafen Lissabon

Die Busse Richtung Stadtmitte halten alle direkt vor der Ankunftshalle (*Chegadas*). Die Busse stadtauswärts halten gegenüber der Ankunftshalle in der Av. de Berlim sowie vor der Abflughalle (*Partidas*).

Busfahrkarten im Vorverkauf gibt es übrigens am Schalter der portugiesischen Post CTT in der Abflughalle (die Karten für die Aerobusse müssen allerdings im Bus selbst gelöst werden).

Taxi: Ein Taxi ins Zentrum kostet ca. 7–10 €. Ein Tipp ist, das Taxi nicht direkt vor der Ankunftshalle (*Chegadas*) zu nehmen, da die dort wartenden Fahrer für ihre eigenwillige Preisgestaltung bekannt sind. Am besten geht man nach der Gepäckausgabe nach rechts die Rolltreppe hoch und verlässt den Flughafen durch den Ausgang der Abflughalle (*Partidas*). Die hier wartenden Taxifahrer gelten als fairer als ihre Kollegen vor der Ankunftshalle.

Wer ganz sichergehen will, von Lissabonner Taxifahrern nicht übers Ohr gehauen zu werden (wir bekommen jedes Jahr zahlreiche Beschwerden von übervorteilten Lesern), kann Taxi-Gutscheine *(Táxi Voucher)* für den Transport vom Flughafen in die Stadt und die Umgebung erwerben. Sie werden vom Turismo de Lisboa in der Ankunftshalle des Flughafens verkauft. Eine Fahrt in den näheren Bereich des Flughafens (bis etwa Campo Grande, Alameda, Olaias, Poço do Bispo) kostet damit 14,61 €, fürs restliche Stadtgebiet zahlt man einheitlich 18,60 €. Von 21 bis 6 Uhr sowie am Wochenende und an Feiertagen ganztags zahlt man jeweils 20 % mehr. Der Normalpreis liegt allerdings in der Regel deutlich unter dem Preis des Táxi Voucher. Wer sparen will und sich nicht vor einer eventuellen Diskussion mit den Fahrern scheut, sollte auf den Voucher verzichten.

Mit dem Bus

In Zusammenarbeit mit der **Deutschen Touring/Europabus** bieten portugiesische Busunternehmen Fahrten nach Portugal an, die hauptsächlich von portugiesischen Migranten als preiswerte Verbindung in die Heimat genutzt werden. Die Busgesellschaft **Intercentro** fährt dreimal pro Woche von Deutschland nach Lissabon. Abfahrtsorte sind u. a. Aachen, Augsburg, Bielefeld, Bremen, Dortmund, Duisburg, Düsseldorf, Essen, Frankfurt, Hamburg, Hannover, Karlsruhe, Köln, Mainz, Mannheim, München, Münster, Osnabrück, Stuttgart und Ulm.

Die Fahrt bis Lissabon dauert ab Frankfurt ca. 36 Std. und kostet einfach 128 € (hin/zurück 196 €).

Richtung Meer – Linha de Cascais

In Lissabon kommen die Busse am Bahnhof Gare do Oriente (Ⓜ Oriente) sowie im **Busbahnhof Sete Rios** in der Rua Professor Lima Basto in der Nähe des Zoos an (Ⓜ Jardim Zoológico, → Karte „Norden“ S. 218). Mit der blauen Metrolinie besteht Anschluss ins Zentrum.

Information und Buchung

In Deutschland: Deutsche Touring, Service Center, Am Römerhof 17, Frankfurt, ✆ 069/7903501. Außerdem über die Reisezentren der Deutschen Bahn oder unter www.touring.de.

In Lissabon: Intercentro, Rua Engenheiro Vieira da Silva, 8-E, Ⓜ Saldanha, ✆ 213301500, www.intercentro.pt. Verkauf der Tickets auch an den Busbahnhöfen Gare do Oriente und Sete Rios.

Mit dem eigenen Fahrzeug

Die Tour hat ihren eigenen Reiz, zwei bis drei Tage „on the road“. Diese Anreisevariante dürfte sich dennoch nur für längere Aufenthalte oder mit Wohnmobil lohnen, da die reine Fahrtzeit von Frankfurt ca. 22 Std. beträgt (Entfernung 2300 km). Preiswert ist die Autofahrt ebenfalls nicht: Allein an Mautgebühren müssen pro Strecke über 100 € eingerechnet werden, dazu kommen noch deutlich höhere Spritkosten und die Abnutzung des Autos.

Man sollte genügend Pausen einrechnen, da die Autobahnen in Spanien weitaus kurvenreicher sind als in Deutschland und schon zu viele Reisende den Drang, möglichst schnell anzukommen, mit ihrem Leben bezahlt haben.

Nicht nur aufgrund der hohen Rückholkosten bei einem Unfall empfiehlt sich dringend der Abschluss eines **Schutzbriefs**, erhältlich z. B. bei deutschen Automobilclubs wie dem umweltorientierten Verkehrsclub Deutschland VCD (www.vcd.org).

Der U-Bahn-Eingang Picoas: ein Geschenk der Pariser Metro, ursprünglich gestaltet vom Jugendstil-Künstler Hector Guimard von 1899 bis 1905

Unterwegs in Lissabon

Das Netz öffentlicher Verkehrsmittel in und um Lissabon ist sehr dicht. Dennoch dauert es teilweise recht lange, bis man das gewünschte Ziel erreicht. Mit dem Auto ist man aber meist auch nicht schneller, wenn die Zeit für Parkplatzsuche, Warten im Stau etc. dazugerechnet wird. Innerhalb der Stadt ist die Metro an Schnelligkeit nicht zu schlagen. Die Preise der öffentlichen Verkehrsmittel sind niedrig, aber leider ist das Tarifsystem für Nicht-Eingeweihte schwer zu durchschauen.

Am einfachsten macht man es sich mit der **Chipkarte Viva Viagem**, die „wiwa wiascheng" ausgesprochen wird (manchmal wird sie auch unter dem Namen 7 Colinas, gesprochen „sete kolinasch", verkauft). Auf diese Chipkarte lädt man verschiedene Tickets, die in Metro, Bussen, Straßenbahnen und Aufzügen im Stadtgebiet Lissabons gelten (nicht aber in den Aerobussen).

Die Viva-Viagem-Grundkarte gibt es an den Vorverkaufsstellen und Automaten der Metro und des Verkehrsbetriebs Carris für 0,50 €. Auf den Chip laden kann man auch **Tagestickets** *(bilhete de um dia* oder *bilhete 24 horas)* für 4,60 €, die 24 Std. gültig sind. Für alle, die vier oder mehr Fahrten innerhalb von 24 Std. machen wollen, ein lohnendes Angebot.

Für diejenigen, die weniger oft fahren, gibt es die Möglichkeit, ein Guthaben zwischen 2 und 15 € auf die Viva-Viagem-Karte zu laden. Das nennt sich dann **Viva-Viagem-Zapping**. Pro Fahrt mit der Carris (Busse, Trams und Aufzüge), der Metro oder den Transtejo-Schiffen wird dann der Betrag einer Einzelfahrt abgebucht. Für jedes Aufladen über 5 € gibt es außerdem einen Bonus (bei 10 € beträgt er 0,75 €).

Ein Hinweis noch: Tages-, Einzeltickets und Zapping-Guthaben sowie Vorortzugkarten lassen sich auf einer einzigen

Viva-Viagem-Karte nicht mischen; man muss die Karte erst leer fahren, bis man eine neue Kategorie laden kann bzw. mit mehreren Karten arbeiten. Jede Person benötigt eine eigene Karte. Außerdem sollte man für den Fall einer Panne die Aufladequittung mitführen. Ein Jahr nach dem Kauf der Viva-Viagem-Karte kann man keine neuen Fahrten mehr auf sie laden, bereits vorher gekaufte Fahrten können aber noch genutzt werden, sie verlieren ihre Gültigkeit nicht.

Tipps zum Bus- und Straßenbahnfahren

In Lissabon gibt es einige Regeln, die man beim Bus- und Straßenbahnfahren unbedingt beachten sollte, weil man sonst unangenehm auffällt. Man stellt sich *immer* (auch bei den Straßenbahnen und Aufzügen) in der Schlange an! Bus und Straßenbahn bringt man zum Halten, indem man sie heranwinkt. Vergisst man dies, fahren die Busse einfach vorbei. Eingestiegen wird prinzipiell immer vorne; eine Ausnahme sind nur die neuen Straßenbahnen, die man durch alle Türen betreten und verlassen darf. Beim Betreten von Bus, Tram oder Aufzug hält man die Chipkarte an das gelbe Lesegerät, bis sie erkannt wird und eine grüne Lampe aufleuchtet. Oder man kauft einen Fahrschein beim Fahrer (außer in den neuen Straßenbahnen, dort gibt es Fahrscheinautomaten). Gehalten wird nur, wenn man vorher auf den Knopf *Parar* gedrückt hat. Aussteigen muss man prinzipiell hinten.

Die Tarife der öffentlichen Verkehrsmittel werden in Portugal übrigens mehrmals pro Jahr angehoben, daher können die Preise vor Ort von unseren Angaben etwas abweichen.

Einen etwas anderen Zuschnitt hat die **Lisboa Card**, die man in allen Touristenbüros der Stadt kaufen kann (für 1 Tag 17,50 €, 2 Tage 29,50 € und 3 Tage 36 €; Kinder von 5 bis 11 Jahren zahlen etwa die Hälfte). Mit ihr kann man die Metro und alle Carris-Verkehrsmittel benutzen, kostenlos mit dem Zug von Lissabon nach Sintra oder Cascais fahren und hat obendrein noch freien Eintritt in etwa 25 Museen, Klöster und Schlösser. Darüber hinaus gewähren viele andere Museen Ermäßigungen. Die Lisboa Card lohnt sich aber nur dann, wenn man tägl. mehrere Museen besichtigen will und weder Studentenausweis noch die Jugendkarte Cartão Jovem besitzt.

Metro

Die Metro bildet das Rückgrat des öffentlichen Stadtverkehrs. Sie bedient vor allem die Avenidas Novas, d. h. das moderne Lissabon. Die Altstadtviertel auf den Hügeln werden dagegen nicht angefahren. Betrieben werden die Metrolinien tägl. von 6.30 bis 1 Uhr nachts. Viele Stationen sind übrigens überwältigende Beispiele moderner portugiesischer Kunst und verdienen es, gesehen zu werden.

Achtung: In Lissabon fährt die Metro links, daher aufpassen, dass man nicht intuitiv auf den falschen Bahnsteig geht!

Preise

Eine Einzelkarte für eine Zone kostet 1,05 €. Sie muss auf eine 7-Colinas-/Viva-Viagem-Chipkarte geladen werden, die ihrerseits 0,50 € kostet. Nur wer zu den Stationen Alfornelos, Amadora Este oder Odivelas will, benötigt eine Karte für zwei Zonen.

Information

Auskünfte erhalten Sie unter ✆ 213500100 oder im Internet unter www.metrolisboa.pt.

Die Carris: Stadtbusse, Straßenbahnen, Aufzüge

Die *Companhia dos Carris de Ferro de Lisboa*, wie sie mit vollem Namen heißt, betreibt die Stadtbusse, Straßenbahnlinien und Aufzüge in Lissabon. Die Fahrkarten sind für alle Busse, Straßenbahnen und Aufzüge identisch. Tickets sind an den gelb-blauen Kiosken der Carris, an diversen Vorverkaufsstellen sowie in den Bussen und Bahnen selbst erhältlich.

Preise

Wird die Fahrkarte „an Bord" gelöst *(tarifa de bordo)*, kostet eine Fahrt im Bus 1,75 € und in der Tram 2,85 €. Die Einzelkarte für die Aufzüge kostet 3,50 € (im Elevador de Santa Justa 5 €) und gilt jeweils für eine Berg- und eine Talfahrt. Auf die Chipkarte 7 Colinas/Viva Viagem lassen sich neben Zapping-Guthaben (s. o.) auch Einzelfahrkarten namens *bilhete de uma zona* laden, die während einer Stunde gültig sind und zum Umsteigen nur innerhalb der Carris (nicht Metro) berechtigen: pro Fahrschein 1,05 €.

Verkaufskioske der Carris

Unter anderem am Bahnhof Cais do Sodré und am Carris-Hauptsitz Santo Amaro (Rua Primeiro de Maio, 93, Alcântara). Außerdem in Kiosken und Lotteriegeschäften mit Carris-Schild.

Spartipp: Innerhalb von fünf Tagen können leere Chipkarten (Viva Viagem bzw. 7 Colinas) zurückgegeben werden. Die 0,50 € Kaufpreis bekommt man an den Verkaufsständen der diversen Verkehrsunternehmen aber nur gegen Vorlage der Originalquittung zurückerstattet. Daher am besten Quittung aufbewahren!

Information

Auskünfte zum Carris-Angebot unter ✆ 213 613000. Die Fahrpläne gibt es auch im Internet unter www.carris.pt.

Man kann sich per SMS über die voraussichtliche Ankunftszeit von Bussen und Trams informieren. Dazu muss man die Nummer, die auf dem gelben Schild über der jeweiligen Haltestelle angegeben ist (z. B. C 9907) als Nachricht an ✆ 3599 schicken. Nach ca. 1 Min. erhält man als Antwort die voraussichtliche Wartezeit für die einzelnen Linien. Da die Position und Geschwindigkeit der Busse und Trams per GPS-

Hier kommt die Tram 25 entlang: Rua de São Paulo

Satellitenortung erfasst wird, ist das meist recht zuverlässig. Kosten: 0,30 € pro SMS.

Busse

Das Busnetz ist mit seinen mehr als 100 Linien, die kreuz und quer durch die ganze Stadt führen, schwer zu überblicken. Die ersten Busse fahren gegen 5 Uhr morgens; gegen Mitternacht wird der Service eingestellt. Dann übernehmen ihn die **Nachtbusse** der *Rede da Madrugada.* Sie verkehren tägl. von 0.30 bis 5.30 Uhr jeweils zur halben Stunde ab dem Bahnhof Cais do Sodré (um 1 und 5 Uhr auch Abfahrt zur vollen Stunde, Fr auf Sa und Sa auf So sowie vor Feiertagen durchgehend alle 30 Minuten).

In den Monaten Juli und August gilt der Sommerfahrplan *Horario de Verão.* Im Gegensatz zum Winterfahrplan, dem *Horário de Inverno,* fahren dann vor allem im Berufsverkehr weniger Busse.

Hinweise: Die Carris stellt derzeit ihr Busnetz um. Dabei werden die alten, zweistelligen Linien umgewandelt und bekommen eine dreistellige Nummer (meist mit einer 7 am Anfang).

Außerdem wurde zum Recherchezeitpunkt Ende 2011 diskutiert, diverse Linien einzustellen, um Geld zu sparen. Besonders die Nachtbusse waren in der Diskussion. Außerdem wurde diskutiert, das Tarifsystem in Lissabon radikal zu vereinfachen und einen Verkehrsverbund mit einheitlichen Tickets für alle Verkehrmittel einzuführen. Aktuelle Infos unter www.lissabon-umgebung.de.

Straßenbahnen

Es gibt wohl kaum eine andere Großstadt in Europa, in der so betagte Straßenbahnen unterwegs sind wie in Lissabon. Die älteste Straßenbahn, die noch in Betrieb ist – wenn auch nur zu besonderen Anlässen –, ist die Tram Nr. 283 aus dem Jahr 1902.

Die Straßenbahn ist das beste Transportmittel, um die Stadt zu erkunden. Wer nur auf einen Sprung in Lissabon ist, sollte eine Fahrt mit der erlebnis- und aussichtsreichen Linie 28 unternehmen:

Ausgangspunkt ist die Praça Martim Moniz (Ⓜ Martim Moniz). Nach der Rua da Palma und der Avenida Almirante Reis fährt die Bahn nach rechts, um emsig den Graça-Hügel zu erklimmen. Oben angekommen, erreicht man bald den Largo da Graça, nicht weit entfernt liegen die Kirche *Igreja da Graça* und der Aussichtspunkt *Miradouro Nossa Senhora do Monte.* Die nächste Haltestelle befindet sich gegenüber der *Igreja São Vicente de Fora.* Wer zum Flohmarkt *Feira da Ladra* will, steigt hier aus.

Für alle anderen wird es nun abenteuerlich: Eine eingleisige Strecke (der Verkehr wird durch eine Ampel geregelt) führt durch die Gassen der Alfama, die z. T. so eng sind, dass sich die Passanten an die Haustüren drücken müssen, um von der Tram nicht erfasst zu werden. Dann wird die Straße wieder etwas breiter; nach einem weiteren eingleisigen Abschnitt in einer ansteigenden Kurve erreicht man den *Miradouro Santa Luzia,* von dem die Burg zu Fuß schnell erreicht werden kann. An der Kathedrale vorbei geht es in die Baixa hinunter. Der Wagenführer kurbelt dabei kräftig an den großen Handbremsenrädern; nicht umsonst wird er auf Portugiesisch *guarda-freios* (Bremsenhüter) genannt.

Es folgt ein kurzer Halt in der Rua da Conceição, und schon geht es wieder nach oben in Richtung Chiado. Die folgende Straße erinnert sehr an San Francisco, und siehe da: Sie heißt auch Calçada de São Francisco. Die Steigung ist mit 13,5 Prozent enorm – die steilste Straßenbahnstrecke der Welt!

Vorbei an der Oper *São Carlos* erreicht man den Largo Luís de Camões im Bairro Alto. Nicht weit davon ist das berühmte Café *A Brasileira* zu finden. Einige Straßenbahnen enden hier, die meisten setzen ihre Fahrt fort.

Kurz nach der Bergstation des *Ascensor da Bica* muss der Fahrer wieder kräftig an der Handbremse kurbeln, damit der Wagen nicht zu schnell den Berg hinunterschießt. Am *Parlament São Bento* vorbei geht es die Calçada da Estrela hinauf zur *Basílica da Estrela.* Rechts der Basilika liegt der zum Verweilen einladende Park *Jardim da Estrela.* Weiter geht es durch den grünen, rechtwinklig angelegten Arbeiterstadtteil Campo de Ourique zum *Cemitério dos Prazeres.* Auf dem „Friedhof der Vergnügungen“ kann eine kurze Erholungspause eingelegt werden, bevor es wieder zurückgeht – denn auf dieser Fahrt gibt es immer etwas zu entdecken ...

Aufzüge

Die vier Aufzüge gehören zu den Hauptsehenswürdigkeiten der Stadt, denn sie helfen einem nicht nur bequem die Hügel hinauf – die Fahrt an sich ist schon ein Erlebnis. Besonders der **Elevador de Santa Justa**, der die Baixa (Rua de Ouro) mit dem Chiado und dem Bairro Alto (Largo do Carmo) verbindet, ist ein Markenzeichen Lissabons. Die zwei Aufzugskabinen verkehren senkrecht nach oben. Die anderen drei Aufzüge sind Standseilbahnen und heißen offiziell eigentlich *ascensores*, im Volksmund werden sie aber einfach als *elevadores* bezeichnet: Der **Ascensor da Glória** verbindet die Praça dos Restauradores mit der Rua São Pedro de Alcântara, der **Ascensor do Lavra** führt vom Largo da Anunciada (nicht weit von der Praça dos Restauradores) auf den Hügel Santana, der vierte Aufzug schließlich, der **Ascensor da Bica**, verbindet die Rua de São Paulo und den Largo do Calhariz im Bairro Alto.

Betriebszeiten

Elevador de Santa Justa: tägl. 7–22 Uhr (im Sommer bis 23 Uhr).

Ascensor da Glória: Mo–Do 7–24 Uhr, Fr 7–2 Uhr, Sa 8.30–2 Uhr, So 9–24 Uhr.

Ascensor do Lavra und **Ascensor da Bica**: Mo–Sa 7–21 Uhr, So 9–21 Uhr.

Organisierte Stadtrundfahrten

Allen organisierten Stadtrundfahrten in Lissabon ist gemein, dass sie ziemlich überteuert sind. Mit etwas Eigeninitiative können die gleichen Orte oft zu einem Bruchteil des Preises erkundet werden.

Hills Tramcar Tour: Stilvolle Fahrt in einer Straßenbahn aus dem Jahr 1902 von der Praça do Comércio durch die Hügel der Altstadt Lissabons. Mit Audioguide auf Deutsch und in anderen Sprachen.

Steil nach oben: der Ascensor do Lavra

Verbindungen Bahnhöfe – Busbahnhof – Flughafen

Nach / Von	Santa Apolónia	Cais do Sodré	Rossio	Sete Rios – Jardim Zoológico	Gare do Oriente	Flughafen
Santa Apolónia		Metro, Bus 28, 735, 781	Metro, Bus 759	Metro	Zug, Metro, Bus 28, 759	keine direkte Verbindung
Cais do Sodré	Metro, Bus 28, 735, 781		Metro, Bus 36, Aerobus 1	Metro	Metro, Bus 28	Aerobus 1
Rossio	Metro, Bus 759	Metro, Bus 36, Aerobus 1		Metro	Metro, Bus 759	Aerobus 1
Sete Rios – Jardim Zoológico	Metro	Metro	Metro		Metro,	Aerobus 3
Gare do Oriente	Zug, Metro, Bus 28, 759	Metro, Bus 28	Metro, Bus 759	Metro		Bus 705, 44, Aerobus 2
Flughafen	keine direkte Verbindung	Aerobus 1	Aerobus 1	Aerobus 3	Bus 705, 44, Aerobus 2	

Im Wesentlichen eine Mischung aus den Strecken der regulären Straßenbahnlinien 25 und 28.

Tagus Tour: Eine Fahrt in kitschigen, oben offenen Doppeldeckerbussen nach Londoner Vorbild zu den Sehenswürdigkeiten am Tejo-Ufer im Westen der Stadt. Dazu werden Audio-Infos in Portugiesisch, Deutsch, Französisch, Englisch und anderen Sprachen abgespult.

Olisipo Tour: Wie die Tagus Tour (s. o.), in diesem Fall geht die Rundfahrt allerdings in den Osten der Stadt.

Cruzeiros no Tejo: Per Schiff der Gesellschaft Transtejo geht es an der Küste entlang mit schönem Blick auf die Stadt.

Abfahrtszeiten

Hills Tramcar Tour: Juni bis Sept. alle 20 Min., Okt. bis Mai alle 40 Min. von der Praça do Comércio. Dauer 1:20 Std. Erw. 18 € (gilt 24 Std.), bis 10 J. die Hälfte. www.yellowbustours.com.

Tagus Tour: Abfahrt ganzjährig alle 30 Min. von der Praça da Figueira. Dauer 2 Std. Erw. 15 € (gilt 24 Std.), bis 10 J. die Hälfte. www.yellowbustours.com.

Olisipo Tour: Abfahrt ganzjährig alle 45 Min. von der Praça da Figueira. Dauer 2 Std. Erw. 15 € (gilt 24 Std.), bis 10 J. die Hälfte. www.yellowbustours.com.

Cruzeiros no Tejo: nur April bis Okt. Eine längere Tour (2:30 Std.) tägl. 15 Uhr ab der Fährstation Terreiro do Paço (Erw. 20 €, bis 12 J. und Rentner 50 % Ermäßigung). Eine kürzere Tour (1 Std.) tägl. 16.30 Uhr ab der Station am Cais do Sodré (Erw. 15 €, bis 12 J. und Rentner 50 % Ermäßigung). Infos unter ✆ 808203050, www.transtejo.pt.

Stadtspaziergänge

Wer die Stadt nicht nur selbst erkunden möchte, dem bietet sich inzwischen ein recht breites Angebot an verschiedenen Touren.

Lisbon Walker: der größte Anbieter von Stadtspaziergängen in Lissabon. Tägl. um 10 und um 14.30 Uhr englische Touren mit einer Dauer von 2 bis 3 Stunden (keine Touren am 25.12. und am 1.1.) Hier ist im Gegensatz zu den anderen Anbietern keine Vorausbuchung nötig. Treffpunkt ist die Nordwestecke der Praça do Comércio in der Nähe des Turismo (Ⓜ Terreiro do Paço). Pro Person 15 €, unter 26 J. und ab 65 J. 10 €, bis 12 J. frei. Vorab buchbar sind außerdem individuelle Touren sowie Spaziergänge auf Deutsch. Die Preise entsprechen denen der englischen Touren. Rua dos Remédios, 84, Ⓜ Santa Apolónia, ✆ 218861840, www.lisbonwalker.com.

Lissabonner LiteraTouren – Luaverde: Die in Lissabon lebende Deutsche Simone Klein hat mehrere Spaziergänge für Gruppen von zwei bis acht Personen mit einer Dauer von 2 bis 3 Stunden im Angebot. „Kunststück Azulejo: Wie eine Fliese die Fassaden Lissabons erobert hat" leitet die Teilnehmer anhand der typisch portugiesischen Fliesen zu bekannten und eher versteckten Sehenswürdigkeiten in der Baixa, Graça und Alfama. „Fernando Pessoa: Lissabons passioniertester Spaziergänger" bietet über Zitate des berühmten Dichters einen poetischen Zugang zur Stadt und ihren Stadtteilen Baixa und Chiado. Hier nimmt besonders die Liebesgeschichte zwischen Pessoa und Ofélia Queiroz einen breiten Raum ein. Es sind auch individuell zugeschnittene Stadtführungen möglich. Bei Gruppen ab drei Personen 20 € pro Person, falls nur zwei Personen insgesamt 50 €. Kinder bis 10 J. frei, Schüler und Studenten bis 28 J. 30 % Ermäßigung. ✆ 969838183 (mobil), www.luaverde.com.

Kosmus: Im Angebot sind mehrere Touren mit drei oder sechs Stunden Dauer zu Themen wie dem Erdbeben von 1755 oder „Das Lissabon der Entdeckungen". Diese Stadtspaziergänge werden alle auf Deutsch und Englisch angeboten. Bei 2 bis 4 Teilnehmern kosten die 3-Stunden-Touren pro Person 25 €, für 6 Stunden sind 40 € zu zahlen. Kinder unter 5 J. sind frei, bis 12 J. zahlen sie die Hälfte. Rua Carlos Mardel, 33, Ⓜ Arroios, ✆ 218489097, www.kosmus.com.

Portimar: deutsch-portugiesische Incomingagentur, die auch Stadtführungen für Gruppen organisiert. Sie gehört zum deutschen Reiseveranstalter Olimar. Rua de São Julião, 138, ✆ 282470013, www.portimar.pt.

Taxi

Das Taxifahren in Lissabon ist durchaus noch erschwinglich. Die Taxis sind in Portugal in der Regel genau wie in Deutschland beigefarben, manchmal auch grünschwarz. Vor der Fahrt sollte man unbedingt darauf achten, dass der Fahrer die Zähluhr auf die Grundgebühr und den richtigen Tarif einstellt. Zwischen Montag und Freitag muss tagsüber Tarif 1 auf der Taxameteranzeige erscheinen, zwischen 21 und 6 Uhr sowie an Wochenenden und Feiertagen ganztags gilt dagegen Tarif 2. Dann sind alle Preise und Zuschläge etwa ein Fünftel höher.

Vor allem am Flughafen ist ein gewisses Misstrauen bei den Tarifen nicht fehl am Platz. So bekommt man nicht nur als Ausländer gerne von den Taxifahrern Folgendes erzählt: Die Taxipreise seien kürzlich angehoben worden, aber die Taxameter noch nicht angepasst, daher würden Umrechnungstabellen verwendet. Bis auf wenige Ausnahmen ist das falsch. Man sollte überprüfen, ob die Umrechnungstabellen von der Stadt offiziell beglaubigt sind. Außerdem sollte die Differenz zum Taxameter-Preis nicht mehr als ca. 10 % betragen. Ab und zu stellen die Fahrer auch Tarif 4 ein, der normalerweise nur für Fahrten in die Vororte außerhalb Lissabons gültig ist. Ein weiterer Trick ist, den Gepäckzuschlag nicht nur einmal, wie vorgeschrieben, sondern für jedes Gepäckstück einzeln abzurechnen.

In der Nacht vom 12. auf den 13. Juni (Stadtfeiertag Santo António) sowie in der Neujahrsnacht ist es übrigens so gut wie unmöglich ein freies Taxi zu finden. Hier sollte man sich auf lange Wartezeiten einstellen.

Preise

Die Grundgebühr beträgt 2 € (im Tarif 2 sind es 2,50 €). Pro Kilometer fallen etwa weitere 0,45 € an (im Tarif 2 sind es 0,54 €). Wenn der Kofferraum benutzt wird, kostet es

Verkehrsschlagader Richtung Süden: Ponte 25 de Abril

1,60 € Zuschlag. Wurde das Taxi per Telefon bestellt, so kommen 0,80 € extra dazu.

Funktaxis

Rádio Táxis de Lisboa, ✆ 218119000; Teletáxis, ✆ 218111100.

Eigenes Auto oder Mietwagen

Lassen Sie das Auto stehen! Die Parkplatzsuche ist unerquicklich, der Verkehr oft stockend und chaotisch. Mit den – zudem noch umweltfreundlicheren – öffentlichen Verkehrsmitteln kommt man meist schneller und auch billiger voran.

Wer schwache Nerven hat, sollte sich in Lissabon ohnehin nicht hinters Steuer setzen: Schon das ständige Hupen kann einem gewaltig zusetzen, zumindest dann, wenn man an „normale" deutsche Verhältnisse gewöhnt ist. Rechts zu überholen ist vollkommen üblich; die linke Fahrspur auf mehrspurigen Straßen muss nicht unbedingt die schnellste sein. Ergebnis des lockeren Umgangs mit Verkehrsregeln sind hohe Unfallzahlen. Die recht unvollständige Ausschilderung bereitet Ortsunkundigen zusätzliche Probleme.

Einen **Mietwagen** gleich in Deutschland zu buchen kann sich lohnen. Man spart sich viel Ärger, da die Kapazitäten vor Ort auch in der Nebensaison häufig ausgeschöpft sind. Außerdem liegt der Preis bei den meisten Veranstaltern niedriger als am Zielort. Das gilt vor allem, wenn über das Internet gebucht wird (Anbieter → S. 42). Auf einen Mietwagen für die gesamte Aufenthaltsdauer kann man in Lissabon aber getrost verzichten. Hier kommt man mit öffentlichen Verkehrsmitteln meist besser voran. Außerdem kann das Parken sehr ins Geld gehen.

Einen Wagen bekommt man bei Internetbuchung pauschal ab ca. 30 € pro Tag oder 150 € für eine Woche, in der Nebensaison schon ab wenig mehr als 100 €. Dazu kommt jeweils nur noch der Treibstoff.

In der Regel darf man erst ab einem Alter von 21 Jahren einen Mietwagen ausleihen, bei manchen Anbietern sogar erst ab 24 Jahren. Zusätzliche Bedingung ist mindestens ein Jahr Fahrpraxis. Gewöhnlich muss man eine Kreditkarte als Kaution vorlegen.

Verkehrsvorschriften

Innerorts ist bei 50 km/h Schluss, auf Landstraßen variiert die Grenze zwischen 90 km/h und 100 km/h auf autobahnähnlichen Straßen, auf Autobahnen ist das erlaubte Maximum 120 km/h. Das Telefonieren am Steuer ohne Freisprecheinrichtung ist verboten und wird mit Strafen zwischen 120 und 600 € sowie Fahrverbot geahndet!

Die Promillegrenze liegt bei 0,5! Über 0,5 Promille sind drastische Strafen fällig: 250–2500 € Geldbuße und 1–24 Monate Führerscheinentzug. Ab 1,2 Promille gilt Trunkenheit am Steuer als Straftat und wird mit bis zu einem Jahr Gefängnis geahndet!

Parken

An Werktagen kann es in Lissabon extrem schwierig sein, einen Parkplatz zu finden. In einem Großteil Lissabons muss Mo–Fr 8–20 Uhr für die Parkplätze bezahlt werden (Sa/So/Fei meist frei, die Hauptverkehrsstraßen sind auch Sa 9–14 Uhr kostenpflichtig). 4 Std. Parken kostet in der Regel ca. 5 €.

Die Höchstdauer ist meist auf 4 Std. begrenzt, an Hauptverkehrsstraßen auf 2 Std. Wer den Wagen länger parken will, muss auf noch teurere Parkhäuser ausweichen: Tiefgaragen z. B. Praça dos Restauradores (Einfahrtmöglichkeit nur aus Richtung Praça Marquês de Pombal vom äußeren rechten Fahrstreifen der Av. da Liberdade aus), Praça da Figueira, Praça Martim Moniz, Largo Chão do Loureiro (alle Baixa), Portas do Sol (Alfama), Praça Luís de Camões (Bairro Alto), Praça Marquês de Pombal (Avenida da Liberdade) und Picoas (Avenidas Novas).

Für ein Knöllchen zahlt man übrigens zwischen 30 und 130 € und hat dabei das Vergnügen, die langwierige Bürokratie der städtischen Parkplatzgesellschaft EMEL E.E.M. kennenlernen zu dürfen (www.emel.pt).

Auto abgeschleppt?

Ihr Wagen steht wahrscheinlich bei den *Carros Rebocados* der *Polícia de Segurança Pública* (PSP – Reboque Viaturas) am Parque Eduardo VII (✆ 213831813), am Campo Grande (✆ 217510723), im Stadtteil Restelo (✆ 213016864) oder in Telheiras (✆ 217157497). Hin und wieder schleppt auch die städtische Polizei, *Polícia Municipal*, ab (✆ 217825200). Wenn die Parkgesellschaft EMEL E.E.M. abschleppt, dann steht der Wagen auf der Praça Humberto Delgado – Parque de Sete Rios (✆ 217813666).

Autobahnen

In Portugal gibt es verschiedene Arten von Autobahnen. Die **Autoestradas** werden meist von der privaten Gesellschaft *BRISA* betrieben und sind gebührenpflichtig; man erkennt sie an den blauen Schildern, die oft den Hinweis *portagem* (mautpflichtig) tragen. Die autobahnähnlich ausgebauten, grün ausgeschilderten **Itinerários Principais (IP)** und **Itinerários Complementares (IC)** sind zwei- bis vierspurig und können in der Regel gebührenfrei befahren werden.

Pannenhilfe

Automóvel Clube de Portugal/ACP (Partnerschaftsabkommen mit vielen deutschen Automobilclubs), 24-Stunden-Pannenhilfe für den Großraum Lissabon, ✆ 707509510. In jedem Fahrzeug muss eine Leuchtweste vorhanden sein, die man anziehen muss, wenn man im Fall einer Panne das Auto

In der zweiten Reihe parken – völlig normal in Lissabon

Hier geht's zum Tejoufer-Radweg

verlässt. Ansonsten droht eine Strafe zwischen 120 und 600 €.

Mietwagen via Internet

Lissabon und Umgebung, www.lissabon-umgebung.de; **Sunny Cars**, www.sunnycars.de; **Holidayautos**, www.holidayautos.de; **Billiger Mietwagen.de** www.billiger-mietwagen.de.

Mietwagenanbieter vor Ort

Die großen Mietwagenfirmen sind alle auch in der Ankunftshalle des Lissabonner Flughafens vertreten. Achtung: Beim Abholen oder Zurückgeben im Flughafen wird teilweise ein Zuschlag fällig. Außerdem gibt es folgende Stadtbüros:

A.A. Castanheira Budget, Av. João Crisóstomo, 89-A, Ⓜ São Sebastião, ✆ 213195500, www.budgetportugal.com. Auch Motorräder.

Auto Jardim, Rua Luciano Cordeiro, 6, ✆ 800200613 und 213582273, www.auto-jardim.com.

Europcar, Av. António Augusto de Aguiar, 24-C/D, Ⓜ Parque, ✆ 213535115, www.europcar.pt. Auch am Bahnhof Gare do Oriente, Ⓜ Oriente, ✆ 218946071.

Sixt, Rua da Centieira, Ⓜ Cabo Ruivo, ✆ 218364040, www.sixt.pt.

Fahrrad

Der teilweise chaotische Autoverkehr und die vielen Hügel machen Lissabon nicht zur idealen Fahrradstadt. Empfehlenswerte Radwege gibt es aber dennoch: Vor allem lockt die 7 km lange Strecke am Tejo-Ufer zwischen dem Cais do Sodré und Belém. Im Monsanto-Park sowie nördlich des ehemaligen EXPO-Geländes zwischen der Torre Vasco da Gama und dem Fluss Trancão verlaufen weitere Radwege.

Mietfahrräder: Bike Iberia, etwas versteckt neben einem Parkplatz mit Palmen zwischen der Igreja do Corpo Santo und dem Bahnhof Cais do Sodré. Die Adresse für Radler in Lissabon: Hier gibt es jede Menge Tipps vom radbegeisterten Personal, außerdem Verleih und Verkauf von Fahrrädern und Ortlieb-Taschen. Es werden auch geführte Radtouren innerhalb Lissabons und nach Cascais, Sintra und an die Costa da Caparica angeboten (ab 30 € pro Person). Das reine Ausleihen von Rädern kostet 14 € pro Tag bzw. 90 € pro Woche. Die Fahrräder sind hochwertig, gut gewartet und in verschiedenen Größen und Ausführungen verfügbar. Die Rückgabe ist prinzipiell auch in anderen Städten Portugals möglich. Tägl. ab 9.30 Uhr. Largo Corpo Santo, 5, Ⓜ Cais do Sodré, ✆ 213470347, www.bikeiberia.com. ■

Belém Bike, kleiner Verleih mit einfachen Rädern neben dem Museu da Electricidade in Belém (auf der Seite Richtung Innenstadt am Tejoufer-Radweg). Mi–So 10–20.30 Uhr. Die erste halbe Stunde kostet 2,50 €, jede weitere 1–1,50 €. ✆ 963780233, www.belembike.com.

Tejo Bike, direkt hinter dem Parque-das-Nações-Infostand gegenüber dem Ausgang des Einkaufzentrum Vasco da Gama. Im Sommer tägl. 10–20 Uhr, im Winter 11–18 Uhr. Die erste halbe Stunde kostet 2,50 €, jede weitere 1,50 €. Parque das Nações, Ⓜ Oriente, ✆ 218919333, www.tejobike.pt.

Fahrrad-Karte: im Internet auf den Seiten der Stadt unter lisboaciclavel.cm-lisboa.pt.

Fahrrad-Transport: Nach Portugal kann man eigene Fahrräder nur noch per Auto oder Flugzeug mitnehmen – per Bus oder Bahn ist es nicht mehr erlaubt. Die Carris-Straßenbahnen erlauben den Transport von Fahrrädern nicht. Das gilt auch für die meisten Carris-Busse, nur in einigen Linien können die Räder mitgenommen werden (in dem Fall dann kostenlos). In der Metro kann das Rad am Wochenende kostenlos mitgenommen werden, unter der Woche dagegen erst ab 20.30 Uhr. Räder können tägl. den ganzen Tag über kostenlos in den Vorortzügen mitgeführt werden. Auch die Transtejo befördert auf allen Schiffslinien Räder kostenlos (kein Transport Mo–Fr 6.30–9 Uhr von Cacilhas nach Lissabon und 16–20 Uhr in umgekehrter Richtung).

Die etwas andere Tour – mit dem Fahrrad durch Lissabon

Doppeldeckerbusse, Straßenbahnen oder Stadtspaziergänge – es gibt viele Optionen, Lissabon kennenzulernen. Doch seit ein paar Jahren ist das Fahrrad als neue und etwas andere Möglichkeit hinzugekommen, die portugiesische Hauptstadt zu entdecken. Das Unternehmen Bike Iberia bietet mehrere geführte Radtouren an, die beliebteste führt entlang des Tejo-Ufer-Radweges.

Der Radweg beginnt praktischerweise direkt in der Nähe des Sitzes von Bike Iberia am Cais do Sodré. Immer am Fluss entlang, erhält man auf der Fahrt interessante Einblicke in den Lissabonner Hafen. Die Führer halten immer wieder kurz an, um die einzelnen Sehenswürdigkeiten vorzustellen. Für Liebhaber portugiesischer Poesie bieten sich weitere Stopps an, da der Radweg von der Stadt mit Gedichten von Fernando Pessoa besprüht wurde.

Es ist noch gar nicht so lange her – genau gesagt Anfang der 90er Jahre –, dass Radfahrer in Lissabon wie Marsmenschen bestaunt wurden. Heute erntet man auf der Tour keine verwunderten Blicke mehr, man muss höchstens damit rechnen, dass viele Lissabonner den Fahrradweg als Joggingstrecke verwenden.

Erstes Ziel der Tour ist die Torre de Belém am Ende des Ufer-Radwegs. Ein paar Minuten weiter besteht die Möglichkeit, die Kirche des Mosteiro dos Jerónimos zu besichtigen und eine Pause in den Grünanlagen von Belém bei einem *pastel de nata* einzulegen. Zurück geht es entweder erst ein Stück entlang der Tramlinie 16 durch Alcântara oder direkt über den Ufer-Radweg.

Wer Lust auf mehr Fahrradtouren durch Portugals Hauptstadt bekommen hat: Es wird auch eine zweite Tour zur Kathedrale, Avenida da Liberdade, den Stadtpark Eduardo VII und ins Bairro Alto angeboten. Hier allerdings auf normalen Straßen, da in dieser Gegend (noch) keine Fahrradwege existieren. Kontakte von Bike Iberia s. o. „Mietfahrräder“.

Blick von der Burg auf das Stadtzentrum mit der Praça da Figueira und dem Rossio

Übernachten

Mit über 100 Hotels und Pensionen gibt es in Lissabon ein schwer zu überschauendes Angebot. Die feudalsten Unterkünfte sind im aristokratischen Stadtteil Lapa zu finden, die modernen Hotels der Geschäftsreisenden liegen an der Avenida da Liberdade oder den Avenidas Novas. Altstadtflair und schöne Aussicht bieten die Unterkünfte in der Mouraria und der Graça. Für den schmalen Geldbeutel ist ebenfalls gesorgt, denn Lissabon verfügt über einige der besten und modernsten Hostels weltweit.

Sparen durch Internetbuchung

Eine vorherige Buchung über das Internet kann bei Hotels einen Rabatt von mehr als 50 % im Vergleich zum Listenpreis bringen. Zahlreiche Angebote unter www.hotels-in-lissabon.com. Dort können Sie auch Flüge und Mietwagen buchen.

Angegeben ist in diesem Buch in der Regel die Preisspanne für Doppelzimmer (DZ) für Neben- und Hauptsaison. Ein Einzelzimmer (EZ) kostet gewöhnlich etwa 20 % weniger. Für ein Zusatzbett in einem Doppelzimmer zahlt man 30 % des Zimmerpreises (Kinder unter 8 Jahren nur die Hälfte dieses Betrags). In vielen Hotels ist ein Kind bis 12 Jahren frei, wenn es im Zimmer der Eltern übernachtet. Die offiziell angegebenen Preise sind Endpreise, d. h. sie müssen alle Steuern und Abgaben enthalten.

In der Hochsaison Mitte Juni bis Mitte September sowie um Ostern und Neujahr sind zahlreiche Unterkünfte ausgebucht. Zu diesen Zeiten empfiehlt sich dringend eine frühzeitige Vorausbuchung!

Die in Portugal übliche Zeit zum Auschecken ist 12 Uhr mittags. Fast immer besteht aber die Möglichkeit, das Gepäck noch einige Stunden in einem Abstellraum aufbewahren zu lassen.

Hotels

Hotéis werden in Portugal mit dem internationalen Sternesystem klassifiziert. Die höchste Stufe hat fünf Sterne, die niedrigste einen. Standard ist in praktisch allen Hotelzimmern Satelliten-TV, Telefon und ein eigenes Bad.

Albergarias

Albergarias sind hotelähnliche Unterkünfte, die aber nach den Klassifikationskriterien für Pensionen eingeteilt werden. Der Zimmerstandard ist hoch (stets mit eigenem Bad). Albergarias haben kein eigenes Restaurant, aber eine Bar.

Pensionen

Die Pensionen wurden früher mit einem Klassifikationssystem von einem bis vier Sterne eingeteilt, das teilweise immer noch in Verwendung ist. Inzwischen gibt es ein neues System mit drei Stufen: Die *1.ª Categoria* entspricht vier Sternen, die *2.ª* drei Sternen und die *3.ª* zwei Sternen. In der *1.ª* oder *2.ª* erhält man praktisch immer ein eigenes Bad oder eine eigene Dusche. Pensionen ohne Restaurant nennen sich *Pensão Residencial*, häufig auch einfach nur *Residencial*.

Pensionen ohne Klassifizierung sind nicht offiziell und werden somit auch nicht von der portugiesischen Tourismusdirektion überwacht, was ein gewisses Qualitätsrisiko bedeutet. Man erkennt diese Pensionen auch daran, dass das grüne Schild des offiziellen Klassifikationssystems am Eingang fehlt.

Casas de Hóspedes

Die billigste und einfachste Unterkunftsmöglichkeit sind die sog. „Gästehäuser", in denen oft auswärtige Arbeiter untergebracht sind. Daher haben sie meist wenig Pensionscharakter. Die Gästehäuser werden nicht von der Tourismusdirektion, sondern von den jeweiligen Stadtverwaltungen überwacht. Zum Teil gibt es deutliche Qualitätsunterschiede.

Ferienwohnungen und Appartements

Lissabon entdeckt die Ferienwohnung. Während es Anfang der 90er Jahre kaum möglich war, eine Ferienwohnung in den historischen Altstadtvierteln zu mieten, so haben inzwischen immer mehr Anbieter diesen Markt besetzt. Zahlreiche Lissabonner haben Wohnungen, Studios oder manchmal auch nur Zimmer in historischen Gebäuden renoviert und vermieten sie nun über einen der diversen Anbieter an Touristen als Alternative zu einem Hotelzimmer. Gerade für Familien mit Kindern oder auch für diejenigen, die während des Urlaubs gerne selbst kochen möchten, eine gute und oft gar nicht so teure Wahl. Außerdem kann man sich mitten unter den Nachbarn ein bisschen wie ein echter Lissabonner fühlen.

››› Mein Tipp: **Lissabon-Altstadt.de**, mehrere hübsche Altstadtwohnungen in der Rua de São Vicente 35/37 zwischen Kloster São Vicente und Burg. Das Appartement im 3. Stock ist wie viele Wohnungen in der Alfama recht klein (so passt ins Schlafzimmer wenig mehr als das Bett), hat aber Blick auf die Burg. Dielenboden, Fernseher, Radio und Küche. Etwas geräumiger ist die Wohnung im 2. Stock. Diese Appartements kosten ab 30 bis 70 € pro Nacht bei Belegung mit zwei Erwachsenen (jede weitere Person zusätzlich 20 € pro Nacht, Kinder bis 9 J. zahlen 10 €). Dazu kommen 40 € für die Endreinigung. Handtücher und Bettwäsche

wäsche inklusive. Zahlreiche weitere Appartements werden in Stadtteilen wie Alfama, Graça, Baixa, Chiado, Bairro Alto, Campo de Ourique, Lapa, Belém und Parque das Nações in verschiedensten Größen und Ausstattungen vermittelt, darunter auch mehrere Luxus-Appartements. In der Nebensaison teilweise sehr günstige Angebote. Maria do Ceu Florindo da Silva Zacharias und Witold Zacharias, Kopenhagener Str. 26, 10437 Berlin, ✆ 030/4489451, 📠 00351/218127121 www.lissabon-altstadt.de. «

At Home in Lisbon, in Lissabon ansässige Firma (englischsprachig), vermittelt mehr als 50 Appartements in historischen Stadtteilen Lissabons. Darunter zahlreiche Appartements in Santos (Madragoa), dem Bairro Alto (Principe Real) und dem Chiado. Einige Ferienwohnungen auch in der Alfama und Belém. Es gibt auch Wohnungen in der Umgebung Lissabons so in Oeiras, Cascais und Azeitão. Es sind zahlreiche Studios im Angebot, aber auch größere Wohnungen. Einige mit schönem Ausblick auf die Stadt. In der Regel Waschmaschine und Küche. Die Preise beginnen je nach Saison bei etwa 60–70 € pro Nacht (bei Belegung mit zwei Erwachsenen, pro weitere Person 20 €, Kinder zahlen 10 €). Mindestaufenthalt 3 Nächte, ab 7 Nächte 10 % Rabatt, ab 30 Nächten 20 %. Endreinigung in der Regel inklusive. Haustiere sind teilweise erlaubt. Cç. do Castelo Picão, 54-2°, 1200-629 Lisboa, ✆ 00351/967092506 (mobil), www.athomeinlisbon.com.

Casa Feria, die Agentur des Michael Müller Verlags vermittelt auch in Lissabon Ferienhäuser und -wohnungen (deutschsprachige Mitarbeiter). Im Angebot sind verschiedene Appartements für 2–6 Pers., teilweise in Lissabonner Altstadt-Vierteln, teilweise in neueren Stadtteilen. Vom Studio in der Alfama über Wohnungen im Bairro Alto bis zur kompletten Villa in Olivais reicht die Auswahl. Auch in der Umgebung Lissabons werden Wohnungen angeboten: so in Cascais, Estoril und Azeitão. Studio für 2 Pers. je nach Saison ab 255–345 €/Woche, Appartment für 4 Pers. ab 305–435 €/Woche. Mindestbelegung 3 Nächte. Teilweise kommt ein Zuschlag für die Endreinigung dazu. ✆ 09131/812808-13, 📠 09131/812808-60, www.casa-feria.de.

Chiado 16 Premium Accomodation 50, → Karte Baixa/Chiado S. 122/123. 4 Luxus-Appartments im Chiado. Die holländische Eigentümerin hat in das herrschaftliche Gebäude moderne, 85 qm große Fewos eingebaut. Die Tram 28 kurvt unten um das Haus herum. Schalldichte Fenster lassen wenig Lärm herein, ermöglichen aber einen herrlichen Blick auf den Burgberg und von den oberen Wohnungen auch auf den Tejo. Rezeption 8–22 Uhr, tägl. Reinigung. Rundum-Ausstattung mit modernen Küchen, geräumigen Bädern, ausladenden Wandschränken, Klimaanlage, Flachbild-TV, Stereoanlage, Telefon, WLAN kostenlos, Drucker, Waschmaschine, Bügeleisen, Fön ... Kein Mindestaufenthalt. Je nach Saison 200–250 € pro Nacht bei Belegung mit 2 Pers. (inkl. Frühstück), 1 Kind bis 12 J. kostenlos. Largo da Academia Nacional das Belas Artes, 16, Ⓜ Baixa/Chiado, ✆ 213941616, 📠 213941617, www.chiado16.com.

Hostels und Jugendherbergen

Lissabon verfügt über eine große Zahl an modernen und preiswerten Hostels, die häufig in renovierten Altstadthäusern untergebracht sind. Bis 2005 gab es in Lissabon kurioserweise im Gegensatz zu Deutschland, Australien oder den USA keinerlei Hostels. In den vergangenen Jahren sind aber zahlreiche eröffnet worden.

Da die ersten Hostels der Stadt bereits eine exzellente Qualität geboten haben, mussten die Neueröffnungen nachziehen, um den Konkurrenzkampf zu überleben. So befinden sich in Lissabon nach Bewertung von Hostelworld, der international führenden Buchungsplattform dieses Bereichs, die besten Hostels der Welt. Seit Jahren stufen die Hostelworld-Kunden mehrere Lissabonner Herbergen als die weltweit führenden ein.

Die meisten Hostels bieten Schlafsäle mit 4 bis 8 Betten, viele auch preiswerte Doppelzimmer. Im Gegensatz zu den Pensionen finden Alleinreisende hier schnell Anschluss an Gleichgesinnte. Meist ist die Atmosphäre familiär und gemeinschaftlich geprägt – es wird zusammen gekocht, ferngesehen und man verabredet sich zu Kneipentouren.

Wer Ruhe sucht, sollte die meisten Hostels eher meiden. Es kommt regelmäßig vor, dass Gäste mitten in der Nacht beschwipst von einer Bairro-Alto-Tour zurückkehren und die Nachtruhe der Schlafenden deutlich verkürzen. In der Regel sind die Gebäude dichter belegt und dazu auch noch wesentlich hellhöriger als moderne Hotels und Pensionen – leider ein Nachteil der Altbauwohnungen.

Neben den privaten Hostels existieren auch staatliche Jugendherbergen, die *Pousadas de Juventude*. Zur Übernachtung ist hier ein Jugendherbergsausweis notwendig, den man in Deutschland kaufen kann, jedoch auch für 6 € in jeder portugiesischen Herberge bekommt (*Cartão Alberguista*). Als Jugendherbergsausweis gilt auch die portugiesische Jugendkarte *Cartão Jovem* (→ „Wissenswertes/Cartão Jovem" S. 99). In allen Jugendherbergen gibt es mittlerweile auch Doppelzimmer (ohne Geschlechtertrennung), die nur etwas mehr als zwei Schlafplätze in einem Mehrbettzimmer kosten.

Im Sommer sind die Hostels und Jugendherbergen oft ausgebucht, deshalb ist eine Reservierung dringend anzuraten – vor allem, wenn man ein Doppelzimmer möchte.

Reservierungen der Jugendherbergen können in allen Jugendherbergen in Portugal oder in der portugiesischen Reservierungszentrale vorgenommen werden: ✆ 70 7203030, 📠 217232101, reservas@movijovem.pt, www.pousadasjuventude.pt. Die Reservierung kostet 2 € pro Person. Reservierung aller **Hostels** und der Jugendherbergen auch über www.lissabon-umgebung.de.

Baixa/Chiado

Die Ziffern beziehen sich auf die Karte S. 122/123.

Goodnight Hostel 39, zentral in der Baixa inmitten der Fußgängerzone. Am Eingang klingeln, dann in den 2. Stock des Baixa-Altbaus (kein Aufzug). Gemütlicher, in Grün gehaltener Aufenthaltsraum im Lounge-Stil, dazu ein eigenes Fernsehzimmer mit zahlreichen DVDs. Aufgeräumte und gut bestückte Küche für Selbstkocher. Einige Getränke sind umsonst, ebenso mehrere Computer mit Netzzugang und WLAN. Bis direkt unters Dach (6. Stock) sind 9 relativ eng bestückte Schlafsäle mit Doppelbetten sowie 3 DZ untergebracht. Für die Baixa eher niedrige Decken. Schließfächer. Gemeinschaftsbäder. Kinderfreundlich. Im Mehrbettzimmer je nach Saison 16–20 € pro Person, pro DZ 50 € (jeweils inkl. Frühstück) – vor allem an Wochenenden und in der Hochsaison reservieren. Rua dos Correeiros, 113-2°, Ⓜ Baixa/Chiado, ✆/📠 213430139, www.goodnighthostel.com.

››› Mein Tipp: **Shiado Hostel Lisboa** 45, zentral und dennoch ruhig im Chiado gelegen. Eines der wenigen Hostels in Lissabon, die sich auf ein eher Ruhe suchendes Publikum ab 30 Jahre und weniger auf Partygänger spezialisiert haben. Italienisch-portugiesisches Besitzerehepaar. Alle Zimmer auf der 3. Etage des Hauses (Aufzug), teilweise Blick auf den Opernplatz. Im Erdgeschoss das Kaffeehaus-Restaurant. 4er-, 6er- und 8er-Schlafsäle, dazu 4 DZ. Zwei nach Geschlechtern getrennte Gemeinschaftsbäder. Schließfächer. Schöner Altbau: individuell gestaltete Zimmer mit Holzböden und hohen Decken. Gemeinschaftsraum mit TV. Kleine Küche und Frühstücksraum. Getränke und Cornflakes zur Selbstbedienung. WLAN und Internetrechner kostenlos. Schlafsaal je nach Saison ab 10–21 €, DZ ab 44–60 € (Frühstück jeweils inkl.). Rua Anchieta, 5-3°, Ⓜ Baixa/Chiado, ✆ 213429227, www.shiadohostel.com. ‹‹‹

Lisbon Lounge Hostel – LLH 42, im Zentrum der Baixa, die Tram 15 rattert vor der Tür vorbei, auch ansonsten eine eher verkehrsreiche und laute Lage. Am Eingang klingeln

Das Travellers House Hostel (→ S. 49) gewann 2008, 2009 und 2010 in Folge als bestes Hostel der Welt den „Hoscar" (Preis der Internetseite hostelworld.com)

und dann in den 1. Stock (kein Aufzug). Schön renovierter Altbau: viel helles Holz, teilweise sind noch die alten Gemäuer sichtbar. 7 Schlafsäle mit 4 bis 8 Betten, dazu noch 2 DZ (mit eigenem Fernseher) auf insgesamt drei Stockwerken. Große, saubere und moderne Gemeinschaftsbäder. Handtücher nicht inklusive, können aber preiswert ausgeliehen werden. Aufenthaltsraum mit gemütlichen Sesseln im Lounge-Stil. WLAN- und Internetrechner kostenlos. Waschmaschine und Trockner. Minibar. Kaffee und Tee umsonst. Gemeinschaftsküche, es wird tägl. aber auch ein Abendessen angeboten. Das LLH wurde 2010 von der Internetseite Hostelworld als zweitbestes Hostel der Welt prämiert. Im Mehrbettzimmer je nach Saison 18–22 € pro Person, pro DZ 50–60 € (jeweils inkl. Frühstück) – Reservierung vor allem in der Hauptsaison sehr empfohlen. Rua de São Nicolau, 41-1°, Ⓜ Baixa/Chiado, ✆/℻ 2134 62061, www.lisbonloungehostel.com.

Living Lounge Hostel 34, nur ein paar Meter vom Ausgang der Metrostation Baixa/ Chiado entfernt in einer sehr zentralen, aber dennoch ruhigen Lage der Baixa. Am Eingang klingeln und dann in den 2. Stock (kein Aufzug). Ein sehr liebevoll renoviertes Altstadthaus mit viel Holz, Dielenböden, hell gestrichenen Wänden und großzügig gestalteten Aufenthaltsräumen. Der Ableger des Lisbon Lounge Hostels bietet im Gegensatz zu den anderen Hostels vor allem Doppelzimmer (14 Stück) und nicht so viele Schlafsäle. Jedes Zimmer wurde von Künstlern individuell mit portugiesischen Motiven gestaltet. Fenster entweder zur ruhigen Rua do Crucifixo oder in einen Innenhof. Gemeinschaftsbäder. Handtücher nicht inklusive, können aber für wenig Geld geliehen werden. Gemeinschaftsküche, wer zu faul zum Kochen ist, bekommt aber auch Abendessen serviert. Internetrechner und WLAN umsonst. Waschmaschine und Trockner. Das Living Lounge Hostel wurde 2009 und 2010 von der Internetseite Hostelworld jeweils als drittbestes Hostel der Welt prämiert. Im Mehrbettzimmer je nach Saison 18–22 € pro Person, pro DZ 50–60 € (jeweils inkl. Frühstück). Rua do Crucifixo, 116-2°, Ⓜ Baixa/Chiado, ✆ 213461078, www.lisbonloungehostel.com.

Lisbon Poets Hostel 18, privates Hostel in einer ruhigen Gasse neben den Treppen der Calçada do Duque vom Rossio zum Bairro Alto. Auf vier Stockwerken des verwinkelten Gebäudes 8 Zimmer mit metallenen Doppelstockbetten – Platz ist hier für 30 Personen. Außerdem 2 DZ. Die Gäste teilen sich 4 Badezimmer. Im Erdgeschoss zudem ein kleines Appartement mit eigenem Bad. Gepflegtes Ambiente mit Azulejos und Holzböden. Aufenthaltsraum mit PC und Bibliothek, kleine Küche. Übernachtung je nach Saison im Mehrbettraum 18–22 € pro Pers., das DZ für 45–60 € (jeweils inkl. Frühstück). Rua do Duque 41-1°, Ⓜ Rossio, ✆/℻ 213461058, www.lisbonpoetshostel.com.

Rossio Hostel 12, extrem zentral direkt am Rossio. Unten klingeln und dann in den 2. Stock nach oben (kein Aufzug). Hier auch mittelgroßer Aufenthaltsraum mit Küche zum Selberkochen. Internetrechner und WLAN umsonst. Waschmaschine und Trockner. Die Schlafsäle liegen im 3. und 4. Stock – die meisten mit Doppelstockbetten, dazu gibt es noch 7 DZ. Die meisten mit Blick auf den Rossio und damit viel Straßenlärm. Gemeinschaftsbäder. 2010 als weltweit zweitbestes kleines Hostel von der Buchungsplattform Hostelworld.com prämiert. Im Mehrbettzimmer je nach Saison 16–24 € pro Person, pro DZ 46–70 € (jeweils inkl. Frühstück). Calçada do Carmo, 6-2° Dto, Ⓜ Rossio, ✆ 213426004, www.rossiohostel.com.

Travellers House 48, im südlichen Teil der touristisch geprägten Fußgänger-Meile Rua Augusta. Renovierter Baixa-Altbau aus der zweiten Hälfte des 18. Jh., das Hostel befindet sich im 1. Stock (kein Aufzug). 10 Zimmer, davon 3 DZ, der Rest mittelgroße Schlafsäle mit 4–6 Betten. Gemeinschaftsbäder, Schließfächer, Waschservice. Internetzugang sowie WLAN kostenlos. TV-Zimmer sowie ein schön renovierter Gemeinschaftsraum mit Küche zum Selberkochen: Hier ist noch das Original-Fachwerk aus pombalinischer Zeit zu sehen. Recht lebendige Atmosphäre mit Gemeinschaftsaktivitäten am Abend. Drei Jahre lang in Folge - 2008, 2009 und 2010 - wurde das Travellers House von der weltweit führenden Buchungsplattform Hostelworld als bestes Hostel der Welt ausgezeichnet. Je nach Saison 15–25 € pro Bett im Schlafsaal, 50–70 € pro DZ (jeweils mit Frühstück). Rua Augusta, 89-1°, Ⓜ Baixa/Chiado, ✆ 210115922, www.travellershouse.com.

Yes! Hostel 49, mit mehr als 100 Betten eines der größten Hostels Lissabons. 2010 als weltweit drittbestes großes Hostel von der Buchungsplattform Hostelworld.com prämiert. Bei asiatischen Reisenden und bei "Party-People" sehr beliebt. Viel Betrieb auf 5 Stockwerken (Aufzug). Alle Zimmer mit Klimaanlage, Schließfächern und Holzdielenböden. Gänge in etwas grellem Gelb beschriftet. Fast nur 4er-, 5er- und 6er-Zimmer mit Stockbetten, Waschbecken auf dem Zimmer und externen Gemeinschaftsbädern, so gut wie keine DZ. Manche Zimmer nach Geschlechtern getrennt. WLAN-Internet kostenlos. Waschmaschine und Trockner vorhanden. Im EG Aufenthaltsraum mit TV-Beamer, Playstation und Internetrechnern, dazu eine Bar. Tägl. wird auch Abendessen angeboten. Wer will, kann aber auch selbst kochen. Je nach Saison und Zimmergröße 13–24 € pro Person (Frühstück inkl.). Rua de São Julião, 148, Ⓜ Baixa/Chiado, ✆ 213427171, www.yeshostels.com.

Alfama

Die Ziffern beziehen sich auf die Karte S. 134/135.

Alfama Patio Hostel – AP 11, in einem entzückenden Innenhof, der von kleinen, rosa angestrichenen Alfama-Häuschen umrundet wird. Die Tram 28 rattert einspurig vor dem Hofeingang vorbei (die Haltestelle in der Rua das Escolas Gerais ist nur ein paar Meter entfernt). 6 DZ und 5 Schlafsäle mit 4–8 Betten. Kleine Zimmer, aber sauber und schön eingerichtet. Gemeinschaftsbäder. Waschmaschine und Trockner. Küche zum Selberkochen mit Getränkeservice (Tee und Kaffee umsonst). Samstags wird gegrillt. Internetrechner und WLAN kostenlos. Ein begrünter Innenhof mit Stühlen und Hängematten, noch angenehmer ist aber die Terrasse mit einem herrlichen Tejo-Blick. Aussicht auf den Fluss genießt man auch vom Balkon einiger Zimmer im oberen Stock. Mehrere DZ sind über den Hof in Nachbarhäuser ausgelagert. Hier fühlt man sich dann wie ein richtiger Alfama-Bewohner. Im Mehrbettzimmer je nach Saison 14–25 € pro Person, pro DZ 46–70 € (jeweils inkl. Frühstück) – Reservierung empfohlen. Rua das Escolas Gerais, 3 – Pátio dos Quintalinhos, 1, ✆ 218883127, www.alfamapatio.com.

Mouraria

Die Ziffern beziehen sich auf die Karte S. 144/145.

››› Mein Tipp: **This is Lisbon Hostel 7**, familiäres Hostel direkt unterhalb der Burgmauer in der Rua Costa do Castelo, der Eingang befindet sich ein paar Stufen abwärts in der Nebengasse Escadinhas Marquês Ponte de Lima, 1. Nach Klingeln im EG die erste Tür rechts. Schön restaurierte Etage mit hohen Decken und edlen Holzrahmen um Fenster und Türen. Die große Terrasse mit Blick über die Mouraria und weiter nach Norden lädt zum Entspannen ein. Insgesamt 7 geräumige und saubere Zimmer, davon 1 DZ, sonst 4–8 Betten, auch ein Saal nur für Frauen. Moderne Bäder sowie Küche, Aufenthaltsraum und kostenlose Computernutzung (inkl. WLAN). Kaffee und Tee frei. Je nach Saison im Mehrbettzimmer 13–20 €, DZ 65–70 € (jeweils inkl. Frühstück). Rua Costa do Castelo, 63, ✆ 218014549, www.thisislisbonhostel.com. «

Avenida da Liberdade

Die Ziffern beziehen sich auf die Karte S. 154/155

Lisboa Central Hostel 3, in einer ruhigen Seitenstraße, dennoch zentral unweit der Praça Marquês de Pombal (zwei Metrolinien). Hostel auf den unteren beiden Etagen eines 80 Jahres alten, unter Denkmalschutz stehenden Gebäudes des modernistischen Architekten Cassiano Branco. Recht geräumige Schlafsäle mit 4 bis 10 Betten. Schließfächer. Gemeinschaftsbäder. 6 DZ, teilweise auch mit eigenem Bad. Internetcomputer und WLAN frei. Kleiner Innenhof sowie 2 Aufenthaltsräume mit TV und DVDs. Kochmöglichkeit und Kühlschränke. Waschmaschine und Trockner. Mehrmals unter die besten Hostels weltweit beim Portal Hostelworld.com gewählt. Schlafsaal je nach Saison 14–26 €, DZ 50–70 € (jeweils inkl. Frühstück). Rua Rodrigues Sampaio, 160, Ⓜ Marquês de Pombal, ✆ 309881038, www.lisboacentralhostel.com.

Avenidas Novas

Die Ziffern beziehen sich auf die Karte S. 160/161.

***** **Pousada de Juventude de Lisboa 22**, zentral im modernen Teil Lissabons gelegen. Jugendherberge des portugiesischen Juhe-Verbandes, daher portugiesische oder internationaler Herbergs-Ausweis nötig.Die Rezeption ist zum Einchecken von 8 bis 24 Uhr geöffnet. Ansonsten keine nächtliche Sperrzeit, dadurch kann es nachts recht laut werden. 31 Zimmer mit jeweils 4–6 Betten, die mit 1,80 m Länge recht kurz ausfallen. Auch 12 DZ mit eigenem Bad sind im Angebot. Außerdem stehen ein behindertengerechtes Zimmer und ein Self-Service-Restaurant zur Verfügung. WLAN-Internetzugang. Preise pro Person im Schlafsaal je nach Saison 15–18 €, DZ 43–46 € (inkl. Frühstück). Rua Andrade Corvo, 46, Ⓜ Picoas, ✆ 213532696, 📠 217232101, www.pousadasjuventude.pt.

Bairro Alto

Die Ziffern beziehen sich auf die Karte S. 170/171.

Lisbon Old Town Hostel 44, einige Meter südlich der Praça Luis de Camões, damit sehr ruhig, aber doch in unmittelbarer Nachbarschaft zu den Bairro-Alto-Bars und dem Chiado gelegen. In dem Gebäude war während des Zweiten Weltkriegs das britische Konsulat untergebracht. Hinter dem Tor führt eine Brücke ins Erdgeschoss, das auch für Rollstuhlfahrer zugänglich ist (auch die Toiletten sind behindertengerecht). Das schön renovierte Haus aus dem Jahr 1820 überrascht im Erdgeschoss mit unglaublich hohen Decken, Stuck und Dielenböden. 2 DZ sowie 7 geräumige Zimmer mit 4–10 Betten. Die Zimmer im 2. Stock sind nicht ganz so schön, aber ruhiger, und sie haben vom Fenster aus teilweise Tejo-Blick. Schließfächer. Gemeinschaftsbäder nach Geschlechtern getrennt, ebenso ein Schlafraum nur für Frauen. Internetrechner und WLAN kostenlos. Waschmaschine. Aufenthaltsräume sowie Küchen. Als Langschläfer-Service kann man den ganzen Tag lang frühstücken. Im Schlafsaal je nach Saison 13–22 € pro Person, pro DZ 50–60 € (jeweils inkl. Frühstück). Rua do Ataíde, 26, Ⓜ Baixa/Chiado, ✆/📠 213465248, www.lisbonoldtownhostel.com.

Royal Lisbon Hostel 34, im dritten Stock des Postgebäudes an der Praça Luís de Camões am Südrand des Bairro Alto und wenige Meter zum Epizentrum des Lissabonner Nachtlebens. Tagsüber belebtes Treppenhaus: im 1. Stock das brasilianische Generalkonsulat und im 2. Stock eine

Arztpraxis. Wer den Weg nach oben in dem altertümlichen Aufzug geschafft hat, den erwartet eines der luxuriösesten Hostels der Stadt. Man fühlt sich in einer großbürgerlichen Wohnung: hohe Stuckdecken, Dielenböden, gediegene Möbel (Eigenwerbung "very little Ikea inside"). Schöne Sicht auf den Platz. Internetcomputer und WLAN kostenlos. TV, Waschmaschine, Schließfächer. Insgesamt 38 Betten: nur ein DZ, ansonsten recht eng bestückte 8er- und 12er-Schlafsäle mit Stockbetten. Wenige Gemeinschaftsbäder. Schlafsaal je nach Saison ab 14–21 € (inkl. Frühstück). Praça Luís de Camões, 22-3D, Ⓜ Baixa/Chiado, ✆ 218006797, www.royallisbon.com.

Oasis Backpackers' Mansion 40, ein paar Meter südlich des Miradouro Santa Catarina und nur wenige Meter vom Nachtleben des Bairro Alto entfernt. Dennoch keine laute Lage, da verkehrsberuhigte Zone. Das Hostel ist in ein lange leer stehendes, historisches Eckhaus eingezogen. Mehrere schön renovierte Etagen (Aufzug). Schlafsäle mit Stockbetten. Einfache Gemeinschaftsbäder. Wäscheservice. Aufenthaltsraum mit kostenlosen Internetrechnern, ebenso WLAN. Gemeinschaftsküche, aber es wird auch Abendessen angeboten. Besonders ansprechend ist der schöne Hof mit Sitzgelegenheit und Bar direkt vor dem Haus. Die DZ befinden sich ca. 100 m entfernt in einem Nebenhaus. 2010 als weltweit achtbestes kleines Hostel von der Buchungsplattform Hostelworld.com prämiert. Im Mehrbettzimmer 11–25 € pro Person, pro DZ 41–70 € (jeweils inkl. Frühstück) – Reservierung empfohlen. Rua de Santa Catarina, 24, Ⓜ Baixa/Chiado, ✆ 213478044, www.hostelsoasis.com.

Madragoa

Die Ziffern beziehen sich auf die Karte S. 190/191.

››› Mein Tipp: **Jardim de Santos Hostel** 18, nur durch einen kleinen Park vom Bahnhof Santos getrennt (Züge nach Cascais sowie Tram 15 Richtung Innenstadt und Belém), zu Fuß ist es nicht weit ins Bairro Alto. Eines der schönsten Lissabonner Hostels in einer liebevoll renovierten Altbauwohnung mit Stuckdecken und Dielenböden. Mehrere Bars in der Nachbarschaft, daher nachts manchmal etwas lauter. Schlafsäle mit 6 bis 10 Betten (einer nur für Frauen), dazu 2 DZ. Fast alle Räume mit Blick auf den Park Jardim de Santos oder Platz Vitorino Damásio. Großer Aufenthaltsraum mit TV und Computer. WLAN kostenlos. Küchenbenutzung sowie Waschmaschine. Im Schlafsaal je nach Saison und Bettenzahl 12–30 € pro Person, das DZ 50–60 € (jeweils mit Frühstück). Largo Vitorino Damásio, 4 – 2. Stock, ✆ 213974666, www.jardimdesantoshostel.com. ‹‹‹

Osten

Die Ziffern beziehen sich auf die Karte S. 224/225.

*** **Pousada de Juventude do Parque das Nações** 3, etwas verlassen direkt am Stadtrand neben dem ehemaligen Weltausstellungsgelände. Von der Metrostation Oriente zu Fuß ca. 10 Min. die Av. Dom João nach Norden gehen, dann auf der linken Seite. Bus 44 ab Flughafen über Gare do Oriente bis Haltestelle Av. Boa Esperança. Der Bahnhof Moscavide der Linie nach Vila Franca de Xira ist ebenfalls nicht weit. Insgesamt 72 Betten in Viererzimmern und 10 DZ mit Bad. Ebenfalls behindertengerechte Zimmer. Bar, Fernsehzimmer, Billard-Raum, Waschmaschine und Küche zum Selberkochen, dazu Self-Service-Restaurant. WLAN-Internetzugang. Rund um die Uhr geöffnet, Rezeption allerdings nur 8–24 Uhr. Pro Pers. im Schlafsaal je nach Saison 14–16 €, DZ 34–40 € (inkl. Frühstück). Rua de Moscavide, L 47-101, Ⓜ Oriente, ✆ 218920890, 📠 217232101, www.pousadasjuventude.pt.

Camping

In Lissabon gibt es mit dem städtischen Parque de Campismo de Monsanto nur einen einzigen Campingplatz. Er liegt recht weit außerhalb des Zentrums und gehört zu den landesweit teuersten Plätzen. Trotz der hohen Preise ist er in der Hochsaison manchmal ausgebucht.

**** **Lisboa Camping/Parque de Campismo Municipal de Monsanto**, ganzjährig geöffnet. Im großflächigen Monsanto-Park am Stadtrand. Mit Bus 714 (Richtung Outurela) ab Praça da Figueira (Ⓜ Rossio) bis 21.30 Uhr in ca. 45 Min. zum Platz, von Belém aus auch bis 1 Uhr. Alternativ Bus 750 bis 1 Uhr, z. B. ab Ⓜ Gare do Oriente, Ⓜ Campo Grande oder Ⓜ Colégio Militar-Luz (Richtung Algés) bzw. ab Bahnhof Algés (Richtung Oriente). Von 0.30 Uhr bis 5.30 Uhr fahren Nachtbusse der Linie 202. Abfahrt ab Ⓜ Cais do Sodré. Wegen der nahen Autobahn nach Estoril teilweise etwas laut. Viele Tische und Schatten spendende Bäume. Platz ist für 400 Zelte. Minimarkt, Fernsehraum, Bar, Swimmingpool, Minigolf, Tennisplatz. In der Hochsaison teilweise ausgebucht. Erwachsene je nach Saison 5,50–7 €, Zelte 4,50–7,50 €, Auto 3,50–4,50 €. Auch Bungalows für 2–6 Pers. 40–108 €. Estrada da Circunvalação, Parque Florestal de Monsanto, ✆ 217628200, ℻ 217628299, www.lisboacamping.com.

Hotels und Pensionen nach Stadtteilen

Baixa/Chiado

Die Ziffern beziehen sich auf die Karte S. 122/123.

Hotels

***** **Altis Avenida Hotel 7**, beim Gang durch die Korridore des Hotels fühlt man sich in einen Spionagefilm zu Zeiten des Zweiten Weltkriegs versetzt: schwarzer Lack, geschwungene Marmortreppen und dezentes Licht versetzen die Gäste in ein Retro-Ambiente der 40er Jahre. Ursprünglich als Bürogebäude der Lissabonner Stadtverwaltung von Cristino da Silva entworfen, einem der Stararchitekten des Estado Novo der Salazar-Diktatur. 2010 von der Altis-Gruppe in ein Hotel umgebaut. 70 Zimmer, in der 2. und 6. Etage sehr hohe Decken. Von den Classic-Zimmern blickt man nach hinten auf die Burg, von den Superior und Deluxe nach vorne zum Platz. Fenster gut schallgedämmt, daher ist der intensive Verkehr nur leise zu hören. Klimaanlage, HD-TV, Telefon, WLAN, Minibar, Tresor. In der 7. Etage öffentlich zugängliches Hotel-Restaurant Brasserie Gourmet Rossio (hier wird morgens auch das Frühstück serviert), mit Terrasse und herrlichem Blick auf Av. da Liberdade. DZ je nach Saison und Größe ab 135–225 € (inkl. Frühstück). Rua 1° de Dezembro, 120, Ⓜ Restauradores, ✆ 210440000, ℻ 210440199, www.altisavenidahotel.com.

**** **Hotel Mundial 6**, großes, sehr zentral an der Praça Martim Moniz gelegenes Hotel, 100 m zum Rossio. Das hohe Gebäude ist keine Schönheit, bietet aber vom Hotelrestaurant Varandas de Lisboa im 8. Stock einen guten Blick auf den Burgberg. Insgesamt 255 mittelgroße Zimmer, alle mit Klimaanlage, Sat-TV, Minibar, Haartrockner, Tresor und Bad. Eigenes Hotelparkhaus. Ein Kind bis 12 J. im Zimmer der Eltern frei. DZ je nach Saison 85–220 € (inkl. Frühstück). Praça Martim Moniz, 2, Ⓜ Rossio, ✆ 218842000, ℻ 218842110, www.hotel-mundial.pt.

*** **Hotel Métropole 17**, direkt am Rossio liegt dieses stilvolle Hotel in einem 1993 renovierten Gebäude aus der Zeit der Jahrhundertwende. Der Eingang ist recht unauffällig, zur Rezeption in den 1. Stock gehen, der untere Empfang ist meist nicht besetzt. Alle Zimmer mit eigenem Bad, Schreibtisch, TV, Telefon und Safe. Etwas in die Jahre gekommene Einrichtung der 36 recht geräumigen Zimmer. DZ mit Frühstücksbuffet je nach Saison 90–225 €. Rossio, 30, Ⓜ Rossio, ✆ 213219030, ℻ 21346 9166, www.almeidahotels.com.

*** **Hotel Evidência Tejo Creative 11**, unweit der Praça da Figueira. Trotz der zentralen Lage recht ruhig. Innen steht der Brunnen (poço), nach dem die Straße benannt ist. 1994 eröffnet, ein paar Jahre später hat man das Haus zu einem ganz in Blau gehaltenen Design-Hotel umgestaltet. 60 zumeist geräumige Zimmer, die portugiesische Designer gestaltet haben, mit Holzparkett, Klimaanlage, TV und Minibar. DZ mit Frühstück je nach Saison 75–135 €. Rua dos Condes de Monsanto, 2, Ⓜ Rossio, ✆ 218866182, ℻ 218865163, www.evidenciahoteis.com.

Pensionen

2.a Pensão Residencial Portuense 1, gepflegte Familienpension, nur wenige Meter von der Praça dos Restauradores und dem Rossio entfernt. Im nicht so stark frequentierten Teil der „Touristen-Restaurant-

Altstadt-Blick vom Hotel Palácio Belmonte (→ S. 53) auf das Kloster São Vicente de Fora und Panteão Nacional

Meile" Lissabons, der Rua das Portas de Santo Antão, daher wenig Verkehrslärm. 35 saubere, in freundlichen Farben eingerichtete Zimmer mit eigener Dusche, Klimaanlage, Heizung, Holzparkettboden, Schreibtisch, TV, Telefon. DZ mit Frühstück je nach Saison 45–70 €. Rua das Portas de Santo Antão, 153, Ⓜ Restauradores, ✆ 213464197, 📠 213424239, www.pensaoportuense.com.

3.a Residencial Florescente 2, zentrale und dennoch ruhige Lage. Die Zimmer sind z. T. mit kleinem Balkon zur tagsüber belebten Straße ausgestattet. Außerdem verfügen sie über Radio, TV, Telefon und Klimaanlage. DZ mit eigenem Bad je nach Saison 45–85 €, inkl. Frühstück. Rua das Portas de Santo Antão, 99, Ⓜ Restauradores, ✆ 21342 6609, 📠 213427733, www.residencialflores cente.com.

3.a Pensão Residencial Gerês 5, sympathische Pension in einer kleinen Gasse unmittelbar nördlich des Rossio (Zugang über den Largo de São Domingos). Trotz Zentrumsnähe ruhige Lage. Relativ geräumige, saubere Zimmer mit Heizung, TV und Telefon. Internetzugang. Nur 20 Zimmer, deshalb oft ausgebucht. DZ mit Bad je nach Saison 50–55 € (es wird kein Frühstück angeboten). Calçada do Garcia, 6, 1° e 2°, Ⓜ Rossio, ✆ 218810497, 📠 218882006, www.pensaogeres.com.

Alfama

Die Ziffern beziehen sich auf die Karte S. 134/135.

Hotels

Hotel Palácio Belmonte 14, direkt neben den Burgmauern. Exquisiteste Unterkunft Lissabons, wahrscheinlich verzichtet man deshalb auf Sterne. 1449 wurde der Palast auf der maurischen Stadtmauer errichtet, Teile stammen sogar aus der Römerzeit. Rote Ziegelböden, weiß gekalkte Wände und schmiedeeiserne Gitter machen das Palastflair perfekt. Auch sonst setzte man auf traditionelle und umweltfreundliche Baumaterialien. 10 Suiten, von denen keine der anderen gleicht, schon die Grundfläche variiert zwischen 30 und 162 qm. Alle sind mit elegantem Mobiliar aus dem 17. und 18. Jh. eingerichtet. Luxuriöse Marmorbäder, Telefone sowie CD-Player, aber keine Fernseher. Die Suiten „Bartolomeu de Gusmão" und „Padre Himalaya" sind in Türmen untergebracht mit traumhaftem Rundblick auf Lissabon und den Tejo. Schwimmbad im Garten. Preis je nach Suite und Saison 400–2.500 € inkl. Frühstück. Pátio Dom

Fradique, 14, ✆ 218816600, ✆ 218816609, www.palaciobelmonte.com.

Pensionen

1.a Solar do Castelo 10, inmitten der Altstadtgassen neben den Burganlagen gelegen. Im 16. Jh. befanden sich hier die Küchen des ehemaligen Königspalasts. Nach dem Erdbeben von 1755 errichteten Adlige an dieser Stelle einen kleinen Palast. Seit 2001 ist hier diese Luxuspension untergebracht. Mit nur 14 Zimmern familiäre Atmosphäre. Modern eingerichtet, dennoch ist viel Geschichte zu spüren. Zimmer im Altbaubereich mit Holzboden und auf alt getrimmt. Ockerfarbene Wände, Marmorbäder. Zimmer 21 hat den besten Blick auf den Tejo. Die Zimmer im Neubauflügel haben Blick in den Innenhof. Vom TÜV Rheinland als ökologisch vorbildlicher Übernachtungsbetrieb zertifiziert, u.a. für seinen geringen Energieverbrauch. DZ je nach Saison und Ausstattung 199–453 €, Frühstück inkl. Rua das Cozinhas, 2, ✆ 218806050, ✆ 218870907, www.solardocastelo.com. ■

Gästehäuser

Casa de Hóspedes Aurélio e Ivone Santos 2, nur wenige Meter unterhalb des Flohmarktes Feira da Ladra sowie oberhalb des Hauptbahnhofs Santa Apolónia. Einfaches Gästehaus in neuerem Gebäude. Im Erdgeschoss 5 schlichte und saubere Zimmer mit Marmorboden. Ein ebenfalls sauberes Gemeinschaftsbad mit Dusche. DZ ohne Frühstück 25 €. Rua do Paraíso, 17, r/c-Dto, Ⓜ Santa Apolónia, ✆ 218825146 und 917476268 (mobil), fatimalienard@hotmail.com.

Privatzimmer

Casa Costa do Castelo 5, das Haus liegt direkt westlich unterhalb der Burgmauern am Hang. Zimmer im 4. und 5. Stock (kein Lift). Vom heruntergekommenen Treppenhaus nicht abschrecken lassen. Mehrere kleine Zimmer mit Dielenböden. Bei der Renovierung hat die deutsche Eigentümerin auf biologische Baumaterialien gesetzt. Außerdem eine Suite mit Küche. Zimmer ganz oben mit Dachschräge. Teilweise umwerfender Ausblick auf den Rossio und die Brücke des 25. April. Aufenthaltsraum mit TV. Frühstücksraum im Wintergarten, dahinter ein entzückender Orangengarten mit Wendeltreppe. DZ 85–90 €, Suite 105–115 € (jeweils inkl. Frühstück). Costa do Castelo, 54, ✆ 218822678 (Infos in Deutschland unter ✆ 07665/99255, ✆ 218822679, www.c-c-castelo.com.

Hotel Solar do Castelo (→ S. 54) – früher standen hier die Küchen des Königspalastes

Mouraria/Graça

Die Ziffern beziehen sich auf die Karte S. 144/145.

Hotels

**** **Hotel Olissipo Castelo 8**, modernes Hotel am nördlichen Burghang gelegen. Nur die Fassade ist historisch. 24 geräumige Zimmer, alle mit schönem Blick auf Graça, Parque Eduardo VII und Amoreiras. Die Zimmer im 2. und 3. Stock haben große Dachterrassen. Einrichtung in modernem Stil mit Teppichböden, Schreibtisch, Klimaanlage, Kabel-TV, Telefon, Safe und Minibar. Mittelgroße Bäder. Garage. DZ je nach Saison und Ausstattung 115–215 € (inkl. Frühstück). Rua Costa do Castelo, 112-126, ✆ 218820190, 📠 218820194, www.olissippohotels.com.

Pensionen

1.a Albergaria Senhora do Monte 2, abseits des Stadtgewühls am Berghang, direkt neben dem Aussichtspunkt Miradouro Nossa Senhora do Monte. Die Haltestelle Graça der Tram 28 ist nicht sehr weit entfernt. Von den Zimmern wunderschöner Blick auf Lissabons Altstadt. Große Dachterrasse, auf der eine Bar mit einer der besten Aussichten Lissabons zu finden ist. DZ mit Bad und inkl. Frühstück je nach Saison 70–120 €. Calçada do Monte, 39, ✆ 218866002, 📠 218877783, www.albergariasenhoradomonte.com.

3.a Pensão Ninho das Águias 9, direkt unterhalb des Castelo de São Jorge in der Mouraria. Eine enge Wendeltreppe in einem Turm führt nach oben zur Pension. Von der grünen Terrasse wie auch von einigen Zimmern des Altbaus herrlicher Ausblick über die Stadt. Früh buchen, da häufig - ausgebucht. Schlicht einrichtete, recht hellhörige Zimmer. Unserer Meinung nach eher nichts für diejenigen, die Ruhe, Luxus oder besonderen Service suchen. Wer aber keinen besonderen Anspruch an Komfort stellt und günstig mit schöner Aussicht unterkommen will, könnte hier richtig sein. In dem Fall aber die Zimmer im Parterre vermeiden, da diese sehr dunkel sind. DZ mit sauberem Gemeinschaftsbad je nach Saison 35–45 €, mit Dusche 45–50 € (jeweils ohne Frühstück). Costa do Castelo, 74, ✆ 218854070.

Avenida da Liberdade

Die Ziffern beziehen sich auf die Karte S. 154/155.

Hotels

***** **Hotel Tivoli Lisboa 10**, Hotel der Luxusklasse in exklusiver Lage an Lissabons Prachtmeile Av. da Liberdade. Sehr schöne, große Zimmer in freundlichen Farbtönen. Telefon, Minibar, Sat-TV, Klimaanlage, lärmisoliert. Insgesamt 300 Zimmer und 30 Suiten. Von Mai bis Oktober lockt die Sky Bar mit ihrer Aussicht auf die Av. da Liberdade Gäste auf die Dachterrasse. Die Bar hat abends geöffnet und ist öffentlich zugänglich. DZ je nach Saison ab 137–324 € (Frühstück inkl.). Av. da Liberdade, 185, Ⓜ Avenida, ✆ 213198900, 📠 213198950, www.tivoli.pt.

**** **Hotel Heritage Avenida Liberdade 19**, am Südende der Avenida da Liberdade an der Ecke zum Largo da Anunciada. Palast aus dem 18. Jh., liebevoll vom portugiesischen Architekten Miguel Câncio Martins restauriert. 40 geräumige Zimmer mit hohen Decken, eingerichtet in einer gelungenen Mischung von Tradition und Moderne. Trotz Avenida vor der Tür nachts ruhig. Große, komfortable Bäder, Sat-TV, DVD, Telefon, Minibar, Tresor sowie kostenloses WLAN. Wellness-Bereich. Kein Restaurant, das Frühstück wird an Sitzgruppen in der Lobby serviert. DZ je nach Saison und Ausstattung 185–393 €, Frühstück inkl. Avenida da Liberdade, 28, Ⓜ Restauradores, ✆ 213404040, 📠 213404044, www.heritageavliberdade.com.

**** **Hotel Britânia 8**, in einer Parallelstraße der Av. da Liberdade gelegen. Hotel der gehobenen Klasse der Heritage-Gruppe. Historisches, im Stil des Art déco gehaltenes Gebäude des modernistischen Architekten Cassiano Branco aus den 40er Jahren. Mit seinen 30 Zimmern fast familiäre Atmosphäre, alles sehr geschmackvoll und elegant eingerichtet. Sat-TV, Minibar, Telefon und Klimaanlage. Kostenloses WLAN. DZ je nach Saison und Ausstattung 130–527 €, Frühstück 12 € pro Person. Rua Rodrigues Sampaio, 17, Ⓜ Avenida, ✆ 213155016, 📠 2131 55021, www.hotel-britania.com.

**** **Hotel Lisboa Plaza 17**, in zentraler Lage in der zweiten Reihe der Av. da Liberdade. Hinter der schlichten Fassade verbirgt sich ein modernes Luxushotel mit 91 Zimmern und 12 Suiten. Elegant eingerichtet in warmen Farbtönen mit Marmorbädern, Klimaanlage, Sat-TV, Telefon, Minibar und Safe. Oben eine Dachterrasse. Im Foyer Internet-PCs sowie im Hotel kostenloses WLAN. DZ je nach Saison und Ausstattung 99–340 €, Frühstück 12 € pro Person. Travessa do Salitre/Av. da Liberdade, Ⓜ Avenida, ✆ 213218218, 📠 213218219, www.lisbonplaza hotel.com.

**** **Hotel Tivoli Jardim 11**, liegt hinter dem Hotel Tivoli Lisboa und gehört ebenfalls zur Tivoli-Gruppe. Das Hotel Tivoli Jardim ist allerdings etwas bescheidener. 119 Zimmer, die 2008 komplett renoviert wurden. Tresor, Minibar, TV, Kaffeemaschine. Bad mit Föhn. DZ je nach Saison 115–234 € (inkl. Frühstück). Rua Júlio César Machado, Ⓜ Avenida, ✆ 213591000, 📠 213591245, www.tivoli.pt.

**** **Hotel VIP Inn Veneza 9**, ansprechendes Hotel in der ehemaligen Residenz des Anwalts Barata Salgueiro aus dem Jahr 1886. Gute Stilmischung aus neoklassizistischer Architektur und Moderne. Mit 37 Zimmern auf drei Etagen deutlich kleiner als das benachbarte Tivoli. Hübsche, farbenfroh eingerichtete Zimmer mit Minibar, Sat-TV, Telefon und Klimaanlage. Zimmer im ersten Stock nach hinten raus besser vermeiden, da kaum Aussicht. DZ je nach Saison 44–113 €, Frühstück 8,50 € pro Pers. Av. da Liberdade, 189, Ⓜ Avenida, ✆ 213522 618, 📠 213526678, www.viphotels.com.

Gartenterrasse mit Ausblick – Pensão Ninho das Águias (→ S. 55)

** **Hotel Ibis Lisboa Liberdade 13**, schmaler Neubau etwas oberhalb der Avenida da Liberdade. Das am zentralsten gelegene der diversen Ibis-Hotels in Lissabon. 70 schallisolierte, mittelgroße Zimmer mit TV, Klimaanlage, Telefon, WLAN-Internet. Blick in Häuserschluchten. Einfache Einrichtung in Pastellfarben mit Teppichboden und funktionalen Bädern. Nichtraucher-Hotel. DZ je nach Saison 55–69 € (keine Ermäßigung für Einzelpersonen). Frühstück 6 € pro Person. Rua Barata Salgueiro, 53, Ⓜ Marquês de Pombal, ✆ 213300630, 📠 213300631, www.ibishotel.com.

Pensionen

2.a Pensão Residencial Dublin 4, in einer relativ ruhigen Seitenstraße in der Nähe der Av. da Liberdade und des Marquês de Pombal. Sehr ansprechendes Haus mit Stil. Schöne, geräumige Zimmer mit Stuckdecken, eigenen Bädern und Kabel-TV. Sauber und gepflegt. DZ mit Frühstück je nach Saison 40–55 €. Rua de Santa Marta, 45, Ⓜ Marquês de Pombal, ✆ 213555489, 📠 213543365.

3.a Pensão Alegria 20, recht zentral, aber ruhig gelegen. Älteres Gebäude am Südrand des Alegria-Platzes. Große Zimmer mit eigenem Bad, Telefon und Fernseher. Einfach eingerichtet, aber sauber und gut in Schuss. Das schätzte auch der als sparsam bekannte IKEA-Gründer und Milliardär Ingvar Kamprad, der hier bei seinem Portugal-Besuch 2006 unterkam. DZ je nach Saison 53–89 €, Frühstück 5 € pro Person. Praça da Alegria, 12, Ⓜ Avenida, ✆ 213220670, 📠 213478070, www.alegrianet.com.

Gästehäuser

Casa de Hóspedes Lavra Guest House 18, von der Bergstation des Elevador do Lavra (Ⓜ Restauradores) geht man nach rechts, dann noch etwa 150 m weiter (gegenüber der Kirche). Ruhiges, typisch portugiesisches Wohnviertel, aber dennoch recht zentral. Altes herrschaftliches Haus aus dem 18. Jh.: massive Steintreppen und -bögen. 28 Zimmer mit Laminat- oder Dielenboden auf 3 Stockwerken. Alle mit Telefon und eigenem Bad. Teilweise mit Terrasse, im obersten Geschoss sogar mit sehr schönem Blick auf den Tejo, die Baixa und das Bairro Alto (Zimmer Nr. 402, 403 und 404). DZ je nach Ausstattung 49–55 €, Frühstück 5 € pro Person. Calçada de Sant'Ana, 198, ✆ 218820000, 📠 218871330, www.lavra.pt.

Casa de Hóspedes Nova Avenida 21, über der Praça da Alegria in einer Parallelstraße zur Av. da Liberdade. Einfache, saubere Unterkünfte. Zimmer recht klein, aber fast alle mit Dusche, einige mit Bad. Die Zimmer haben Korkböden und gehen teilweise direkt ins Treppenhaus. Hellhörige Gänge. DZ ohne Dusche je nach Saison 22–30 €, mit Dusche und WC 32–40 €. Kein Frühstück. Rua de Santo António da Glória, 87-1°, Ⓜ Avenida, ✆ 210466324, 📠 213423689, www.novaavenida.pai.pt.

Avenidas Novas

Die Ziffern beziehen sich auf die Karte S. 160/161.

Hotels

***** **Ritz Four Seasons Hotel 27**, exklusive Lage am Parque Eduardo VII mit schönem Blick über Lissabon. 1959 eröffnet und damit das älteste Luxushotel der Stadt, entworfen vom modernistischen Architekten Porfírio Pardal Monteiro. Marmor, Stuckdecken und edle Möbelstücke schmücken das Innere der 270 geräumigen Zimmer mit Balkon. Sat-TV, Telefon (teilweise auch mit Fax), Minibar, Kühlschrank. Vom Haartrockner bis zu Hausschuhen und Zahnpasta steht so ziemlich alles zur Verfügung. Außerdem noch ein Fitnessraum. DZ je nach Saison ab 320–510 €. Frühstück teilweise inkl., sonst Frühstück ab 15,25–37,50 € pro Person. Rua Rodrigo da Fonseca, 88, Ⓜ Marquês de Pombal, ✆ 213811400, 📠 213831783, www.fourseasons.com.

***** **Hotel Tiara Park Atlantic Lisboa 24**, moderner Glaspalast in direkter Nachbarschaft zum Ritz, mit dem es um die exklusive Kundschaft in Lissabon konkurriert. Grandioser Blick über die Stadt aus den Zimmern in den oberen Stockwerken. Die 330 geräumigen Zimmer sind stilvoll und modern eingerichtet. Telefon, Sat-TV, Klimaanlage, Minibar, Safe, Haartrockner und Faxanschluss stehen dem Gast zur Verfügung. DZ je nach Saison ab 110–170 € (inkl. Frühstück). Rua Castilho, 149, Ⓜ Marquês de Pombal, ✆ 213818700, 📠 213890500, www.tiara-hotels.com.

***** **VIP Grand Lisboa Hotel & Spa 9**, untergebracht an der Av. 5 de Outubro im alten Hauptquartier des portugiesischen Fernsehens RTP, das inzwischen in Chelas eine neue Bleibe gefunden hat. 264 Zimmer und 31 Suiten auf 14 Stockwerken. Das ganze Hotel ist nach der Zen-Philosophie gestaltet, sehenswert ist die japanische Sushi-Bar Fusao, in der die Gäste in kleinen Abteilen an Marmortischen auf dem Boden Platz nehmen. Ansonsten dominiert der Kontrast zwischen hell und dunkel und viel Glas. Mittelgroße Zimmer in dunklem Holz eingerichtet mit Klimaanlage, Sat-TV, Telefon, Internetzugang, Tresor und Minibar. Halb Dielenboden, halb Teppich. Bäder mit großen Glastüre. Sauna, Fitnessraum und Türkisches Bad. Konferenzräume. DZ je nach Saison 79,90–126,10 €. Frühstück 15 € pro Person. Avenida 5 de Outubro, 197, Ⓜ Campo Pequeno, ✆ 210435000, 📠 210435001, www.viphotels.com.

››› Mein Tipp: **** **Fontana Park Design Hotel 21**, zentral in der Neustadt in der Nähe der Metrostation Saldanha gelegen. Eines der am aufwendigsten gestalteten Design-Hotels in Lissabon, entworfen von der portugiesischen Architektin Nini Andrade Silva aus Funchal. Hohe Eingangshalle, daneben ein in Weiß gehaltenes Fisch-Restaurant, dahinter eine in Schwarz gehaltene Bar, ein Sushi-Restaurant und ein Innenhof. Oberlichter und angestrahlte Wände schaffen eine interessante Atmosphäre. Früher war hier eine Schlosserei untergebracht, ein paar Überreste sind noch zu entdecken. Über 100 Zimmer, die sich vor allem im Ausblick unterscheiden: die Fontana-Zimmer gehen nach hinten und sind in schwarz-weiß gehalten, die Superior-Zimmer gehen nach vorne und sind etwas heller in grün-weiß eingerichtet. In den Premium-Zimmern offene Bäder und kleine Terrassen. WLAN, Minibar, Tresor, Flachbild-TV, Telefon. Mehrere Konferenzräume. DZ je nach Saison und Zimmerausstattung ab 120–160 € (Frühstück inkl.). Rua Engenheiro Vieira da Silva, 2, Ⓜ Saldanha, ✆ 210410600, 📠 213579244, www.fontanaparkhotel.com. ‹‹‹

**** **Hotel AC Lisboa** 23, in den Untergeschossen des Bürozentrums Palácio Sottomayor, Zugang aber über Rua Largo Andaluz, die unterhalb der Av. Fontes Pereira de Melo verläuft. Wer neben dem Eingang nach oben schaut, kann die Metro unter der Brücke fahren sehen. Neubau mit 83 Zimmern. Kühl, aber elegant-modern eingerichtet. Vor allem Geschäftsreisende aus Spanien. Recht geräumige Zimmer, einige im 3. Stock mit Terrasse. Holzparkett, Schreibtisch, Sat-TV, Telefon, WLAN-Zugang, Minibar kostenlos. Große Bäder mit viel Glas. Fitness-Center, türkisches Bad, Konferenzräume. DZ je nach Saison 95–137,50 € (inkl. Frühstück). Rua Largo Andaluz, 13, Ⓜ Picoas, ✆ 210050930, 📠 210050931, www.ac-hoteles.es.

**** **Hotel Zenit Lisboa** 16, Ableger der spanischen Zenit-Kette in direkter Nähe zur Praça Duque de Saldanha. Die historische, blau gestrichene Fassade des spitz zulaufenden Eckhauses wurde erhalten, innen jedoch sind die Zimmer modern eingerichtet. 86 Zimmer auf 6 Stockwerken. Minibar, Telefon, Tresor, Sat-TV, WLAN. Holzböden und schön eingerichtete Bäder. Es gibt mehrere Kopfkissen zur Auswahl, von härter bis weicher. Zahlreiche Konferenzräume, eigene Garage und ein Spa. DZ je nach Saison 54–123 €. Frühstück teilweise inkl. Ansonsten Frühstück 10 € pro Person. Av. 5 de Outubro, 11, Ⓜ Saldanha, ✆ 213102200, 📠 213102209.

*** **Hotel Olissipo Marquês de Sá** 11, 1996 eröffneter, moderner Glas- und Betonbau hinter dem Gulbenkian-Museum. Sehr ruhige Lage. 97 relativ große Zimmer in freundlichen Pastelltönen. Alle mit geräumigen Marmorbädern, TV, Telefon, Klimaanlage. Entweder Blick nach vorn auf die Straße oder nach hinten raus. Garage kann gegen Aufpreis benutzt werden. Im Hotel finden sich noch eine Bar und ein Restaurant. DZ inkl. Frühstück je nach Saison 74–200 €. Av. Miguel Bombarda, 130, Ⓜ São Sebastião, ✆ 217911014, 📠 217936983, www.olissippohotels.com.

Pensionen

2.a Pensão Residencial Casa Vila Nova 26, gleich neben der Praça Marquês de Pombal im 3. Obergeschoss eines alten Jugendstilhauses. Schlichte, funktionale Einrichtung. Teils recht geräumige Zimmer. Alle mit eigenem Bad, Fernsehgerät, Safe und WLAN-Internetzugang. DZ je nach Größe und Saison 45–54 €, kein Frühstück. Av. Duque de Loulé, 111-3°, Ⓜ Marquês de Pombal, ✆ 213196290, 📠 213196299, www.residencialvilanova.com.

2.a Pensão Residencial Saldanha 12, neben dem Ausgang der Metro Saldanha. Pension mit zwölf sauberen Zimmern, teils zur belebten Av. da República, teils zum Hinterhof gelegen. Die recht kleinen Zimmer sind einfach eingerichtet, verfügen aber jeweils über ein eigenes Bad, Kabel-TV und Klimaanlage. Frühe Reservierung empfohlen, da oft ausgebucht. DZ mit Frühstück je nach Saison 39–45 €. Av. da República, 17-1°, Ⓜ Saldanha, ✆ 213546429, 📠 213546552, www.residencialsaldanha.pt.

Bairro Alto

Die Ziffern beziehen sich auf die Karte S. 170/171.

Hotels

***** **Bairro Alto Hotel** 35, ein liebevoll restauriertes Altstadt-Haus aus dem Jahr 1845 im Zentrum des Bairro Alto. Die 55 Zimmer bleiben trotz des belebten Platzes und der vor der Tür vorbeifahrenden Tram 28 aufgrund doppelter Fensterflügel mit jeweils Doppelglas ruhig. Dielenböden und hohe Decken machen einen noblen Einruck. Nur die Mansarden-Zimmer im obersten Stock sind etwas kleiner geraten. Klimaanlage, Schreibtisch, Minibar, DVD-Player, Telefon, WLAN-Internetzugang, Tresor, Marmorbäder mit Wanne. Kleine Balkone mit Tejo-Blick. Den besten Blick bis zur Brücke des 25. April, den Tejo und den Cristo Rei hat man ganz oben von der Terrasse, auf der bei gutem Wetter Getränke serviert werden. Im Erdgeschoss ein stilvoll gehaltenes Restaurant und die cool gestaltete Cafébar Garrett mit Sitzecken im Neonlicht – sie ist übrigens auch von außen zugänglich. Mansarden-DZ inkl. Frühstück je nach Saison 212–530 €. Praça Luis de Camões, 8, Ⓜ Baixa/Chiado, ✆ 213408288, 📠 213408299, www.bairroaltohotel.com.

**** **LX Boutique Hotel** 51, in unmittelbarer Nähe zum Bahnhof Cais do Sodré und der gleichnamigen Diskothekenzone, daher kann es nachts etwas laut werden. Anfang des 20. Jh. war hier mit dem Hotel Bragança eine der bekanntesten Adressen Lissabons untergebracht. Jahrzehntelang stand das Haus in Ruinen, bis es 2010 als Boutique-Hotel neu eröffnet wurde. Altbau, daher etwas enger als in den modernen Hotels der Stadt, aber hohe Zimmerdecken. Zugang zur Rezeption nur über eine Treppe, zu den Stockwerken fährt dagegen ein Aufzug. 45 helle, mit Liebe zum Detail dekorierte Zimmer, die meisten Richtung Bairro Alto. Im vierten und fünften Stock auch mit Tejo-Blick. Die Etagen sind thematisch gestaltet. Plasma-TV, Ipod Sound System, Tresor. DZ je nach Saison und Ausstattung 80–350 €, Frühstück 12 € pro Person. Rua do Alecrim, 12, Ⓜ Cais do Sodré, ✆ 213474394, 📠 213473182, www.lxboutiquehotel.com.

Pensionen

3.a Pensão Londres 12, älteres, herrschaftliches Haus am nördlichen Rand des Bairro Alto. Die 40 Zimmer liegen in den vier oberen Stockwerken (Aufzug). Blick teilweise auf die Av. Novas und den Tejo, am besten in den Zimmern 404–410. Die Unterkünfte zur Rua Dom Pedro sind etwas lauter. Altbau: hohe Decken, aber auch hellhörige Zimmer. Wem das hauseigene Frühstück zu karg sein sollte, der findet eine Bäckerei mit Café im Erdgeschoss des Gebäudes. DZ mit eigenem Badezimmer je nach Saison 45–65 €. Alle Preise inkl. Frühstück. Rua D. Pedro V, 53-2°, ✆ 213462203, 📠 213465682, www.pensaolondres.com.pt.

Campo de Ourique

Die Ziffern beziehen sich auf die Karte S. 182/183.

Hotels

Hotel da Estrela 8, Ausbildungsstätte der Hotelfachschule im Wohnviertel Campo de Ourique, nicht weit von der Basilika da Estrela entfernt. Das kleine Luxushotel befindet sich im ehemaligen Palast der Grafen von Paraty und direkt neben zwei Schulen. Das Personal besteht mehrheitlich aus Schülern der benachbarten Hotelfachschule Lissabons, die hier praktischen Unterricht haben (als Schul-Hotel gibt es auch keine Sterne). An der Rezeption wird man mit Schiefertafeln und auf Schieferboden begrüßt, in den 19 geräumigen Zimmern hängen ehemalige Schultischplatten als „Gemälde". Viele Gegenstände, die beim gelungenen Re-Design des Palastes verwendet wurden, stammen aus der englischen Handelskammer. Die Zimmer im 2. Stock haben den besten Blick. Kleiner Garten mit Teich. Im Keller das Ausbildungs-Restaurant Cantina da Estrela mit einem kuriosen Konzept: Die Gäste bezahlen je nach Zufriedenheit zwischen einem Mindest- und einem Maximalpreis. DZ je nach Saison 105–189 € (inkl. Frühstück). Rua Saraiva de Carvalho, 35, Ⓜ Rato, ✆ 211900100, 📠 211900199, www.hoteldaestrela.com. ■

Lapa/São Bento

Die Ziffern beziehen sich auf die Karte S. 190/191.

Hotels

***** **Lapa Palace 19**, 1870 wurde dieser schöne Palast in einer ruhigen Gegend des Stadtteils erbaut. Seit 1992 ist hier eines der vornehmsten Hotels Portugals untergebracht. 109 äußerst luxuriöse Suiten und Zimmer, Balkone mit Blick auf den Garten, Sat-TV, Telefone, Breitband-Internet-Anschluss, Minibar, Marmorbäder mit handgemachten Azulejos. Fitness-Center mit Sauna, Solarium, türkischem und schottischem Bad. DZ mit Garten- oder Tejo-Blick je nach Saison 200–775 €. Frühstück jeweils inklusive. Rua do Pau de Bandeira, 4, ✆ 213949494, 📠 213950665, www.lapapalace.com.

Pensionen

››› Mein Tipp: **1.a Residencial As Janelas Verdes 25**, nicht weit vom Museu Nacional de Arte Antiga gelegen. Herrschaftliches Haus aus dem 18. Jh. mit viel Komfort in palastähnlichem Ambiente. Begrünter Hinterhof, in dem auch gefrühstück werden kann, ein Brunnen und Schirme sorgen auch bei Sommerhitze für angenehmes Ambiente. Die 29 Zimmer sind teilweise mit Stuckdecken geschmückt. Schallgedämmte Fenster, Klimaanlage, Telefon und Sat-TV gehören zur Ausstattung. WLAN, Computernutzung und Eintritt ins Museu Nacional de Arte Antiga gratis. Im 5. Stock Self-Service-

Bar (Kaffee und Tee umsonst) und Dachterrasse mit herrlichem Ausblick auf den Hafen. DZ ohne Frühstück je nach Saison und Ausstattung 165–367 €. Frühstücksbuffet 12 € pro Person. Rua das Janelas Verdes, 47, ✆ 213968143, 📠 213968144, www.asjanelasverdes.com. «

» Mein Tipp: **1.a Residencial York House 22**, das alte Kloster der Barfüßigen Karmeliterinnen aus dem 16. Jh. wurde mit viel Aufwand in eine exklusive, sehr stilvolle Herberge umgebaut. 7 Zimmer hat man mit Antiquitäten klassisch eingerichtet. Weitere 25 Zimmer sind dagegen in modernem Design gehalten. Im lauschigen Klostergarten findet man Lissabons Diplomaten beim Plausch. Die Zimmer zur Straße hin sind deutlich lauter als die anderen. Zimmer mit eigenem Bad, Telefon und Sat-TV. DZ je nach Saison 60–300 €, Frühstück pro Person 15 €. Rua das Janelas Verdes, 32, ✆ 213962435, 📠 213972793, www.yorkhouselisboa.com. «

2.a Pensão Residencial Casa de São Mamede 1, stilvolle Pension in einem 1758 erbauten Haus mit Kronleuchtern und großen Holztreppen. Aufsehenerregendes Frühstückszimmer mit Azulejos und schweren Vorhängen. In den 28 Zimmern auf drei Stockwerken hohe Decken und große Bäder. Tresor, Telefon und Fernseher auf den Zimmern. Familien sind sehr willkommen! DZ je nach Saison 80–100 € inkl. Frühstück. Sondertarife für Familien. Rua da Escola Politécnica, 159, Ⓜ Rato, ✆ 213963166, 📠 213951896, www.saomamede.web.pt.

Alcântara

Hotels

» Mein Tipp: ***** **Pestana Palace Hotel 5**, → Karte S. 198/199, das luxuriöseste und prächtigste Hotel der Stadt in ruhiger Lage auf der Anhöhe Alto de Santo Amaro. Die Tram 18 fährt hier auf ihrem Weg nach Ajuda vorbei. Beim Betreten des 1890 erbauten und als Nationaldenkmal klassifizierten Palácio Valle Flor verschlägt es dem Besucher angesichts der Kronleuchter, der Parkettböden und des feinen Mobiliars erst einmal die Sprache. Insgesamt 173 Zimmer und 17 Suiten. Im alten Palastflügel sind allerdings nur die 4 prächtigsten Suiten, eine Bar, ein Restaurant und Arbeitsräume untergebracht. Die meisten Unterkünfte liegen im eher schlicht erscheinenden Neubauflügel: Die geräumigen Zimmer haben Kabel-TV, Klimaanlage, Internetanschluss, Minibar, Tresor und luxuriöse Bäder. 2 Schwimmbäder, Sauna, Fitnessraum und Konferenzzentrum. DZ je nach Saison 180–241 €, Frühstück inkl. Rua Jau, 54, ✆ 213615600, 📠 213615601, www.pestana.com. «

Belém

Die Ziffern beziehen sich auf die Karte S. 204/205.

Hotels

***** **Altis Belém Hotel & Spa 10**, moderner Neubau am Yachthafen zwischen dem Padrão dos Descobrimentos und der Torre de Belém – das einzige Hotel Lissabons direkt am Tejo-Ufer. Die meisten Zimmer „schielen" aber nur zum Fluss, nur die Suiten haben volle Fluss-Sicht. Aber auch die Deluxe-Zimmer eröffnen einen schönen Blick auf den Yachthafen. Im Erdgeschoss eine große Terrasse mit Bar sowie zwei Restaurants und Internetrechner. Viele Weiß- und Schwarztöne. Individuell gestaltete, helle Zimmer mit Tresor, Minibar, WLAN-Internet, Kaffeemaschine, Telefon, HD-TV. Die großzügigen Badezimmer haben teilweise verglaste Wände. Auf dem Dach Schwimmbad (nur im Sommer offen). Im Spa-Bereich weitere Schwimmbäder. Konferenzräume. DZ je nach Saison ab 210–540 € (inkl. Frühstück). Doca do Bom Sucesso, ✆ 210400200, 📠 210400250, www.altisbelemhotel.com.

**** **Hotel Jerónimos 8 3**, direkt beim Mosteiro dos Jerónimos, Lissabons größter Sehenswürdigkeit. Nannte sich früher Hotel da Torre, wurde nach grundlegender Renovierung aber als Design-Hotel unter neuem Namen wieder eröffnet. Außen eine traditionelle Fassade, innen dagegen nüchtern modern. Helle Räume, klare Formensprache. Viel Weiß, aufgelockert durch etwas Rot. 65 mittelgroße Zimmer mit Teppichböden, Schreibtisch, Klimaanlage, Sat-TV, Telefon, WLAN, Tresor, Minibar und modernen Bädern. Kleine Sonnen-Terrasse

Tejoblick inklusive: Altis Belém Hotel & Spa

mit Sitzgelegenheit hinter dem Hotel. Aus dem Rahmen fällt der ganz in Schwarz-Weiß gehaltene Frühstücksraum und die gewagt in Rot-Weiß gestaltete Bar (öffentlich zugänglich). DZ je nach Saison 95–170 € (inkl. Frühstück). Rua dos Jerónimos, 8, ☏ 2136 00900, 📠 213600908, www.jeronimos8.com.

Osten

Die Ziffern beziehen sich auf die Karte S. 224/225.

Hotels

**** **Hotel Tryp Oriente 1**, Neubau direkt neben dem Hauptbahnhof Lissabons, der Gare do Oriente. Auf 15 Stockwerken 207 sehr geräumige Zimmer, alle mit kleiner Küchenzeile, Schreibtisch, TV, Telefon und großen Marmorbädern. Auch Nichtraucherzimmer. Guter Blick über das ehemalige EXPO-Gelände, die Ponte Vasco da Gama und den Tejo. Reservierung in Deutschland: ☏ 0180-2121723, in der Schweiz ☏ 800563410. DZ mit Frühstück je nach Saison 80–145 €, mit Flussblick 119–160 €. Av. Dom João II, Parque das Nações, Ⓜ Oriente, ☏ 218930000, 📠 218930099, www.tryp oriente.solmelia.com.

**** **Hotel VIP Executive Art's 2**, in direkter Nachbarschaft zum Messegelände der FIL im Norden des Parque das Nações. 16-stöckiger Bau mit 300 Zimmern. Für die Größe ansprechend gestaltet – der portugiesische Architekt Frederico Valsassina hat dafür den höchsten Architekturpreis Portugals, den Prémio Valmor erhalten. Den Eingang dekoriert eine Fliesenwand mit Comicmotiven des isländischen Künstlers Erró (bürgerlich Gudmundur Gudmundsson). Geräumige, hohe Zimmer, schlicht und freundlich eingerichtet. Parkettböden. Moderne Bäder, Klimaanlage, Sat-TV, Minibar, Tresor. Man sollte versuchen, ein Zimmer in den oberen Stockwerken auf der Seite zum Tejo zu bekommen. Diese bieten durch große Fenster einen schönen Blick auf die Ponte Vasco da Gama sowie den Fluss, und auf dieser Seite des Hotels ist der Lärm vom benachbarten Bahnhof kaum zu hören. DZ je nach Saison 60–78 €, Frühstück 8,50 € pro Person. Av. D. João II, Lote 1.18, Ⓜ Oriente, ☏ 210020400, 📠 210020401, www.viphotels.com.

Obstverkäufer auf dem Straßenmarkt der Travessa da Boa-Hora

Rund ums Essen

Die portugiesische Küche ist reich an Meeresfrüchten und Reisgerichten. Von exotischen Taschenmessermuscheln bis zu den klassischen Sardinen kommt so ziemlich alles auf den Tisch, was der Atlantik an Meerestieren hergibt. Aber nicht nur Fischfans kommen hier auf ihre Kosten, auch Fleischgerichte hat Portugal in großer Zahl anzubieten.

International berühmt wie die französische ist die portugiesische Küche allerdings nicht. Sie ist vielmehr eine schmackhafte Volksküche mit einfachen, reichhaltigen Gerichten, die oft mit viel Olivenöl zubereitet werden. Lediglich die Nachspeisen und Süßigkeiten dürften eine internationale Spitzenstellung einnehmen. Aber auch die deftigen Suppen sind eine Kostprobe wert, so z. B. die traditionelle Kohlsuppe *caldo verde*. Wegen der kolonialen Vergangenheit sind neben der portugiesischen Küche auch brasilianische, indische und chinesische Restaurants weit verbreitet.

Wo isst man?

Restaurant- und Cafébetreiber sind verpflichtet, die Speise- bzw. Getränkekarte vor dem Eingang sichtbar auszuhängen. Besonders in touristischen Stadtteilen sollte man einen Blick auf die Preise werfen, um vor unangenehmen Überraschungen gefeit zu sein. In den Preisen müssen übrigens die Mehrwertsteuer *(Imposto sobre o Valor Acrescentado – IVA)* und die Bedienung *(serviço)* enthalten sein. Exquisitere Fischsorten und Meeresfrüchte werden dabei oft nach Gewicht berechnet.

Die **Beilagen** werden auf den Speisekarten meist nicht aufgeführt. Wer sich nicht sicher ist, was es zum gewünschten Hauptgericht gibt, sollte ruhig nachfragen. Meist ist es kein Problem, z. B. Reis statt Pommes frites zu bekommen. In chinesischen Restaurants bestellt man zu den Hauptgerichten ein Schälchen Reis *(tigela de arroz)*.

Fast überall bekommt man einen **Platz zugewiesen**. Man sollte sich also nicht einfach irgendwo hinsetzen (Ausnahme: ganz einfache Lokale und Cafés).

Restaurants

In der Regel ist am Restauranteingang ein Schild mit der jeweiligen Kategorie angebracht. In den Luxus-Restaurants, von denen es in Lissabon nur eine Handvoll gibt, findet man garantiert guten Service und exzellente Küche. Als nächste Kategorie folgen die Restaurants der ersten Klasse *(1.ª Categoria)*, die ebenfalls zumeist beste Qualität und Bedienung bieten. Die Restaurants der zweiten und dritten Klasse *(2.ª* und *3.ª Categoria)* unterscheiden sich kaum voneinander; der Service fällt zur ersten Klasse hin oft stark ab.

Was das Angebot an Speisen betrifft, unterscheidet man neben den „normalen" Restaurants zwischen **marisqueiras**, die auf Meeresfrüchte spezialisiert sind, und **churrasqueiras**, wo gegrilltes Fleisch und gegrillter Fisch angeboten werden. **Cervejarias** schließlich sind große, einfache Restaurants, in denen – wie der Name schon sagt – vorwiegend Bier getrunken wird, das Essensangebot aber eher beschränkt ist: Steaks *(bifes)*, Meerestiere *(mariscos)*, Omeletts *(omeletas)* und evtl. einige Fischgerichte.

Cafés

Portugal besitzt eine ausgeprägte Cafékultur. Bei einer *bica* (Espresso) wird stundenlang geschwatzt, studiert oder werden Geschäfte besprochen. Da sich die Einheimischen äußerst ungern zu Hause verabreden, sind die Cafés beliebter Treffpunkt. Man findet sind sie an fast jeder Straßenecke: Alleine in Lissabon gibt es über 1.600 Cafés und **pastelarias** (Café-Konditoreien). Anders als in Deutschland sind sie in Portugal bis zum späten Abend geöffnet.

Mittags und manchmal auch abends werden in den Cafés einige billige Tagesgerichte angeboten (häufig nur an Wochentagen); das Preis-Leistungs-Verhältnis ist meist recht gut.

Nach der Recherche hat die portugiesische Regierung ab 2012 die Mehrwertsteuer für Restaurants und Cafés von 13 auf 23% angehoben. Viele Restaurants werden dies an die Kunden weitergeben. Daher können die im Buch angegebenen Preise ca. 10% zu niedrig liegen.

Wann isst man?

Da die Portugiesen morgens zu Hause gewöhnlich nur ein Butterbrötchen mit Quittenmarmelade oder eine *torrada* (gebutterter Toast) zu sich nehmen, sind Mittag- und Abendessen gleichermaßen Hauptmahlzeiten, die sich in ihrem Angebot nicht unterscheiden. Man isst warm, mittags in einfacheren Lokalen, Kantinen oder Cafés, abends zu Hause oder in besseren Restaurants. Vegetariern wird in den wenigsten Restaurants etwas geboten.

Eine komplette Mahlzeit besteht aus Couvert (s. u.), Suppe, Hauptgericht und Nachtisch. In dieser Kombination zusammen mit einem kalten Getränk und häufig auch mit einem Kaffee bieten die meisten Restaurants auch ein Touristenmenü *(ementa turística)* an. Davon wird man zu einem oft äußerst günstigen Preis gut satt; in der Regel stehen ein Fisch- und ein Fleischgericht zur Auswahl. Für den kleinen Hunger ist das aber meist zu viel.

Am schnellsten serviert werden die Speisen von der Tageskarte *(pratos do dia* oder *sugestões do chefe)*, die oft eine gute Wahl sind. Die Gerichte sind außerordentlich reichlich; Genügsamere können häufig auch halbe Portionen *(meia dose)* ordern. In vielen Restaurants hat man nichts dagegen, wenn man sich zu zweit eine Portion mit zwei Tellern bestellt: *„Uma dose de ... com dois pratos, por favor."*

A conta, por favor!

Um die Rechnung bittet man mit „A conta, por favor“. Sie wird auf einem Teller gereicht, auf den man dann das Geld legt. Der Kellner holt den Teller ab und bringt ihn mit dem Wechselgeld zurück. Das Trinkgeld gibt man nicht dem Kellner persönlich, sondern lässt es beim Verlassen des Restaurants ebenfalls auf dem Teller zurück. In Cafés, insbesondere bei Bedienung am Tresen, gibt man in der Regel weniger oder kein Trinkgeld.

Essenszeiten in den Lokalen

Frühstück *(pequeno almoço)* gibt es den ganzen Morgen über im Café oder auch – meist sehr günstig – in einigen Bäckereien. In Lissabon trinkt man dazu gewöhnlich einen Milchkaffee *(galão)* und isst ein Brötchen *(sandes)* oder einen Toast *(tosta)*. Das Mittagessen *(almoço)* wird zwischen 12 und 14 Uhr eingenommen, das Abendessen *(jantar)* beginnt in den meisten Restaurants ab 19.30 Uhr, manchmal schon ab 19 Uhr. Die warme Küche ist in der Regel bis 22 Uhr geöffnet, danach wird es schwierig, noch etwas zu bekommen. In einigen Stadtteilen Lissabons (besonders im Bairro Alto) finden sich aber Restaurants, die bis spät in die Nacht servieren.

Kaffeehaus-Klassiker: das Nicola

Was isst man?

Den Auftakt einer kompletten Mahlzeit bildet das **Couvert** (Gedeck) – bisweilen eine beliebte Methode, den Gästen Geld aus der Tasche zu ziehen. Als Couvert werden immer Brot oder Brötchen mit Butter gereicht, dazu eventuell Oliven *(azeitonas)*, Frischkäse *(queijo fresco)*, Hartkäse *(queijo)* und Thunfischcreme *(paté de atum)*. Generell gilt, dass nur das bezahlt wird, was gegessen wurde. Bekommt man eine zu hohe Rechnung, was besonders in Touristenlokalen leider häufig der Fall ist, sollte man reklamieren und notfalls auch das Reklamationsbuch *(livro de reclamações)* verlangen (→ „Wissenswertes/Reklamationen“, S. 108). Wer kein Couvert möchte, sollte es am besten gleich abbestellen bzw. abtragen lassen. Es reicht meist schon, wenn man es sichtbar an den Rand des Tisches stellt. Restaurants der ersten und der Luxuskategorie dürfen das Couvert allerdings grundsätzlich komplett berechnen.

Rauchverbot

In Portugal gilt seit 2008 ein allgemeines Rauchverbot. Demnach ist es in der Regel nicht mehr erlaubt, in Restaurants, Cafés, Bars oder Diskotheken zu rauchen. In Bars und Restaurants mit aufwendigen Belüftungssystemen darf allerdings weiter geraucht werden. Meistens muss man aber auf die Terrasse oder vor die Tür, um sich eine Zigarette anzustecken.

Fleischgerichte

Das Standardgericht ist das Rindersteak *(bife).* Es wird im eigenen Saft (medium) und mit einem Spiegelei obenauf serviert. Dazu gibt es Reis, Pommes frites und Salat. Wer es gut durchgebraten will, sollte es *„bem passado“* bestellen. Die billigste Version ist ein *bitoque,* ein kleines Steak. In den einfacheren Restaurants kann dabei das Fleisch etwas zäh sein. Auch Koteletts *(costeleta)* und Rippchen *(entrecosto)* sind weit verbreitet. Wer mag, kann sich an einer *dobrada* (Bohneneintopf mit Kutteln) satt essen.

Einen Versuch wert sind vor allem Ziegenfleisch *(cabrito)* und Lamm *(borrego),* die im Gegensatz zu Schwein und Rind meist aus heimischer Zucht und naturnaher Weidewirtschaft stammen. Zur gastronomischen Spitzenklasse gehört das sog. schwarze Schwein *(porco preto),* ein Landschwein, das in der südportugiesischen Region Alentejo in Eichenwäldern gehalten wird und einem Wildschwein ähnelt.

Zu den portugiesischen Spezialitäten zählen auch verschiedene Würste, die in Eintöpfen, Suppen oder flambiert *(assado)* serviert werden. Es gibt drei Hauptsorten: *chouriço,* eine leicht geräucherte und mit Paprika gewürzte Schinkenwurst, *linguiça,* eine dünnere Version mit viel Paprika, und die *morcela,* eine grobe Blutwurst.

Schwieriges Portugal für Bio-Konsumenten

Wer durch portugiesische Supermärkte streift, wird beim Blick in die Regale, Obstauslage und Gemüsekörbe schnell feststellen, dass hier erheblich weniger Bioprodukte angeboten werden als in Deutschland, Österreich oder der Schweiz. Billige Discounter verkaufen in Portugal meist so gut wie keine Bioprodukte, während Aldi, Netto, Lidl und Co. In Deutschland häufig eine recht breite Palette an zertifizierten Öko-Waren führen. Etwas besser ist die Lage bei den Bio-Wochenmärkten, von denen in Lissabon in den vergangenen Jahren mehrere neu entstanden sind. Beispielsweise am Samstagvormittag auf dem Príncipe Real im Bairro Alto sowie in der Rua João Villaret (Ⓜ Roma) oder donnerstags spätnachmittags auf dem Largo de Santos. Wie so oft bestimmt die Nachfrage das Angebot und bisher fragen in Portugal nur wenige Konsumenten gezielt nach Bioprodukten. Das Bewusstsein für gesundes Essen und eine umwelt- und tiergerechte Landwirtschaft steigt jedoch. Aber auch in Mitteleuropa sind viele Folgen der agroindustriellen Intensivlandwirtschaft kaum bekannt: Wer weiß beispielsweise, dass in Deutschland jedes Jahr 40 Mio. Küken direkt am Tag ihrer Geburt getötet werden, weil die Hühnerrassen entweder zu sehr auf die Produktion von Fleisch oder von Eiern „optimiert“ wurden. So werden alle männlichen „Legehennen“-Küken direkt vergast oder lebendig zerhäckselt (in der Agroindustriesprache wird das beschönigend „homogenisieren“ genannt) und als Abfall entsorgt, da sie im Mastbetrieb zu langsam Fleisch ansetzen würden.

Ein Tipp für alle Restaurantgänger: Wer in Portugal ein weitgehend biologisch und tierfreundlich produziertes Fleisch genießen möchte, sollte zum *porco preto* greifen. Diese Landschweinrasse wird im Freien gehalten und ernährt sich vor allem von Eicheln. Der langsame Aufbau des Fleisches der „Schwarzen Schweine“ sorgt für ein viel intensiveres Aroma als das Fleisch aus der üblichen Turbomast.

Trotz leer gefischter Meere weiter Fisch essen?

Schwertfisch *(espadarte)*, Kabeljau *(bacalhau)* und Thunfisch *(atum)* – das sind nur drei der Fischarten, deren Bestände in den vergangenen Jahrzehnten dramatisch zurückgegangen sind. Zu viele Schiffe durchpflügen mit ihren Netzen die Weltmeere. Dennoch ist Fisch ein gesundes und schmackhaftes Nahrungsmittel, das sich vor allem in Portugal weiter großer Beliebtheit erfreut. Aber auch wer weiter Fisch isst, kann als Verbraucher die Meere zumindest etwas schonen. Zum einen kann man, statt besonders stark befischte Arten zu bestellen, öfter mal auf weniger kritische Fische wie Bastardmarkelen *(cavalas)* oder Hering *(arenque)* ausweichen. Zum anderen kann man Arten meiden, deren Fang mit Grundschleppnetzen besonders starke Schäden am Meeresboden anrichtet. So werden bei Plattfischen wie Seezunge *(linguado)* oder Scholle *(solha)* pro Kilo verwendeter Fisch bis zu 9 kg sog. Beifang, also junge Fische, Seesterne oder Krebse tot über Bord geworfen. Beim Fang eines Kilos Schwertfisch gehen den portugiesischen Langleinen-Fischern bis zu drei Kilo Haie an die Haken, darunter vor allem vom Aussterben sehr gefährdete Blauhaie. Und das, obwohl die Haie weltweit kritisch überfischt sind. Dies vor allem aufgrund der in chinesischen Restaurants angebotenen Haifischflossensuppe *(sopa de barbatanas de tubarão)*. Dafür schneiden die Fischer den Haien bei lebendigem Leib die Flossen ab – leider auch innerhalb der EU, darunter besonders auf spanischen und portugiesischen Schiffen. Die Tiere werden anschließend zurück ins Meer geworfen, wo sie qualvoll verenden. Jedes Jahr sterben so zwischen 100 und 200 Millionen Haie, was viele Arten bereits an den Rand des Aussterbens gebracht hat. Der Dornhai (*cação*) ist ebenfalls stark überfischt, in diesem Fall allerdings nicht wegen seiner Flossen, sondern weil er in Europa gerne als Speisefisch gejagt wird, u. a. für die sog. Schillerlocken oder als „Seeaal“. Leider werden in den letzten Jahren auch in Portugal Haie zunehmend zum „normalen Verzehr“ verkauft. Besonders tut sich dabei die Jerónimo-Martins-Gruppe hervor; auf den Fischtheken der Pingo-Doce-Supermärkte landen auch schon mal ganze Blauhaie.

Fischgerichte

Das portugiesische Nationalgericht ist der *bacalhau*, in Deutschland auch Klipp- oder Stockfisch genannt. Dabei handelt es sich um eingesalzenen, getrockneten Kabeljau. Es gibt in Portugal um die 300 verschiedene Zubereitungsarten, wobei der Kabeljau manchmal fast unkenntlich auf den Tisch kommt: in Öl gebraten, mit Teig überbacken, zerrieben und zu frittierten Bällchen geformt etc. In dieser Fülle von Speisen mit gleichem Grundstoff findet auch derjenige sein Lieblingsgericht, der „Bacalhau pur“ nicht so sehr schätzt. Besonders gut schmeckt der *bacalhau à Brás*, für den der Fisch zerrieben und mit Kartoffelsticks und Rühreiern gemischt wird.

Ebenfalls zu empfehlen sind *dourada* (Goldbrasse), *robalo* (Seebarsch) und *cherne* (Silberbarsch), alle wohlschmeckend und einfach von Gräten zu säubern. Am besten sind sie, wenn sie über Holzkohle gegrillt werden *(na brasa)*.

Außerdem im Angebot sind Fischeintöpfe *(caldeiradas)*, die besonders bei Liebhabern deftiger Kost Zuspruch finden dürften. Und wer nicht nur gut essen, sondern auch auf seinen Geldbeutel achten will, sollte sich an die preisgünstigen Sardinen und die Bastardmakrelen

Fischkonserve gefällig? Sol e Pesca (S. 177) erfüllt fast jeden Wunsch

(carapaus) halten. Die ganz kleinen *sardinhas* kann man mit Haut und Haaren, sprich: Schuppen, verzehren. Achtung: Die bitter schmeckenden Innereien muss man bei kleinen Fischen in der Regel selbst entfernen. Diese beiden Fischarten sind auch nicht ganz so dramatisch überfischt wie Kabeljau, Thun- und Schwertfisch, die in der Regel schon längst nicht mehr aus portugiesischen Gewässern stammen.

Sehr verbreitet sind die verschiedenen **Tintenfischarten** *(moluscos)*. Der *polvo*, ein achtfüßiger Krake wird klein geschnitten besonders im Reiseintopf *(arroz de polvo)* und als Salat *(salada de polvo)* serviert. Mit viel Tinte und der bekannten Sepiaschale kommen die *chocos* (Sepia) daher. Auch sie schmecken im Reiseintopf *(arroz de choco)* sehr gut. Wer sie lieber gegrillt *(grelhado)* mag, sollte darauf achten, dass sie ohne Tinte *(sem tinta)* serviert werden. Die *lulas* (Kalmare) haben einen weißen, kapuzenförmigen Körper mit zwei langen und acht kurzen Fangarmen. Wer sich eine besondere Delikatesse gönnen möchte, bestellt *lulas recheadas:* Bei dieser Zubereitungsart werden die zarten Körper der Tintenfische mit einer Mischung aus den zerkleinerten Fangarmen, gemischtem Hackfleisch, Zwiebeln und Petersilie gefüllt. Man kann die *lulas* aber auch einfach gegrillt essen.

Meeresfrüchte

Mariscos sind nicht gerade billig – das Kilo Langusten z. B. kostet ca. 50 €. Die hohen Preise sind allerdings nicht verwunderlich, wenn man bedenkt, dass die *lagostas* in Europa völlig überfischt sind und meistens aus weit entfernten Regionen wie Mauretanien lebend eingeflogen werden müssen (in diesem Zustand kommen sie dann in den Topf).

Günstiger sind die meist ein bis zwei Pfund schweren Taschenkrebse *(sapateiras)* oder die Spinnenkrabben *(santolas)*. Die in „freier Wildbahn" aufgewachsenen Tiere stammen meist aus Portugal und werden von Tauchern erjagt. Wer gerne Eintöpfe isst, sollte die *açorda de marisco* versuchen, einen sehr sättigenden Brotbrei mit viel Knoblauch und Garnelen. Eine gar nicht so teure Delikatesse sind Herzmuscheln *(amêijoas)*. Besonders in Lissabon werden sie zum Teil sehr originell und schmackhaft zubereitet, z. B. mit Zitronensaft und Knoblauch *(amêijoas à Bulhão Pato)*.

Feinschmecker verzichten montags übrigens besser auf Meeresgetier, da die Fischer am Sonntag zu Hause bleiben.

Nachspeisen

Was die **sobremesas** anbelangt, dürfte die portugiesische Küche dank des maurischen Erbes einen Spitzenplatz in Europa belegen. Unbedingt probieren sollte man *arroz doce,* einen süßen Milchreis mit Zimt. Empfehlenswert ist auch der „Himmelsspeck“ *toucinho do céu,* eine Eigelbspeise mit Mandeln, sowie *pudim flan* (Vanillepudding mit Karamell-Soße) oder *leite creme* (Milchcreme).

Snacks und Petiscos

Der portugiesische Hamburger heißt *prego:* Rindfleischstücke werden in einem würzigen Fleisch-Knoblauch-Sud gekocht und noch warm in einem Brötchen gegessen. Das ebenfalls sehr lekkere Pendant aus Schweinefleisch nennt man *bifana.* Der *cachorro* ist der portugiesische Hotdog, allerdings meist von miserabler Qualität. *Tosta mista,* einen Schinken-Käse-Toast, gibt's in Bäckereien und Cafés, und zwar recht billig. Noch günstiger ist die *torrada,* ein getoastetes Brot mit Butter.

Salada de atum, Thunfischsalat, ist ein kräftiger Mix aus Fischstückchen, gekochten Kartoffeln, Tomaten, grünem Salat, schwarzen Oliven und Olivenöl. Sehr lecker, nahrhaft und preisgünstig. Thunfischsalat wird oft als Vorspeise *(entrada)* angeboten, obwohl man davon sehr gut satt wird.

Rissóis, panierte und frittierte Kabeljau- oder Krabbenhäppchen, schmecken sehr gut und werden mit den ähnlich schmeckenden *pastéis de bacalhau* auch gerne in Cafés als Snacks serviert. *Empanadas* sind dagegen kleine Pasteten, gefüllt mit Gemüse, Fleisch, Fisch oder Garnelen.

Getränke

Bei den Getränken steht der Wein an erster Stelle. Kein Wunder, denn Portugal ist der neuntgrößte Weinproduzent der Welt und kann über einen Mangel an erlesenen Tropfen wahrlich nicht klagen. Besonders die leichten Weißweine der Estremadura, die Rotweine der Bairrada und natürlich die einzigartigen süßen Portweine werden Kenner begeistern.

Aus den bekannten Weinanbaugebieten Bairrada, Dão, Douro sowie Setúbal kommen gute Weiß- und Rotweine; man findet hier immer etwas nach seinem Geschmack. In der Umgebung von Lissabon liegen neben Setúbal auch noch zahlreiche kleinere Anbaugebiete wie Bucelas, Arruda dos Vinhos, Torres Vedras, Colares und Carcavelos, die beiden letzten allerdings mit einer sehr kleinen Jahresproduktion. Preiswertere Sorten stammen oft aus der südportugiesischen Provinz Alentejo. Hier lassen sich aber auch zunehmend Top-Weingüter wie die Herdade do Esporão nieder. Vor allem an heißen Sommertagen ist der perlend frische *Vinho Verde* aus Nordportugal ein Genuss.

Portwein

Diese Spezialität aus Porto mit 17–20 % Alkohol ist beliebt und weltbekannt. Für Portwein gelten seit 1756 die ältesten Weingesetze der Welt. Staatliche Kontrollen garantieren die Qualität. Die Reben wachsen im oberen Dourotal in Nordportugal. Nach dem Zerstampfen der Trauben gärt der Wein in Steintanks, den *lagares*. Etwa zwei Tage später wird der Wein dann mit farblosem Branntwein versetzt. Dadurch wird die Gärung gestoppt, sodass von der ursprünglichen Süße der Trauben viel im Wein erhalten bleibt. Anschließend reift der Portwein in den Kellereien von Vila Nova de Gaia südlich von Porto, bis er in Flaschen abgefüllt wird.

Die Vielfalt der Portweinsorten ist anfangs etwas verwirrend. Generell ist zwischen den roten und den weißen Ports zu unterscheiden, Letztere werden ausschließlich aus hellen Trauben hergestellt.

Die roten Ports werden in die folgenden Qualitätsklassen eingeteilt: Die einfachsten heißen *Ruby*, tragen weder Altersangabe noch Jahreszahl und sind Verschnitte verschiedener Jahrgänge. Rote Ports, die länger als drei Jahre gereift haben, nennen sich dagegen *Tawny*. Sie sind heller in der Farbe und runder im Geschmack als die *Rubies*. Bei der nächsthöheren Qualitätsklasse ist zwar ein Alter angegeben – z. B. *10 anos* –, doch kann es sich dabei um einen Durchschnittswert handeln (z. B. kann die eine Hälfte 15 und die andere lediglich fünf Jahre alt sein). Verlässlich als Jahrgangsweine ausgewiesen sind nur Produkte, die mit einer konkreten Jahreszahl versehen sind. Unter diesen Jahrgangsweinen gibt es wiederum zwei Kategorien: Die normalen Jahrgangsweine werden ohne Satz abgefüllt und reifen in der Flasche nicht weiter. Die besten unter ihnen sind die sog. *Late Bottled Vintages*, die vor dem Abfüllen vier bis sechs Jahre in Eichenfässern gelagert haben. Die „echten" *Vintages* werden dagegen nach nur zwei Jahren im Fass mit Satz abgefüllt. Daher können sie in der Flasche weiter reifen. Übrigens dürfen nur die besten Jahrgänge als *Vintages* abgefüllt werden, was deren hohe Qualität und Exklusivität garantiert. Vor dem Einschenken müssen diese Weine dekantiert, d. h. gefiltert werden, um den Satz zu entfernen. Die teuersten, aber nicht unbedingt die besten Portweine schließlich sind die aus ganz bestimmten Weingütern stammenden *Vintages da Quinta*.

Im Gegensatz zu den roten Portweinen, die mit zunehmendem Alter immer heller werden, dunkeln die weißen im Laufe der Zeit immer mehr nach. Die weißen Portweine werden von süß bis trocken eingeteilt: *very sweet (lágrima), sweet (doce), dry (seco)* und *extra dry (extra seco)*. Sie sind generell weniger bekannt und erreichen auch nicht die astronomischen Preise der exklusiven roten *Vintages*. Dennoch lohnt es sich, sie zu probieren.

Deutsche Bierkultur in Portugal: Bierwagen Fábrica de Cerveja Germánia

Bier

In Portugal existieren aufgrund der kurzen Biertradition mit Central de Cervejas (aus der Heineken-Gruppe, bekannteste Marke ist *Sagres*) und Unicer (aus der Carlsberg-Gruppe, bekannteste Marke ist *Super Bock*) lediglich zwei nationale Brauereien; daneben werden ausländische Biere in Lizenz gebraut. Sowohl von Sagres als auch von Super Bock gibt es auch Schwarzbier *(cerveja preta)*. Die Portugiesen ziehen meist das *Super Bock* vor, das durch den beim Brauen verwendeten Zucker leicht süßlich schmeckt. Mit Zitronengeschmack und besonderer Spritzigkeit überrascht übrigens das *Super Bock Green*.

In vielen Kneipen wird Fassbier ausgeschenkt, das besser als Flaschenbier mundet und außerdem weniger kostet. Da der Verkauf von Flaschenbier aber lukrativer ist, wird oft eine Flasche gebracht, wenn man nicht ausdrücklich nach *cerveja de pressão* oder *cerveja de barril* fragt. Das gezapfte Bier im 0,2-Liter-Glas nennt sich in Lissabon *imperial* oder *fino*, ein großes Bier (0,4 oder 0,5 l) heißt *caneca* (Krug).

Kaffee

Der Kaffee kommt meist aus Brasilien oder Afrika und ist tiefschwarz. Sein Geschmack unterscheidet sich beträchtlich von dem des aus Deutschland gewohnten Kaffees. Filterkaffee ist in Portugal nicht verbreitet. Man trinkt entweder einen kleinen Espresso *(bica)* oder einen Milchkaffee. *Bicas* sind übrigens bekömmlicher als Filterkaffee, da bei der Zubereitung das Wasser unter Hochdruck durch den Kaffee gepresst wird und weniger schädliche Stoffe herauslöst.

Espresso ist aber nicht gleich Espresso: Neben der normalen *bica* gibt es die größere, aber weniger gehaltvolle *bica cheia* und die kleinere, aber von der Wirkung her intensivere *bica italiana*, auch *bica curta* genannt. Man kann auch eine *bica com cheiro* bestellen (mit Schnaps) oder den *café duplo*, die doppelte *bica*.

Variationen gibt es auch beim Milchkaffee. Bei *garoto* oder *pingo* handelt es sich um eine einfache *bica* mit Milch. Etwas mehr Inhalt hat die *meia de leite*, die etwa dem in Deutschland verbreiteten Milchkaffee entspricht. Der *galão* schließlich ist ein 0,2 l großes Glas Milchkaffee und erklärtes Lieblingsgetränk der Lissabonner am Morgen. Zubereitet wird er entweder mit einer *bica* und heiß aufgeschäumter Milch *(galão de máquina)* oder in der Billigversion mit in heißer Milch aufgelöstem Instantkaffeepulver.

Eine Auswahl aus den weiteren Möglichkeiten der Kaffeezubereitung: Für den *carioca* wird die *bica* halb mit Wasser aufgefüllt, der *carioca de limão* dagegen wird nicht mit Kaffee, sondern mit heißem Wasser und frischem Zitronensaft zubereitet, eine *cevada* ist ein Malzkaffee.

Meister an der portugiesischen Gitarre: António Chainho (links)

Unterhaltung und Kultur

Getreu dem portugiesischen Sprichwort „In Braga betet man, in Porto wird gearbeitet, in Coimbra studiert und in Lissabon gelebt" sollte in Lissabon wohl kaum Langeweile aufkommen. Besonders in puncto Kinos, Diskotheken und Bars hat die Stadt viel zu bieten.

Wann was stattfindet, erfährt man in mehreren kostenlosen Programmzeitschriften: In der von der Stadt Lissabon herausgegebenen *Agenda LX* sind fast alle kulturellen Ereignisse in Lissabon verzeichnet. Sie erscheint monatlich in portugiesischer Sprache und ist im Turismo und im Internet erhältlich (www.agendalx.pt).

Ebenfalls im Turismo liegt *Follow me Lisboa* aus, eine kostenlose Zeitschrift des Fremdenverkehrsverbands Lissabon (www.visitlisboa.com). Sie präsentiert jeden Monat auf Englisch und Spanisch die wichtigsten Veranstaltungen und Ereignisse. Monatlich erscheint auch das Programm des *Centro Cultural de Belém* auf Portugiesisch, das vor Ort und im Turismo erhältlich ist (eine Version auf Englisch gibt es unter www.ccb.pt).

Jeden Donnerstag erscheint der *Guia do Lazer* (www.lazer.publico.pt). Auf Portugiesisch bringt er Tipps zu Konzerten, Kino sowie Ausstellungen. Das Heft wird von der Zeitung *Público* herausgegeben, liegt aber nicht der Zeitung bei, sondern muss extra am Zeitungskiosk gekauft werden. Dort gibt es auch das Magazin *Time Out Lisboa* (auf Portugiesisch) mit weiteren Tipps.

Kartenvorverkauf

Agência de Bilhetes para Espectáculos Públicos – ABEP, am ABEP-Pavillon gibt es Karten vom Fußballspiel bis zur Oper. Allerdings ca. 10 % Vorverkaufsgebühr. Praça dos Restauradores, Ⓜ Restauradores, ✆ 213475824.

FNAC, alle Arten von Konzerten mit geringer Vorverkaufsgebühr. Rua do Carmo, Centro Comercial Armazéns do Chiado (Ⓜ Baixa/

Chiado) und Av. Lusíada, Centro Comercial Colombo, 1. Stock, Praça do Equador (Ⓜ Colégio Militar/Luz) sowie www.fnac.pt.

Coliseu, nur für Konzerte im Coliseu. Kasse Mo–Fr 13–19 Uhr. Rua das Portas de Santo Antão, Ⓜ Restauradores, ✆ 213240580, www.coliseulisboa.com.

Centro Cultural de Belém, Centro Cultural de Belém. Nur Vorverkauf für die dortigen Veranstaltungen. Tägl. 13–19.30 Uhr. Auch ✆ 213612444 und www.ccb.pt.

Ticketline, www.ticketline.pt. Internet-Karten-Shop für Konzerte, Theater und Oper.

Feste

Das **Neujahr** läuten die *Lisboetas* gewöhnlich mit einem großen Feuerwerk und Konzerten auf der Praça do Comércio und/oder im Parque das Nações ein. Private Feuerwerke sind in Portugal zum Jahreswechsel übrigens nicht üblich.

Am **25. April**, dem Jahrestag der Nelkenrevolution, findet morgens traditionell eine Militärparade vor dem Kloster in Belém statt, nachmittags kann man ab ca. 15.30 Uhr eine farbenprächtige Parade diverser kommunistischer und den Kommunisten nahe stehender Gruppen auf der Avenida da Liberdade erleben. Die Demonstration der kommunistischen Gewerkschaften am Tag der Arbeit, dem 1. Mai, wird dagegen auf der Alameda Dom Afonso Henriques zelebriert.

Wer hat die beste Marcha?
Lampions am 12. Juni

Der erste Sonntag im **Mai** ist der traditionelle Termin für die seit 1570 veranstaltete Prozession zu Ehren der *Nossa Senhora da Saúde*. Am Nachmittag zieht sie ab etwa 16 Uhr durch die Straßen der Mouraria um die Capela Nossa Senhora da Saúde an der Praça Martim Moniz. Dabei wird einer Pestepidemie von 1569 gedacht, die die Muttergottes beendet haben soll.

An der Prozession nehmen zahlreiche Bruderschaften sowie Kapellen von Militär, Miliz und Feuerwehr teil.

Im Mai steigt auch die *Semana Académica de Lisboa (SAL)*: Mit dem Studentenfest wird die volle Aufnahme der *caloiros* (Studienanfänger) in die Studentengemeinschaft und die Verabschiedung der *finalistas* (Diplomanden) gefeiert.

Der **Juni** ist dann der Monat der Feste schlechthin, was ihn zum vielleicht attraktivsten Reisemonat für die portugiesische Hauptstadt macht. Ab dem 12. Juni bis zum Ende des Monats werden an Dutzenden Schauplätzen in den historischen Stadtvierteln sog. *arraiais* (Volksfeste) gefeiert. Besonders am Wochenende zieht der Geruch von gebratenen Sardinen, die zu Brot und Wein gegessen werden, durch alle Gassen. Die einheimische Bevölkerung lauscht unter bunten Girlanden portugiesischer Volksmusik und Fado-Gesängen. Die größte Veranstaltung findet in der Mouraria auf der Praça Martim Moniz statt, die vielleicht beste Stimmung herrscht auf den *arraiais* der Alfama

(Castelo, Campo das Cebolas, Igreja São Miguel und Largo do Chafariz de Dentro).

Höhepunkt der Junifeiern sind jedoch die *marchas populares* (Volksmärsche) am Vorabend des **13. Juni**, Lissabons Stadtfeiertag. Dann wird der Geburtstag des hl. Antonius von Padua gefeiert, der in Lissabon geboren wurde und inoffizieller Stadtpatron ist. Die farbenfrohe Parade verschiedener Gruppen aus den einzelnen Stadtteilen zieht am 12. Juni ab ca. 21 Uhr tanzend und singend die Avenida da Liberdade hinunter. Die Tänzer und Musikanten sind in prächtige Kostüme gehüllt und tragen große Lampions mit sich. Das ganze Spektakel dauert etwa vier bis fünf Stunden und hat durchaus Wettbewerbscharakter: Die *marchas* der einzelnen Stadtteile kämpfen um den Titel des besten Umzugs. Dabei versucht jedes Viertel, die anderen möglichst mit noch aufwendigeren Kostümen und Choreografien zu übertreffen. Am Straßenrand stehen die Nachbarn, Freunde und Familienangehörigen der Akteure und feuern sie an. Außerdem werden Töpfe mit frischem Basilikum verkauft, die sich Verliebte gegenseitig schenken. Schließlich gilt der hl. Antonius im Volksglauben als Patron für eine glückliche Ehe (→ Kasten „O Santo que traz noivas – der Heilige, der Bräute bringt“).

Weitere kleine Höhepunkte im Juni sind die Vorabende des 24. Juni *(São João)* und des 29. Juni *(São Pedro).* Ebenfalls lohnenswert ist die Schlussveranstaltung der *Festas de Lisboa,* die gewöhnlich Ende Juni mit Rockmusik und Feuerwerk auf der Praça do Comércio abgehalten wird.

O Santo que traz noivas – der Heilige, der Bräute bringt

Prächtige weiße Brautkleider, elegante dunkle Anzüge und ein buntes Blumenmeer. Alljährlich am 12. Juni ist die Igreja de Santo António Ort eines besonderen Spektakels: Am Nachmittag gegen 15 Uhr geben sich in dieser kleinen Kirche am Rand der Alfama knapp 20 Brautpaare gleichzeitig das Jawort. Voraus ging für die *noivos de Santo António* ein aufwendiges Bewerbungsverfahren. Unter mehr als 200 Kandidaten werden Jahr für Jahr diejenigen Paare ausgesucht, die dann auf Kosten der Stadt Lissabon und mit der finanziellen Unterstützung einiger Firmen heiraten dürfen. Wer Chancen haben will, sollte bereits in Lissabon wohnen und nur über ein geringes Einkommen verfügen. Ein paar Nachteile müssen die Brautpaare allerdings in Kauf nehmen: Sie dürfen maximal 30 Gäste einladen, und gefeiert wird selbstverständlich mit allen anderen Paaren zusammen. Aber dafür sind sie auch Teil der *Festas de Lisboa* und mit ziemlicher Sicherheit im Fernsehen und in der Zeitung.

Die Tradition gründet sich auf die Legende, nach der der hl. Antonius zu seinen Lebzeiten als Franziskanermönch einer verzweifelten, mittellosen Braut wundersamerweise zur für die Heirat nötigen Mitgift verholfen haben soll.

Fußball

Eine Partie unter Beteiligung eines der drei großen portugiesischen Clubs *Benfica, Sporting* oder des *FC Porto* ist für Fußballfans immer einen Besuch wert. Besonders die Lokalderbys zwischen den beiden Lissabonner Vereinen *Benfica* und *Sporting* haben ein ganz eigenes Flair. Der dritte Lissabonner Club (die *Belenenses* aus Belém) spielt eine eher unbedeutende Rolle. Allerdings hat er

Fußballfanatismus

Jeder große portugiesische Verein hat seinen Fanclub, auf Portugiesisch *claque* genannt. Benfica wird von den *No Name Boys* und den *Diabos Vermelhos,* den „Roten Teufeln“, unterstützt. Sporting setzt auf die Hilfe der *Juventude Leonina,* der „Löwenjugend“, die sich nach dem Vereinssymbol benannt hat. Einige der meist jugendlichen Fans verbringen offenbar ganze Tage damit, Wände mit Abkürzungen ihrer *claque* wie *NN* oder *Juve Leo* sowie mit intelligenten Sprüchen wie „Oeiras gehört den No Name Boys“ zu besprühen. Allen Gruppen gemein ist der ziemlich leichtfertige Umgang mit faschistischen Symbolen und eine latente Gewaltbereitschaft.

Sporting-Fankurve: Juve Leo

Die Kinder werden teilweise schon bei ihrer Geburt als Mitglieder des Vereins angemeldet, dem der Vater angehört. Befragt nach den Farben der portugiesischen Flagge, antworten manche Kinder mit „Sporting“ (grün) und „Benfica“ (rot), weil sie zwar die Namen der Farben noch nicht kennen, aber bereits die der Fußballvereine. Das Meer wäre dann wahrscheinlich „Porto“ (blau) ...

Übrigens: Wird man in Portugal gefragt, wer man denn sei *(„Quem és?“),* dann interessiert den Fragesteller nicht, wie man heißt, sondern zu welchem Fußballclub man hält.

Estádio do Restelo eines der am schönsten gelegenen Stadien Portugals. Wer sich ein Spiel anschauen will, kauft die Karten am besten direkt am jeweiligen Austragungsort oder mit ca. 10 Prozent Aufschlag beim ABEP-Pavillon an der Praça dos Restauradores. Karten für Länderspiele verkauft auch die *Federação Portuguesa de Futebol* (FPF) in der Rua Alexandre Herculano, 58 (Ⓜ Rato).

Benfica, Estádio da Luz, zur Fußball-EM errichtete, komplett überdachte Arena mit 65.000 Plätzen. Portugals größtes Stadion. Av. General Norton de Matos, Ⓜ Colégio Militar/Luz, ✆ 217219500.

Sporting, Estádio de José Alvalade, ebenfalls ein Neubau zu den Europameisterschaften 2004. Vollständig überdachte 50.000 Plätze. Rua de Francisco Stromp, Ⓜ Campo Grande, ✆ 217516000.

Os Belenenses, Estádio do Restelo, nur wenige Hundert Meter nördlich vom Mosteiro dos Jerónimos steht dieses Stadion mit Blick über den Tejo. 43.000 Plätze. Av. do Restelo (im Stadtteil Belém), ✆ 210341400.

Estádio Nacional, Estádio Nacional do Jamor, das Nationalstadion liegt an der Linha de Cascais im Lissabonner Vorort Cruz Quebrada. Hier finden neben Länderspielen auch die Pokalendspiele statt. 50.000 Plätze. Cruz Quebrada (Züge ab Cais do Sodré).

Kino

In Lissabon kann man in vielen modernen Kinos Filme zu günstigen Preisen sehen. Meist laufen die aktuellen Hollywoodstreifen; nur wenige Kinos bringen europäische Produktionen, die keinen großen kommerziellen Erfolg versprechen. Ausländische Filme werden generell im Original mit Untertiteln gezeigt, sodass man mit Englischkenntnissen den meisten Filmen folgen kann.

Normal kostet eine Kinokarte etwa 5 bis 6 €, montags am Kinotag ist sie deutlich ermäßigt. In diesem Fall und am Wochenende sollte man rechtzeitig Karten für die Abendvorstellungen kaufen, denn dann geht halb Lissabon ins Kino. Telefonische Kartenvorbestellungen sind nicht immer möglich. Die Plätze sind übrigens nummeriert, man wird von einem Platzanweiser eingewiesen. Die neuen Filme laufen freitags an.

Av. Liberdade

→ Karte S. 154/155.

Cinemateca Portuguesa, So geschl. In der Cinemateca werden hauptsächlich Reihen mit älteren portugiesischen und ausländischen Filmen gezeigt. Günstiger Eintritt. Das Kino besitzt zwei Säle. Im Obergeschoss außerdem ein Geschäft mit Büchern und DVDs sowie ein sehr empfehlenswertes Café, das ganz in Holz eingerichtet und mit Filmplakaten dekoriert ist. Bei gutem Wetter kann man dort auch im Innenhof sitzen, von den umliegenden Gebäuden abgeschirmt kommt man sich etwas vor wie auf einer Insel in der Großstadt. Rua Barata Salgueiro, 39, Ⓜ Marquês de Pombal, ✆ 213596262, www.cinemateca.pt.

São Jorge, das ehemalige Premierenkino Lissabons. Noch viel Pracht und Glanz, auch wenn der herrliche, über 1.800 Zuschauer fassende Saal aus dem Jahr 1950 leider in drei kleinere Räume unterteilt wurde. Sollte im Jahr 2000 abgerissen werden. Nach heftigen Protesten wurde es dann von der Stadt Lissabon aufgekauft, die es seitdem betreibt. Nicht immer Kino-Betrieb, teilweise auch Ausstellungen. Av. da Liberdade, 175, Ⓜ Avenida, ✆ 213103400, www.cinemasaojorge.pt.

Av. Novas

→ Karte S. 160/161.

Castello Lopes Londres, zwei komfortable Säle. Aktuelle Filme vorwiegend aus den USA. Av. de Roma, 7-A, Ⓜ Roma, ✆ 7072202 20, www.castellolopescinemas.com.

CinemaCity Campo Pequeno Praça de Touros, Multiplexkino unter der Stierkampfarena. Centro de Lazer do Campo Pequeno, Ⓜ Campo Pequeno, ✆ 217981420, www.cinemacity.pt.

CinemaCity Classic Alvalade, 4 Kinosäle mit Hollywoodstreifen. Av. de Roma, 100, Ⓜ Alvalade, ✆ 218413040, www.cinemacity.pt.

Instituto Franco-Português, kleines Kino des französischen Kulturinstitutes. Filme aus Frankreich. Av. Luís Bivar, 91, Ⓜ São Sebastião, ✆ 213111400, www.ifp-lisboa.com.

Medeia King, drei Säle, in denen Kultfilme und fast keine Hollywood-Streifen gezeigt werden. Av. Frei Miguel Contreiras, 52-A, Ⓜ Roma, ✆ 218480808, www.medeiafilmes.com.

Medeia Monumental, dieses moderne Kino liegt im Obergeschoss des Einkaufszentrums Monumental. Vom angeschlossenen Café schöner Blick auf die Praça de Saldanha. Insgesamt 4 Säle. Edifício Monumental, Praça Duque de Saldanha, Ⓜ Saldanha, ✆ 213142223, www.medeiafilmes.com.

UCI Cinemas, 14 moderne Kinosäle mit insgesamt 2.700 Plätzen im Kaufhaus El Corte Inglés. Grandes Armazéns El Corte Inglés, Av. António Augusto Águiar, 31, Ⓜ São Sebastião (direkter Zugang von der Metrostation), ✆ 707232221, www.ucicinemas.pt.

Amoreiras

Zon Lusomundo Amoreiras, → Karte S. 182/183, in den zehn Kinosälen auf drei Etagen (die verschiedenen Eingänge beachten!) werden aktuelle Hollywoodfilme gezeigt. Centro Comercial das Amoreiras, Av. Eng. Duarte Pacheco, Ⓜ Rato, ✆ 707 246362, www.zonlusomundo.pt.

Norden

→ Karte S. 218.

Zon Lusomundo Alvaláxia, 16 große Säle mit insgesamt 3.000 Plätzen im Einkaufszentrum unter dem Sporting-Stadion Estádio de Alvalade. Digitale Projektion, sehr gute Tonqualität. Eingangsbereich in schreienden Farben – hier hat sich Stararchitekt Tomás Taveira ausgetobt. Alvaláxia XXI Shopping, Rua Francisco Stromp, Ⓜ Campo Grande, ✆ 707246362, www.zonlusomundo.pt.

Zon Lusomundo Colombo, zehn Säle im Colombo-Einkaufszentrum. Av. Lusíada, Centro Comercial Colombo, Ⓜ Colégio Militar/Luz, ✆ 707246362, www.zonlusomundo.pt.

Osten

Zon Lusomundo Vasco da Gama, → Karte S. 224/225, modernes Kino im Einkaufszentrum Vasco da Gama direkt neben dem Bahnhof Gare do Oriente. Centro Comercial Vasco da Gama, Av. D. João II, Parque das Nações, Ⓜ Oriente, ✆ 707246362, www.zonlusomundo.pt.

Konzerte

Klassische Konzerte werden vor allem im *Centro Cultural de Belém* (→ „Belém und Ajuda/Sehenswertes", S. 211) veranstaltet. Häufig werden Konzerte auch in der *Fundação Calouste Gulbenkian* an der Avenida de Berna veranstaltet (www.musica.gulbenkian.pt, Ⓜ Praça de Espanha).

Kleinere Jazzkonzerte steigen fast tägl. in der *OndaJazz Bar* in der Alfama und im *Páginas Tantas* im Bairro Alto (→ „Bars", S. 82 und 84).

Rock- und Popkonzerte mit bekannten Gruppen werden häufig im *Pavilhão Atlântico* im Parque das Nações (www.pavilhaoatlantico.pt, Ⓜ Oriente, Osten) sowie im wunderschönen Kuppelbau des *Coliseu* veranstaltet (www.coliseulisboa.com, Rua das Portas de Santo Antão, Ⓜ Restauradores, Baixa). Hin und wieder finden große Open-Air-Konzerte in den Fußballstadien statt. Kleinere Konzerte richten auch die diversen Kulturzentren (s. u.) sowie die Diskotheken *Musicbox, Santiago Alquimista* und *Lux-Frágil* aus, in Letzterer

Atlântico – Lissabons größte Mehrzweckhalle

treten auch internationale DJs auf (→ „Clubs“, S. 87). Im Bairro Alto hat sich das *Teatro do Bairro* in der Rua Luz Soriano, 63 als Ort für Konzerte und andere Veranstaltungen etabliert. Es ist im ehemaligen Gebäude der Druckerei Interpress untergekommen (www.teatrodobairro.org).

Mittelgroße Konzerte finden im *Armazém F – TMN ao Vivo* am Tejo-Ufer zwischen den Bahnhöfen Cais do Sodré und Santos statt (Ⓜ Cais do Sodré): Rua Cintura Porto-Santos, 65, ✆ 2132 20160, www.armazemf.com.

Alternative Kulturzentren

In den vergangenen Jahren sind in Lissabon zahlreiche unabhängige Kulturzentren entstanden, die die städtische Veranstaltungs-Szene sehr bereichert haben. Träger sind meist Kooperativen, die Konzerte, Lesungen, Tanzvorführungen, DJ-Perfomances und sogar Platten-Börsen organisieren.

Bacalhoeiro, am Südwestrand der Alfama, keine 5 Min. zu Fuß von der Praça do Comércio entfernt. Mo geschlossen, ansonsten etwa ab 19 Uhr bis spät in die Nacht geöffnet. 2006 gegründetes, alternatives Kulturzentrum in einem alten Wohnhaus zwischen der Praça do Comércio und der Casa dos Bicos. Vorträge, Lesungen, Debatten, DJs, Konzerte mit Afrobeat, Funk, Jazz, Kizomba, Grunge etc. Dienstagabends Filmprogramm und preisgünstiges Abendessen aus der eigenen Küche. WLAN-Internetzugang. Kulturverein, daher nur Zutritt für Mitglieder (die Jahresmitgliedschaft kostet 10 € und kann direkt im Kulturzentrum erworben werden). Eingang recht unauffällig, man muss durch das Treppenhaus in den 2. Stock nach oben (von dort aus auch Zugang zum Veranstaltungssaal einen Stock tiefer). Rua dos Bacalhoeiros, 125, Ⓜ Terreiro do Paço, ✆ 218864891, www.bacalhoeiro.org.

Fábrica do Braço da Prata, im Osten in der Nähe der Bushaltestelle Poço do Bispo. Hier hält z. B. Bus 28 ab Metrostationen Cais do Sodré, Terreiro do Paço oder Oriente. Von der Bushaltestelle nach Norden der Rua Fernando Palha folgen und dann in die Rua da Fábrica do Material de Guerra nach rechts (gegenüber dem Postamt). Untergebracht in einer alten Waffenfabrik aus dem Jahr 1908, deren Gewehre unter anderem bei den Revolten am Ende der Monarchie, den Kolonialkriegen und der Nelkenrevulotion im Einsatz waren. Seit 2007 wird das Gebäude mit insgesamt 15 hohen und geräumigen Sälen jedoch als „Kulturfabrik“ verwendet. Organisiert haben das ganze die beiden Lissabonner Buchhandlungen Ler Devagar und Eterno Retorno. Viele Lesungen, auch Bücher werden hier verkauft. Dazu gibt es Konzerte (Jazz, Weltmusik, Klassik), Ausstellungen, Kino und vieles mehr. Das Abendessen in der Bar ist unserer Ansicht nach allerdings überteuert. Im Sommer große Terrasse auf dem Hof. Di 20–2 Uhr, Mi–Do 18–2 Uhr, Fr/Sa 18–4 Uhr, So 15–24 Uhr. Ab 21.30 Uhr zumeist Eintritt ab 3 €. Rua da Fábrica do Material de Guerra, 1, ✆ 216090816, Programm unter www.bracodeprata.net.

Galeria Zé dos Bois – ZDB, in dem unscheinbaren Eckhaus an der Tv. dos Fiéis de Deus im Stadtteil Bairro Alto verbirgt sich einer der kreativsten Orte in der alternativen Kunstszene Lissabons. 1994 als Galerie gestartet, hat man sich inzwischen auf experimentelle Konzerte und Veranstaltungen spezialisiert: von minimalistischer Elektro-Musik über Hip-Hop bis zu Lesungen – Programm ist fast jeden Abend. Der Name ist übrigens eine portugiesische Verballhornung von Joseph Beuys und bedeutet wörtlich soviel wie „Ochsen-Sepp“. Vor allem der Katalane Natxo sorgt mit unermüdlichem Einsatz dafür, dass immer wieder neue Künstler aus der ganzen Welt ins ZDB kommen. Eintritt ca. 5–10 €. Zum psychedelisch angehauchten Barraum im 1. Stock gelangt man auch ohne Eintritt. Rua da Barroca, 59, Ⓜ Baixa/Chiado, ✆ 2134 30205, Programm auf www.zedosbois.org.

LX Factory, über eine sehr unscheibare Straße in der Nähe der Largo do Calvário erreicht man dieses Kulturzentrum in Alcântara. Auf dem ehemaligen Gelände der Textilfirma Companhia de Fiação e Tecidos Lisbonense haben sich Cafés, Restaurants, Designer, Galerien, Modestylisten, Möbelgeschäfte, Buchhandlungen, Internetfirmen, Casting-Agenturen und Schauspiel-Schulen niedergelassen. Außerdem werden in einer der Hallen immer wieder Theaterstücke aufgeführt oder Konzerte gegeben. Insgesamt haben mehr als 100 Firmen und Initiativen hier am Rande der Pfeiler der Brücke des 25. April ein vorübergehendes Zuhause gefunden. Die Tage dieses einzigartigen kreativen Chaos sind aber wohl leider gezählt, da mehrere Immobilienfirmen schon ein Auge auf diese Fläche geworfen haben. Die Mietverträge werden nur für maximal fünf Jahre vergeben, damit dem Bau von Luxus-Appartments auf dem Gelände mittelfristig nichts entgegen stehen kann. Vielleicht sorgt ja die Finanzkrise dafür, dass aus der Zwischen- eine Endnutzung wird. Täglich von morgens bis etwa Mitternacht offen, nur sonntags macht das Gelände einen etwas ausgestorbenen Eindruck. Rua Rodrigues Faria, 103, ✆ 213143399, www.lxfactory.com.

Sociedade de Instrução Guilherme Cossoul, Bar Mo–Sa 18–2 Uhr (am Wochenende bis 3 Uhr), So geschl. Ein unscheinbarer Eingang führt in den ersten Stock zu diesem Kultur- und Bildungsverein im Stadtteil Madragoa. In den Gängen kann man auf ausgebleichten Fotos die Geschichte der 1885 gegründeten Gesellschaft bewundern. Der Gründer Guilherme Cossoul hat ebenfalls die Freiwillige Feuerwehr in Portugal gegründet. Neben der ohne Eintritt zugänglichen Bar (Rauchen ist hier erlaubt, da Privatraum) gibt es noch einen Raum für Konzerte und vor allem für Theateraufführungen. Bier 1,30 €. Av. Dom Carlos I, 61-1°, ✆ 213973471, www.guilhermecossoul.pt.

Wo Scheiße Glück bringt

„Muita merda!“ – wörtlich *„Viel Scheiße!“* – wünschen sich die Schaupieler vor einer Aufführung. Nicht etwa *„Boa sorte!“* oder *„Viel Glück!“*, wie es sonst in Portugal vor großen Auftritten üblich ist, denn das – so fürchten die Schauspieler – bringt Unglück. Merkwürdige Sitten, soll denn etwa auf der Bühne möglichst viel schief gehen, die Schaupieler Sätze und Einsätze vergessen, sie auf der Bühne ausrutschen...? Für die Erklärung der anrüchigen Glücksformel muss man in die Anfänge des Theaters zurückgehen, als die Besucher noch nicht per U-Bahn, Bus oder Automobil, sondern noch per Kutsche anreisten. Und viele Besucher bedeuteten damals entsprechend viele Pferdeäpfel als Hinterlassenschaft der vor dem Theater wartenden Zugtiere. Und so symbolisieren noch heute Exkremente das Glück der Schauspieler.

Theater/Oper

Die meisten Theaterstücke werden in portugiesischer Sprache aufgeführt und sind somit wohl nur für Touristen mit profunden Portugiesischkenntnissen interessant. Die Vorstellungen finden in der Woche (inkl. Samstag) abends und an Sonntagen nachmittags statt. Montags sind fast alle Theater geschlossen. Die Eintrittspreise beginnen bei den professionellen Theatern bei 5 bis 10 €. Die Spielpläne der Theater werden in der *Agenda LX* (→ „Programmzeitschriften“, S. 71) und diversen Zeitungen *(Público, Expresso* und *Diário de Notícias)* veröffentlicht.

Baixa/Chiado

→ Karte auf S. 122/123

Teatro Municipal São Luiz, städtisches Theater neben der Oper São Carlos. Pompöse Innenausstattung. Mit dem *Teatro Estúdio Manuel Viegas* gibt es hier eine zweite, allerdings kleinere Bühne. Rua António Maria Cardoso, 40/58, Ⓜ Baixa/Chiado, ✆ 213257640, www.teatrosaoluiz.pt.

Teatro Nacional Dona Maria II, an der Nordseite des Rossio liegt das prächtige Nationaltheater. Vor allem klassische Stücke und Revuen stehen auf dem Programm. Im kleineren zweiten Saal auch öfter moderne Stücke. Es werden auch

Führungen durch das Theater angeboten (→ Baixa und Chiado S. 126). Praça Dom Pedro IV, Ⓜ Rossio, ✆ 213250800, www.teatro-dmaria.pt.

Teatro Nacional de São Carlos, die pompöse Lissabonner Oper. Das neoklassizistische Gebäude wurde 1792/93 vom Architekten José da Costa Silva erbaut, der sich dabei von der Mailänder Scala und der Oper Neapels inspirieren ließ. Im Haus gegenüber vom Eingang wurde übrigens der berühmte Dichter Fernando Pessoa geboren. Im Juni und Juli finden jährlich kostenlose Freiluftkonzerte der Oper und des nationalen Symphonieorchesters auf dem Largo de São Carlos statt (Festival ao Largo). Rua Serpa Pinto, 9, Ⓜ Baixa/Chiado, ✆ 213253000, www.saocarlos.pt.

Teatro Politeama, gegenüber dem Coliseu liegt das mittlerweile beste Varieté- und Musicaltheater Lissabons, geleitet vom bekannten Regisseur Filipe La Féria. Klassizistische Einrichtung. Rua das Portas de Santo Antão, 109, Ⓜ Restauradores, ✆ 21324 5500, www.teatro-politeama.com.

Av. da Liberdade

Cine Teatro Tivoli, → Karte S. 154/155, großer Saal aus dem Jahr 1924 im Stil eines klassischen Opernhauses. Festivals, Konzerte, Musicals und Theater. Av. da Liberdade, 182–188, ✆ 213572025, Ⓜ Avenida, www.teatro-tivoli.com.

Bairro Alto

Teatro da Trindade, → Karte S. 170/171, im Osten des Bairro Alto stößt man auf dieses prachtvolle Theater mit seinen auffälligen roten Mauern. Eingeweiht wurde es im Jahr 1867. Largo da Trindade, Ⓜ Baixa/Chiado, ✆ 213420000, teatrotrindade.inatel.pt.

Campo de Ourique

Estrela Hall – The Lisbon Players. → Karte S. 182/183, am Rand des Britischen Friedhofs findet man das englischsprachige Theater Lissabons, die Estrela Hall. Die hier seit 1947 existierende Amateurtheatergruppe The Lisbon Players bringt regelmäßig Aufführungen auf hohem Niveau auf die Bühne. Den Räumlichkeiten und dem mehr als 100 Personen fassenden Saal sieht man die jahrzehntelange Nutzung an, aber da die Gruppe ohne Zuschüsse auskommen muss, fehlt das Geld für eine Renovierung. Das Retro-Ambiente macht den Theaterbesuch aber umso interessanter. Rua da Estrela, 10, ✆ 213961946, www.lisbonplayers.com.pt.

Teatro Nacional Dona Maria II – 1842–1846 vom italienischen Architekten Fortunato Lodi erbaut

Madragoa

A Barraca – Teatro Cinearte, → Karte S. 190/191, im ehemaligen Kino Cinearte befindet sich heute eines der kreativsten Experimentiertheater der Hauptstadt. A Barraca versteht sich als volksnahes, politisch engagiertes Theater. Largo de Santos, 2, ✆ 213965360, www.abarraca.com.

Abschlussfeier der Festas de Lisboa:
die Praça do Comércio mit bunter Beleuchtung

Nachtleben

Lissabon kann heute mit Fug und Recht behaupten, ein Nachtleben der Extraklasse zu bieten. Die meisten Bars und Kneipen findet man im Bairro Alto. In den engen Gassen des Viertels dominieren preiswerte Kneipen und Bars. In der Gegend um die Avenida 24 de Julho und an den Docas befinden sich dagegen vor allem größere Bars und die meisten Diskotheken. In den letzten Jahren hat sich auch die Alfama zu einem weiteren Zentrum des Lissabonner Nachtlebens entwickelt.

Bis Anfang der 90er Jahre spielte sich das Nachtleben im traditionellen Vergnügungsviertel **Bairro Alto** ab. Hier beginnt das Nachtleben gegen 21 Uhr, gegen 4 Uhr früh ist es größtenteils zu Ende. Immer wieder stößt man hier auch auf Studenten- und Arbeiterkneipen mit Billigstpreisen, die sog. *tascas*. Auf einem Streifzug durch das Bairro Alto sind sie kaum zu übersehen, da oft ganze Menschentrauben vor der Tür stehen, um ihr Bier im Freien zu trinken.

Anfang der 90er hat sich in der Umgebung der **Avenida 24 de Julho**, die parallel zum Tejo durch die Stadtteile Madragoa (Santos) und Alcântara führt, ein zweites Zentrum des Lissabonner Nachtlebens herausgebildet. Wie in Spanien beginnt hier das Nachtleben kaum vor Mitternacht und endet erst in den frühen Morgenstunden. Wer hier schon um 21 Uhr loszieht, wird sich im falschen Stadtteil wähnen.

Als 1995 mit der *Doca de Santo* die erste Bar am Hafen von Alcântara eröffnete, kamen die **Docas** als dritte Lissabonner Ausgehzone hinzu. Die Bars und Clubs sind hier vor allem in ehemaligen Lagerhäusern untergebracht. Von den zahlreichen Terrassen der Bars und Restaurants blicken die Nachtschwärmer auf den Tejo, in dem sich die Beleuchtung der nahe gelegenen Brücke des 25. April spiegelt. Ein fast unschlagbares Erfolgsrezept – wären sich nicht (fast) alle Bars an den Docas so ähnlich und wären sie nicht so schnell vom Massenpublikum erobert worden. So hat das Bairro Alto in den vergangenen Jahren ein Comeback erlebt, da viele Lissabonner den Charme der kleinen Bars in den engen Gassen des Viertels schätzen.

Parallel dazu haben zahlreiche Bars und Clubs im Stadtteil Alfama nahe dem Bahnhof **Santa Apolónia** eröffnet, angezogen von Lissabons bekanntestem Club, dem *Lux-Frágil*. Inzwischen ist dies Lissabons viertes und vielfältigstes Nachtlebenzentrum.

Die besten Ausblicke auf die Hügel der Stadt bieten übrigens mehrere Lissabonner Hotelbars. Wir haben einige in die Liste der Tipps für das Nachtleben aufgenommen, da sie auch für Nicht-Hotelgäste zugänglich sind. Preislich liegen sie meist eher im gehobenen Bereich, dafür wird man mit einzigartigen Ausblicken und Perspektiven auf die Stadt entschädigt.

Von Schildern mit der Angabe eines Mindestverzehrs *(consumo mínimo)* von bis zu 150 € an den Türen vieler Bars oder Diskotheken sollte man sich nicht abschrecken lassen. Das sind „theoretische" Werte, die von den Clubs tatsächlich nur dann verlangt werden, wenn sie einen ungebetenen Gast abweisen wollen. Denn rein rechtlich ist es in Portugal verboten, den Zutritt zu einer öffentlichen Einrichtung zu untersagen. In aller Regel liegt der Mindestverzehr deutlich darunter oder wird gar nicht erhoben.

Bars und Kneipen

Baixa

Die Ziffern beziehen sich auf die Karte S. 122/123.

Altis Avenida Hotel/Brasserie Gourmet Rossio 7, im siebten Stock des Altis Avenida Hotels (Aufzug) zentral zwischen dem Rossio und der Praça dos Restauradores. Früher Kantine, in der die Angestellten der Stadtverwaltung aßen, heute von 11 bis 1 Uhr als Bar-Restaurant geöffnet. Zu den Essenszeiten kann auch nur etwas getrunken werden. Bier 4,50 €, Kaffee 2,75 €. Wer will, kann hier auch von 7.30 bis 10.30 Uhr frühstücken. Innen weiße Sessel und weißer Marmor, in der Ecke ein großes Azulejobild mit einer Stadtansicht. Herrlicher Ausblick vor allem von der Terrasse Richtung Bairro Alto und die Av. da Liberdade hinauf bis zum Stadtpark. Rua 1° de Dezembro, 120, Ⓜ Restauradores, ✆ 210440000, www.altisavenidahotel.com.

Entretanto Bar/Lisboa Regency Chiado 36, Bar des 4-Sterne-Hotels wenige Meter unterhalb des Einkaufszentrums Armazéns do Chiado. Durch den Eingang und dann mit dem Aufzug in den 7. Stock. Tägl. 12–23 Uhr. Am besten ist die Aussicht von den Tischen auf der Terrasse: Die Baixa liegt einem zu Füßen, der Burgberg direkt gegenüber. Im Inneren einige Sofas, hier ist der Blick nicht mehr ganz so gut wie draußen. Bier 4 €. Auch Cocktails, Kaffee und kleine Speisen im Angebot. Rua Nova do Almada, 114, Ⓜ Baixa/Chiado, ✆ 213256100, www.lisboaregencychiado.com.

Alfama

Die Ziffern beziehen sich auf die Karte S. 134/135.

Arcaz Velho 4, direkt oberhalb des Museu Militar. Mo–Fr 19–2 Uhr, Sa/So 12–17 und 19–2 Uhr. Bar-Café mit etwas alternativerem Publikum. Kleiner Raum mit ein paar Holztischen. Ruhiges Licht, angenehme Musik. Die katalanische Besitzerin serviert Tapas und auch Hauptgerichte für alle, die Hunger haben. Bier 1,50 €. Calçada do Forte, 56, Ⓜ Metro Santa Apolónia.

Bar das Imagens 19, Di–Sa 11–2 und So 15–23 Uhr, Mo geschl. Bar unterhalb der Burg mit einer herrlichen Sicht von der Terrasse, auf der bei gutem Wetter einige Tische stehen. Innen zwei Räume: links modern gestaltet in gedämpftem Licht, rechts der alte Barraum mit kleinen Hockern. Brasilianischer Elektro-Sound. Bier 1,60 €, Bica 1,20 €. Costa do Castelo sowie Calçada Marquês de Tancos, 1-1B, ✆ 218 884636.

Bela Bar 9, tägl. 18.30–4 Uhr. Kleine Bar in einem ehemaligen Lebensmittelgeschäft, benannt nach der Besitzerin. Die Einrichtung der verwinkelten Räume erinnert noch sehr an diese Zeit. Eng bestuhlt. Familiäres Ambiente. So ab 22 Uhr Fado, dann besser frühzeitig da sein, da sehr voll. Bier 1,20 €. Rua dos Remédios, 190, Ⓜ Metro Santa Apolónia, ✆ 964670964.

Chapitô 20, tägl. 19.30–2 Uhr (Sa/So schon ab 12 Uhr). Unweit des Castelo de São Jorge gelegen. Unterhalten werden Bar und Restaurant vom Chapitô, der Theater- und Zirkusschule Lissabons. Von innen und von der großen Terrasse aus hat man einen wunderschönen Blick auf die Baixa und die Cristo-Rei-Statue in Almada. Internationales Publikum. Manchmal Live-Shows der Zirkusschule und Theatervorführungen. Bier 1,90 €. Costa do Castelo, 1–7, ✆ 218867334, www.chapito.org.

Weihnachtsdeko im Chiado

Cruzes Credo 27, tägl. 10–2 Uhr. Direkt links neben der Kathedrale. Innen ein schön renoviertes Gewölbe zum Teil mit sichtbarem Ziegelmauerwerk, zum Teil mit rot angestrichenen Wänden. Auf dem Bürgersteig mehrere Holztische, von denen man die Mauern der Kathedrale und die daran vorbeiziehenden Touristenströme gut beobachten kann. Wer sich stärken will, bekommt Toasts, Hamburger und Sandwiches. Tagsüber auch als Cafetaria ein Tipp, später in der Nacht liegt der Fokus aber eher auf alkoholischen Getränken mit einer breiten Auswahl an portugiesischen Bieren ab 1,50 €. Rua Cruzes da Sé, 29, ✆ 218822296, www.cruzescredo.com.

Onda Jazz 28, in der Alfama-Gasse hinter dem dritten Torbogen neben der Casa dos Bicos. Jazzclub mit tägl. Live-Musik. Großer Gewölbesaal: Dielenboden und Kerzenlicht verbreiten gemütliche Stimmung. Geöffnet 20–2 Uhr (Fr/Sa bis 3 Uhr), So/Mo geschl. Konzerte ab ca. 23 Uhr. In der Regel 5–10 € Eintritt. Bier 2,50 €. Bis 23 Uhr auch Restaurantbetrieb. Arco de Jesus, 7, Ⓜ Terreiro do Paço, ✆ 218883242, www.ondajazz.com.

Graça

Albergaria Senhora do Monte 2, → Karte S. 144/145, abseits des Stadtgewühls und direkt neben dem Aussichtspunkt Miradouro da Nossa Senhora do Monte (Straßenbahn 28, Haltestelle Graça). Tägl. 16–1 Uhr geöffnet. Die Pension hat die Bar mit der besten Aussicht Lissabons. Zugang zur Bar mit Dachterrasse über den Pensionseingang, dann die Treppe hoch bis in das oberste Stockwerk. Wie in einem Raumschiff schwebt man über der Stadt und genießt den Superblick. Bica 2,50 €. Das Essen ist sehr teuer. Calçada do Monte, 39, ✆ 218866002, www.albergariasenhoradomonte.com.

Avenida da Liberdade

Die Ziffern beziehen sich auf die Karte S. 154/155.

››› Mein Tipp: Enoteca/Chafariz do Vinho 24, tägl. (außer Mo) 18–2 Uhr. Nur wenige Meter unterhalb der Praça Príncipe Real auf dem Weg zur Praça da Alegria liegt dieses außergewöhnliche Weinprobierlokal. Es ist in den Gewölben eines ehemaligen Brunnens untergebracht. Zur Auswahl stehen Weine im Glas *(a copo)* ab 3 €. Zweimal pro Monat wechselt das Angebot. Ganze Flaschen gibt es ab 10 €. Dazu können Käse, Brot sowie diverse portugiesische kleinere Speisen bestellt werden. Auch Terrassenservice. Chafariz da Mãe d'Água à Praça da Alegria, Rua da Mãe d'Água, Ⓜ Avenida, ✆ 213422079, www.chafarizdovinho.com.

Geraldine 22, Mo–Do 16–20 Uhr, Fr/Sa 18–2 Uhr. Am unscheinbaren Eingang klingeln und dann nach oben. Im ersten Stock des Altbaus öffnet sich die Tür zu einer Bar mit innovativem Konzept: Sie ist gleichzeitig auch Geschäft für gebrauchte Möbel sowie Einrichtungsgegenstände und Kleidung aus den 50er-, 60er- und 70er-Jahren. Alles – Sessel, Stühle, Leuchten sowie die ausgestellten LPs und Bücher – steht zum Verkauf. Durch die verschiedenen, voll eingerichteten Zimmer hat man das Gefühl in einer Privatwohnung zu Gast zu sein. Bier 1,50 €. Tv. da Glória, 18–1°, Ⓜ Restauradores, ✆ 210963261, www.geraldine-lisboa.com.

Hotel VIP Eden Terraço Bar 26, im Obergeschoss des Hotels VIP Eden (Eingang durch die Hotelrezeption, dann mit dem Aufzug in den Stock T fahren). Tägl. 7–23 Uhr. Kleine Hotelbar mit einem der besten Ausblicke in Lissabon. Mitten im Zentrum direkt über der Praça dos Restauradores gelegen. Nur wenige Tische an einer langen Fensterfront. Draußen eine Terrasse, auf der nicht bedient wird; man kann sich aber die Getränke mit nach draußen nehmen. Bica 1,50 €, Bier 2,50 €. Praça dos Restauradores, 24, Ⓜ Restauradores, ✆ 213216600.

Avenidas Novas

Templários Bar 4, → Karte S. 160/161, Bar mit tägl. Live-Musik in der ersten Parallelstraße südlich der Avenida dos Estados Unidos da América. Mo–Do 23–2 Uhr, Fr/Sa 23–3 Uhr, So geschl. Teilweise sehr gute Cover-Bands, die portugiesische, brasilianische und kapverdische Rock- und Pop-Hits spielen. Von außen eher hässliche Fassade, innen aber ansprechender gestaltet. Großer, mit kleinen Tischen und Hockern eng zugestellter Raum. Die Beleuchtung versteckt sich hinter imitierten Fenstern, die auf die gelb gestrichenen Wände aufgesetzt sind. 5 € Mindestverzehr, Bier 3 €. Rua Flores de Lima, 8-A, Ⓜ Entrecampos, ✆ 217970177, www.templarios.pt.

Bairro Alto

Die Ziffern beziehen sich auf die Karte S. 170/171.

Baliza 36, winzige Bar neben dem Bica-Aufzug. Mo–Sa 18–2 Uhr. Früher eine unscheinbare Eckkneipe, heute Szenetreff. Jazziger Sound im Lounge-Stil. An den mit Marmor verkleideten Wänden werden wechselnde Kunstwerke ausgestellt. Gemischtes Publikum, darunter viele Homosexuelle. Bier 1,50 €. Rua da Bica Duarte Belo, 51-A, ✆ 213478719.

Bicaense Café-Bar 37, in der Gasse des Aufzugs Elevador da Bica. Di–Sa 20–2 Uhr, Mo/So geschl. Langer Bartresen im ersten Raum, dessen Wände mit Marmorplatten gefliest sind. Als Deko dienen alte Radios und Super-8-Projektoren. Der zweite Raum ist dagegen in Violett gehalten. Hier legt der DJ elektronische Sounds auf und hier ist auch Platz für Videoprojektionen und zum Tanzen. Auch unter der Woche abends oft sehr voll. Bier 2 €. Rua da Bica a Duarte Belo, 38–42, ✆ 213257940.

British Bar 50, tägl. (außer So) 8–24 Uhr, Fr/Sa bis 2 Uhr. Direkt am Cais do Sodré gelegen. Das dunkle Holz macht schon einen sehr antiken Eindruck, und tatsächlich existiert die British Bar schon seit 1919. Neben Guinness vom Fass gibt es auch dunkles und helles Weizenbier der Marken Erdinger und Franziskaner für 4 €. Rua Bernardino Costa, 54, Ⓜ Cais do Sodré, ✆ 213422367.

Café Suave 30, mitten im Bairro Alto gelegene Bar. Tägl. 22–2 Uhr. Ruhige Atmosphäre hinter milchigen Plastikwänden. Sanfte (*suave*) Farben prägen den von bunten Lichtern erhellten, mittelgroßen Raum. Elektronischer Jazz, Drum'n'Bass und verwandte Musikrichtungen. Bier 1,50 €. Rua Diário de Notícias, 4–6, Ⓜ Baixa/Chiado, ✆ 213422793.

A Capela 25, tägl. 18–2 Uhr (Fr/Sa bis 3 Uhr). Goldumrahmte Spiegel an den Wänden,

Engelsstatuen und die massiven Marmorplatten am Boden sorgen für „barockes" Ambiente. Vor allem am Wochenende legen DJs guten House auf. Große Auswahl an Likören. Kleines Bier (*imperial*) 2 €. Rua da Atalaia, 45, Ⓜ Baixa/Chiado, ✆ 213470072, www.myspace.com/acapelabar.

Nächtliche Straßenkunst im Bairro Alto

Clube da Esquina 26, tägl. 21.30–2 Uhr. Interessante Inneneinrichtung mit Fachwerk, von dem nur noch die Balken stehen. Eine enge Wendeltreppe führt nach unten in einen weiteren Raum, der allerdings nur am Wochenende offen ist. Coole Musik zwischen Jazz, Jungle, Ambient und Hip-Hop. Ein kleines Bier (*imperial*) 1,50 €. Rua da Barroca, 30, Ⓜ Baixa/Chiado.

Etílico 16, Di–Sa 22–4 Uhr, So/Mo geschl. Versteckte Lounge-Bar in einer Seitenstraße am Ostrand des Bairro, eher untypisch für das Viertel. Die Wände sind in Rot, Orange und Weiß gehalten. Nur wenig Sitzgelegenheiten, aber ein angenehm gedämpftes Licht. Der DJ gleich links neben dem schmalen Eingang legt Elektro-CDs gemischt mit Trance und House auf. Bier 1,50 €. Rua do Grémio Lusitano, 8, ✆ 213225567.

Lounge Bar 45, an einem kleinen Platz gegenüber dem Postamt an der Praça Dom Luís. Tägl. (außer Mo) 22–4 Uhr. Beliebter Treffpunkt für ein etwas alternativeres Publikum. Oben eine kleine Galerie, auf der ein DJ abseitige elektronische Musik auflegt. Unten der in rötliches Licht getauchte Barbereich. Kerzen verbreiten eine gemütliche Atmosphäre. Langer Tresen mit Marmorplatte. Wenn sehr viele Leute da sind, wird auch der Platz vor der Tür als „Barraum" genutzt. Bier 1,50 €. Rua da Moeda, 1, Ⓜ Cais do Sodré, barlounge.blogspot.com.

Majong 28, tägl. 21.30–4 Uhr. Im unteren Teil der Rua da Atalaia findet man dieses ehemalige China-Restaurant, das durch seine hohe Fensterfront nicht zu übersehen ist. Mittelgroßer Raum, der bewusst schlicht und unbearbeitet gelassen wird. Gilt als Treffpunkt der Künstler- und Filmszene. Langer Bartresen, an der Wand Videoprojektionen. Jazz und Elektro-Lounge, aber es läuft auch andere Musik. Bier 2,50 €. Rua da Atalaia, 3, Ⓜ Baixa/Chiado, ✆ 213421039.

Maria Caxuxa H 32, am Südende der Rua da Barroca. Tägl. 19–2 Uhr (Fr/Sa/So bis 3 Uhr). Mehrere kleine Räume, in denen früher Brot gebacken wurde. Aus dieser Zeit sind noch Teigmaschinen und ein Ofen zu sehen. Marmorplatten verkleiden Boden und Wände, von oben scheint ein angenehmes Licht. Ein paar Fenster zur Straße. Elektro-Sounds sowie Hip-Hop. Bier 1,50 €. Rua da Barroca, 6/12, Ⓜ Baixa/Chiado, ✆ 965039094.

O'Gilins 49, in der Nähe des Bahnhofs Cais do Sodré. Tägl. 11–2 Uhr. Viel Holz an den Wänden, aber nicht so dunkel wie viele andere Irish Pubs. Über dem Tresen hängen eine portugiesische und eine irische Fahne. Gemischtes Publikum. Livemusik Mi–Sa 23–2 Uhr. Tägl. auch Mittagessen. Bier ab 2 €. Rua dos Remolares, 8–10, Ⓜ Cais do Sodré, ✆ 213421899, www.irishpub.com.pt.

Páginas Tantas 22, So–Do 21–2 Uhr, Fr/Sa 21–4 Uhr. Mitten im Bairro Alto. Hinter dem schlichten Eingang aus Industrieglasbausteinen zwei geräumige Ebenen mit dem Interieur einer klassischen Jazz-Bar. Dementsprechend die Musik: nur Jazz mit seinen Varianten, auch viel brasilianische Bossa Nova. Viel Live-Musik. Das Bier ab 2 €. Rua do Diário de Notícias, 85, Ⓜ Baixa/Chiado, ✆ 213465495.

››› Mein Tipp: **Pavilhão Chinês 9**, kurz vor dem Largo Príncipe Real. 18–2 Uhr, So erst ab 21 Uhr. Am Eingang klingeln. Ein Luxus-Pub, untergebracht in einer 1901 gegründeten Kurzwarenhandlung. Innen ist man von der üppigen Dekoration geradezu geblendet: Die alten Verkaufsvitrinen sind überfüllt mit Miniaturen und Puppen, in den hinteren Räumen Hunderte von Modellflugzeugen und Modellkriegsschiffen sowie Plastiksoldaten. Zwei Billardtische. Publikum eher etwas älter als der Bairro-Alto-Durchschnitt. Bica 3 €, Bier 3 €. Viele Tees ab 4,50 €. Außerdem eine riesige Cocktailauswahl. Rua Dom Pedro V, 89, ✆ 213424729, barpavilhaochines.blogspot.com. ‹‹‹

Portas Largas/Bar do Record 21, tägl. 20–2 Uhr (Fr/Sa bis 3.30 Uhr). In lauen Sommernächten aufgrund der Menschentraube in der Rua da Atalaia kaum zu verfehlen. Benannt nach den breiten Türen oder auch nach der Sportzeitung, die früher im Obergeschoss herausgegeben wurde. Früher von Galiciern betrieben und bei den älteren Männern des Viertels für einen Schnaps oder ein Bier beliebt. Geblieben ist die einfache Einrichtung mit ein paar Tischen, TV und einem langen Tresen. Heute aber deutlich jüngeres Publikum und allseits bekannte Kneipe zum „Aufwärmen" vor dem Discobesuch. Gilt als Treffpunkt der Schwulenszene und der „Langzeit-Ausländer" in Lissabon. Bier 2 €. Rua da Atalaia, 103, ✆ 213466379.

Português Café 11, direkt am Aussichtspunkt an der Bergstation des Elevador da Glória. Tägl. geöffnet, So–Mi 10–23 Uhr, Do–Sa 10–2 Uhr. Mit fantastischem Ausblick auf die Burg sowie Mouraria und Graça bis hinunter über die Baixa zum Tejo lädt diese Kioskbar zum Kaffee oder nächtlichen Verweilen ein. Der Aussichtspunkt mit Brunnen bietet eine ruhige Alternative zum Miradouro Santa Catarina und dem Adamastor. Bica 0,80 €, Bier 1,20 €. Miradouro de São Pedro de Alcântara.

Quiosque O Adamastor 42, tägl. 11–2 Uhr. Im Winter meist geschl. Unter der Adamastor-Statue am Aussichtspunkt Miradouro Santa Catarina werden die Gäste an mehreren Metalltischen von einem kleinen Kiosk mit Getränken versorgt. Eignet sich besonders gut, um lauwarme Sommernächte zu genießen. Herrlicher Blick auf den Hafen Lissabons und den Tejo. Bier 1 €. Miradouro de Santa Catarina, ✆ 213430582.

O Século Centro Cultural 20, tägl. 9–2 Uhr nachts, So geschl. Kultur-Bar mit breiter Fensterfront schräg gegenüber vom ehemaligen Palast des Marquês de Pombal. Großer Raum mit kahlem Boden und hohen Decken – mehr Platz als in anderen Bairro-Alto-Bars. Grüne Spanplatten-Tische und Klappstühle. Minimalistische Dekoration. Viel Platz für Videoprojektionen. Ein DJ legt in der Ecke Elektro-Ambient auf. Auch breites Angebot an Frühstücken, Salaten, Toasts sowie Tapas. Bier 1,50 €. Rua de O Século, 80, ✆ 213243755, www.oseculo.net.

O Terraço/Bairro Alto Hotel 35, Terrassenbar mit herrlichem Blick bis zur Brücke des 25. April, auf den Tejo und Almada. Tägl. 12.30–22 Uhr (im Sommer bis 24 Uhr). Einige Sitzgruppen mit Korbsesseln. Nur bei gutem Wetter geöffnet. An der Rezeption des Hotels vorbei und mit dem Aufzug in den 6. Stock. Bier 5,50 €, auch Salate und Sandwiches. Nicht nur für Regentage gibt es im Erdgeschoss des Hotels auch die Café-Bar Garrett mit von futuristischem Neonlicht angestrahlten Sitzecken (separater Eingang von der Straße aus). Praça Luis de Camões, 8, Ⓜ Baixa/Chiado, ✆ 213408288, www.bairroaltohotel.com.

Santos/Madragoa

Die Ziffern beziehen sich auf die Karte S. 190/191.

››› Mein Tipp: **La Hora Española 12**, Di–So zum Mittagessen sowie 19.30–1 Uhr, Mo geschl. Weder ganz Bar noch Restaurant. „Wir sind eine spanische Taverne", sagt der spanische Besitzer Francisco. Treffpunkt für die Spanier Lissabons, aber auch Portugiesen im Publikum. An und für sich gutes Zusammenleben der beiden iberischen Völker:

„Nur ab und zu reißt mir jemand die spanische Fahne vor der Türe runter", beklagt sich der Wirt. Hohe Gewölbedecke, roher Steinboden. Sa abends immer Tanz (Sevillanas), ab und zu auch Fr. Bier 1,80 €. Zahlreiche kleinere Speisen wie Schinken und Salate. Ein Blick auf die Uhr lohnt sich übrigens ... Calçada Marquês de Abrantes, 58/60, ✆ 213971290, www.lahoraespanola.com. ⋘

Left 17, Di–Sa 22–4 Uhr, So/Mo geschl. Extravagante Bar-Disco mit hochwertigen Designelementen. Dezent beleuchtet mit wechselnden Farbspielen. Langer Bartresen vor zinnoberroten Toiletten mit verwirrenden Spiegelarrangements. Von der Galerie aus sorgt der DJ für Musik von Brasil-Elektro bis „retroelectrofunkdiscokitsch". Bier 2 €. Largo Vitorino Damásio, 3-F, ✆ 213951227, http://www.facebook.com/Leftbar.

Doca de Santo Amaro
(→ S. 86)

⋙ **Mein Tipp: Le Chat 26**, tägl. 12–24 Uhr (Do–Sa bis 3 Uhr). Direkt am Garten neben dem Haupteingang zum Museu Nacional de Arte Antiga. Komplett verglaste Bar auf einem Hausdach mit einem der besten Ausblicke Lissabons: links das Tejo-Binnenmeer, direkt unterhalb die Zuglinie nach Cascais, weiter vorne der Hafen von Alcântara und rechts der Cristo Rei und die Brücke des 25. April. Nichts hindert den Blick, sogar die Balkonbrüstung auf der Terrasse ist komplett verglast. Ideal für laue Sommernächte, die man an Metalltischen oder in Liegestühlen genießen kann. Viele Cocktails, Bier 1,50 €. Rua das Janelas Verdes, Jardim 9 de Abril, ✆ 213963668, www.lechatlisboa.com. ⋘

Alcântara

Die Ziffern beziehen sich auf die Karte S. 198/199.

Alcântara Café 7, tägl. 20–1 Uhr. In der ehemaligen Fabrikhalle reihen sich im Wechsel Säulen und einfache Skulpturen aneinander. In gleichmäßiger Bewegung schaffen Ventilatoren und deren Schatten etwas Zauberhaftes. Vielleicht die schönste Restaurant-Bar Lissabons. Zum Essen gibt es im Restaurant Gerichte der Nouvelle Cuisine und der portugiesischen Küche ab 16 € pro Hauptgericht (Tischreservierung und gepflegte Kleidung empfohlen). Bier 2,75 €. Rua Maria Luísa Holstein, 15, ✆ 213637176, www.alcantaracafe.com.

Doca de Santo 9, unweit des Bahnhofs Alcântara. Tägl. 12.30–1 Uhr (am Wochenende bis 4 Uhr). Hier begann die Geschichte der Docas. Die einzige ganz neu errichtete Bar an der Doca de Santo Amaro. Innen ist sie schmuck mit dunklem Holz eingerichtet. Die Tische sind mit Glasplatten bedeckt, darunter ein Stück „Strand" mit Sand und Muscheln. Oben ein Billardtisch. Draußen ein großer Palmengarten mit Freiluftbar. Auf dem Bahngleis vor dem Garten fahren noch Güterzüge! WLAN-Internetzugang. Große Auswahl an Getränken: köstlich die frisch gepressten Fruchtsäfte *(sumos naturais batidos)*, z. B. mit Kiwi oder Mango. Bier 1,80 € (nach 24 Uhr 2,50 €). Doca de Santo Amaro, ✆ 213963535, www.grupodocadesanto.com.pt.

Osten

Die Ziffern beziehen sich auf die Karte S. 224/225.

Peter Café Sport 6, hinter den Messehallen der FIL direkt am Tejo-Ufer mit großer Terrasse. Tägl. 12–1 Uhr (Fr/Sa bis 2 Uhr). Replik des berühmten „Peter's" in Horta auf der Azoren-Insel Faial. Wie bei Kopien üblich, sind sie selten so gut wie das Original. Dementsprechend besteht hier im Gegensatz zur Bar in Horta so gut wie keine Chance, mit einem ehemaligen Walfänger einen Gin Tonic, das legendäre Hausgetränk, zu heben. Aber auch wenn der Blick auf den Tejo nicht mit dem Blick auf den Atlantik und die Nachbarinsel Pico konkurrieren kann, lohnt dennoch ein Besuch. Und sei es, um einen der leckeren und riesigen Toasts zu essen. Auch der Schokokuchen von der Insel Faial verdient einen Versuch – er wird heiß mit oder ohne Eis serviert (*bolo de chocolate do Faial*). Bier 1,75 €. Rua da Pimenta, 39, Parque das Nações, Ⓜ Oriente, ✆ 218950060, www.petercafesport.com.

Clubs

Die großen Clubs und Diskotheken liegen zumeist in der Nähe des Tejo-Ufers, entweder an der Av. 24 de Julho oder in der Gegend des Bahnhofs Santa Apolónia. Im Bairro Alto findet man einige kleinere Clubs.

An einem Türsteher muss man fast überall vorbei, was bei vielen beliebten Clubs schwierig werden kann. Gefällt man ihm nicht oder ist man falsch gestylt, hat man Pech gehabt und kann wieder gehen.

Besonders freitags und samstags sowie vor Feiertagen kann es schwierig sein, Zutritt zu erlangen, wenn man kein bekanntes Gesicht ist. Deswegen sollte man es vielleicht erst einmal an einem „normalen" Tag versuchen; da gibt es sogar gute Chancen, auch in eher exklusive Etablissements zu kommen.

Die Erfolgsaussichten lassen sich auch durch gute Kleidung verbessern – Turnschuhe, kurze Hosen oder zerrissene Jeans sind in fast allen Diskotheken tabu. Paare kommen leichter am Türsteher vorbei als große Gruppen, vor allem wenn es sich dabei ausschließlich um Männer handelt. Man muss sich auch darüber im Klaren sein, dass die meisten Diskotheken keineswegs scharf auf Touristen sind.

Alfama

Die Ziffern beziehen sich auf die Karte S. 134/135.

››› Mein Tipp: **Clube Ferroviário 1**, Mo–Mi 16–24 Uhr, Do/Fr 16–2 Uhr, Sa 12–2 Uhr, So 12–24 Uhr. Etwas abseits gelegen: Am Portal des Bahnhofs Santa Apolónia links vorbei und parallel zu den Gleisen (landseitig) die Rua dos Caminhos de Ferro entlanggehen, immer geradeaus an der Mauer neben den Gleisen (die Straße wechselt den Namen in Rua da Bica do Sapato, Calçada de Santa Apolónia und schließlich in Rua de Santa Apolónia). Vom Bahnhof sind es insgesamt etwa 700 m. Ehemaliges Eisenbahnerheim, inzwischen öffentlich zugänglicher Club. In lauen Sommernächten und bei Konzerten bekannter Gruppen oft Schlange vor dem Eingang. Eine Treppe führt in den 1. Stock, wo eine Bar sowie Tanzfläche und der Konzertsaal „Sala TGV" sind. Es laufen alternative Sounds, Retrofunk bis zu aktuellem Elektro. Im 2. Stock ein weiterer Barraum. Hier geht es auch auf die ausladende Dachterrasse, wo man auf ausrangierten Intercity-Sesseln Platz nehmen kann. Wer es noch bequemer will, schnappt sich einen der Liegestühle. Tief unten rattern die Züge über das Gleisvorfeld des Bahnhofs Santa Apolónia, am Horizont erstreckt sich das Binnenmeer des Tejo ... Bei Konzerten teilweise Eintritt, sonst frei. Bier 1,50 €. Rua de Santa Apolónia, 59, Ⓜ Santa Apolónia, ✆ 218153196, www.clubeferroviarioblog.com. «‹«

Lux-Frágil 8, direkt am Tejo neben dem Bahnhof Santa Apolónia. Di–Sa ca. 22–6 Uhr. Dieser bekannteste Club Lissabons ist im Design der 60er gehalten. Ursprünglich einmal ein Ableger des Frágil aus dem Bairro Alto. Im 1. Stock Barbetrieb mit Tejo-Blick. Tanzfläche im Erdgeschoss (Zugang über 1. Stock). Hier läuft Techno, House und Drum'n'Bass in meist erstklassiger Qualität. Häufig auch Konzerte. Leider ist der Erfolg dem Lux-Frágil zu Kopf gestiegen: Die Portiers geben sich nicht einmal mehr die Mühe, Journalisten Auskunft über die Öffnungszeiten zu geben, Stammgäste sollen plötzlich 60 € Mindestverzehr bezahlen ... Einen Versuch ist das Lux dennoch wert. Mindestverzehr bzw. Eintritt in der Regel ca. 15 €. Av. Infante D. Henrique, Armazém A, Cais da Pedra a Santa Apolónia, Ⓜ Santa Apolónia, ✆ 218820890, www.luxfragil.com.

Santiago Alquimista 22, nahe Miradouro Santa Luzia unterhalb der Burg (Halt von Tram 12 und 28). Mo–Sa 22–2 Uhr (Fr/Sa bis 4 Uhr), So geschl. Club und Konzertsaal in einer ehemaligen Schlosserei, deren Ambiente man gut bewahrt hat. In erster Linie Rock- und Popkonzerte, aber auch Jazz, Fado und Salsa sowie Partys. Hinter dem großzügigen Eingangsbereich folgt ein hoher Raum, in dem die Konzerte stattfinden. Unter dem Holzdach eine umlaufende Galerie mit gutem Blick auf die Bühne. Bier 2 €. Rua de Santiago, 19, ✆ 218884503, www.santiagoalquimista.com.

Bairro Alto

Die Ziffern beziehen sich auf die Karte S. 170/171.

Club Souk 39, tägl. 23.30–4 Uhr. Auf dem Weg zum Aussichtspunkt Santa Catarina (Adamastor). Einer der kleinsten Clubs Lissabons, nennt sich nicht umsonst „Micro-Club". Ganz in rot eingerichtete Bar im EG, hinten geht es die Treppe hinunter zur Tanzfläche im Keller mit schmucklosen Betonwänden. Es läuft Electro, Techno, House, Progressive und Dub. Bis 2 Uhr ohne Eintritt, dann 5 € Mindestverzehr für das männliche Publikum (Frauen frei). Bier 2,50 €. Rua Marechal Saldanha, 6, Ⓜ Baixa/Chiado, ✆ 919069179, www.clubsouk.com.

Frágil 19, als diese Disco 1984 eröffnet wurde, gehörte sie zu den exklusivsten Einrichtungen der Lissabonner Nachtszene: Nur Personen mit Einladungen fanden Einlass, und noch heute kann es – besonders am Wochenende – sehr schwierig sein, hineinzukommen. Zwei Säle: Im großen mit dem charakteristischen Riesenspiegel wird Konversation gepflegt, im kleinen getanzt. Von den Plattentellern läuft Rap, Soul, House und anderes. Am Donnerstag oft Konzerte. Eintritt 10 €, wenn man denn Einlass findet. Bier 2 €. Do–Sa 23.30–4 Uhr. Rua da Atalaia, 126, Ⓜ Baixa/Chiado, ✆ 21346-9578, www.fragil.com.pt.

Musicbox Lisboa 48, in der Regel Mi–Sa nachts immer offen (wenn kein Konzert an diesen Tagen stattfindet, legt zumindest ein DJ auf). Bei Veranstaltungen auch an anderen Tagen offen, Beginn je nach Konzert um 22, 23 oder 24 Uhr, Ende offen. Unter einem Brückenbogen der Straße, die vom Cais do Sodré zum Bairro hochführt. Deshalb sehr interessante Architektur im Inneren mit sehr hoher Decke und Granitbögen, von denen die Straße gestützt wird. Etwa 300 Menschen finden in dem Raum mit Bühne, Bar und Sofalandschaften Platz. Die Musicbox ist einer der bedeutendsten Orte für Live-Konzerte in Lissabon. Der Club hat die Ausgehmeile am Cais do Sodré deutlich aufgewertet. Traditionell befand sich in der Nachbarschaft das Rotlichtviertel der Seeleute, heute sind viele der traditionellen Diskotheken Lissabons hier zu finden. Eintritt je nach Konzert mindestens 6 € (inklusive ein Getränk für 2 €). Bier 2 €. Rua Nova do Carvalho, 24, Ⓜ Cais do Sodré, ✆ 213430107, www.musicboxlisboa.com.

Santos/Madragoa

Die Ziffern beziehen sich auf die Karte S. 190/191.

Incógnito 8, kleiner Club etwas außerhalb zwischen dem Bairro Alto und der Av. 24 de Julho gelegen; nicht weit vom Parlament São Bento. Die Tram 28 fährt direkt an der Tür vorbei. Mi–Sa 23–4 Uhr. Viel Metall und dunkle Farben. Nach der Eingangsetage geht es links ein halbes Stockwerk höher zur Bar oder rechts zur Tanzfläche hinunter. Dort hängt auch der große Spiegel, der den Raum optisch verdoppelt. Musikalisch gibt's ein Querbeetangebot mit Schwerpunkt auf alternativer Independent-Musik. Nicht das typische Lissabonner Diskothekenpublikum. Bier 2 €. Eintritt 5 € (ein Getränk inklusive). Rua dos Poiais de São Bento, 37, ✆ 213908755, www.incognitobar.com.

››› Mein Tipp: **Ko-Zee** 14, Di–Sa 22–4 Uhr, So/Mo geschl. Kleiner Club in den Gassen des Altstadtviertels Madragoa. Er beginnt die Nacht als Bar, später verschwinden Hocker und Sessel, um Platz für die Tanzfläche zu machen. Laserstrahler und gedämpfte, rote Leuchten sorgen für ein stilvolles und etwas orientalisch angehauchtes Ambiente. Es soll gemütlich („cozy" oder eben „Ko-Zee") sein, das ist das Ziel des Besitzers und englischen DJs James Warren (sein Label nennt sich übrigens Safari Electronique). Underground House, Drum'n'Bass, Electro, Weltmusik, Jazz und mehr – die Musikmischung ist ähnlich bunt wie das Publikum. Bei bekannten DJs wird Eintritt verlangt, ansonsten meist frei. Bier 2 €. Calçada Marques de Abrantes, 142/144, ✆ 914696795, www.myspace.com/kozeeclub und www.myspace.com/safarielectronique. ‹‹‹

The Loft 20, Do–Sa 24–6 Uhr, So–Mi geschl., außer in Nächten vor Feiertagen. Industriehalle in einem alten Gewerbegebiet am Tejo-Ufer, einer der größten Lissabonner Clubs. Im EG Tanzfläche und Bars, der DJ legt in der Mitte in einer gläsernen Kanzel auf. Oben umgibt den Saal eine Galerie mit Sitzgelegeneheiten. Sehr lauter, kommerzieller House. Spiegel und Spiegelkugeln vergrößern den Raum und sorgen für kühle Atmoshphäre. Junges Publikum. Bier 3 €. Normalerweise Männer 12 € Eintritt (2 Getränke frei), Frauen 6 € (1 Getränk frei), teilweise bis 1.30 Uhr kein Eintritt. Rua do Instituto Industrial, 6, Ⓜ Cais do Sodré, ✆ 213964841, www.theloft.pt.

Ausgelassen: die Stadtfeste im Juni

Alcântara

Die Ziffern beziehen sich auf die Karte S. 198/199.

Op Art Café 10, So und Di–Do 15–2 Uhr, Fr 15–6 Uhr, Sa 13–6 Uhr. Neben der Gare Marítima de Alcântara am Tejo-Ufer gelegen. Ein auf drei Seiten voll verglaster Pavillon mit Fast-Rundumblick auf den Tejo und hinauf zur Brücke des 25. April. Tagsüber Café- und Restaurant-, abends Bar-Betrieb. Bei gutem Wetter zahlreiche Tische auf der Promenade. Am Wochenende ab 1 Uhr Diskothek. Für die DJs stehen am Ende des Raums zwei Plattenspieler und ein Mischpult. Bei Disco Einlasskontrolle und Mindestverzehr von 5–10 € pro Pers. Bier 2 €. Doca de Alcântara, ✆ 213956787, www.opartcafe.com.

Fado-Lokale

Es gibt drei Kategorien von Fado-Lokalen: teure Restaurants mit sehr gutem Profi-Fado in gediegener Atmosphäre, die auch von Portugiesen besucht werden; touristische Fado-Lokale ohne Ambiente, in die ganze Busladungen Urlauber gekarrt werden, um die typische portugiesische „saudade" kennenzulernen; und schließlich Amateurkneipen, in denen Lissabonner für Lissabonner Fado singen und spielen.

Der spontane Amateur-Fado *(fado amador)* ist mittlerweile leider rar geworden. So bleibt in den meisten Fällen für einen gelungenen Fado-Abend nur der Besuch eines der teuren Lokale, die mit gutem Fado statt Touristennepp aufwarten. Wer Glück hat, erlebt ein Fado-Konzert im Freien. Gute Chancen hat man zu den Stadtfesten im Juni.

Beim Fado herrscht übrigens absolute Stille. Gespräche werden als Beleidigung der *fadistas* aufgefasst.

Alfama

Die Ziffern beziehen sich auf die Karte S. 134/135.

Clube de Fado 25, in der Alfama direkt unterhalb der Kathedrale. Tägl. 20–2 Uhr. Fado-Restaurant mit prominenten portugiesischen Gästen, aber auch Touristengruppen. Großer, eng bestuhlter Raum mit Gewölbe. Es spielen viele erstklassige Fadistas. Besitzer ist Gitarrist Mário Pacheco, der oft selbst auftritt und ansonsten häufig mit Stars wie Mariza zusammenarbeitet. Im oberen Stockwerk weitere Tische ohne Live-Musik. Hauptgerichte in kleinen Portionen ab 20 €, dazu Fado-Zuschlag von 7,50 € und Couvert von 5 € pro Pers. Rua S. João da Praça, 94, Ⓜ Terreiro do Paço, ✆ 218852704, www.clube-de-fado.com.

Mesa de Frades 12 tägl. (außer So) ab 20 Uhr geöffnet. Profi- und Amateur-Fados tägl. ab etwa 22–23 Uhr. Eines der schönsten Restaurants Lissabons, da es in der ehemaligen Kapelle eines Privatpalastes untergebracht ist. Sehenswerte 300 Jahre alte Azulejos, die Szenen aus dem Leben von Maria und Jesus zeigen. Im Nebenraum hinten links befand sich die Sakristei. Portugiesische Küche. Hauptgerichte ab 10 €, Mindestverzehr 35 € pro Person in Form einer Menuauswahl inkl. Getränken. Rua dos Remédios, 139-A, Ⓜ Santa Apolónia, ✆ 917029436.

Parreirinha de Alfama 21, in der Nähe des Largo Chafariz de Dentro. Tägl. (außer So) 20–1 Uhr. Traditionsreiches Fado-Restaurant mit hohem Renommee, geführt von der bekannten Fado-Sängerin Argentina Santos. Kleiner, niedriger Raum im Stil eines Innenhofs – manch einer wird es etwas kitschig finden. Hier treten Profimusiker auf. Hauptgerichte ab 18 €. Tischreservierung empfohlen. Beco do Espírito Santo, 1, Ⓜ Santa Apolónia, ✆ 218868209.

A Baiuca 23, schräg gegenüber der Igreja de São Miguel. Tägl. Fados 20–24 Uhr, nur Di und Mi geschl. Im Januar und Juni ganz zu. Kleiner Raum, in dem man dicht gedrängt an Holztischen Platz nimmt. Hinten in der Kochecke brutzeln Fisch und Fleisch, daneben singen und spielen die Fadistas. Ihr Amateur-Fado ist nicht unbedingt preisverdächtig, aber dafür sehr authentisch. Zumindest wird man es in Profi-Fado-Lokalen wohl kaum erleben, dass der Tischnachbar aufsteht und für drei Lieder den Gesang übernimmt. Mindestverzehr 25 €, Hauptgerichte ab 17 €. Rua de São Miguel, 20, Ⓜ Santa Apolónia, ✆ 939457098.

Dragão de Alfama 13, in der Nähe der Igreja de Santo Estêvão. Fados Do–Sa jeweils 21.30–2.30 Uhr (im Sommer auch am So). Hier singen und spielen Amateure aus der Nachbarschaft, hin und wieder kommen aber auch ein paar professionelle Künstler vorbei. Daher vergleichsweise gutes Amateurniveau. Kleiner, mit blau-weißen Azulejos gekachelter Raum. Die Wände sind mit Bildern von Fadistas verziert. Hauptgerichte ab 8 €. Rua Guilherme Braga, 8, ✆ 218867737.

Fado

Der Fado (wörtlich „Schicksal") ist der volkstümliche Musikstil der Lissabonner und der Studenten der Universitätsstadt Coimbra in Mittelportugal. Die Texte handeln meist von vergangenen Zeiten, unglücklicher Liebe, sozialen Missständen oder der Sehnsucht nach besseren Zeiten – kurz: Im Fado äußert sich oft die wehmütige Grundstimmung der Portugiesen, die sog. *saudade.* Seit 2011 ist der Fado von der UNESCO als Weltkulturerbe anerkannt.

Woher der Fado kommt, kann keiner so genau sagen. Vermutet wird, dass er aus dem brasilianischen *Lundum* hervorgegangen ist. Dafür spricht auch sein Entstehungszeitpunkt, den man um das Jahr 1822 datieren kann, als der portugiesische Königshof aus Rio de Janeiro zurückgekehrt war. Außerdem waren unter den ersten Fado-Sängern mehrere brasilianische Mulatten. Zuerst sangen den Fado die Bewohner der Armenviertel Lissabons, besonders der Mouraria, Alfama und der Madragoa; in anrüchigen Kneipen war er von Matrosen, Stadtstreichern und anderen wehmütigen Gesellen zu hören. Als erster „Fado-Star" gilt die Prostituierte Maria Severa Onofriana (1820–1846) aus der Mouraria. Ende des 19. Jh. fand der Fado dann auch in den bürgerlichen und aristokratischen Salons Anklang. Ab 1930 folgte seine zunehmende Kommerzialisierung mit professionellen Aufnahmen, landesweiten Ausstrahlungen über den Rundfunk und Auftritten in Touristenlokalen.

Die Interpreten werden von mindestens zwei Gitarren begleitet: Die eine übernimmt den rhythmischen, die andere, etwas kleinere zwölfsaitige portugiesische Gitarre den melodischen Part. Die Sängerinnen hüllen sich traditionell in ein schwarzes Tuch, die Sänger treten dagegen im schwarzen Anzug auf. Wer sich einhören möchte, dem seien die Aufnahmen der bekanntesten Fado-Sängerin aller Zeiten, der 1999 verstorbenen Amália Rodrigues, empfohlen. Unter den Fado-Nachwuchsstars verdienen Mariza, Cristina Branco, Ana Moura, Mafalda Arnauth und die Band Deolinda besondere Erwähnung. Unter den männlchen Fadosängern sind der Altmeister Carlos do Carmo und Camané sehr beliebt. Wer sich für Aufnahmen der portugiesischen Gitarre interessiert, der ist mit den CDs von Carlos Paredes und António Chainho, den Meistern dieses Instruments, gut beraten.

Beim Fado herrscht andächtige Stille

Tasca do Chico 16, Ableger der Erfolgs-Fado-Kneipe aus dem Bairro Alto (s.u.). Auch hier in der Alfama schlicht eingerichteter, enger Raum. Im Gegensatz zu den meisten anderen Fado-Lokalen kein Verzehrzwang. Bier 1,50 €. Fados gibt es in der Regel Do, Fr und Sa 22 bis 2 Uhr. Rua dos Remédios, 83, Ⓜ Santa Apolónia.

Bairro Alto

Tasca do Chico 24, → Karte S. 170/171, mitten im Bairro Alto. Kleine, sehr einfache Kneipe mit massiven Holztischen. Montag- und mittwochabends wird hier Amateur-Fado geboten, wie man ihn sonst selten findet. Auch wenn die Sänger und Gitarristen musikalisch nicht immer den richtigen Ton treffen, macht es Spaß, den engagierten Fadistas zuzuhören. Bier 1,50 €. Rua Diário de Notícias, 39, Ⓜ Baixa/Chiado.

Nächtlicher Hunger

Durch das gewöhnlich bis in die Morgenstunden andauernde Nachtleben kommt es in Lissabon oft dazu, dass man mitten in der Nacht etwas essen will. Daher haben einige Restaurants für europäische Verhältnisse ungewöhnlich lange geöffnet. Und auch sonst gibt es verschiedene Angebote, die es einem ermöglichen, seinen Hunger zu stillen.

Besonders in der Nähe der Docas und in der Av. 24 de Julho sind Straßenverkaufswagen (*roulottes*) ein steter nächtlicher Begleiter. Sie tauchen nachts plötzlich aus dem Nichts auf und haben bis in die frühen Morgenstunden geöffnet. Angeboten werden neben Hot Dogs und *bifanas* (Schweineschnitzel im Brötchen) auch günstige Getränke. Manchmal lässt die Qualität allerdings zu wünschen übrig.

Bairro Alto

Die Ziffern beziehen sich auf die Karte S. 170/171.

Cacau da Ribeira 52, Bar-Café im vorderen Teil des ehemaligen Zentralmarktes. Eingang von der Av. 24 de Julho aus auf der rechten Seite. Tägl. außer in der Nacht von So auf Mo von Mitternacht bis 16 Uhr. Ein paar schlichte Holzbänke, die meisten Kunden stehen aber. Idealer Ort, um abgestürzte Gestalten des Lissabonner Nachtlebens zu beobachten: Prostituierte in einer freien Minute, betrunkene Discogänger auf der Suche nach einem Absacker oder Bauarbeiter, die sich nach einer anstrengenden Nachtschicht stärken wollen. Donnerstags, am traditionellen Uni-Party-Tag, auch viele Studenten in ihren schwarzen Uniformen und Umhängen. Café 0,65 €, das klassische Getränk ist hier aber seit Jahrzehnten der Kakao. Zu Essen gibt es hauptsächlich Gebäckteilchen, z. B. Berliner für 1 €. Mercado da Ribeira, Av. 24 de Julho, Ⓜ Cais do Sodré, ✆ 213421869.

Pão com Chouriço 15, im nördlichen Teil des Bairro Alto, tägl. außer in der Nacht von Sa auf So. In dieser Bäckerei gibt es leckere Brote mit Räucherwurst (*pão com chouriço*), eine portugiesische Spezialität, die man sich nicht entgehen lassen sollte. Wer Glück hat, der bekommt ein noch heißes Brot frisch aus dem Ofen. Rua da Rosa, 186.

Lapa/Madragoa

Merendeira de Santos 21, → Karte S. 190/191, gegenüber dem Bahnhof Santos. Tägl. 19–7 Uhr. Mit einfachen Holzbänken und -tischen eingerichtetes Restaurant, in dem *merendeira com chouriço* (Räucherwurstbrot) frisch aus dem glühenden Holzofen verkauft wird (1,90 €). Wer will, kann für den gleichen Preis auch die typisch portugiesische Kohlsuppe *caldo verde* probieren. Dazu gibt es Nachtische wie *arroz doce* (süßer Milchreis). Rustikales Ambiente. Preiswerte Getränke, so z. B. Bier für 1 €. Av. 24 de Julho, 54, ✆ 213972726.

Surfen, Schwimmen, Sonnen – die Strände bei Lissabon bieten einiges

Sport

Golfen

Im Großraum Lissabon liegen einige der schönsten Golfplätze Europas, teilweise sind sie recht anspruchsvoll. Viele Golfclubs verlangen von den Gästen einen Handicap-Proof von 28 oder 36, Anfänger dürfen häufig nur auf den kleineren Kursen spielen.

Golf do Estoril, im Vorort Estoril an der Straße nach Sintra. Der 18-Loch-Kurs ist mit 5.200 m recht kurz angelegt und erfordert daher nur wenige weite Schläge. Früher Austragungsort der Portugal Open. Greenfee 57–71 €. Av. da República, Estoril, ✆ 214680176, www.clubegolfestoril.com.

Quinta da Marinha, ein von Robert Trent Jones entworfener 18-Loch-Kurs zwischen den Vororten Cascais und Guincho, wunderschön über dem Atlantik gelegen. Greenfee 80–88 €. Cascais, ✆ 214860100, www.quintadamarinha.com.

Oitavos Dunes, der zweite Platz der Quinta da Marinha, ebenfalls mit herrlichem Meeresblick. Zwischen den Kiefern herrschen schwierige Windverhältnisse. Einige Bereiche sind Naturschutzgebiet: Geht der Ball hier rein, ist er verloren. Als erster Platz Europas von der Umweltorganisation Audubon International zertifiziert. Der 18-Loch-Platz gilt als einer der schönsten Portugals. Greenfee 150 €. Quinta da Marinha, ✆ 214860600, www.oitavosdunes.com.

Penha Longa, etwa auf halbem Weg von Sintra nach Cascais zu finden. Zwei Parcours mit 18 bzw. 9 Löchern. Ein Großteil des Golfplatzes ist Naturschutzgebiet mit bizarren Felsformationen. Einer der wenigen wirklich hügeligen Golfplätze Europas. In das Clubhaus ist ein ehemaliges Kloster aus dem Jahr 1355 integriert; das Kloster diente später auch als königliche Stallung. Greenfee 90–125 € für den 18-Loch-Kurs, der 9-Loch-Kurs kostet 30–35 €. Quinta da Penha Longa, Estrada da Lagoa Azul, Linhó, Sintra, ✆ 219249031, www.penhalonga.com.

Joggen

Zum Laufen bietet sich besonders das Tejo-Ufer mit seinen langen Promenaden an. Gut ausgebaut sind sie besonders zwischen den Stadtteilen Alcântara und Belém (→ Karten „Alcântara" und „Belém", S. 198/199 bzw. 204/205). Auch der östliche Tejo-Abschnitt rund um den Parque das

Nações ist zu empfehlen (→ Karte „Stadtteile im Osten Lissabons", S. 224/225). Wer lieber im Grünen joggt, sollte im Stadtpark Parque Eduardo VII seine Runden drehen (→ Karte „Avenidas Novas", S. 160/161). Zahlreiche Jogging-Strecken ohne Asphalt bietet auch der Monsanto-Park.

Schwimmen

Öffentliche Schwimmbäder *(piscinas)* sind in Portugal rar, meist gehören die Bäder zu Hotels oder Sportvereinen. Die wenigen frei zugänglichen sind in der Regel recht teuer. Günstig sind dagegen die städtischen Schwimmbäder, die *Piscinas Municipais*, mit etwa 2 € Eintritt pro Stunde.

Piscina Municipal Alfama, kleines Bad in der Nähe des Nationalpantheons. Calçada do Cascão, 39, Ⓜ Oriente, ✆ 21817087.

Piscina Municipal do Campo de Ourique – Ginásio Clube Português, Bad mit einem 12,5- und einem 25-m-Becken. Rua Correia Teles, 103-A (Stadtteil Campo de Ourique), ✆ 213869541, www.gcp.pt.

Piscina Municipal do Oriente, neben dem Bus-Bahnhof Gare do Oriente. Mehrere Becken, darunter eines mit 25 m Länge. Rua Conselheiro Lopo Vaz, 29, Ⓜ Oriente, ✆ 218522103.

Health Club Solinca Colombo, teures privates Schwimmbad und Fitnessclub im Colombo-Einkaufszentrum. Centro Comercial Colombo, Av. Lusíada, Ⓜ Colégio Militar/Luz, ✆ 217113650, www.solinca.pt.

Health Club Solinca Vasco da Gama, Schwimmbad im Fitnessclub des Einkaufszentrums Vasco da Gama. Centro Comercial Vasco da Gama, Av. Dom João II, Ⓜ Oriente, ✆ 218930706, www.solinca.pt.

Tennis

Van Veggel Campos Ténis, in der Nähe des Flughafens. Bus 44 ab Ⓜ Entrecampos bis Halt Pote de Água. 9 Tartan-Plätze im Freien. Rua Alferes Malheiro, ✆ 218460241.

Clube VII, Tennis- und Fitnessclub im Westen des Stadtparks (erkennbar an den hohen Blechdächern). Benutzbar nur gegen eine Tagesgebühr von 34 € (inkl. Fitness-Zentrum und Schwimmbad). Parque Eduardo VII, Ⓜ Parque, ✆ 213848300, www.clubevii.com.

Wellenreiten/Bodyboarden

Wellenreiten wird in Portugal „Surfen" genannt (im Gegensatz zum Windsurfen, s. u.). Es erfreut sich hier größerer Beliebtheit als in jedem anderen Land Europas. Kein Wunder, denn an der rauen Atlantikküste findet man ideale Bedingungen für diesen Sport. Das Bodyboarden, bei dem man im Unterschied zum Wellenreiten/Surfen auf dem Brett liegen bleibt, ist einfacher als das Surfen und besonders bei Kindern beliebt.

Infos über den Wellenzustand gibt es unter www.surftotal.com.

An den Stränden im Westen Lissabons (alle erreichbar mit den Zügen der *Linha de Cascais* ab Bahnhof Cais do Sodré) gibt es mehrere gute Surf- und Bodyboardspots:

Besonders gut für Anfänger geeignet ist der große **Sandstrand von Carcavelos**. Ebenfalls gut surft es sich am **Strand von São Pedro do Estoril**. Die Strände an der **Linha de Cascais** sind vor allem im Frühjahr und Herbst interessant, im Sommer (Juli/August) sind die Wellen oft „flat" (flach) und unbrauchbar.

Buchtipp: Wer Wellenreiten möchte, sollte sich *Wellenreiten: Vom Weißwasser bis zur grünen Welle* von Frithjof Gauss, dem Eigentümer der Surfschule Três Ondas in Ericeira zulegen. Verständlich geschrieben führt er in Theorie und Praxis des Surfens ein. Erschienen ist das Buch bei Delius Klasing.

Surfschulen: *Angel's Surf School*, die älteste Surfschule im Vorort Carcavelos, der mit dem Zug ab dem Cais do Sodré zu erreichen ist. Besitzer ist der ehemalige portugiesische Surf-Meister Marcos Anastácio. Unterricht immer Sa/So und Fei um 10, 12 und 14 Uhr (auf portugiesisch und englisch, Voranmeldung nicht nötig). Von Juli bis September Wochenkurse Mo–Fr. Auch Verleih von Brettern und Anzügen. Praia de Carcavelos (neben dem Restaurant El Sombrero), ✆ 962681113 (mobil), www.angelsurfschool.com.

»» **Mein Tipp: Três Ondas**, von April bis Anfang November geöffnete deutsche Surfschule bei Ericeira nahe des Strandes Ribeira d'Ilhas, einem der besten Surfgebiete Europas (ca. 35 km nordwestlich von Lissabon). Geführt vom ersten deutschen Longboard-Meister und ausgebildeten Surflehrer Frithjof Gauss und seiner Frau Silke. Ein eigenes Fahrzeug ist ebenso unnötig wie eigenes Equipment, da Transport, Bretter und Neopren-Anzüge von der Schule organisiert werden. Der Unterricht findet in kleinen Gruppen statt, dabei kommen maximal sechs Schüler auf einen Lehrer. Viel Wert wird auf Theorie als Grundlage für sicheres Surfen gelegt. 5-Tage-Kurs ab 250 €, 10 Tage ab 425 €. Auch eine Unterkunft kann über Três Ondas gebucht werden (Hotel, Pension, Appartement). Für erfahrene Surfer ist auch Verleih von Boards und Anzügen möglich. Estrada da Ribeira d'Ilhas, Lote B, Santo Isidoro, ✆/℡ 261813133, www.tresondas.de. ««

Windsurfen

Gute Orte zum Windsurfen befinden sich an der Flussmündung des Tejo zwischen **Trafaria** und **Algés** (Vorsicht, reger Schiffsverkehr!) und in der **Bucht vor Cascais und Estoril**.

Surfin' in Lisbon

Baden im Meer

Wegen der hohen Brandung und der starken Strömungen ist das Schwimmen an der gesamten portugiesischen Atlantikküste nicht ungefährlich. Gehen Sie bei starkem Wellengang nicht ins Wasser, jedes Jahr müssen etliche Touristen den Badespaß mit dem Ertrinken bezahlen!

Aufgepasst auf die am Strand gehissten Flaggen: Grün bedeutet okay, Gelb heißt, man darf sich nur so weit ins Wasser wagen, wie man stehen kann (Schwimmen verboten); bei roter Flagge ist es zu gefährlich und deswegen auch ausdrücklich verboten, ins Wasser zu gehen. Generell sollte man nicht weit hinausschwimmen, da man die eigenen Kräfte schnell überschätzt, sondern parallel zur Küste. Nicht verzweifelt direkt gegen die Strömung ankämpfen! Es ist in Extremsituationen besser, schräg zur Strömung zu schwimmen und 100 m weiter weg an das Ufer zu gelangen. Generell sollte man nicht zögern, frühzeitig um Hilfe zu rufen.

Die Wassertemperaturen sind an der portugiesischen Westküste durchweg niedriger als im Mittelmeer. Im Sommer liegen sie bei ca. 18 °C. In Cascais und Estoril kann man von Mitte März bis Mitte November baden; im März ist das Wasser mit ca. 14 °C allerdings noch sehr erfrischend. In Lissabon selbst ist das Baden aufgrund der hohen Verschmutzung des Tejo nicht möglich.

Bitte keinen Abfall ins Meer werfen: Eine Plastikflasche braucht beispielsweise 450 Jahre, bis sie verrottet ist.

Blick vom Miradouro de São Pedro de Alcântara Richtung Graça

Wissenswertes von A bis Z

Wissenswertes von A bis Z

Azulejos

Wichtiger Bestandteil der portugiesischen Kunst und Kultur sind die Azulejos, bemalte Fliesen, die man im ganzen Land an und in den verschiedensten Bauwerken findet. Bahnhöfe und Sporthallen sind damit ebenso gefliest wie Kathedralen, Klöster, Paläste und einfache Bürgerhäuser. Motive, Fliesenstile und Herstellungsverfahren änderten sich zwar im Laufe der Jahrhunderte, doch stets blieben die Azulejos bei den Portugiesen sehr beliebt. Heute schmücken abstrakt-futuristische Azulejos auch moderne Bauten und U-Bahnstationen.

Metro Colégio Militar/Luz – Buchstabenrätsel auf Azulejos

Im 14./15. Jh. fand diese Art der Malerei ihren Weg von Spanien nach Portugal. Ursprünglich hatten die Mauren dieses Kunsthandwerk auf die Iberische Halbinsel gebracht. Der Name *Azulejo* leitet sich aus dem arabischen Wort *al zulaique* ab, was in etwa „polierter Stein" bedeutet.

Anfangs wurden die mit geometrischen Mustern bemalten Fliesen aus Spanien importiert. In der zweiten Hälfte des 16. Jh. gewann die aus Italien stammende *Majolika-Technik* immer mehr an Bedeutung. Sie setzte sich nach der Vertreibung der Mauren aus Spanien als vereinfachtes Herstellungsverfahren durch. Im 17. Jh. entwickelte sich zunehmend ein eigener portugiesischer Stil. Das geometrische Design nach arabischem Vorbild wurde nun von naturalistischen und exotischen Motiven verdrängt. Ende des 17. Jh. kamen dann die fein gezeichneten flämischen Fliesen in Blau-Weiß immer mehr in Mode. In Deutschland sind sie unter dem Namen „Delfter Kacheln" bekannt. Da der Bedarf an Azulejos in der Wiederaufbauphase nach dem Erdbeben von 1755 gewaltig anstieg, gründete der damalige Premierminister Marquês de Pombal in Lissabon eine königliche Manufaktur, die *Real Fábrica* am Largo do Rato, mit der die Massenproduktion begann. Ein weiterer Meilenstein war die maschinelle Herstellung im Siebdruckverfahren, die um 1860 eingeführt wurde. Heute gibt es aber immer noch mehrere Werkstätten, welche die Kunst des Handbemalens pflegen.

Behinderte

Insbesondere für Rollstuhlfahrer kann sich die Reise sehr beschwerlich gestalten. Das beginnt schon auf den Bürgersteigen, wo es wegen der Parkgewohnheiten der Lissabonner zu erheblichen

Schwierigkeiten bei der Fortbewegung kommen kann. Für weitere Beeinträchtigungen sorgen Kopfsteinpflaster und starke Steigungen an den Lissabonner Hügeln. Leider sind auch die öffentlichen Verkehrsmittel nur in wenigen Fällen auf die Bedürfnisse von Rollstuhlfahrern eingerichtet.

Spezieller Reiseveranstalter für Behinderte

Accessible Portugal, diese Firma bietet in für Rollstuhlfahrer geeigneten Fahrzeugen Flughafentransfers, Stadtbesichtigungen und Tagestouren in die Umgebung Lissabons an. Ebenso vermittelt sie behindertengerechte Hotelzimmer. Rua João Freitas Branco, 21, 1500-714 Lisboa, ✆ 217203130, www.accessibleportugal.com.

Botschaften

Bei Verlust der Ausweispapiere stellt die Botschaft oder das Konsulat ohne große Probleme einen vorübergehend gültigen Ersatzausweis aus. Hierfür ist es hilfreich, vor der Reise die wichtigsten Dokumente zu fotokopieren und die Kopien während der Reise an einer anderen Stelle als die Originale aufzubewahren.

Wer finanziell am Ende ist und keine Blitzüberweisung von zu Hause organisieren kann, dem bleibt oft nur der Weg zur Botschaft. Völlig Abgebrannte können einen Rückreisekredit in Anspruch nehmen, der allerdings gut verzinst zurückzuzahlen ist. Vor einem Gang zur Botschaft sollte man sich aber überlegen, ob die Geldprobleme nicht anderweitig zu lösen sind. Normalerweise sind die Botschaften nur Montag bis Freitag zwischen 9 und 12 Uhr geöffnet. An Feiertagen (portugiesischen und denen der Botschaftsländer) bleiben sie geschlossen.

Botschaft der Bundesrepublik Deutschland, Campo dos Mártires da Pátria, 38, 1169-043 Lisboa (→ Karte „Av. da Liberdade" auf S. 154/155), ✆ 218810210, 📠 218853846, bei Notfällen außerhalb der Geschäftszeiten ✆ 965808092, www.lissabon.diplo.de.

Botschaft der Republik Österreich, Av. Infante Santo, 43-4°, 1399-046 Lisboa (→ Karte „Lapa" auf S. 190/191), ✆ 213943900, 📠 213 958224, www.bmeia.gv.at.

Botschaft der Schweiz, Travessa do Jardim, 17, 1350-185 Lisboa (→ Karte „Campo de Ourique" S. 192/193), ✆ 213944090, 📠 213 955945, www.eda.admin.ch/lisbon.

Cartão Jovem (Jugendkarte)

Der Cartão Jovem bietet Jugendlichen von 12 bis einschließlich 29 Jahren Ermäßigungen bei Zug- und Expressbustickets sowie Museumseintrittskarten. Auch einige Geschäfte gewähren Preisnachlässe. Außerdem gilt der Cartão Jovem als Jugendherbergsausweis. Gültig ist die Karte ein Jahr lang, wobei der Kaufmonat nicht mitgerechnet wird. Erhältlich ist der Cartão Jovem unter Vorlage des Passes oder Personalausweises und eines Fotos für 10 € in allen Postämtern und Jugendherbergen sowie beim *Instituto Português da Juventude* in Lissabon: Av. da Liberdade, 194 (Ⓜ Avenida), ✆ 213179200, www.cartaojovem.pt.

Hinweis: Studenten erhalten bei zahlreichen Museen und Palästen ebenfalls Ermäßigungen. Dafür empfiehlt es sich, den internationalen **ISIC-Studentenausweis** mitzunehmen. Man bekommt ihn bei den Reisebüros von *STA Travel*. Weitere Informationen im Internet unter www.isic.org.

Einkaufen

Das Angebot an **regionalen Spezialitäten** ist für ein so kleines Land wie Portugal überwältigend. So sei nur auf die leicht geräucherten Würste *(chouriço)* und den Gebirgskäse *(queijo da serra)* verwiesen. Unbedingt probieren sollte man auch den estremadurensischen Frischkäse *(queijo fresco)*, der aus Kuhmilch hergestellt wird. Mit einem halbdunklen Roggenbrötchen, Salz, Pfeffer und Tomate schmeckt er himmlisch.

Kleidung in Portugal einzukaufen ist prinzipiell kein Problem, da die Konfektionsgrößen in der Regel denen in

„Wie war dein Markttag?" – Kleiderverkäufer der Feira da Ladra im Gespräch

Deutschland, der Schweiz und Österreich verwendeten entsprechen bzw. die Verkäufer damit vertraut sind. Allerdings ist es für hoch gewachsene Frauen und Männer sehr schwer, Kleidung und Schuhe in den entsprechenden Größen zu bekommen, da die Portugiesen im Durchschnitt etwas kleiner gebaut sind als die Mitteleuropäer.

Auch an **Kunsthandwerk** hat Lissabon einiges zu bieten: Die Palette reicht von handbemalten Azulejo-Fliesen über Gläser aus Mittelportugal bis hin zu geknüpften Wandteppichen aus dem Alentejo. Von Souvenirs aus Korallen oder Muscheln sollte man dagegen generell – nicht nur in Portugal – absehen. Ihre Entnahme fügt der Meereswelt großen Schaden zu.

Einreisebestimmungen

Im privaten Reiseverkehr innerhalb der EU unterliegen Waren für den Eigenbedarf keinerlei Beschränkungen. Bei Tabakwaren und Spirituosen gehen die Zöllner von folgenden Richtmengen aus: 800 Zigaretten, 200 Zigarren oder 1 kg Tabak, 10 Liter Spirituosen, 20 Liter sog. „Zwischenprodukte" (z. B. Portwein, Madeira), 90 Liter Wein, 110 Liter Bier, 10 kg Kaffee. Im Einzelfall ist eine Überschreitung möglich, wenn nachgewiesen wird, dass die entsprechende Menge nur für den Privatbedarf bestimmt ist. Für Jugendliche unter 18 Jahren gibt es keine Freimengen!

Für Schweizer gilt: 200 Zigaretten oder 250 g Tabak, 1 Liter Branntwein und 2 Liter Wein oder Bier.

Elektrizität

Wie in Deutschland beträgt auch in Portugal die Spannung etwa 230 Volt mit einer Frequenz von 50 Hertz. Weit verbreitet sind Eurosteckdosen ohne Schutzleiter, in die alle gängigen deutschen Stecker passen.

Feiertage

Eine Reihe von Feiertagen werden im ganzen Land begangen, neben kirchlichen auch einige historische Gedenktage.

1. Januar: *Ano Novo* – Neujahr.

Februar, März, April: *Carnaval* – Karnevalsdienstag, *Sexta-Feira Santa* – Karfreitag, *Páscoa* – Ostersonntag.

25. April: *Dia da Liberdade* – portugiesischer Nationalfeiertag zur Erinnerung an die Nelkenrevolution 1974.

1. Mai: *Dia do Trabalhador* – Tag der Arbeit.

Juni: *Corpus Christi* – Fronleichnam (10 Tage nach Pfingsten).

10. Juni: *Dia de Portugal* – portugiesischer Nationalfeiertag zum Gedenken an den Todestag des Schriftstellers Luís de Camões und Tag der portugiesischen Gemeinschaften im Ausland.

13. Juni: *Santo António* – Stadtfeiertag Lissabons zu Ehren des Heiligen Antonius.

15. August: *Assunção* – Mariä Himmelfahrt.

5. Oktober: *Dia da República* – portugiesischer Nationalfeiertag zur Erinnerung an die Ausrufung der Republik 1910.

1. November: *Todos os Santos* – Allerheiligen.

1. Dezember: *Dia da Restauração* – portugiesischer Nationalfeiertag in Erinnerung an die Befreiung von der spanischen Fremdherrschaft 1640.

8. Dezember: *Imaculada Conceição* – Mariä Empfängnis.

25. Dezember: *Natal* – Weihnachten.

Fundbüros

Verlorene Gegenstände (z. B. in Bus oder Straßenbahn) können in Olivais Sul bei der *Secção de Achados da PSP*, dem Fundbüro der Polizei, abgeholt werden.

Fundbüro der Polizei: Praça Cidade Salazar, Lote 180 r/c, 1800-125 Lisboa, ✆ 218535403, http://perdidoseachados.mai.gov.pt/ (Osten). Ⓜ Olivais, Mo–Fr 9–12.30 und 14–16 Uhr.

Fundbüro der Metro: In der Station Marquês de Pombal.

Geld

Gesetzliches Zahlungsmittel ist auch in Portugal der **Euro**. Wegen des chronischen Münzenmangels in Portugal empfiehlt es sich, etwas Kleingeld mit sich zu führen. Die großen 100-, 200- und 500-Euro-Scheine sollten dagegen nicht in die Reisekasse. Sie sind vor Ort kaum verbreitet und genießen auch keine große Akzeptanz in der Bevölkerung.

Bankkarten: Mit den normalen Bank-Kundenkarten (EC-Karten), kann an praktisch allen Bankautomaten in Portugal Geld abgehoben werden (pro Abhebung höchstens 200 €). Dazu sollten die Karten die Zeichen von *Visa Plus* oder *Maestro* tragen, den elektronischen Netzen von Visa und Mastercard. Dann funktionieren sie mit Sicherheit an einem der zahlreich vorhandenen Automaten mit dem *Multibanco*-Zeichen. Der Höchstbetrag pro Abhebung beläuft sich in allen Fällen auf 200 €.

Zentrale Kartensperre: Für Karten aller Art von Bankkarte über Kreditkarte bis zum Mobiltelefon gibt es die zentrale Rufnummer ✆ 0049/116116 von Sperr e.V. Der Verein leitet die Anrufe an die zuständigen Firmen weiter (in Deutschland gebührenfrei, aus dem Ausland kostenpflichtig). Infos unter www.sperr-ev.de.

Das Abheben per Bankkarte in Euro-Ländern darf nach einer Verordnung der EU-Kommission nicht mehr kosten als bei einer fremden Bank zu Hause in Deutschland oder Österreich. Die genaue Gebühr hängt von Ihrer heimatlichen Bank ab. Meist liegt sie pro Abhebung bei etwa 4 €. Mit der Postbank Sparcard kann man zehn Mal im Jahr gebührenfrei abheben.

In Supermärkten und vielen anderen Geschäften ist das Electronic Cash per Bank- oder Kreditkarte sehr verbreitet, allerdings funktionieren deutsche Maestro-Karten meist nicht, während es mit Kreditkarten besser klappt.

Bei **Diebstahl oder Verlust der Bankkarte** unverzüglich das entsprechende Geldinstitut oder den rund um die Uhr zu erreichenden zentralen Sperrannahmedienst benachrichtigen: ✆ 0049/1805/021021. Erforderlich ist in jedem Fall die Angabe der Kontonummer und Bankleitzahl, hilfreich die der Kartennummer. Wichtig: Geben Sie nie Ihre Geheimnummer an!

Kreditkarten: Die gängigen Kreditkarten wie American Express, Mastercard und Visa werden in Hotels, vielen Restaurants und Geschäften sowie an den Multibanco-Automaten problemlos angenommen. Auch hier darf es nach der EU-Verordnung keinen Zuschlag für den Auslandseinsatz mehr geben. Da das Abheben von Bargeld teuer ist, sollte man Kreditkarten nur zum Bezahlen in Hotels, Geschäften und Restaurants verwenden.

Bei **Diebstahl oder Verlust einer Kreditkarte** sollten Sie sofort die für Sie zuständige Stelle anrufen (auch hier gilt: Kartennummer, aber nicht die Geheimnummer angeben!):

American Express: ✆ 800844080. Für deutsche Karten auch ✆ 0049/69/97971000.

Mastercard: ✆ 800811272. Für deutsche Karten auch ✆ 0049/69/79331910.

Visa: ✆ 800811824. Für deutsche Karten auch ✆ 0049/69/66305333.

Multibanco in der Rua Augusta

Geldanweisungen: Am einfachsten und innerhalb einer Stunde lässt sich Geld weltweit über das US-amerikanische Unternehmen *Western Union* überweisen. In Portugal sind die größeren Postämter, die Bank *Millenium BCP* sowie die Wechselstuben von *CotaCâmbios* (z. B. am Rossio Nr. 41 und am Flughafen) Kontaktstellen von Western Union. Dem Einzahler des Geldes wird eine *Money Transfer Control Number* (MTCN) mitgeteilt, die er dem Empfänger unbedingt nennen muss. Denn nur mit der MTCN bekommt er das Geld in Portugal. Für den schnellen Service lässt sich Western Union allerdings gut entlohnen.

Deutschland: *Reisebank*, ✆ 0180/5225822, www.reisebank.de; *Postbank*, ✆ 0180/3040500, www.postbank.de; *Western Union*, www.westernunion.de.

Österreich: *RZB*, ✆ 0810/200866; *Western Union*, www.westernunion.at.

Schweiz: *Change SBB*, ✆ 0800/007107; *Post Finance*, ✆ 0800/811099, www.postfinance.ch; *Western Union*, www.westernunion.ch.

Portugal: *CotaCâmbios*, ✆ 218824740, www.cotacambios.com; *CTT Correios de Portugal*, ✆ 800206868, www.ctt.pt; *Millenium BCP*, ✆ 213937462, www.millenniumbcp.pt; *Western Union*, ✆ 800832136, www.westernunion.pt.

Gesundheit

Grundsätzlich sind vor der Einreise nach Portugal keine besonderen medizinischen Vorsorgemaßnahmen zu treffen. Die portugiesischen Apotheken führen in der Regel alle Medikamente, die auf dem internationalen Markt erhältlich sind. Schwierig wird's nur bei homöopathischen Mitteln.

Krankenversicherung: Wer in einer gesetzlichen Krankenkasse Mitglied ist, erhält mit seiner Europäischen Krankenversichertenkarte EHIC (*European Health Insurance Card*) Anspruch auf eine notärztliche Versorgung in den staatlichen Gesundheitszentren *(Centros de Saúde)* in Portugal. In dringenden Fällen kann man auch direkt die Notdienste (*Urgências*) der staatlichen Krankenhäuser aufsuchen (Adressen s. u.). Die medizinische Behandlung lässt in beiden Fällen aber teilweise zu wünschen übrig, lange Wartezeiten sind normal. Eine Liste der Gesundheitszentren findet sich unter www.saude24.pt. Auf Englisch wird man unter ✆ 808242424 beraten. Weitere Tipps und Hinweise für gesetzlich Versicherte auf Deutsch unter www.dvka.de.

Man sollte in jedem Fall zusätzlich eine private Auslandsreisekrankenversicherung abschließen, um auch Privatärzte und -kliniken nutzen zu können; außerdem werden nur dann auch die teilweise extrem teuren Rücktransporte aus dem Ausland bezahlt (wer zu Hause schon privat krankenversichert ist, braucht allerdings je nach Versicherung teilweise keine extra Reisekrankenversicherung). Policen gibt es schon für Jahresbeiträge unter 10 €. Empfehlenswert ist es, eine Versicherung zu wählen, die keine Selbstbeteiligung hat und die Kosten ganz übernimmt, egal ob Ansprüche an die gesetzliche Kasse bestehen oder nicht. Das spart Papierkriege. Die Krankenkasse sollte auch keine beglaubigte Übersetzung der Arztrechnungen verlangen dürfen, da dies teuer werden kann.

Deutschsprachige Ärzte: In Lissabon und Umgebung praktizieren folgende Ärzte, die allerdings die Europäische Krankenversichertenkarte nicht annehmen. Von ihnen kann man sich nur auf private Rechnung oder mit Auslandsreisekrankenversicherung behandeln lassen. Man sollte sich zur Erstattung der Kosten durch die private Auslandsreisekrankenversicherung vom Arzt eine Quittung über die Behandlungskosten und eine kurze Krankheitsbeschreibung (*descrição da doença*) ausstellen lassen.

AIDS-Aufklärung auf Portugiesisch: „Kondome schützen dich am besten"

Praktische Ärzte: Dr. Friedrich Schubeius, Rua Alexandre Herculano, 17 r/c-Esq, Ⓜ Marquês de Pombal, ✆ 213572453, 213572873 und 919232919.

Dr.ª Micaela Seemann Monteiro, Clínica de Santa Maria de Belém, Rua Manuel Maria Viana, 3° piso (Stadtteil Alcântara), ✆ 919 449190. Spezialistin für Innere Medizin.

Clínica Europa, Rua de Catembe, 107, Carcavelos, ✆ 214569780. Poliklinik mit deutsch- und englischsprachigen Fachärzten im Vorort Carcavelos (Zug Richtung Cascais).

Heilpraktikerin: Corinna Horster, Av. Emília, 254, São João do Estoril, ✆ 214687700 und 916456786.

Kinderarzt: Dr. Volker Dieudonné, c/o Clínica CUF, Rua Fernão Lopes, 60, Cobre (in der Nähe des Vorortes Cascais), ✆ 211141400 und 917325681.

Psychatrie/Neurologie: Dr. Martin Lauterbach, Travessa da Espera, 8-1° esq., Ⓜ Baixa/Chiado, ✆ 213432644 und 914310677.

Zahnarzt: Dr. Thomas Schreiner und Dr.ª Michaela Varnai, Clínica de Medicina Dentária, Rua Pascoal de Melo, 60 r/c, Ⓜ Arroios, ✆ 213558599 und 919963464.

Weitere Ärzte: Die deutsche Botschaft (→ „A bis Z/Botschaften" S. 99 verfügt über eine detaillierte Liste von deutsch- und englischsprachigen Medizinern diverser Fachrichtungen sowie von Psychotherapeuten. Abrufbar auch im Internet unter www.lissabon.diplo.de.

Apotheken *(farmácias)* findet man fast überall. Man wird dort über aushängende Listen auch darüber informiert, welche Apotheken am späten Abend und nachts geöffnet sind. Diesbezügliche Auskunft wird zusätzlich unter ✆ 1820 und unter www.farmaciasdeservico.net erteilt. Wer eine homöopathische Apotheke sucht, wendet sich an: *Botica Homeopática do Centro*, Centro Comercial Imaviz (oberste Etage), Loja 2, Av. Fontes Pereira de Melo, 35, ✆ 210454498. Ⓜ Picoas.

Kondome sind in Apotheken und in Supermärkten erhältlich.

Krankenhäuser: Die *hospitais* bieten mit ihren Notfallaufnahmen *(urgência)* schnelle Hilfe.

Hospital de Santa Maria, Av. Prof. Egas Moniz, Ⓜ Cidade Universitária, ✆ 217805000, www.chln.min-saude.pt.

Hospital de São José, Rua José António Serrano, Ⓜ Martim Moniz, ✆ 218841000, www.chlc.min-saude.pt.

Hospital de São Francisco Xavier, Estrada Forte Alto do Duque (Stadtteil Belém/Restelo), ✆ 210431000, www.chlo.min-saude.pt.

Hospital de Dona Estefânia, Rua Jacinta Marto, Ⓜ Picoas, ✆ 213126600, www.chlc.min-saude.pt. Kinderklinik.

Notruf	✆ 112 (kostenlos)
Seenot	✆ 214401919
Waldbrände	✆ 117 (kostenlos)

Haustiere

Hunde sehen die Portugiesen generell nicht sehr gerne. Aus Restaurants und Cafés sind sie aus hygienischen Gründen fast immer verbannt. Für die überwiegende Mehrheit der Hotels und Pensionen gilt dasselbe, vorher also unbedingt nachfragen!

Wer dennoch Hunde oder Katzen in den Urlaub nach Portugal mitnehmen möchte, benötigt den EU-Heimtierausweis und eine Tollwutschutzimpfung. Hunde müssen außerdem mit einem Mikrochip markiert sein. Weitere Informationen zu den Reisebestimmungen für Tiere unter www.verbraucherschutzministerium.de.

Internet

Aktuelle Informationen zu diesem Reiseführer, die nach dem Druck dieser Auflage nicht mehr berücksichtigt werden konnten, sowie alle in diesem Buch erwähnten und weitere Links finden sich auf den Lissabon-Seiten des Autors unter der Adresse: www.lissabon-umgebung.de.

Hotspots für einen drahtlosen Internetzugang findet man in Lissabon am Flughafen, der Transtejo-Fährstation Cais do Sodré sowie in allen Postämtern und in den diversen Einkaufszentren. WLAN-Zugang ins Internet bekommt man auch an einigen GALP-Tankstellen, in den McDonald's Filialen, in mehreren Zon-Lusomundo-Kinos sowie in zahlreichen Hotels und Jugendherbergen. Eine Liste findet sich unter www.ptwifi.pt.

Internetcafés in den verschiedenen Stadtteilen sind unter den jeweiligen Touren aufgeführt.

Kinder – in Portugal generell gern gesehen

Karten

Zur Orientierung recht gut geeignet ist der *Falk Cityplan Extra Lissabon* im Maßstab 1:15.000, in den auch das Streckennetz der öffentlichen Verkehrsmittel eingearbeitet ist.

Kinder

Die Portugiesen sind sehr kinderfreundlich. In Restaurants und Cafés gelten Kinder meist als gern gesehene Gäste, in Bussen räumt man Eltern mit Kleinkindern bereitwillig einen Platz. Die vielen Parks in Lissabon und die Strände in der Umgebung eignen sich ideal für Erholungspausen vom Besichtigungsstress.

Vor allem das *Ozeanarium* an der Doca de Olivais (Ⓜ Oriente) begeistert Kinder sicherlich, ebenso das nahe gelegene Technikmuseum *Pavilhão do Conhecimento/Ciência Viva* (S. 226 bzw. 225). Vergnügen können sich Kinder auch im *Jardim Zoológico,* dem Zoo Lissabons (Ⓜ Jardim Zoológico, → S. 217). Interessant für ältere Kinder könnte auch ein Besuch des Elektrizitätsmuseums *Museu da Electricidade* (→ S. 208) und des Wasserspeichers *Mãe d'Água* (→ S. 186) sein.

Öffentliche Verkehrmittel: Bis einschließlich vier Jahre fahren Kinder in Begleitung von Erwachsenen generell kostenlos. In der Portugiesischen Bahn CP zahlen sie bis einschließlich 12 Jahre nur 50 % des regulären Fahrpreises. Bei den Transtejo-Schiffen hängt es von der Linie ab, ob es für Kinder zwischen 5 und 12 J. Ermäßigungen gibt. In den Bussen und Trams der Carris sowie in der Metro zahlen Kinder ab 5 Jahren dagegen immer voll, nur Monatskarten gibt es ermäßigt.

Spielplätze: Empfehlenswert sind Parque Eduardo VII (gegenüber Eingang Estufa Fria), Príncipe Real (Bairro Alto), Jardim da Estrela (Lapa), Rua da Imprensa à Estrela (hinter dem Parlament in São Bento), Jardim da Parada (Campo de Ourique) und Belém (in den Grünanlagen zwischen dem Café Pastéis de Belém und dem Tejo). Im Monsanto-Park liegt mit dem Parque Infantil do Alvito der größte Kinderspielplatz der Stadt, der allerdings etwas schwer zu erreichen ist (Bus 724 ab Alcântara - Cç. da Tapada oder Benfica). Die meisten Fußballplätze sind mit einem Betonboden ausgestattet, der böse Abschürfungen verursachen kann.

Babysitter: Es gibt kommerzielle Anbieter für das Babysitting wie *Querida Familia*, ✆ 210143144 und 968910622 (mobil), www.queridafamilia.com. Auch viele Hotels vermitteln Babysitter.

Klima und Reisezeit

Das ausgeprägte atlantische Klima bringt Lissabon nicht zu heiße Temperaturen im Sommer und milde Winter, während derer das Thermometer nie unter den Gefrierpunkt fällt.

Klimatabelle Lissabon

Monate	Jan.	Febr.	März	April	Mai	Juni	Juli	Aug.	Sept.	Okt.	Nov.	Dez.
mittlere Höchsttemp. (°C)	14	16	18	20	22	26	28	28	26	23	18	15
mittlere Mindesttemp. (°C)	8	8	10	11	13	16	17	17	17	14	11	8
Niederschlag (mm)	> 100	50–100	> 100	50–100	20–50	0–20	0–20	0–20	20–50	50–100	> 100	> 100
Meerestemperatur in Estoril	13	13	14	14	15	16	17	16	17	17	15	14

Die meisten Niederschläge sind von November bis März zu verzeichnen. In diesen Monaten kann es über längere Zeit hinweg unangenehm feuchtkalt sein. Vor allem weil viele Gebäude keine Heizung besitzen, ist es oft ungemütlicher als erwartet. In dieser Zeit, aber auch im Spätherbst und im zeitigen Frühjahr sollte gute Regenkleidung mitgenommen werden. Der Hochsommer von Juni bis einschließlich August ist in Lissabon dagegen praktisch niederschlagsfrei; bis auf gelegentliche Schauer bleibt es trocken. Aber auch im Frühjahr (ab Mitte/Ende März) und im Herbst (bis Anfang November) sind längere Schönwetterperioden mit Strandwetter häufig.

Die schönsten Reisemonate sind April, Mai und Juni sowie September und Oktober, wenn die Sommerhitze nicht mehr über der Stadt hängt.

Kriminalität

Wie in allen Ländern sollte man auch in Lissabon in mancher Hinsicht Vorsicht walten lassen. Wer die folgenden Ratschläge berücksichtigt, kann aber beruhigt unterwegs sein.

Vor der Reise **Kopien** der wichtigsten Dokumente (Personalausweis, Reisepass, Bankkarten, Kreditkarten, Bahn- und Flugtickets) machen und alles getrennt von den Originaldokumenten aufbewahren und/oder bei Freunden und Verwandten in der Heimat hinterlassen. Die Kopien können bei der Wiederbeschaffung der Originale und bei Diebstahlsanzeigen eine große Hilfe sein.

Vorsicht bei **Gedränge** (z. B. in der Metro oder im Bus zur Rushhour oder beim Fußgängerüberweg am Rossio). Ein beliebter Trick ist es, Leute von hinten anzurempeln und das Überraschungsmoment zu nutzen, um den Geldbeutel zu entwenden. Neben der Metro sollte man ganz besonders an den Aussichtspunkten in der Alfama und in der Tram 28 auf seine Wertsachen achten. Es haben sich eine Reihe Langfinger auf diese Linie „spezialisiert“. Sie gehen teilweise sehr professionell vor, engagieren Lissabonner Senioren als Lockvögel oder geben sich als Touristen aus, um Vertrauen zu erwecken. Panik ist fehl am Platz, aber man sollte gut auf Geldbörse und Handtasche aufpassen.

Im Restaurant ein Auge oder besser noch ein Fuß, eine Hand oder ein Stuhlbein auf Handtaschen und Rucksäcke haben. Vor allem in Restaurants und Bars im Stadtteil Baixa: Dort sind mehrere Kriminelle Meister darin, unaufmerksamen Touristen blitzschnell die Taschen zu entwenden und dann durch die Gassen der Baixa davon zu flitzen.

Keine Wertsachen im Auto oder im Kofferraum liegen lassen! Beim Parken am besten das Handschuhfach offen lassen und den Kofferraum – wenn möglich – einsehbar machen, sodass klar wird, dass nichts zu holen ist. Das gilt vor allem für Mietwagen, die bei den Autoknackern hoch im Kurs stehen, weil leider genug Touristen gutgläubig ihre Wertsachen im Auto zurücklassen. Während der Fahrt sollten am besten die Türen, hinter denen niemand sitzt, von innen verriegelt werden. Es kommt gelegentlich vor, dass Diebe Staus und Wartezeiten vor Ampeln dazu nutzen, um Türen blitzschnell aufzureißen und Wertsachen zu entwenden.

Nachts sollte man die folgenden **unsicheren Gebiete Lissabons** meiden: die Gegend zwischen Nordteil Martim Moniz, Largo do Intendente, Rua da Palma und Avenida Almirante Reis bis etwa zum Ausgang der Metro Arroios, ebenso die umliegenden Straßenzüge. Auch nächtliche Spaziergänge durch den Stadtpark Parque Eduardo VII sind nicht empfehlenswert.

Leitungswasser

Im Großraum Lissabon kann man das Leitungswasser unbedenklich trinken, auch wenn es teils stark nach Chlor schmeckt. Das Wasser der Trinkbrunnen in den Parks kann man ebenfalls meist getrost genießen.

Lesben und Schwule

Nach Jahren der Marginalisierung haben es die Homosexuellen in Lissabon mittlerweile geschafft, eine gewisse gesellschaftliche Anerkennung zu finden. Zumindest dem Gesetz nach werden Schwule und Lesben in Portugal nicht mehr diskriminiert, sie können sogar Ehen schließen.

Eine Schlüsselrolle spielte dabei die portugiesische Abteilung der *International Lesbian and Gay Association (ILGA)*. Sie richtet jedes Jahr am letzten Samstag im Juni den sog. *Arraial Pride* aus, ein Volksfest im Rahmen der *Festas de Lisboa*. Er geht auf den Christopher Street Day zurück, bei dem am 28. Juni 1969 die New Yorker Polizei eine Demonstration von Homosexuellen brutal zerschlug.

Informationen: ILGA Portugal, Rua de São Lázaro, 88, 1150-333 Lisboa, Ⓜ Martim Moniz (Stadtteil Santana), ✆ 2188 73918, 📠 218873922, www.portugalgay.pt (mit schwul-lesbischem Reiseführer Lissabon).

Museumspass

Das Museumsinstitut IMC verkauft für seine Museen und Paläste sog. *Passes dos Museus e Palácios IMC*. Ein Pass für 2 Tage kostet 7 €, für 5 Tage 11 € und für eine Woche 14 €. Gültig in jedem Nationalmuseum *(Museu Nacional)* sowie den Nationalpalästen von Ajuda, Queluz und Sintra – dort kann man den Pass auch kaufen. Die Karte lohnt sich, wenn man

Auf Rucksäcke und Handtaschen sollte man in Lissabon gut aufpassen

keine sonstigen Vergünstigungen mit Studentenausweis oder Ähnlichem bekommt und am Tag mindestens ein Nationalmuseum oder einen Nationalpalast besichtigen will.

Öffnungszeiten

In der Regel haben die Geschäfte zwischen Montag und Freitag von 9 bis 19 Uhr geöffnet (samstags nur vormittags, sonntags geschlossen). Längere Öffnungszeiten haben die Geschäfte in den großen Einkaufszentren *(centros comerciais)* und die großen *supermercados:* Erstere tägl. von 10 bis 23 Uhr, Letztere tägl. von 9 bis 20 oder 21 Uhr. In den *hipermercados* kann man sich tägl. von 9 bis 23 Uhr mit Waren eindecken (sonn- und feiertags allerdings nur vormittags).

Polizei

Diebstahlsanzeigen sind eigentlich in jeder Polizeistation möglich, besser jedoch in der Touristenabteilung der **Polícia de Segurança Pública (PSP)** neben dem Turismo im Palácio Foz: Praça dos Restauradores, ✆ 213421623, 📠 213421642, Ⓜ Restauradores. Hier hat immer ein Beamter Dienst, der eine Fremdsprache spricht. Tägl. rund um die Uhr geöffnet. Im Internet findet man alle Polizeistationen unter www.psp.pt.

Post

Portugals Postämter *(Correios de Portugal)* sind im Allgemeinen knallrot gestrichen oder zumindest immer durch ein rotes Schild gekennzeichnet und daher leicht zu finden. An vielen Straßenecken sind rote Münzautomaten platziert, die Briefmarkenverkaufsstelle und Postkasten in einem sind. Generell unterscheidet man in Portugal zwischen der Normalpost *(Correio Normal)* und der Expresspost *(Correio Azul).* Für Briefe ins Ausland gibt es auch einen Billigtarif, *Correio Verde,* bei dem die Briefe unabhängig vom Gewicht immer gleich viel kosten – praktisch, wenn man schwere Briefe verschicken will.

Die **Ländernamen** zur Beschriftung Ihrer Postkarten und Briefe sind: *Alemanha* (Deutschland), *Áustria* (Österreich), *Suíça* (Schweiz).

Die **Hauptpost von Lissabon** liegt an der Praça dos Restauradores, 58, Ⓜ Restauradores. Mo–Fr 8–22 Uhr, an Wochenenden und Feiertagen nur 9–18 Uhr. Weitere Postämter sind in den einzelnen Stadtteilen zu finden (auf den Karten mit einem Posthorn markiert); sie sind aber meist nur Mo–Fr geöffnet (in der Regel 9–18 Uhr).

Porto

Bis 20 g	in EU od. Schweiz
Normal	0,68 €
Correio Azul	1,85 €

Rauchen

In Portugal gilt ein Rauchverbot in Restaurants, Cafés, Bars, Diskotheken sowie in allen öffentlichen Verkehrsmitteln, den Flughäfen, Bahnhöfen und Metrostationen. In Bars und Restaurants mit aufwendigen Belüftungssystemen darf aber weiterhin geraucht werden. Meistens muss man aber auf die Terrasse oder vor die Tür, um sich eine Zigarette anzustecken.

Reklamationen

Alle Restaurants, Hotels, Pensionen und Campingplätze müssen ein Beschwerdebuch führen *(livro de reclamações),* das regelmäßig von der Tourismusdirektion *Turismo de Portugal* eingesehen wird. Bei Problemen sollte man sich deswegen nicht scheuen, nach diesem Buch zu fragen (allein die Frage kann Wunder wirken). Ansonsten ist eine Beschwerde beim örtlichen Fremdenverkehrsamt *(turismo)* am sinnvollsten. Man kann sich auch an den *Turismo de Portugal* direkt wenden:

Turismo de Portugal, Rua Ivone Silva, Lote 6, 1050-124 Lisboa, Ⓜ Entrecampos, ✆ 00351/211140200, 📠 211140830, www.turismodeportugal.pt.

Sprachkenntnisse

Wie für jedes Land gilt auch für Portugal: Ohne Kenntnis der Landessprache wird niemand einen vollständigen Zugang zu Land und Leuten finden. Zumindest in Lissabon sollte es aber kein Problem sein, mit **Englisch** durchzukommen. Auch **Französisch** wird recht häufig beherrscht, vor allem von älteren Menschen. Kenntnisse des **Deutschen** sind seltener.

Wer **Spanisch** beherrscht, kann zumindest geschriebene portugiesische Texte recht gut verstehen. Das gesprochene Portugiesisch ist dagegen für viele *castellano hablantes* ein Buch mit sieben Siegeln. Umgekehrt gilt das übrigens nicht: Wer Spanisch spricht, wird von den Portugiesen gut verstanden. Allerdings stößt der Gebrauch des Spanischen nicht unbedingt immer auf große Gegenliebe. Dennoch sind die Zeiten, in denen Touristen ihre Spanischkenntnisse in Portugal besser überhaupt nicht anbrachten, heute zum Glück fast passé. Und auf eines sei außerdem noch hingewiesen: Portugiesisch ist kein Dialekt des Spanischen!

Obwohl mehr als 200 Mio. Menschen in Brasilien, Portugal, Cabo Verde, Guinea-Bissau, São Tomé und Príncipe, Angola, Moçambique und Ost-Timor Portugiesisch sprechen, wird es an deutschen Schulen kaum gelehrt. Eine Möglichkeit, Sprachkenntnisse vor Ort zu erwerben, bietet sich in privaten **Sprachschulen**, die Individual- oder Gruppenunterricht anbieten. Es empfiehlt sich, vor Vertragsabschluss eine Teststunde zu nehmen.

Cambridge School, eine der renommiertesten, aber auch teuersten Sprachschulen. Av. da Liberdade, 173, Ⓜ Avenida, ✆ 213 124600, www.cambridge.pt.

CIAL, eine oft empfohlene, preiswerte Alternative mit Einzelunterricht und Wochenkursen in kleinen Gruppen (maximal 6 Personen). Av. da República 41-8°, Ⓜ Saldanha, ✆ 217940448, www.cial.pt.

Kosmus, kleine Sprachschule, die auf kleine Gruppen und individuell zugeschnittene Kurse setzt. Für die Sprachschüler werden auch Privatzimmer vermittelt. Rua Carlos Mardel, 33, Ⓜ Arroios, ✆ 218489097, www.kosmus.com.

Portugiesisch-englischer Smalltalk leicht gemacht im Hostel

Telefonieren

Es gibt in Portugal keinerlei Vorwahlen für Städte oder Mobilfunknetze mehr. Das heißt, im ganzen Land wählt man einfach immer die neunstellige Teilnehmernummer. Für Telefonate von Deutschland, Österreich oder der Schweiz **nach Portugal** muss vor der jeweiligen Teilnehmernummer lediglich die Vorwahl ✆ 00351 gewählt werden (keine Ziffer weglassen oder hinzufügen!). Gespräche in diese Richtung sind übrigens preiswerter als umgekehrt, besonders wenn private Anbieter im Call-by-Call-Verfahren genutzt werden – ein Preisvergleich lohnt sich immer. Einen Tarifrechner finden Sie z. B. auf www.lissabon-umgebung.de oder auf www.verivox.de.

Telefonzellen in Lissabon – trotz Mobilfunkboom weiter oft genutzt

Von Portugal nach Deutschland lautet die Vorwahl ✆ 0049, nach Österreich ist es die ✆ 0043 und für die Schweiz die ✆ 0041. Nach der Ländervorwahl ist jeweils die Null der Ortsvorwahl wegzulassen. Ferngespräche führt man am besten mit einer Telefonkarte. Bei Gesprächen vom Hotel aus kommen in der Regel 50 bis 100 % Extragebühr hinzu.

R-Gespräche innerhalb Portugals können unter der gebührenfreien Nummer ✆ 120 angemeldet werden, für Gespräche nach Deutschland wählt man zu diesem Zweck ✆ 800800490 (nach Österreich ✆ 800800430, in die Schweiz ✆ 800800410).

Auskunft: Die Telefonauskunft hat in Portugal die Rufnummer ✆ 118; im Internet kann man unter www.pbi.pt nachschlagen. Die Gelben Seiten findet man unter www.pai.pt.

Telefonzellen: Am häufigsten findet man Zellen, die sowohl Münzen als auch Karten akzeptieren. Telefonkarten namens *PT Card* gibt es bei den Läden der Portugal Telecom (PT), im Postamt oder am Zeitungskiosk in Werten von 3, 5 oder 10 €. Ein Gespräch nach Deutschland, Österreich oder in die Schweiz kostet mit diesen Telefonkarten etwa 0,16 € pro Minute.

Cafés und Bars mit einem *Telefone*-Schild über dem Eingang bieten ebenfalls Telefonservice. Hier ist es allerdings etwas teurer als von der Telefonzelle aus.

Kreditkarten wie Visa oder Mastercard lassen sich ebenfalls zum Telefonieren an Kartenautomaten verwenden. Es wird eine Extragebühr von 0,50 € fällig, mit der man auch mehrere Gespräche führen kann. Bevor Sie die Telefonzelle verlassen, sollten Sie unbedingt so oft auflegen, bis die Meldung *„Inserir Cartão"* (Karte einführen) erscheint, sonst telefonieren andere auf Ihre Kosten!

Telefonladen von Portugal Telecom: Telefonkabinen, Internetzugang und Verkauf von Telefonkarten. Tägl. 8–22 Uhr. Am Rossio, Praça Dom Pedro IV, 68, Ⓜ Rossio.

Mobiltelefon: Deutsche Mobiltelefone funktionieren bei allen drei portugiesischen Betreibern Vodafone, TMN (Portugal Telecom) und Optimus problemlos. In der Regel macht es inzwischen preislich keinen Unterschied mehr, in welchem der drei Netze man mit seinem ausländischen Mobiltelefon telefoniert.

Im Ausland kostet es Geld, auf dem Funktelefon angerufen zu werden. Allerdings hat das EU-Parlament den maximalen Tarif für eingehende Gespräche auf 0,11 € pro Minute begrenzt (zuzgl. Umsatzsteuern), sodass Netzbetreiber ihre sog. Roaming-Tarife deutlich senken mussten.

Aber weiter aufgepasst: Vor allem Mailboxen können sich als sehr kostspielig erweisen, da teilweise doppelt für das Roaming bezahlt wird. Mancher Netzbetreiber berechnet bereits Auslandstarife, wenn auf den Anrufbeantworter gesprochen wird und sich der Angerufene im Ausland befindet! Wer die Nachrichten dann später auf Mailbox abhört, zahlt erneut den Tarif für ein Auslandsgespräch.

Auch für das Surfen im Internet im Ausland verlangen die Netzbetreiber teilweise ein Vielfaches der Preise für das Surfen per Mobiltelefon in Deutschland. Der Empfang von SMS ist dagegen kostenlos.

Mailbox: Vor der Reise sollte man sich die Zugangsnummer zur Mailbox aus dem Ausland notieren. In der Regel erhält man aber kurz nach der Ankunft in Portugal eine SMS vom deutschen Netzbetreiber mit diesen Infos.

Portugiesische Mobiltelefonkarte: Wer in Portugal viel mobil telefoniert oder oft angerufen werden will, sollte sich bei einem der drei portugiesischen Betreiber eine Prepaid-Karte kaufen. Diese SIM-Karten passen in alle deutschen Mobiltelefone (es sei denn, das Telefon ist noch für die Benutzung anderer Karten blockiert). Vorteil: Man telefoniert zu portugiesischen Preisen und zahlt nichts mehr dafür, angerufen zu werden. Nachteil: Man bekommt eine neue Nummer. Die kann aber auf der deutschen Mailbox hinterlassen werden. Die Karten kosten ab 10 € inkl. Gesprächsguthaben. Gute Erfahrungen haben wir mit den SIM-Karten von Optimus gemacht, beim Tarif *Livre* fallen hier keinerlei Grundgebühren oder Mindestumsätze an.

Sperrung bei Verlust oder Diebstahl von Mobiltelefonen: T-Mobile (D1) ✆ 0049-1803302202, Vodafone (D2) ✆ 0049-8001721212, E-Plus ✆ 0049-1771000, O2 ✆ 0049-17955222.

Toiletten

Die portugiesischen Damentoiletten sind mit „S“ *(senhoras)*, die Herrentoiletten mit „H“ *(homens)* gekennzeichnet. Den Standort der nächsten Toilette erfragt man mit *„Onde fica a casa de banho?“*. Der Standard der portugiesischen Toiletten ist oft nicht mit dem zu Hause zu vergleichen. Besonders in kleineren Restaurants und Cafés herrschen traurige Zustände.

Touristeninformationen

Für Auskünfte jeglicher Art steht Ihnen das portugiesischen Touristikamt *Turismo de Portugal* zur Verfügung. Es unterhält auch mehrere Telefonhotlines zum Ortstarif.

Turismo de Portugal, Rua Ivone Silva, Lote 6, 1050-124 Lisboa, ✆ 00351/211140200, ℻ 2111 40830, Infotelefon in Deutschland: ✆ 030/2541060, info@visitportugal.com, www.visitportugal.com.

Der Fremdenverkehrsverein Lissabon dient ebenfalls mit Auskünften vor der Reise:

Lissabon: *Associação de Turismo de Lisboa*, Rua do Arsenal, 23, 1100-038 Lisboa, Ⓜ Terreiro do Paço, ✆ 210312700, ℻ 210312899, www.visitlisboa.com.

In Lissabon selbst helfen mehrere Informationsstellen mit Rat und Tat. Alle bieten Hilfe bei der Zimmerreservierung, Stadtpläne und Infos zu Lissabon. (Am 25. Dezember und am 1. Januar sind allerdings alle Turismos geschlossen.)

Palácio Foz, tägl. 9–20 Uhr. Der größte Turismo Lissabons. Auch Infos zu ganz Festland-Portugal, Madeira und den Azoren. Praça dos Restauradores, 1250-187 Lisboa, Ⓜ Restauradores, ✆ 213463314.

Posto de Turismo Y de Lisboa, tägl. 10–22 Uhr. Spezieller Turismo für Jugendliche in einer Seitenstraße der Praça dos Restauradores. Rua Jardim do Regedor, 50, Ⓜ Restauradores, ✆ 213472134.

Aeroporto, direkt in der Ankunftshalle des Flughafens befindet sich dieser Infostand. Tägl. 7–24 Uhr. Alameda das Comunidades Portuguesas, Aeroporto de Lisboa, Piso das Chegadas, ✆ 218450660.

Lisboa Welcome Center, tägl. 9–18 Uhr. Praça do Comércio, Ⓜ Baixa/Chiado, ✆ 210312810.

Rua Augusta, tägl. 10–13 und 14–18 Uhr. Infokiosk in der Fußgängerzone. ✆ 213259131, Ⓜ Baixa/Chiado.

Bahnhof Santa Apolónia, Di–Sa 8–13 Uhr. Rua Santa Apolónia, Terminal CP, Ⓜ Santa Apolónia, ✆ 218821606.

Belém, tägl. 10–13 und 14–18 Uhr. Infokiosk neben dem Kloster Mosteiro dos Jerónimos. Praça do Império, ✆ 213658435.

Weitere Infos im Internet

Aktuelle Informationen zu diesem Reiseführer, die nach dem Druck dieser Auflage nicht mehr berücksichtigt werden konnten, sowie alle in diesem Buch erwähnten und viele weitere Links finden sich auf den Lissabon-Seiten des Autors unter der Adresse www.lissabon-umgebung.de.

Internetcafés sind unter der Rubrik „Cafés" bei den Tourenvorschlägen zu Lissabon aufgeführt.

Trinkgeld

Bei **Taxifahrten** sind ca. 5 % Trinkgeld üblich, und auch Platzanweisern im **Kino** wird manchmal etwas Geld gegeben. Einen kleinen Betrag von ca. 0,50 € sollte man auch den **Parkwächtern** *(arrumadores)* gönnen, sonst riskiert man, sein Auto beschädigt wieder zu finden.

In den **Restaurants** rundet man den Betrag auf die volle Summe auf, sodass sich etwa ein Trinkgeld von 5–10 % ergibt. Weiteres zum Trinkgeld in Restaurants → „A conta, por favor!" auf S. 64.

Verhaltensknigge

In Lissabon sollte man Folgendes vermeiden:

Drängeln an Bus-/Straßenbahnhaltestellen: In Portugal steht man geordnet in der Schlange an.

Einsteigen in Busse durch die Hintertür: Ein Tobsuchtsanfall des Fahrers könnte die Folge sein.

Sich auf **Spanisch** mit *„gracias"* zu bedanken. Das portugiesische *„obrigado"* (als Mann) und *„obrigada"* (als Frau) kommt deutlich besser an.

Besuch von Kirchen und Diskotheken in **kurzen Hosen**: In Ersteren fällt man unangenehm auf, in Letztere darf man oft gar nicht erst rein.

In **gehobenen Restaurants** einfach Platz zu nehmen: Der Tisch wird von der Bedienung zugewiesen.

Gespräche bei Fado-Musik: Es herrscht absolute Stille. Unterhaltungen gelten als Beleidigung der Musiker.

Versicherungen

Für eine Gebühr von ca. 3 % des Flugpreises lässt sich das finanzielle Risiko abdecken, von einer schon gebuchten Reise zurückzutreten. Diese **Reiserücktrittversicherung** greift aber nur im Krankheits- oder Todesfall. Daher sollte man sich vor allem bei nicht so kostspieligen Reisen überlegen, ob sich der finanzielle Aufwand lohnt.

Gleiches gilt für **Reisegepäckversicherungen**: Sie sind außergewöhnlich teuer und decken nur einen kleinen Teil der Risiken ab. Dazu kommt, dass für eine gestohlene Fotoausrüstung meistens nur ein Bruchteil des Neuwertes erstattet wird. Laptops oder andere geschäftliche Gegenstände sind gar nicht versichert. Oft ist das mitgenommene Hab und Gut aber schon durch eine bereits bestehende Hausratversicherung gedeckt. Unbedingt ins Gepäck sollte lediglich eine **Auslandsreisekrankenversicherung** (→ „Gesundheit" auf S. 102/103).

Wäschereien

Es ist sehr schwer, in Lissabon eine günstige Wäscherei zu finden. Für Langzeiturlauber haben wir aber eine gute Adresse:

Lavandaria Lava Neve, Mo–Fr 10–13 und 15–19 Uhr, Sa 9–13 Uhr. So geschl. Waschen einer Maschinenfüllung 5,80 €, Trocknen 4,65 €. Man kann die Wäsche abgeben und bekommt sie nach 2 Std. gewaschen, getrocknet und gefaltet zurück. Rua da Alegria, 37, Ⓜ Avenida, Santana/Av. Liberdade, ✆ 213466195.

Zeit

Portugals Zeitzone liegt eine Stunde vor der mitteleuropäischen Zeit. Da die Sommerzeit zum gleichen Zeitpunkt wie in Deutschland auf die Winterzeit umgestellt wird, ändert sich an der Einstundendifferenz das ganze Jahr über nichts. Es gilt also stets: portugiesische Zeit = deutsche Zeit minus eine Stunde bzw. deutsche Zeit = portugiesische Zeit plus eine Stunde.

Zeitungen

Deutsche Zeitungen (*Süddeutsche Zeitung, FAZ, Die Welt* u. a.) sind im Lissabonner Stadtzentrum (Praça dos Restauradores und Rossio, z. B. bei der Tabacaria Mónaco) schon am gleichen Nachmittag verfügbar.

Deutsche Literatur und Zeitungen findet man auch in der **Bibliothek des Goethe-Instituts** neben der deutschen Botschaft am Campo dos Mártires da Pátria, 37, ✆ 218824511 (Aufzug Elevador do Lavra, Santana). Mo, Di, Do 14–20 Uhr, Fr 14–19 Uhr, Mi geschl. Im August sowie zwischen Weihnachten und Neujahr geschlossen.

Schlangestehen beim Busfahren – in Lissabon eine übliche Anstandsregel

Prächtigste Metrostation Lissabons: Parque

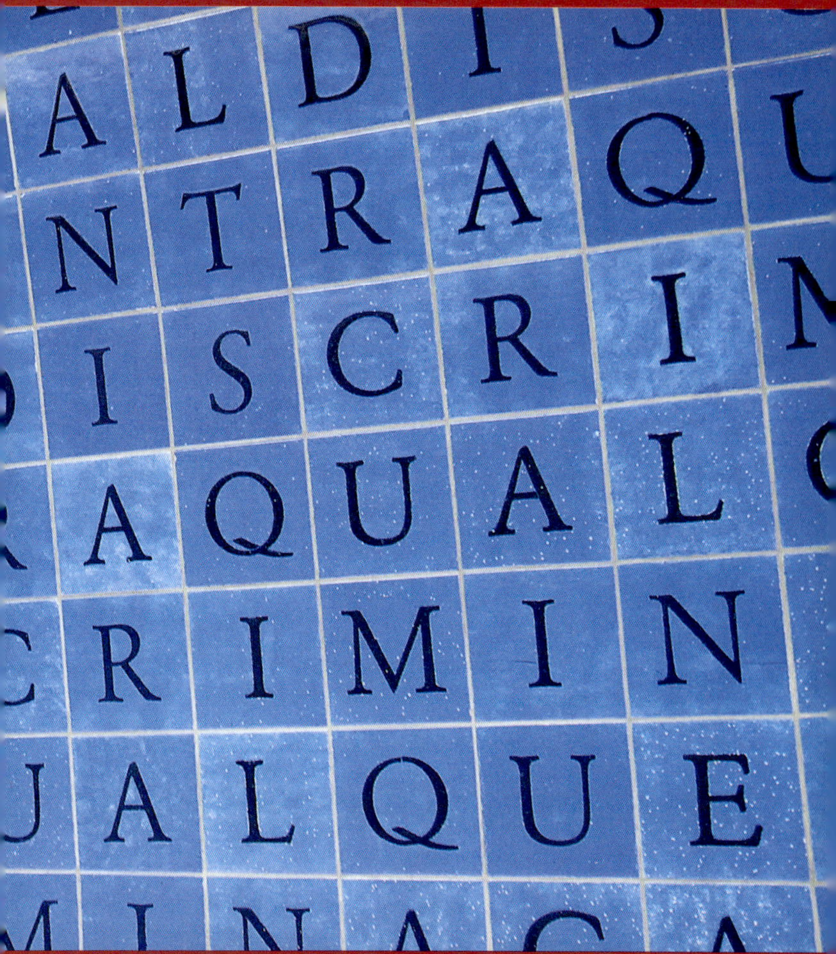

Stadttouren und Ausflüge

Stadttouren und Ausflüge

Die folgenden Kapitel begleiten Sie zu den interessantesten Sehenswürdigkeiten Lissabons und führen Sie in Tagesausflügen zu den nahe gelegenen Badeorten Cascais und Estoril, in die Stadt Sintra mit ihren Königsschlössern und nach Almada auf der Südseite des Tejo, wo die berühmte Christkönigstatue auf Ihren Besuch wartet.

Die Touren durchs Stadtgebiet sind weitgehend als **Spaziergänge** konzipiert, die man gut an einem Tag absolvieren kann. Von diesem Konzept sind wir in zwei Fällen abgewichen. Betroffen sind der Norden und der Osten Lissabons, wo die Fußwege zwischen den einzelnen Stationen zu weit wären und man sich besser ausschließlich mit öffentlichen Verkehrsmitteln bewegt. Wer sich hier umschauen will, sollte sich aus unserem Angebot ein paar Höhepunkte herauspicken – es lohnt sich bestimmt.

Alles, was Sie zum Fahrscheinkauf, zu Vergünstigungen und Sonderausweisen wissen müssen, finden Sie im Kapitel „Unterwegs in Lissabon" ab S. 33 ausführlich beschrieben. Hier nur zwei Hinweise: Um nicht immer wieder auf teure Einzelfahrscheine zurückgreifen zu müssen, empfiehlt sich der Kauf von Tageskarten, die für Fahrten mit Bussen, Straßenbahnen, Aufzügen und der Metro im gesamten Lissabonner Stadtgebiet gelten. Will man viele Museen an einem Tag besichtigen und hat man kein Anrecht auf Ermäßigungen (Studenten, Rentner o. Ä.), so kann sich auch der Kauf einer *Lisboa Card* lohnen, die freien Eintritt in viele Museen und freie Fahrt mit öffentlichen Verkehrsmitteln kombiniert (→ S. 34).

Bei den **Ausflügen in die nähere Umgebung Lissabons** haben wir darauf geachtet, dass die An- und Rückfahrt nicht allzu lang ausfällt. So dauert der längste Trip, der nach Sintra, mit dem Zug gerade einmal eine Dreiviertelstunde, der nach Cascais und Estoril um die 30 Minuten, und wer mit der Fähre nach Almada übersetzt, ist sogar nur eine Viertelstunde unterwegs.

Kleines Glossar zur Orientierung

Ascensor = Standseilbahn
Avenida = Allee
Beco = Sackgasse
Calçada = (gepflasterte) Straße
Castelo = Burg
Cemitério = Friedhof
Convento = Kloster
Elevador = Aufzug
Ermida = Einsiedelei
Fonte = Brunnen
Igreja = Kirche
Jardim = Garten
Largo = Platz
Miradouro = Aussichtspunkt
Mosteiro = Kloster
Museu = Museum
Palácio = Palast
Parque = Park
Praça = Platz
Praia = Strand
Quinta = Landgut, Bauernhof
Rua = Straße
Torre = Turm
Travessa = Querstraße, Gasse

Triumphaler Eingang zur Baixa – Praça do Comércio

Die Baixa

Zwischen dem Rossio und der Praça do Comércio am Ufer des Rio Tejo liegt das rechtwinklig angelegte Geschäfts- und Bankenviertel Lissabons, die Baixa. Mit ihren nach dem Erdbeben von 1755 auf dem Reißbrett entworfenen Straßenzügen ist sie ein einzigartiges Beispiel der Architektur des 18. Jahrhunderts. Oberhalb der Baixa stoßen wir auf den Chiado, das klassische Einkaufsviertel der Stadt.

Bis zum Erdbeben von 1755 war die Baixa wie die Alfama ein Labyrinth aus kleinen Gässchen. Da die Unterstadt auf sumpfigem, dem Tejo abgerungenem Gelände erbaut worden war, zeigten hier die Erdstöße besonders verheerende Wirkung. Viele nach dem Beben noch stehengebliebene Gebäude zerstörten der anschließende Großbrand und die Tsunami-Welle.

Anstatt die Unterstadt im gleichen Grundriss wiederaufzubauen, entschloss sich der damalige Premierminister Marquês de Pombal dazu, die Baixa im Geist der Aufklärung völlig neu zu gestalten. Die von ihm beauftragten Architekten entwarfen ein Schachbrett mit je neun Längs- und neun Querstraßen. Jede Straße war für die Ansiedlung eines bestimmten Gewerbes vorgesehen, wovon Namen wie *Rua dos Sapateiros* (Schuhmacherstraße) oder *Rua dos Correeiros* (Sattlerstraße) zeugen. Die einzelnen Häuser wurden weitgehend erdbebensicher in Ständerbauweise errichtet. Noch heute wird das Viertel zu Ehren seines Wiedererbauers *Baixa Pombalina* genannt.

Heute findet man in dem zum Teil verkehrsberuhigten Viertel Juweliere und Modeboutiquen, Cafés und Restaurants, aber auch noch alte Kurzwarenlä-

den. Tagsüber herrscht in den Straßen reges Treiben, wenn die Geschäfte und Banken abends geschlossen sind, ist das Stadtviertel dagegen wie ausgestorben. Die zunehmende Umwandlung von Wohn- in Büroraum hat dazu geführt, dass kaum jemand mehr in der Baixa lebt. Außerdem stehen zahlreiche Häuser leer. Während der Stadtteil 1959 noch 40.000 Einwohner hatte, schrumpfte deren Zahl bis zum Jahr 2001 auf 2000.

Der **Chiado** war einst das Intellektuellen- und das vornehmste Einkaufsviertel Lissabons. Leider fielen hier 1988 die beiden berühmtesten Kaufhäuser Lissabons, *Grandella* und *Grandes Armazéns do Chiado*, einem Brand zum Opfer. Die Schäden sind mittlerweile unter Leitung des Stararchitekten Álvaro Siza Vieira behoben worden und neue Geschäfte in die restaurierten Gebäude gezogen. Trotz seines neuen Gewandes vermittelt der Chiado nach wie vor einen Eindruck seiner einstigen Ehrwürdigkeit.

Die Baixa → S. 122/123

Spaziergang

Ausgangspunkt ist die **Praça do Comércio** am südlichen Ende der Baixa (Ⓜ Terreiro do Paço), mit ihren prächtigen Arkaden für viele der eleganteste Platz Lissabons und einer der schönsten Europas. Nur wenige Meter entfernt steht am Nachbarplatz Praça do Município das im neoklassizistischen Stil erbaute Rathaus Lissabons, die **Câmara Municipal.**

Über die Rua do Comércio geht es dann in die Rua Augusta, die Fußgängerzone der Baixa, in der sich exklusive Modegeschäfte, Andenken- und Delikatessenläden, Steh- und Straßencafés aneinanderreihen. Flanierende Menschen, Straßenhändler, aber auch Bettler bestimmen hier das Straßenbild. Im geschäftigen Durcheinander werden oft die kunstvollen schwarzen Muster auf dem weißen Straßenpflaster übersehen, in denen sich die Geschäfte verewigt haben. Wenige Meter vom Triumphbogen trifft man in der Rua Augusta auf das sehenswerte Mode- und Designmuseum **MUDE**, das im früheren Sitz der ehemaligen Zentralbank für die Überseegebiete (Banco Nacional Ultramarino – BNU) unterkommen ist.

Beim Spaziergang durch die Baixa glaubt man kaum, dass sich unterhalb der Straßen ein Netz von Gängen und Galerien aus römischer Zeit erstreckt. Die schönsten Ausgrabungen aus römischer und mittelalterlicher Zeit sind in der Ausgrabungsstätte **Núcleo Arqueológico da Rua dos Correeiros** zu sehen, die sich im Stammsitz des *Banco Comercial Português – Millennium BCP* an der Ecke Rua Augusta und Rua da Conceição befindet.

Noch belebter als die Rua Augusta ist der **Rossio** – der zentrale Platz ist mit seinen klassischen Cafés *der* Treffpunkt Lissabons schlechthin. Nachdem er sich lange Jahre ziemlich heruntergekommen präsentierte, hat ihm die Stadt 2001 ein frisches Gewand verpasst, die Bürgersteige deutlich verbreitert und den Autoverkehr etwas gezähmt.

Im Zuge des Umbaus hat man auch das berühmte schwarz-weiße Pflaster in Wellenform wieder hergestellt, das den Platz bereits Anfang des 20. Jahrhunderts schmückte und zum Inbegriff Lissabonner Pflasterkunst wurde.

Dominiert wird der Rossio von der neoklassizistischen Fassade des Nationaltheaters **Teatro Nacional Dona Maria II**, das die Nordseite des Platzes einnimmt. Heute treffen sich vor dem Theater Arbeiter aus den ehemaligen afrikanischen Kolonien Portugals, um sich als Tagelöhner angeheuern zu lassen. Wenige Meter weiter östlich steht an einem kleinen Nebenplatz die **Igreja do Convento de São Domingos**. Zwischen Theater und Kirche bietet sich die urige Stehkaschemme *Ginjinha* für eine kurze Pause an, um den leckeren Kirschlikör gleichen Namens zu kosten (→ „Cafés“). Die Rua Dom Antão de Almada führt zum Nachbarplatz des Rossio, der Praça da Figueira. Erkennungsmerkmal des Platzes ist eine gurrende Taubenschar, die sich entweder auf dem Reiterstandbild von König Dom João I. aufhält oder zu dessen Füßen sitzt. Der Platz bietet übrigens

Das Oster-Massaker

Vor der Igreja de São Domingos erinnert in der Platzmitte ein Gedenkstein an das Judenpogrom des Jahres 1506. Damals lebten Tausende Menschen jüdischer Herkunft in Lissabon, die sich nach der Ausweisung aller Juden und Moslems aus Spanien hierher geflüchtet hatten. Allerdings hatte sie König Manuel I. dazu gezwungen, den christlichen Glauben anzunehmen. Manche dieser Neuchristen praktizierten aber das Judentum weiter im Verborgenen. Am 17. April 1506 waren mehrere Neuchristen dabei „erwischt“ worden, wie sie ungesäuertes Brot und koscheres Fleisch zubereitet hatten. Sie wurden festgenommen und zwei Tage später wieder freigelassen. Als ein weiterer Neuchrist es tatsächlich wagte, das wundersame Leuchten eines Reliquienschreins in einer Seitenkapelle der Igreja de São Domingos auf eine natürliche Ursache und nicht auf die Hand Gottes zurückzuführen, kochte Volkes Zorn über. Er wurde direkt vor der Kirche von einer Frau erschlagen.

Die Dominikanermönche hatten anschließend an Ostern nichts Besseres zu tun, als von ihrer Stammkirche Igreja de São Domingos mit einem Kreuz in der Hand auf die Straße zu ziehen und „Häresie“ zu schreien. Schnell bildete sich ein Mob aus Mönchen, Pöbel und Seefahrern. Sie zogen drei Tage lang durch die Stadt und attackierten alle Neuchristen und auch zahlreiche mit ihnen befreundete Altchristen, derer sie habhaft werden konnten. Und dies alles während der Osterzeit, die historisch immer wieder von Christen für Attacken gegen Juden genutzt wurde: mit dem absurden Argument, die Juden hätten Jesus (selbst ein Jude) getötet.

Am Ende des Gemetzels waren am 21. April zwischen zwei- und viertausend Menschen tot. Straflos kamen viele der Mörder aber in diesem Fall – ein Gegensatz zu anderen Judenpogromen – nicht davon. König Manuel I. ließ die Anführer hinrichten. Der New Yorker Schriftsteller Richard C. Zimler hat die Ereignisse in seinem Roman „Der Kabbalist von Lissabon“ verarbeitet.

„Wohnzimmer" der Lissabonner: der Rossio

Die Baixa → S. 122/123

einen schönen Blick hinauf auf die Burg Castelo de São Jorge.

Nun geht es zurück in die rechtwinklig angelegten Straßenzüge der Baixa bis zum Aufzug **Elevador de Santa Justa**. Eine Fahrt mit diesem kuriosen Fortbewegungsmittel sollte nicht verpasst werden – schon allein die Aussicht von der Bergstation des Aufzugs ist den Fahrpreis wert.

Ein paar Schritte von der Bergstation entfernt ragen am Largo do Carmo die weithin sichtbaren, strahlend weißen Ruinen der **Igreja do Convento do Carmo** in den Himmel. In der Kirchenruine werden schon lange keine Messen mehr gelesen, heute sind hier im **Museu Arqueológico** archäologische Fundstücke ausgestellt. Auf dem Weg sollte man einen Blick auf das Haus an der Ecke Rua da Trindade/Largo Rafael Bordalo Pinheiro werfen, dessen Fassade der Künstler Rafael Bordalo Pinheiro (1846–1905) mit herrlichen Azulejos verziert hat. Allegorische Figuren wie die Erde und das Wasser schmücken den 1., Industrie und Handel den 2. Stock. Ganz oben erblickt man einen achtzackigen Stern mit Auge und Pyramide – Symbole der Freimaurer.

Nicht weit entfernt, in der Rua Garrett, ist das weltbekannte Café *A Brasileira* ansässig – zu erkennen an der bronzenen Statue des Dichters Fernando Pessoa. Gegründet hat das Café 1906 ein aus Brasilien heimgekehrter Portugiese (→ „Cafés"). Kunstinteressierte sollten von der Rua Garrett unbedingt einen Abstecher zum **Museu do Chiado** mit seiner sehenswerten Sammlung unternehmen. Am Largo do Chiado endet der Spaziergang. Wer will, kann hier noch zwei Kirchen besichtigen: auf der Seite zum Tejo die neoklassizistische *Igreja da Encarnação* und direkt gegenüber die *Igreja do Loreto* aus dem 16. Jh. Dazwischen wurde der Namensgeber des Stadtviertels, der Mönch und Volksdichter António Ribeiro Chiado (16. Jh.), in Form einer Statue verewigt. Direkt neben der Statue geht es über lange Rolltreppen in die Metrostation Baixa/Chiado hinab, deren Gewölbe der portugiesische Architekt Álvaro Siza Vieira gestaltet hat.

Sehenswertes

Praça do Comércio: Wie zum Zeichen der engen Verbundenheit Lissabons mit dem Tejo ist der quadratische Platz auf seiner Südseite zum Fluss hin geöffnet. Hier kann man sich auf die Treppen des Cais das Colunas (Säulenkai) setzen, den an- und ablegenden Fähren zuschauen und die Flussluft schnuppern, die bei Ebbe aber auch stark nach Brackwasser riechen kann. Die anderen drei Seiten des Platzes sind von Gebäuden mit prächtigen Arkadengängen umsäumt, in denen sich zahlreiche Ministerien befinden. An der Westseite des Platzes stand bis zum verheerenden Erdbeben von 1755 der Königspalast. Entsprechend wurde er damals noch *Terreiro do Paço* (Palastplatz) genannt, eine Bezeichnung, die sich bis heute im Volksmund gehalten hat.

In der Mitte des Platzes erhebt sich ein 1774 errichtetes Reiterstandbild von König Dom José I., der seinen Blick auf den Tejo richtet. Unterhalb von Reiter und Pferd ist auf einem Medaillon der Erbauer der Baixa, Sebastião José de Carvalho (alias Marquês de Pombal), verewigt.

Auf der Nordseite der Praça do Comércio bietet der 1873 fertiggestellte *Arco Monumental* (Triumphbogen) Zugang zum Zentrum der Baixa. Auf dem Triumphbogen haben wichtige Persönlichkeiten der portugiesischen Geschichte ihren Platz gefunden: rechts der Marquês de Pombal und Vasco de Gama, links der Lusitanerheld Viriato und Nuno Álvares Pereira, der Heerführer bei der Schlacht von Aljubarrota im Jahr 1385 gegen die Spanier.

Ⓜ Terreiro do Paço.

Câmara Municipal: Das Rathaus Lissabons gilt als gutes Beispiel für die Architektur öffentlicher Gebäude im 19. Jahrhundert. Unter Leitung des Architekten Domingos Parente da Silva wurde es zwischen 1866 und 1875 erbaut.

Übernachten (S. 46-49 u. 52/53)

1 Pensão Residencial Portuense
2 Residencial Florescente
5 Pensão Residencial Gerês
6 Hotel Mundial
7 Altis Avenida Hotel
11 Hotel Evidência Tejo Creative
12 Rossio Hostel
17 Hotel Métropole
18 Lisbon Poets Hostel
34 Living Lounge Hostel
39 Goodnight Hostel
42 Lisbon Lounge Hostel - LLH
45 Shiado Hostel Lisboa
48 Travellers House
49 Yes! Hostel
50 Chiado 16 Premium Accomodatio

Essen & Trinken (S. 128/129)

3 Casa do Alentejo
4 Everest Montanha
9 Beira Gare
14 A Merendinha
16 Celeiro
19 Tasquinha do Celeiro
24 O Bacalhoeiro
25 Cervejaria da Trindade
30 Nood
33 Megavega
46 Kaffeehaus
55 Terreiro do Paço

Cafés (S. 129-131)

8 A Ginjinha
15 Pastelaria Suiça
20 Confeitaria Nacional
21 Nicola
22 Pollux
28 O Chá do Carmo
29 Leitaria A Camponeza
32 Gelateria Santini
38 A Brasileira
41 Fábulas
51 Castella do Paulo
52 Martinho da Arcada

Nachtleben (S. 81)

7 Altis Avenida Hotel
36 Entretanto Bar/ Lisboa Regency Chiado

Einkaufen (S. 131/132)

13 Pingo Doce
23 Luvaria Ulisses
26 Ana Salazar
27 A Outra Face da Lua
31 José António Tenente
35 Centro Comercial dos Armazéns do Chiado
37 Vista Alegre
40 Livraria Bertrand
43 A Vida Portuguesa
44 Santos Ofícios
47 Loja da Baixa/Amanhecer
54 Storytailors Atelier

Sonstiges (S. 131)

10 Portugal Telecom
53 Cyber.bica

Tour 1: **Baixa**

75 m

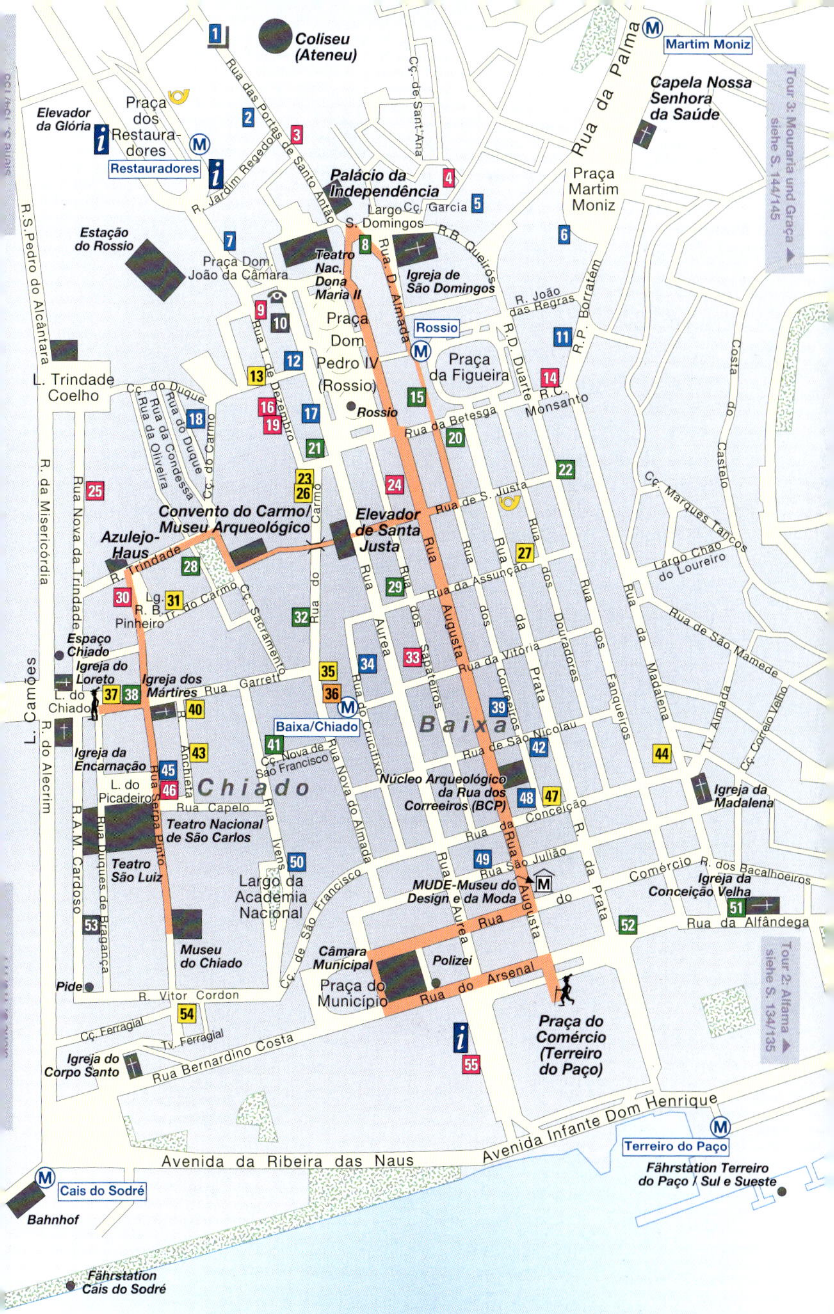

Coliseu (Ateneu)
Rua das Portas de Santo Antão
Cç. de Sant'Ana
Martim Moniz
Rua da Palma
Capela Nossa Senhora da Saúde
Tour 3: Mouraria und Graça siehe S. 144/145
Elevador da Glória
Praça dos Restauradores
Restauradores
R. Jardim Regedor
Palácio da Independência
Largo S. Domingos
Cç. Garcia
Praça Martim Moniz
Estação do Rossio
Praça Dom. João da Câmara
Teatro Nac. Dona Maria II
Rua. D. Almada
Igreja de São Domingos
R. B. Queirós
R. João das Regras
R. P. Borratém
R. S. Pedro do Alcântara
Praça Dom Pedro IV (Rossio)
Rossio
Praça da Figueira
R. D. Duarte
R. C. Monsanto
Costa do Castelo
L. Trindade Coelho
Cç. do Duque
Rua da Oliveira
Rua da Condessa
Rua do Duque
Cç. do Carmo
R. 1. de Dezembro
Rua da Betesga
R. da Misericórdia
Rua Nova da Trindade
Convento do Carmo/ Museu Arqueológico
Elevador de Santa Justa
Rua de S. Justa
Cç. Marques Tancos
Azulejo-Haus
R. Trindade
Rua do Carmo
Rua da Assunção
Largo Chão do Loureiro
Lg. R. B. Pinheiro
Tr. do Carmo
Cç. Sacramento
Rua Augusta
Rua dos Sapateiros
Rua dos Correeiros
Rua da Prata
Rua dos Douradores
Rua dos Fanqueiros
Rua da Madalena
Rua de São Mamede
Espaço Chiado
Igreja do Loreto
L. Camões
L. do Chiado
Igreja dos Mártires
Rua Garrett
Rua Áurea
Rua da Vitória
Baixa/Chiado
Baixa
Tv. Almada
Cç. Correio Velho
R. do Alecrim
Igreja da Encarnação
Anchieta
Cç. Nova de São Francisco
Rua do Crucifixo
Rua de São Nicolau
Chiado
L. do Picadeiro
Rua Serpa Pinto
Rua Capelo
Núcleo Arqueológico da Rua dos Correeiros (BCP)
Igreja da Madalena
Rua Ivens
Rua Nova do Almada
Rua da Conceição
Teatro Nacional de São Carlos
R. A. M. Cardoso
Rua Duques de Bragança
Teatro São Luiz
Largo da Academia Nacional
Rua São Julião
Rua do Comércio
R. dos Bacalhoeiros
MUDE-Museu do Design e da Moda
Igreja da Conceição Velha
Rua da Alfândega
Cç. de São Francisco
Museu do Chiado
Câmara Municipal
Polizei
Rua do Arsenal
Tour 2: Alfama siehe S. 134/135
Pide
Praça do Município
R. Vitor Cordon
Cç. Ferragial
Tv. Ferragial
Praça do Comércio (Terreiro do Paço)
Igreja do Corpo Santo
Rua Bernardino Costa
Avenida Infante Dom Henrique
Terreiro do Paço
Avenida da Ribeira das Naus
Fährstation Terreiro do Paço / Sul e Sueste
Cais do Sodré
Bahnhof
Fährstation Cais do Sodré
1
2
3
4
5
6
7
8
9
10
11
12
13
14
15
16
17
18
19
20
21
22
23
24
25
26
27
28
29
30
31
32
33
34
35
36
37
38
39
40
41
42
43
44
45
46
47
48
49
50
51
52
53
54
55

Beim Eintreten in das Rathaus, das auch *Paços do Concelho* (wörtlich „Kreispalast") genannt wird, überwältigt der Anblick des prachtvollen, mit Kronleuchtern geschmückten Treppenhauses aus feinstem Marmor. Auf dem Rathausplatz tummeln sich die Tauben um den *Pelourinho*, einen stilisierten Pranger in Form einer elegant verschlungenen Doppelsäule, der die Stadtrechte symbolisiert.

Praça do Município, ✆ 213236200. Ⓜ Terreiro do Paço. Geführte Besuche an den meisten Sonntagen um 10.45 Uhr. Eintritt frei.

Die Baixa – Geburtsort der portugiesischen Republik

Eine schwere Wirtschaftskrise unter der Herrschaft von König Carlos I. (1889–1908) verstärkte ab 1890 die republikanische Bewegung in Portugal. 1891 brach in Porto eine erste Revolte aus, die aber schnell niedergeschlagen wurde. Aber auch die nächsten Regierungen brachten keine Lösung der Probleme zustande. Zudem war die Monarchie in den Augen der Portugiesen diskreditiert, weil sie sich 1890 einem englischen Ultimatum zur Aufgabe des Anspruchs auf große Gebiete im südlichen Afrika (dem heutigen Sambia und Simbabwe) gebeugt hatte. Der Ruf nach einem starken Mann erklang nun immer öfter. Neuer Hoffnungsträger der Monarchisten wurde der von Bismarck beeinflusste Ministerpräsident João Fernando Pinto Franco. Zur Stützung der Monarchie errichtete er 1907 eine Diktatur und ließ das Parlament auflösen. Doch der von der Republikanischen Partei getragene Widerstand gegen das Königshaus wuchs. Am 1. Februar 1908 erschossen zwei Attentäter König Carlos I. und dessen Sohn, den Thronfolger Dom Luís Filipe, auf der Praça do Comércio. Die Hintergründe konnten nie ganz geklärt werden, da die Leibwache des Königs beide Attentäter tötete. Nur leicht verletzt überlebte der zweitgeborene Sohn Manuel den Anschlag. Als Manuel II. bestieg er den Thron und lockerte das harte Regime, doch die Monarchie war nicht mehr zu retten. Am 3. Oktober 1910 nahm die Revolution ihren Anfang. Auslöser war die Ermordung des angesehenen Republikanerführers Dr. Miguel Bombarda durch einen offensichtlich Geisteskranken. Am Morgen des 5. Oktober rief man vom Balkon des Lissabonner Rathauses die Republik aus; der erste Präsident war Teófilo Braga. König Manuel II., der gerade im nördlich von Lissabon gelegenen Klosterpalast von Mafra weilte, floh über Gibraltar ins Exil nach England.

Museu do Design e da Moda – MUDE: Allein das Gebäude ist einen Abstecher wert. Früher hatte hier die Bank Banco Nacional Ultramarino (BNU) ihren Sitz. Sie war für die Geldversorgung in den ehemaligen portugiesischen Kolonien in Afrika und Asien zuständig. Der 1964 eingeweihte Bau ist ein gutes Beispiel für die Repräsentationsbauten in der Spätzeit des faschistischen Neuen Staats (Estado Novo). Besonders beeindruckt ein riesiger, elegant geschwungener Tresen aus massivem Stein, der sich durch das ganze Erdgeschoss zieht. Auf beiden Seiten des Tresens sind heute Kleiderstücke von Modeschöpfern wie Christian Dior, Yves Saint-Laurent und Pierre Cardin drapiert. Dazu gibt es zahlreiche Designklassiker aus der Sammlung des portugiesischen Unternehmers Francisco Capelo zu sehen. Vor allem viele Möbel aus den 60ern, als neue Glasfasermaterialien Designern wie Eero Aarnio (Finnland), Ray und Charles Eames (USA) sowie Verner Panton (Dänemark) bisher kaum zu realisierende Formen ermöglichten. Dazu sind Ikonen des Industriedesigns wie die berühmte Stereoanlage SK 4 („Schneewittchensarg"), die Dieter Rams und Hans Gugelot für die deutsche Firma Braun gestaltet haben, ausgestellt. Leider ist nur wenig aus Portugal in der Sammlung, dafür eher Internationales. Es finden außerdem regelmäßig Sonderausstellungen statt.

Ⓜ Rua Augusta, 24, ✆ 218886117, www.mude.pt. Ⓜ Terreiro do Paço. So sowie Di–Do 10–20 Uhr (letzter Eintritt bis 19.45 Uhr), Fr/Sa 10–22 Uhr (letzter Eintritt bis 21.45 Uhr), Mo und Fei geschl. Eintritt frei.

Núcleo Arqueológico da Rua dos Correeiros: Als die Privatbank BCP ihr Hauptgebäude Anfang der 90er renovieren ließ, stießen die Arbeiter dort auf eine ganze Reihe archäologisch interessanter Funde. Sie machen die wechselhafte Geschichte der Lissabonner Baixa sehr anschaulich. So können hier auch die einzigen bekannten Reste der phönizischen Besiedlung Lissabons aus dem 8. bis 5. Jh. v. Chr. betrachtet werden. Aus der Römerzeit sind Tanks zur Produktion eingesalzenen Fischs, Amphoren sowie schöne Mosaike aus dem 3. Jh. n. Chr. zu sehen. Daneben haben die Archäologen Skelette aus dem Mittelalter freigelegt.

Rua dos Correeiros, 9, ✆ 211131004. Ⓜ Terreiro do Paço. Führungen Do 15–17 Uhr, Sa 10–13 und 15–17 Uhr, Fei geschl. Vorherige Anmeldung empfehlenswert. Eintritt frei.

Rossio: Der Platz ist einer der Verkehrsknotenpunkte Lissabons – Autolawinen umkreisen tägl. die beiden Fontänen und das Standbild in der Platzmitte. Einsam betrachtet König Dom Pedro IV. von seiner 23 m hohen Marmorsäule das Treiben. Viele Passanten scheinen die Statue nicht wahrzunehmen, und so nennt den Platz kaum jemand bei seinem offiziellen Namen *Praça Dom Pedro IV.* Für die Lissabonner ist er einfach der *Rossio.* Stundenlang kann man hier in der Pastelaria Suiça sitzen und bei Kaffee und süßer Sahnetorte über die Melancholie der Por-

Protest gegen Jugendarbeitslosigkeit

tugiesen sinnieren oder im Nicola gegenüber in der Kaffeehaustradition der 20er Jahre schwelgen (s. u. „Cafés"). Bei gutem Wetter sind in den Straßencafés alle Tische belegt – Schuhputzer und Bettler schieben sich dennoch durch die dicht gedrängten Räume. Aus halb geschlossenen Händen werden mit gedämpfter Stimme falscher Schmuck und Marihuana angeboten.

Neben dem charakteristischen Eingang zum Nicola fällt die kleine Tabacaria Mónaco aus dem Jahr 1894 kaum auf. Dabei lohnen die Azulejos von Rafael Bordalo Pinheiro an der Außenfassade und im Inneren des Tabakladens einen genauen Blick. Er hat die Fliesen mit rauchenden Fröschen bemalt.

Am Durchgang zum Nachbarplatz Praça dos Restauradores erblickt man den

Bahnhof *Estação Central Rossio.* Er ist in einem reich verzierten Gebäude mit hufeisenförmigen Eingängen und Fenstern im pseudomanuelinischen Stil untergebracht. Früher diente er als Hauptbahnhof der Stadt, heute fahren aber nur noch Vorortzüge nach Sintra.

Ⓜ Rossio.

Teatro Nacional Dona Maria II: Ursprünglich stand hier ein Palast, der vom Prinzregenten Pedro, einem Bruder Heinrichs des Seefahrers, im 15. Jh. errichtet wurde und später der Inquisition als Sitz diente. Nachdem er durch einen Brand zerstört worden war, erbaute man ab 1843 an seiner Stelle das Nationaltheater nach Plänen des italienischen Architekten Fortunato Lodi.

Im klassizistischen Foyer des Theaters kann man einen Kaffee trinken – auch wenn gerade kein Theater gespielt wird, nur montags ist das Café geschlossen. Dieser Bereich ist der einzige, der noch im Originalzustand ist, da ein Feuer 1964 große Teile des Theaters zerstört hat. Doch auch rekonstruiert – der Wiederaufbau dauerte bis zum Jahr 1974 – beeindruckt das Theater mit seinen Marmorböden und -säulen. Ein riesiger Swarowski-Kronleuchter verleiht dem 436 Plätze fassenden Hauptsaal eine feierliche Stimmung. Die kleine Nebenbühne Sala Amélia Rey Colaço unter dem Dach hat dagegen eher Werkstattcharakter.

Ⓜ Rossio. Führungen durch das Theater (mit Blick hinter die Kulissen, in die Garderoben sowie die Requisite) auf Portugiesisch, Spanisch, Englisch und Französisch Mo 11.30 Uhr (Treffpunkt im Foyer) 6 € pro Person.

Igreja da Conceição Velha

Igreja do Convento de São Domingos: Schenkt man der Beschreibung der Chronisten Glauben, muss die Kirche einst zu den prächtigsten Gotteshäusern des Stadt gehört haben. Der Konvent, Mitte des 13. Jahrhunderts vom Dominikanerorden gegründet, wurde über die Jahrhunderte allmählich ausgebaut und erst im 18. Jahrhundert vom deutschen Architekten Ludwig endgültig fertiggestellt. Das Erdbeben 1755 und ein Brand 1959 zerstörten allerdings große Teile des Kircheninneren, sodass es heute leider nicht mehr in voller Pracht zu bewundern ist.

Ⓜ Rossio.

Elevador de Santa Justa: Der Aufzug aus dem Jahr 1902, dessen Kabinen 32 m senkrecht nach oben gezogen werden und die Baixa mit dem Nachbarviertel Chiado verbinden, ist ein Markenzeichen Lissabons. Er ist nicht – wie oft behauptet – von Gustav Eiffel entworfen worden, sondern von Raul Mesnier du Ponsard, einem seiner Schüler.

Von der oberen Plattform bietet sich eine faszinierend schöne Sicht auf die Burg und die Unterstadt. Folgt man der Wendeltreppe ganz nach oben, so gelangt man auf eine Terrasse mit Café-Betrieb, von wo die Aussicht ohne störendes Gitter genossen werden kann. Niederlassen sollte man sich hierallerdings nicht, denn das Café ist ziemlich überteuert.

Rua Santa Justa (Ⓜ Baixa/Chiado). Tägl. 7–22 Uhr (im Sommer bis 23 Uhr). Die Benutzung ist mit den normalen Vorverkaufs- und Zeitkarten der Carris oder mit der Lisboa Card möglich. Die Einzelkarte kostet 5 € und gilt für eine Berg- und eine Talfahrt.

Igreja do Convento do Carmo: Die Kirche wurde im 14. Jahrhundert im gotischen Stil errichtet, vom Erdbeben 1755 größtenteils zerstört und nie wieder ganz aufgebaut. Heute strahlt das dachlose Kirchenschiff mit seinen grazilen weißen Säulen eine eigentümliche Eleganz aus. Untergebracht ist hier inzwischen das *Museu Arqueológico do Carmo*, das archäologische Fundstücke aus verschiedensten Epochen zeigt, darunter römische, maurische und mittelalterliche Grabmäler und Gedenksteine sowie peruanische Mumien.

Largo do Carmo, ✆ 213478629, www.museusportugal.org/AAP/. Ⓜ Baixa/Chiado. Mo–Sa 10–18 Uhr (Juni bis Sept. bis 19 Uhr), So und Fei geschl. Eintritt 3,50 €, Studenten und über 65 J. 2 €, bis 14 J. frei.

Museu do Chiado/Museu Nacional de Arte Contemporânea: Das Museum für zeitgenössische Kunst wurde 1911 gegründet und ist in einem ehemaligen Franziskanerkonvent untergebracht. Den Kern der Ausstellung bilden Skulpturen und Gemälde aus der Zeit von 1850 bis 1950. Darunter vor allem Werke portugiesischer Künstler wie Columbano Bordalo Pinheiro, Almada Negreiros und José Malhoa, aber auch französische Plastiken von Auguste Rodin. Stilistisch spannt sich ein Bogen von der Romantik über den Naturalismus bis hin zum Symbolismus. Die Werke werden in hohen, kellergewölbeartigen Hallen präsentiert. Zum Entspannen bietet sich das günstige Museumscafé auf der Skulpturenterrasse an.

Rua Serpa Pinto, 6, ✆ 213432148, www.museudochiado-ipmuseus.pt. Ⓜ Baixa/Chiado. Di–So 10–18 Uhr, Mo und Fei geschl. Eintritt 4 €, bis 14 J. frei, bis 25 J. und ab 65 J. 50 % Ermäßigung, mit Cartão Jovem 60 %. So bis 14 Uhr gratis.

Die Baixa → S. 122/123

25. April 1974 – Belagerung der Kaserne am Largo do Carmo

Am Nachmittag des 25. April 1974, dem Tag der Nelkenrevolution, stand der kleine Platz im Mittelpunkt des revolutionären Geschehens. Hier hatte sich Diktator Marcello Caetano in der Kaserne der Nationalmiliz GNR verschanzt. Das hatte ihm Geheimdienstchef Silva Pais geraten, da dieser die GNR für loyal hielt. Die Wahl einer Kaserne mitten in der Stadt ohne über Fluchtwege nachzudenken war allerdings ein gewaltiger Fehler. Schnell hatten die aufständischen Militärs das Gebäude umzingelt. Außerdem fand sich eine riesige Menschenmenge auf dem kleinen Platz zusammen. Die Schaulustigen stiegen auf die Bäume, Telefonzellen und sogar auf die Kampffahrzeuge, um den Abgang des verhassten Caetano besser mitverfolgen zu können. Dieser befahl noch der Nationalmiliz, auf die Demonstranten zu schießen. Doch zu seiner Entrüstung weigerten sich die Kommandanten, die Befehle auszuführen. Erst nach mehrstündigen Verhandlungen war Caetano bereit, in einem Panzer abzuziehen. Zuvor hatte er darauf bestanden, die Macht an General António de Spínola zu „übergeben", damit diese nicht in die Hände der Volksmassen auf der Straße falle. Eine Übergabe an den rangniedrigeren Hauptmann Salgueiro Maia, der für das Kommando der revolutionären Truppen am Largo do Carmo verantwortlich war, hatte er abgelehnt, weil dies – so seine Begründung – für einen Regierungschef unwürdig sei. Heute erinnert eine im Boden eingelassene Gedenkplatte in der Nähe des Brunnens an den tapferen Hauptmann.

Praktische Infos

(→ Karte S. 122/123)

Restaurants

Die kulinarische Touristenmeile Lissabons im Stadtteil Baixa ist die Rua das Portas de Santo Antão, die vom Rossio parallel zur Avenida da Liberdade verläuft. Dementsprechend teuer sind dort die Restaurants. Wir können hier nur sehr wenige Restaurants empfehlen.

››› Mein Tipp: **Terreiro do Paço** 55, Restaurant-Café unter den Westarkaden an der Praça do Comércio. Restaurant: Mo–Sa 12.30–15.30 und 20–22.30 Uhr; Café: tägl. 10–2 Uhr. Hohes, lichtes Gewölbe, im Erdgeschoss eher informelles Ambiente, im Obergeschoss eher formeller. Viel Platz auch auf der Terrasse auf dem Platz. Ein sehr gutes Preis-Leistungs-Verhältnis hat das Mittagsbuffet für 11 € pro Person. Dafür gibt es ein Fleisch- und ein Fischgericht zur Auswahl, eine Suppe und mehrere Salate sowie Nachspeisen (Getränke gehen extra). Abends à la carte ab 12 € pro Hauptgericht. Portugiesische Küche. Das Restaurant gehört zur Lágrimas-Gruppe, die auch das Hotel da Estrela betreibt. Ⓜ Terreiro do Paço, ✆ 210995679, www.terreiro-paco.com. ‹‹‹

Casa do Alentejo 3, tägl. 12–15 und 19–22.30 Uhr. Das Haus der „portugiesischen Ostfriesen" ist im prächtigen Alverca-Palast aus dem 17. Jahrhundert untergebracht, der auch schon als Spielkasino diente. Nachdem man die Treppe hinter dem unscheinbaren Eingang hoch gegangen ist, kommt man in einen prächtigen pseudomaurischen Innenhof. Oben findet man eine Bar und weitläufige Räume vor. Kleine Auswahl an Gerichten aus der Region Alentejo ab 11 € (mittags Tagesgerichte ab 7,50 €). Einzigartiges Ambiente, aber der Service lässt – wie wir fanden – teilweise deutlich zu wünschen übrig. Rua das Portas de Santo Antão, 58, Ⓜ Restauradores, ✆ 213405140.

Cervejaria da Trindade 25, nahe der Igreja São Roque. Tägl. von 9 bis 2 Uhr (warme Gerichte bis 1.30 Uhr). Ehemaliges Klostergewölbe mit sehenswerten Azulejos. Bereits 1836 als Brauhaus eröffnet. Drei große, laute Speisesäle und eine Terrasse. Zu empfehlen: *açorda de gambas* (Brotbrei mit Krabben) und *bacalhau São Brás* (Kabeljau mit Eiern und Pommes frites). Große Auswahl an Meeresfrüchten. Je nach Bedienung – so unsere Erfahrung – sehr unterschiedliche Servicequalität. Mo–Fr mittags Tagesgerichte ab 7,50 €, sonst Hauptgerichte ab 9 €. Rua Nova da Trindade, 20-C, Ⓜ Baixa/Chiado, ✆ 213423506, www.cervejariatrindade.pt.

Kaffeehaus 46, im Chiado schräg gegenüber dem Opernvorplatz. Tägl. (außer Mo) 11–24 Uhr (So und Fei nur bis 20 Uhr). Wer Sehnsüchte nach Apfelstrudel, Leberkässemmeln oder Schnitzel stillen möchte, ist hier genau richtig. Eher Restaurant als Café – Schwerpunkt der Küche sind Wiener Schnitzel vom Kalb, Schwein oder Huhn. Speisesaal mit hohen Decken, bei gutem Wetter stehen auch Tische auf der Straße – Schirme spenden Schatten. Hauptgerichte ab 7,80 €, die meisten deutlich teurer (auch halbe Portionen im Angebot). Rua Anchieta, 3, Ⓜ Baixa/Chiado, ✆ 210956828.

Everest Montanha 4, oberhalb des Largo de São Domingos, schräg gegenüber der Pensão Gerês. Tägl. 11.30–15 und 19–23.30 Uhr geöffnet. Erstes nepalesisches Restaurant in Lissabon, auch indische Küche. Holzverkleidung und Landschaftsbilder mit nepalesischen Motiven an den Wänden. Große Auswahl an Currys und Biryanis. Der nepalesischen Tradition folgend, gibt es viele vegetarische Gerichte. Das Fleischangebot kommt trotzdem nicht zu kurz. Hauptgerichte ab 6,25 €. Calçada do Garcia, 15, Ⓜ Rossio, ✆ 218876428.

Nood 30, tägl. 12–24 Uhr. Am Platz Largo Rafael Bordalo Pinheiro etwas oberhalb des Café Brasileira. Die breite Fensterfront mit dem auffälligen Logo ist nicht zu übersehen. Ein minimalistisch dekorierter, ausladender Speisesaal. Angenehme weiß-rote Beleuchtung. Die Gäste sitzen an langen Holzbänken, wer es gemütlicher will, verwendet die Sessel im vorderen Bereich. Man fühlt sich an moderne Schnellrestaurants in Hong Kong erinnert. Serviert wird japanische Küche mit vielen gut zubereiteten, aber eher knapp bemessenen Nudel- und Reisgerichten (auch zum Mitnehmen). Im Angebot ebenso Sushi, einige vegetarische Gerichte sowie zahlreiche Säfte. Hauptgerichte ab 6,75 €. Largo Rafael Bordalo Pinheiro, 20-20b, Ⓜ Baixa/Chiado, ✆ 213 474141, www.nood.pt.

Megavega 33, vegetarisches Selbstbedienungsrestaurant in den Gassen der Baixa.

Tägl. (außer So) 9–19 Uhr (im Sommer bis 22 Uhr). Heller Speiseraum, der Boden ist mit typischen Lissabonner Pflastersteinen gestaltet. Einige Tagesgerichte und Pita-Taschen zur Auswahl ab 6,60 €, dazu mehrere Beilagen. Auch Nachtische und Fruchtsäfte sowie deutsches Bio-Bier. Rua dos Sapateiros, 113, Ⓜ Baixa/Chiado, ✆ 919457695.

O Bacalhoeiro – A Licorista 24, hinter dem Torbogen am Rossio. So Ruhetag. Schön mit alten Fotografien aus der Geschichte der Kabeljau-Fischerei dekoriert. Hauptgerichte ab 5,90 €. Das etwas volkstümlichere Restaurant „A Licorista" mit der Hausnummer 222 gehört dazu und teilt sich mit dem „O Bacalhoeiro" die Küche. Der Dichter Fernando Pessoa trank hier übrigens früher gerne mal einen Likör. Rua dos Sapateiros, 224, Ⓜ Rossio, ✆ 213431415.

Celeiro 16, in einer Seitenstraße des Rossio. Mo–Fr nur mittags geöffnet. Im Keller des Naturkostsupermarkts Celeiro liegt das älteste vegetarische und makrobiotische Restaurant Lissabons. Einfach eingerichtet. Selbstbedienung. Hauptgerichte ab 5,90 €. Rua 1° de Dezembro, 65, Ⓜ Restauradores, ✆ 213422463.

Tasquinha do Celeiro 19, Self-Service-Restaurant der Celeiro-Kette. Mittagessen (Mo–Sa) und kleine Gerichte am Nachmittag, kein Abendessen. Portugiesische Küche. Am Sa auch vegetarische Gerichte. Vorausbezahlung *(pré-pagamento)*. Hauptgerichte ab 5 €. Rua 1° de Dezembro, 51, Ⓜ Restauradores.

Beira Gare 9, tägl. (außer So) 6.30–24 Uhr. Gegenüber dem Rossio-Bahnhof zwischen der Praça dos Restauradores und dem Rossio. In der schlicht eingerichteten Snackbar gibt es eine große Auswahl an guten portugiesischen *petiscos* (Snacks) wie Schweineschnitzel im Brötchen *(bifana)* für 2 €. Auch Tagesgerichte ab 6 €. Achtung: am Tisch teilweise teurer als am Tresen! Praça Dom João da Câmara, 6, Ⓜ Restauradores.

A Merendinha 14, tägl. (außer So) 7–19.30 Uhr. In unmittelbarer Nähe der Praça da Figueira. Eine hübsche, kleine Stehbar – die Wände sind mit blauen Azulejos mit Industriemotiven geschmückt. In der ersten Hälfte des 20. Jh. hat sie der portugiesische Künstler Jorge Colaço entworfen, von ihm stammt auch die Dekoration des Bahnhofs São Bento in Porto. Hier gibt es *sandes* (Sandwichs) und *pastéis* (Pasteten). Ideal als Alternative zu den Fastfood-Buden für den kleinen Snack zwischendurch. Das Rindersteak im Brötchen *(prego)* kostet 2,60 €. Die Spezialität ist aber Spanferkelfleisch im Brötchen *(sandes de leitão)*. Rua Condes de Monsanto, 4-A, Ⓜ Rossio, ✆ 218865925.

Elevador de Santa Justa bei Nacht

Cafés/Eisdielen

Martinho da Arcada 52, tägl. (außer So) 7–23 Uhr. Restaurant-Café an der Praça do Comércio (Nordostecke). Im 1782 gegründeten und somit ältesten Café Lissabons ließ sich einst der portugiesische Dichter Fernando Pessoa tägl. seine Bica und einen Schnaps servieren – Pessoa starb im Alter von 47 Jahren an Leberzirrhose. Andere illustre Stammgäste aus dem Poetenmilieu waren Bocage und Mário Sá Carneiro. Zu Pessoas Zeiten nur ein Café, bis später ein Großteil des Raumes in ein Restaurant umgewandelt wurde. Die alte Atmosphäre lässt sich aber noch gut erahnen. Bica am Tisch bzw. auf der Terrasse 1 €, am Tresen 0,50 €.

Praça do Comércio, 3, Ⓜ Terreiro do Paço, ✆ 218879259, www.martinhodaarcada.pt.

Confeitaria Nacional **20**, tägl. 8–20 Uhr. Schon 1829 gegründet und damit eine der ältesten Konditoreien Portugals, heute noch in Familienbesitz. Hier wurde zum ersten Mal der *bolo-rei* hergestellt, ein ringförmiger Kuchen mit Fruchtstücken, der auf einem Originalrezept aus Paris beruht, aber inzwischen als typisch portugiesisches Weihnachtsgebäck gilt. Beeindruckende Innenausstattung des zweistöckigen Cafés: großflächige Spiegel, geschwungenes Holz, ausladende Vitrinen. Unter der Stammkundschaft sind vor allem ältere Damen, die sich hier zu einem kleinen Schwätzchen treffen. Bica am Tresen 0,70 €, am Tisch 1,30 €. Praça da Figueira, 18-B/C, Ⓜ Rossio, ✆ 213424470, www.confeitarianacional.com.

Pastelaria Suiça **15**, tägl. 7–21 Uhr. Von der vorderen Terrasse kann man dem emsigen Treiben auf dem Rossio zusehen, von der hinteren, die auf der Praça da Figueira liegt, nach oben zur Burg blicken. 1923 wurde dieses Café eröffnet. Helles, freundliches Ambiente mit viel Marmor. Köstliches süßes Gebäck. Alle Produkte sind auf der Terrasse am teuersten. Billiger ist es am Tisch. Bica-Preise: Terrasse 1,70 €, Tisch 1,20 €, Tresen 0,75 €. Praça Dom Pedro IV, 101, Ⓜ Rossio, ✆ 213214090, www.casasuica.pt.

Nicola **21**, tägl. 8–24 Uhr. Das Café wurde bereits 1787 eröffnet. Eine Statue weist auf den Dichter Bocage hin – nicht der einzige Literat, der hier verkehrte. Große Gemälde und viele Spiegel geben dem Nicola ein erhabenes Ambiente. Für eine Bica am Tresen zahlt man 0,60 €, am Tisch 0,70 € und auf der Terrasse 1,30 € (wer seine Bica am Tresen trinkt, zahlt zunächst an der Kasse, am Tisch wird man bedient). Wer den hinteren Ausgang verlässt, findet links in der Rua 1° de Dezembro, 12 eine kleine Dependance namens *Nicola Gourmet*, die einen weiteren Caféraum bietet und die vorzüglichen Kaffeesorten der Marke Nicola verkauft. Praça Dom Pedro IV, 24/25 und Rua 1° de Dezembro, 20, Ⓜ Rossio, ✆ 213460579, www.nicola.pt.

Seit 1829: Confeitaria Nacional

A Brasileira **38**, tägl. 8–2 Uhr. Fast alle Touristen nehmen in dem weltbekannten Café einmal einen Kaffee auf der Terrasse zu sich. Die Lissabonner setzen sich dagegen eher nicht neben die Statue des Dichters Fernando Pessoa, der hier weilte, wenn sein Stammcafé Martinho da Arcada geschlossen war. Sie lassen sich drinnen an einem Tisch nieder oder stehen am Tresen, wo es am billigsten ist. Auch die schöne klassizistische Inneneinrichtung mit den großen Spiegeln lässt sich so besser bewundern. Übrigens ist hier der Lissabonner Begriff *Bica* („Brunnenrohr") für den Espresso entstanden, nachdem die Brasileira zu Beginn des 20. Jh. Kaffee aus einem Behälter über ein Rohr in die Tassen gefüllt hatte. Preise für die Bica: Terrasse 1,50 €, Tisch 1 €, Tresen 0,70 €. Rua Garrett, 120, Ⓜ Baixa/Chiado, ✆ 213469541.

»» **Mein Tipp: Castella do Paulo** **51**, Mo–Fr 7.30–19.30 Uhr, Sa 12–19.30 Uhr, So/Fei geschl. Ein Teehaus, das ganz der Castella gewidmet ist. Dabei handelt es sich um ein traditionelles japanisches Gebäck, das im 16. Jh. in Nagasaki entstanden ist, als diese Hafenstadt von zahlreichen Portugiesen bewohnt war. Die Japaner hatten sich damals von den Konditorei-Traditionen der europäischen Gäste inspirieren lassen und Neues daraus geschaffen. Bis heute hat sich die Castella, eine Art Rührteigkuchen, in Japan gehalten. Zurück nach Lissabon brachte die Castella das portugiesisch-japanische Paar Tomoko und Paulo Duarte, die vor einigen Jahren das kleine Teehaus in der Nähe der Praça do Comércio gegründet haben. Am besten probiert man alle drei Castella-Geschmacksrichtungen: Natur, Grüntee und Schoko. Es gibt aber auch weitere japanische Spezialitäten wie Kurumi-Anpan (süße Bohnenpaste mit Walnüssen) und eine Auswahl japanischer Tees. Rua da Afândega, 120, Ⓜ Terreiro do Paço, ✆ 218880019, www.castella.pt. ««

Fábulas **41**, tägl. ab 10 Uhr (Mo–Mi bis 24 Uhr, Sa bis 1 Uhr, So bis 20 Uhr). Etwas schwer zu finden, am besten geht man von der Rua Garrett in die Rua Ivens und nimmt dann gleich links die Treppe nach unten. Ein mit Liebe zum Detail restauriertes Kellergewölbe im Chiado. Ausgestellt sind Kunstwerke und Fotografien. Ein labyrinthartiges Gewirr von Gängen und Räumen. In der Mitte die einsehbare Küche. Wer die Treppe nach oben findet, gelangt in ein Separée mit Sofa und Fachwerk-Gemäuer. Viele kleine Gerichte wie Burritos, Toasts und Sandwiches sowie Salate, aber auch Hauptgerichte. WLAN-Zugang. Calçada Nova de São Francisco, 14, Ⓜ Baixa/Chiado, ✆ 216018472, www.fabulas.pt.

Leitaria A Camponeza 29, Sa/So geschl. Ein verstecktes Jugendstil-Café mitten in der Baixa, seit über hundert Jahren in Familienbesitz. Die Wände zieren sehr schöne weiß-blaue Azulejos mit ländlichen Motiven. Auch die Fassade ist ausgesprochen hübsch gestaltet. Rua dos Sapateiros, 155, Ⓜ Baixa/Chiado, http://leitariacampo nesa.blogspot.com/.

Pollux 22, Mo–Sa 10–19 Uhr. Im 9. Stock dieses Lissabonner Einrichtungshauses befindet sich eine Cafeteria (mit dem Aufzug in den 8. Stock, dann noch eine Etage über die Treppe). Das schlichte Selbstbedienungscafé bietet auf seiner Terrasse einen schönen Blick auf den Elevador Santa Justa und die Baixa. Rua dos Fanqueiros, 276, Ⓜ Rossio, ✆ 218811200, www.pollux.pt.

O Chá do Carmo 28, gegenüber dem Archäologiemuseum. So geschl. Gediegener Tee-Salon mit viel Holz an den Wänden, dazu ein dunkler Steinboden. Für die Lage recht preiswert. Im Sommer auch mehrere Tische unter Schirmen auf dem Platz. Largo do Carmo, 21, Ⓜ Baixa/Chiado, ✆ 213421301.

Gelateria Santini 32, tägl. 10–24 Uhr. Ableger der bekanntesten Eisdiele der Region und eine der wenigen, die auf hohem Niveau eigenes Speiseeis produzieren. Das Stammhaus befindet sich in Cascais. Moderne Einrichtung in weiß-rot. Viele Bänke und Sessel. Vorbezahlung an der Kasse, hinten kann man dann seine Eissorte auswählen. Rua do Carmo, 9, Ⓜ Baixa/Chiado, ✆ 213468431, www.santini.pt.

››› **Mein Tipp:** **A Ginjinha** 8, Largo de São Domingos, 8. Ⓜ Rossio. Tägl. 9–22 Uhr. Fast direkt am Rossio liegt diese urige Kaschemme. Ein winziger Raum, gerade genug Platz zum Stehen und für die Bedienung hinter dem Tresen. Hier gibt es köstlichen Kirschlikör, *ginjinha*, der entweder mit oder ohne Sauerkirsche *(com ou sem elas)* serviert wird. Kleines Glas 1 €, großes Glas 1,20 €. In der Stadt stößt man bei aufmerksamem Hinschauen immer wieder auf weitere kleine Kirschlikör-Bars, die teilweise Konkurrenzprodukte ausschenken: so z. B. die *Ginjinha Sem Rival* in direkter Nähe in der Rua das Portas de Santo Antão, 7. Doch die *A Ginjinha* am Largo de São Domingos bleibt das Original, das diesem für Lissabon typischen Kirschlikör seinen Namen gegeben hat. 1840 gründete der aus dem nordspanischen Galicien stammende Francisco Espinheira die Kaschemme; das Rezept für den Likör stammte angeblich von einem Mönch. ‹‹‹

Internetcafés

Portugal Telecom 10, Telefonkabinen, Internetzugang und Verkauf von Telefonkarten. Tägl. 8–22 Uhr. Pro Nutzung ohne Zeitbegrenzung 2 €, Mindestnutzung 30 Min. für 1,50 €. Rossio, Praça Dom Pedro IV, 68, Ⓜ Rossio.

Cyber.bica 53, etwas unterhalb des Stadttheaters São Luís. Mo–Fr 10–24 Uhr, Sa/So geschl. Historisch: das erste Internetcafé Portugals, bereits 1995 eröffnet. Hat eher den Charakter eines Internet-Restaurants, da auch Hauptgerichte serviert werden. 1 Stunde 3 €, Mindestnutzung 15 Min. Rua Duques de Bragança, 7, Ⓜ Baixa/Chiado, ✆ 213225004, www.cyberbica.com.

Einkaufen

Bücher: *Livraria Bertrand* 40, die älteste Buchhandlung Portugals und laut Guinnessbuch der Rekorde auch der Welt. Verkauf an diesem Ort seit 1773! Große Auswahl an Büchern. Bestellung auch über das Internet aus dem Ausland. Rua Garrett, 76, Ⓜ Baixa/Chiado, ✆ 213476122, www.bertrand.pt.

Einkaufszentrum: *Centro Comercial dos Armazéns do Chiado* 35, tägl. 10–22 Uhr. Untergebracht im Gebäude eines der beim Brand von 1988 zerstörten traditionellen Kaufhäuser Lissabons, der *Grandes Armazéns do Chiado*. Hauptattraktion sind das Buch- und CD-Geschäft FNAC und der Sportladen Intersport. Insgesamt erwarten die Passanten zahlreiche Modegeschäfte sowie im Obergeschoss verschiedene Restaurants und Cafés mit Blick auf die Burg Castelo de São Jorge. Rua do Crucifixo, 103 und Rua do Carmo, Ⓜ Baixa/Chiado, www.armazensdochiado.com.

Die Baixa → S. 122/123

Keramik: *Vista Alegre* 37, formschöne Keramik aus Portugal lässt sich hier in sehr guter Qualität erstehen. Die Fabrik des portugiesischen „Meissner" steht in Mittelportugal bei Aveiro. Teuer, aber erstklassig. Largo do Chiado, 20, Ⓜ Baixa/Chiado, ✆ 213 461401, www.vistaalegre.pt.

Mode: *Ana Salazar* 26, die berühmteste portugiesische Modeschöpferin. Ausschließlich Damenmode. Ana Salazar kreiert eher dezente Kollektionen. Auch Schuhe und Taschen. Exklusive Preise, aber auch teilweise deutlich ermäßigte Stücke aus früheren Kollektionen. Rua do Carmo, 85/87, Ⓜ Rossio, ✆ 213472289, www.anasalazar.pt.

A Outra Face da Lua 27, Secondhand-Mode in einem alten Gewölbe der Baixa. Viele preiswerte Kleider, meist eher alternativen Stils. Ebenso eine Cafeteria mit einigen Tischen auf der Fußgängerzone vor der Tür. Rua da Assunção, 22, Ⓜ Rossio, ✆ 218863430, www.aoutrafacedalua.com.

Luvaria Ulisses 23, So geschl. Klitzekleiner Laden für Damen-Handschuhe, den man beim Vorbeigehen schnell übersieht. Gerade mal groß genug für zwei Kunden und den Verkäufer. 1925 gegründet. Klassizistischer Eingang und Schaufenster aus Holz. Rua do Carmo, 87-A, Ⓜ Rossio, ✆ 213420295, www.luvariaulisses.com.

Markt an der Praça do Comércio

José António Tenente 31, José António Tenente ist bekannt für seine Kollektionen mit schlichten, klaren Linien. Einfache, gut gewählte Farben. Herren- und Damenmode (auch Bademode). Travessa do Carmo, 8, Ⓜ Baixa/Chiado, ✆ 213422560, www.joseantoniotenente.com.

Storytailors Atelier 54, maßgeschneiderte Damenmode der beiden ehemaligen Modedesign-Studenten Luís Sanchez und João Branco in einem außergewöhnlich restaurierten Gebäude. Man hat die Wände teilweise roh belassen und die Zwischendecken des Hauses rausgebrochen. Die Kollektionen der beiden Designer überraschen durch ungewöhnliche Kombinationen und zeigen einen femininen Vintage-Retro-Look. Calçada do Ferragial, 8, Ⓜ Cais do Sodré, ✆ 213432306, www.storytailors.pt.

Souvenirs: *Santos Ofícios* 44, schräg gegenüber der Igreja da Madalena in einem alten Pferdestall. Eines der am besten sortierten Geschäfte in Lissabon für traditionelles, portugiesisches Kunsthandwerk hoher Qualität. Vor allem Tonfiguren und Porzellan, aber auch typisch portugiesische Wollpullover und schöne Postkarten. Rua da Madalena, 87, Ⓜ Terreiro do Paço, ✆ 218 872031, www.santosoficios-artesanato.pt.

A Vida Portuguesa 43, hinter der Buchhandlung Bertrand zu finden. Ein Besuch dieses Geschäftes nimmt einen auf eine Zeitreise in die Vergangenheit: edle, handgemachte Seifen von Claus Porto, Keramiken von Bordalo Pinheiro, exquisite Thunfischkonserven ... Alles sehr liebevoll in den Vitrinen des ehemaligen Lagers der Parfümfabrik David & David präsentiert.

Supermärkte: *Pingo Doce* 13, direkt neben dem Rossio gelegener Supermarkt des Jerónimo-Martins-Konzerns. Rua 1° de Dezembro, 67–83, Ⓜ Restauradores.

Loja da Baixa/Amanhecer 47, kleiner Supermarkt mitten in der Baixa. Praktisch, um sich zwischendurch mit einem gekühlten Getränk zu versorgen. Rua dos Correeiros, 18, Ⓜ Terreiro do Paço.

Zwischen Praça do Comércio und Cais do Sodré gibt es noch eine Reihe kleiner, uriger Lebensmittelläden in der Rua do Arsenal.

Blick vom Burgberg auf den Nachbarhügel Graça
und den Miradouro da Nossa Senhora do Monte

Die Alfama

Südlich der Burg Castelo de São Jorge erstreckt sich mit der Alfama das schönste Altstadtviertel Lissabons. In den engen Gassen liegen sich die schmiedeeisernen Balkone so dicht gegenüber, dass Küsschen mit dem Nachbarn ausgetauscht werden können. Hier am Burgberg gründeten die Phönizier die Stadt und siedelten sich später Römer und Araber an.

Noch heute erinnert die Alfama mit ihren vielen engen Gassen an ein arabisches Altstadtviertel. Auch der Name *Alfama* ist arabischen Ursprungs und bedeutet „heiße Quellen".

Zu den Festen im Juni schmücken die stolzen Bewohner der Alfama ihre Straßen mit bunten Girlanden. Nahezu jeder Hof und jeder Platz wird zum Straßenrestaurant, überall riecht es nach gegrillten Sardinen. Als Beleuchtung dienen zwischen die Balkongitter gespannte Lampions.

Mögen die zweistöckigen Häuschen in den Gassen auf viele Passanten auch einen sehr heimeligen Eindruck machen – es sollte nicht vergessen werden, dass das Leben für viele Bewohner des Viertels alles andere als romantisch ist. So verfügen viele Häuser nur über unzureichende sanitäre Einrichtungen, und durch manch ein marodes Dach regnet es sogar in die Wohnung hinein. Zwar saniert die Stadtverwaltung seit Jahren, doch wird es noch lange dauern, bis alle Wohnungen in einem befriedigenden Zustand sind.

Martim Moniz
Praça Martim Moniz
Mouraria
Esc. Saúde
Rua Marquês de Ponte de Lima
Rua de São Lourenço
Cç. de Sto. André
Cç. da Graça
Tv. das Mónicas
Costa do Castelo
Largo da Rosa
Rua S. Marinha
Tv. Açougue
Rua das Farinhas
Castelo de São Jorge
Igreja do Menino de Deus
Largo de Sta. Cruz do Castelo
Rua de São Tomé
Rua dos Cegos
Costa do Castelo
Rua Cozinhas
R. Espírito Santo
Cruz do Castelo
Bairro do Castelo
Rua das
Rua do Salvador
Igreja de São Cristóvão
R. S. Cristóvão
Núcleo Museológico
Pátio D. Fradique
Miradouro das Portas do Sol
Cç. Marquês Tancos
R. Regedor
Rua Santa
R. do Chão da F.
Tv. Funil
Museu das Artes Decorativas
Esplanada do Castelo
Largo Contador Mor
Largo de Sta. Luzia
Rua do Milagre de Santo António
R. B. Gusmão
Miradouro de Santa Luzia
Rua da Madalena
Rua dos Fanqueiros
Rua de São Mamede
Largo Loios
R. de São Tiago
Igreja de São Miguel
R. do Limoeiro
alter Gummibaum
Teatro Romano
Rua da Saudade
Rua Adiça
São Rafael
Igreja de Santo António de Lisboa
Museu do Teatro Romano
Pátio do Aljube
Rosa
Rua Augusto
R. S. António da Sé
Rua da Conceição
Rua do Barão
Sé (Kathedrale)
Largo da Sé
Chafariz del Rei
R. Padaria
Rua de São Julião
R. Cruzes da Sé
R. São João da Praça
R. A. Albuquerque
Beco Arco Escuro
Arco de Jesus
Rua dos Bacalhoeiros
Rua Cais de Santarém
Campo das Cebolas
Igreja da Conceição Velha
Casa dos Bicos
Rua da Alfândega
Avenida Infante Dom
Praça do Comércio
Terreiro do Paço
3
5
6
7
10
14
17
18
19
20
22
24
25
27
28
29

Übernachten
2 Casa de Hóspedes Aurélio e Ivone Santos (S. 54)
5 Casa Costa do Castelo (S. 54)
10 Hotel Solar do Castelo (S. 54)
11 Alfama Patio Hostel - AP (S. 49)
14 Hotel Palácio Belmonte (S. 53)

Nachtleben
1 Clube Ferroviário (S. 87)
4 Arcaz Velho (S. 81)
8 Lux-Frágil (S. 88)
9 Bela Bar (S. 82)
12 Mesa de Frades (S. 90)
13 Dragão de Alfama (S. 90)
16 Tasca do Chico (S. 92)
19 Bar das Imagens (S. 141)
20 Chapitô (S. 82)
21 Parreirinha de Alfama (S. 90)
22 Santiago Alquimista (S. 88)
23 A Baiuca (S. 90)
25 Clube de Fado (S. 90)
27 Cruzes Credo (S. 82)
28 Onda Jazz (S. 82)

Essen & Trinken
(S. 141/142)
3 Tasca do Manel
6 Cartuxinha
7 Cantina Baldracca
15 Supercalifragilistic
18 Café Galeria Verde Perto
26 Adega Víctor Horta

Cafés (S. 142)
17 Cerca Moura
24 Pastelaria Flor da Sé

Einkaufen (S. 142)
29 Conserveira de Lisboa

Unschlagbarer Alfama-Blick: Miradouro de Santa Luzia

Spaziergang

Die Tour beginnt an der Praça do Comércio (Ⓜ Terreiro do Paço). Auf dem Weg durch die Rua da Alfândega kommt man an der Igreja da Conceição Velha vorbei, deren detailreiche spätgotische Fassade einen kurzen Halt verdient. Noch interessanter – geradezu kurios – ist allerdings die mit spitzen Steinen ausgestaltete Vorderfront der nahe gelegenen **Casa dos Bicos**.

Durch den Bogen Beco do Arco Escuro geht es dann hinauf bis zur **Sé,** der romanischen Kathedrale Lissabons. Hier sollte ein Besuch des Kreuzgangs mit seinen interessanten Ausgrabungen nicht versäumt werden. Kurz unterhalb der Kathedrale bietet sich die **Igreja de Santo António de Lisboa** für einen kurzen Abstecher an. Die Kirche ist dem Hl. Antonius geweiht, seines Zeichens inoffizieller Patron der Stadt Lissabon.

Weiter geht es (den Schienen der Straßenbahnlinie 28 folgend) den Burghügel hinauf. Wer will, kann über die Treppen des Pátio do Aljube zur Ruine des **Teatro Romano** gelangen.

Am **Miradouro de Santa Luzia,** den man über die Rua do Limoeiro erreicht, sollte man eine Pause einlegen, um das herrliche Panorama des Tejo und der Alfama zu genießen. Nebenan kann man im Azurara-Palast aus dem 17. Jh. das Museum der dekorativen Künste **Museu de Artes Decorativas** besuchen. Von hier sind es über den Largo do Contador-Mor nur noch wenige Meter bis zur Lissabonner Burg, dem **Castelo de São Jorge**. Neben einem Rundblick über die Stadt erwartet die Besucher eine Dunkelkammer mit einem Periskop, das ganz neue Blickwinkel der Stadt eröffnet.

Auf dem Rückweg vom Burggelände führt am Ende der Rua do Chão da Feira ein Tor zum Palácio Belmonte und zum Hof Pátio Dom Fradique. Der deutsche Regisseur Wim Wenders hat hier zahlreiche Szenen seines Films „Lisbon Story“ gedreht.

Anschließend geht es die enge Rua dos Cegos entlang und nach rechts zu den Treppen des Beco do Funil. Nach wenigen Metern folgt man der abschüssigen

Rua do Salvador hinunter, um in das Gassengewirr der Alfama einzutauchen. Hier einen Weg zu empfehlen ist eigentlich überflüssig. Wenn man aber das letzte Ziel dieser Tour, das Fado-Museum **Museu do Fado**, im Gewirr der kleinen Gässchen nicht verfehlen will, sollte man sich geradeaus halten. Wer Glück hat, kommt abends im Museumscafé im Innenhof in den Genuss eines Fado-Konzertes. Ansonsten gibt es mehrere Lokale in nächster Nähe, in denen man die weltbekannte Lissabonner Volksmusik live erleben kann (→ „Fado", S. 90). Nicht weit vom Museum entfernt steht übrigens im unteren Teil der Rua dos Remédios die Fischerkapelle Ermida de Nossa Senhora dos Remédios mit einem sehenswerten manuelinischen Eingangsportal aus dem 16. Jh. Ebenfalls nur wenige Minuten zu Fuß sind es bis zum Bahnhof und zur Metrostation Santa Apolónia.

Die Alfama → Seite 134/135

Sehenswertes

Igreja da Conceição Velha: Die Kirche, ursprünglich als *Igreja da Misericórdia* im Mittelalter erbaut, wurde durch das Erdbeben 1755 fast völlig zerstört. Glücklicherweise blieb das herrliche manuelinische Steinportal aus dem 16. Jh. erhalten. Beim Wiederaufbau hat man es sorgsam restauriert. Der Giebel des Portals verdient besondere Aufmerksamkeit: Es ist der *Nossa Senhora da Misericórdia,* der barmherzigen Muttergottes, gewidmet. Sie schützt mit ihrem breiten Mantel, der von Engeln gehalten wird, mehrere Personen aus Klerus, Adel und dem einfachen Volk. Das Innere der Kirche passt durch den pombalinischen Neuaufbau nach dem Erdbeben nicht mehr zur prächtigen Fassade. Der Altar und die Decke der Kirche zeigen die *Nossa Senhora da Conceição* (die Muttergottes der unbefleckten Empfängnis).

Ⓜ Terreiro do Paço.

Casa dos Bicos: Das „Haus der Spitzen" fällt sofort durch die außergewöhnliche Fassade mit den spitzen Steinen auf. Erbaut wurde es im Jahr 1523 durch Brás de Albuquerque, den unehelichen Sohn des damaligen Vizekönigs von Indien, Afonso de Albuquerque. Er ließ die Fassade des im italienischen Stil errichteten Adelspalastes mit spitz zulaufenden Steinen verzieren, die geschliffenen Diamanten ähneln. Wie bei so vielen Gebäuden in Lissabon wurden auch hier große Teile beim Erdbeben 1755 zerstört, doch auch das rekonstruierte Haus hat viel vom ursprünglichen Reiz bewahrt. Es dient als Sitz der Stiftung Fundação José Saramago zu Ehren des portugiesischen Literaturnobelpreisträgers. Ein Jahr nach seinem Tod wurden am 18. Juni 2011

Manuelinisches Portal – Igreja da Conceição Velha

seine sterblichen Überreste vor der Casa dos Bicos beigesetzt: seine Asche fand unter einem hundertjährigen Olivenbau die letzte Ruhe. Den Baum hatte die Stiftung aus Saramagos Heimatstadt Azinhaga do Ribatejo nach Lissabon umpflanzen lassen.

Rua dos Bacalhoeiros, Ⓜ Terreiro do Paço. www.josesaramago.org.

Sé Catedral: Weit sichtbar erheben sich die beiden wuchtigen Türme der Kathedrale über der Alfama. Den alten Chronisten zufolge wurde der Grundstein 1147 auf den Überresten einer Moschee gelegt – ein Symbol für den Sieg des Christentums über den Islam. Sicher ist dies jedoch nicht. Klar ist aber, dass die im romanischen Stil erbaute Kathedrale – sie erinnert von außen eher an eine mittelalterliche Festung – die älteste Kirche Lissabons ist. Von außen ist sie durch ihr romanisches Portal mit der darüber liegenden hübschen Rosette und den mächtigen zinnenbesetzten Türmen kaum zu übersehen.

Mehrere Erdbeben im 14. Jh. zerstörten einige Teile der Kathedrale, die auch *Igreja de Santa Maria Maior* genannt wird. Bei der Behebung der Schäden wurden dem ursprünglich rein romanischen Gotteshaus neue gotische Stilelemente hinzugefügt. Innen, im Mittelschiff mit Tonnengewölbe und in den zwei Seitenschiffen mit Kreuzgewölben, blieb der romanische Stil erhalten. Chor und Kreuzgang sind dagegen schöne Beispiele für den gotischen Zisterzienserstil. Verheerende Schäden richteten auch die Erdstöße 1755 an, die den Südturm und den heute nicht mehr existierenden Glockenturm im Ostteil der Kathedrale zum Einsturz brachten.

Rechts neben dem Hauptgang geht es zur Schatzkammer, in der sakrale Gegenstände ausgestellt sind. Hinter dem Chor führt ein Tor zum sehenswerten Kreuzgang. Wer aufmerksam hinschaut, kann dort mehrere runde Fenster mit fünfzackigen Sternen – eigentlich ein Symbol des Islam – entdecken.

Straßenbahn 12 oder 28 bis Haltestelle Sé. Ⓜ Terreiro do Paço. ✆ 218876628. Die Kirche ist tägl. 9–19 Uhr geöffnet. Schatzkammer 10–17 Uhr, So und Feiertag geschl. Kreuzgang von Mai bis Sept. tägl. 14–19 Uhr, von

Beherrscht mit ihren mächtigen Türmen den Südwesten der Alfama: die Kathedrale Sé

Okt. bis April Mo–Sa 10–18 Uhr und So 14–18 Uhr. Die Öffnungszeiten werden allerdings nicht immer streng katholisch eingehalten. Schatzkammer und Kreuzgang je 2,50 €. Schatzkammer für Kinder bis 12 J., Kreuzgang für Kinder bis 6 J. frei. Studenten und Erwachsene ab 65 J. 50 % Ermäßigung auf Schatzkammer und Kreuzgang.

Igreja de Santo António de Lisboa: Die kleine pombalinische Kirche wurde 1767 erbaut und dem Hl. Antonius geweiht. Der Franziskanermönch, 1195 in Lissabon geboren, wirkte besonders in Italien (Padua), wo er im Alter von 36 Jahren starb. Sein Geburtshaus soll dort gestanden haben, wo sich die Krypta befindet. Im linken Kirchentrakt sind in dem Museu de Santo António in einem einfachen Raum Statuen, Gemälde und Messkelche ausgestellt, die den Heiligen darstellen.

Straßenbahn 12 oder 28 bis Haltestelle Sé. Ⓜ Terreiro do Paço. Kirche: tägl. 9–19.30 Uhr, Eintritt frei. Museu: tägl. (außer Mo und Feiertage) 10–13/14–18 Uhr. Eintritt 1,32 €. Eingang zum Museu links neben der Treppe hinauf zur Kirche. ✆ 218860447.

Teatro Romano: Entstanden ist das etwa 5000 Zuschauer fassende Theater unter Kaiser Augustus. 57 n. Chr. hat man das Theater erweitert, also zur Zeit Kaiser Neros, dem man das Theater auch geweiht hat. Nach dem Ende der römischen Besatzung verfiel die Anlage, bis die Lissabonner die Steine abtrugen und sie zum Bau ihrer Häuser verwendeten. Schließlich verdeckten Wohnhäuser und Straßenpflaster die letzten Reste, und das Theater geriet völlig in Vergessenheit. Erst 1798 wurde es im Zuge der Aufbauarbeiten nach dem gewaltigen Erdbeben von 1755 wieder entdeckt. Systematische Ausgrabungen unternahm man aber erst ab 1966.

Im Jahr 2001 richtete die Stadt im Gebäude gegenüber ein Informationszentrum ein, das **Museu do Teatro Romano,** und präsentiert die Ruine seitdem in einer angemessenen Weise. Mithilfe von Bildschirmdarstellungen wird dem Besucher gezeigt, wie der Rundbau einmal ausgesehen haben könnte. Über die Terrasse im 2. Stock mit schönem Tejo-Blick gelangen die Besucher dann in das eigentliche Theater. Bühne und Orchestergraben sind dort noch gut zu erkennen.

Theaterruine an der Ecke Rua de São Mamede mit der Rua da Saudade. Museumseingang am Pátio do Aljube, 5, ✆ 218820320, www.museuteatroromano.pt. Straßenbahn 12 oder 28 bis Haltestelle Rua Augusto Rosa. Tägl. (außer Mo und Feiertage) 10–13/14–18 Uhr. Eintritt frei.

Museu das Artes Decorativas: Ausstellungsstücke sind vor allem Möbel, Teppiche aus Arraiolos, portugiesische Silberjuwelierskunst sowie chinesisches Porzellan, alle größtenteils aus der Zeit des 17. bis 19. Jh. Zu bewundern gibt es auch wertvolle Intarsienarbeiten in Tischen und Kommoden sowie prächtige Kronleuchter und Lampenschirme. Die Privatsammlung des Bankiers Ricardo Espírito Santo Silva umfasst auch Gemälde nationaler und internationaler Künstler wie die des Portugiesen Domingos Sequeira aus dem 18. Jh. Dazu gibt es ein gemütliches Museumscafé.

Largo das Portas do Sol, 2, ✆ 218814600, www.fress.pt. Straßenbahn 12 oder 28 bis Haltestelle Largo Portas do Sol. Tägl. 10–17 Uhr. Eintritt 4 €, Studenten bis 25 J. 50 % Ermäßigung, bis 14 J. frei.

Miradouro de Santa Luzia: Am „Aussichtspunkt der Hl. Luzia" ist eine Pause unbedingt ratsam: Der Blick über das Dächermeer der Alfama und den Tejo ist traumhaft schön. Unter Weinreben treffen sich hier tagsüber die alten Männer und Frauen aus dem Viertel für ein Pläuschchen und abends die jungen Liebespaare. Die Azulejo-Wand an der Südseite der *Igreja de Santa Luzia* zeigt übrigens eine Ansicht der Praça do Comércio vor dem Erdbeben von 1755.

Straßenbahn 12 oder 28 bis Haltestelle Miradouro de Santa Luzia.

Die Alfama → Seite 134/135

Castelo de São Jorge: Die Burg dominiert weithin sichtbar die Altstadt. Die Festung hoch über den Dächern Lissabons bietet einen einzigartigen Rundblick über die gesamte Stadt und den Tejo bis zu dessen anderer Uferseite. Von der Burgmauer klingt der Stadtlärm nur noch wie ein weit entferntes Brummen.

Der Ursprung der Burg ist nicht ganz geklärt. Sicher ist, dass die Römer hier 137 v. Chr. eine befestigte Siedlung errichteten. Im 5. Jh. eroberten die Westgoten die Stadt und errichteten die zum Teil heute noch erhaltenen Mauern. Später kamen die Mauren (8. bis 12. Jh.), die die Befestigungsanlage weiter ausbauten. 1147 wurde nach der Eroberung Lissabons durch Dom Afonso Henriques innerhalb der Mauern ein Königspalast erbaut. Bis Ende des 15. Jh. residierten hier die portugiesischen Könige, danach zogen sie als Wohnsitz den später beim Erdbeben von 1755 völlig zerstörten Palast am Terreiro do Paço vor (heute Praça do Comércio). Nach langen Jahren des Verfalls ließ erst der Diktator Salazar den Mauerring mit seinen zehn Wehrtürmen ab 1938 rekonstruieren. Trotz einiger Abweichungen vom Original ist das Resultat beeindruckend.

Neben der Ruine kann in der Nähe des Eingangs die Ausstellung **Núcleo Museológico** besucht werden. Vor allem zahlreiche Fundstücke aus der Maurenzeit wie Münzen, Tongefäße, Azulejos und Grabsteine. Auch Videos zur Geschichte der Stadt.

Oben auf den Zinnen der Burg findet man die **Torre de Ulisses** in 110 m Höhe über dem Meeresspiegel. Dort werden in einer Dunkelkammer über ein Periskop Bilder Lissabons auf eine große Steinschüssel projiziert. Während einer „Rundfahrt" durch Lissabon und Almada auf der anderen Tejo-Seite eröffnen sich ganz neue Perspektiven der Stadt. Die Details sind überraschend genau zu erkennen. So kann man beispielsweise beobachten, wie die Passagiere am Hafen die Fähren verlassen. Am besten ist die Bildqualität übrigens morgens bei sonnigem und klarem Wetter. Im Sommer sollte man warme Kleidung mitbringen, da es in den alten Gemäuern noch etwas frisch sein kann.

Bus 737 ab Praça da Figueira bis Castelo oder Straßenbahnen 12 und 28 bis Haltestelle Miradouro de Santa Luzia, ✆ 218800 620, www.castelodesaojorge.pt. Burggelände tägl. 9–18 Uhr (März bis Okt. bis 21 Uhr), Einlass bis 30 Min. vor Schluss. Eintritt für das ganze Burggelände 7 €, ab 65 J. sowie Studenten 50 % Ermäßigung, unter 10 J. sowie alle Einwohner Lissabons frei.

Museu do Fado: Das Fado-Museum Lissabons ist am Largo do Chafariz de Dentro in einem ehemaligen Wasserwerk aus dem 19. Jh. untergebracht und vermittelt einen stets von musikalischen Beispielen begleiteten Einblick in die Geschichte des Fado. Der Rundgang beginnt und endet in einem nachgestellten Fado-Lokal. Zu sehen gibt es u. a. Porträts und Schallplatten berühmter Sänger, in Vitrinen ausgestellte Kleidungsstücke nicht minder berühmter Sängerinnen und eine Gitarrensammlung. Wer Lust hat, kann sich diverse Fado-CDs anhören oder Fado-Filme ansehen. Außerdem ist die *Casa da Mariquinhas* nachgebildet, ein Bordell, das in einem bekannten Fado-Titel von Alfredo Marceneiro besungen wird.

Hin und wieder finden abends Konzerte mit Amateur-Fado im Museumscafé statt. Auch tagsüber lohnt sich der Besuch: Im teilweise schattigen Innenhof kann man den Blick über die Alfama mit der Igreja de Santo Estêvão schweifen lassen.

Largo do Chafariz de Dentro, ✆ 218823470, www.museudofado.pt. Ⓜ Santa Apolónia. Di–So 10–18 Uhr (Einlass bis 30 Min. vor Schluss). Eintritt 4 €, unter 14 J., Studenten und ab 65 J. 50 % Ermäßigung.

Blick vom Miradouro de Santa Luzia auf die Igreja Santo Estêvão

Die Alfama → Seite 134/135

Praktische Infos

(→Karte S. 134/135)

Restaurants

Supercalifragilistic 15, etwas oberhalb des Fado-Museums. Di–Sa 18–2 Uhr. Verwinkelte Räume, Schwarzlicht und gelbe Leuchten erzeugen zusammen mit den rohen Wänden und den barocken Spiegeln ein etwas skuriles Ambiente. Alternatives Lissabonner Publikum. Ein Besuch des „Tasco atípico" (soviel wie untypische Kneipe) lohnt sich: Die Gäste erwartet eine kreative Küche mit Hauptgerichten („Superpratos") ab 9,50 €. Für den kleinen Hunger gibt es diverse Tapas oder Brot mit verschiedenen, sehr schmackhaften Aufstrichen wie Oliven- und Avocadopasten. Rua dos Remédios, 98, Ⓜ Santa Apólonia, ✆ 933311969 und 912506755.

Café Galeria Verde Perto 18, unterhalb der Burg, gegenüber der Bar das Imagens. Mo–Sa 12.30–24 Uhr. Hoher, geräumiger Raum. Im Restaurant wird auch Schmuck aus Silber und Bernstein der Künstler Margareta Zuzarte und Roland Altmann ausgestellt. Ruhige Musik, abends auch Barbetrieb. Einige Tages- und Hauptgerichte ab 7 €. Dazu zahlreiche gut zubereitete Salate, Toasts und überbackenes Brot (auf der Karte als *fatias com coisas* vermerkt). Costa do Castelo, 26, ✆ 218870488.

Tasca do Manel 3, tägl. geöffnet. Unweit des Aussichtspunkts Miradouro de Santa Luzia. Die Tram 12 rattert vor der Tür vorbei. Zwei komplett ausgeflieste Speiseräume, die Wände zieren Schwarz-Weiß-Fotografien. Schnell zubereitete portugiesische Hausmannskost. Mittelgroße Portionen, von denen man gut satt wird. Im Publikum Einheimische und Touristen. Hauptgerichte ab 7 €. Rua de São Tomé, 20, ✆ 218862021.

Cartuxinha 6, einfaches Restaurant in der Nähe der Igreja de São Cristóvão. Tägl. geöffnet. Gerichte aus der afrikanischen Inselrepublik und ehemaligen portugiesischen Kolonie São Tomé und Príncipe, der Heimat der Besitzer. Empfehlenswert ist der *rancho de coco*, ein Reisgericht mit Bohnen und Kokosmilch, das wahlweise mit Fisch, Fleisch oder vegetarisch serviert wird. Hauptgerichte ab 6 €. Rua das Farinhas, 7, Ⓜ Rossio, ✆ 964972956.

Adega Víctor Horta 26, zwischen der Casa dos Bicos und dem Museu do Fado gelegen. Tägl. (außer So) 12–2 Uhr. Der erfolgreiche Winzer Víctor Horta unterhält hier ein feines Wein- und Tapasrestaurant in den Gewölbemauern des Palácio dos Condes de Vila-Flor. An der offenen Grillküche kann man sich Fisch, Tapas und andere Kleinigkeiten aussuchen. Der selbsterzeugte Wein aus der Region Estremadura kommt aus dem Holzfass. Gerichte ab 5 €, der große Weinkrug ebenfalls 5 €, Wasser gibt es gratis dazu. Rua Cais de Santarém, 6–8, Ⓜ Terreiro do Paço, ✆ 218825082, www.vinhosvictorhorta.com.

Cantina Baldracca 7, wenige Meter von der Igreja de São Cristóvão entfernt. Samstagmittags und So geschl. Eine Treppe führt in den lang gestreckten Raum hinunter. Sehr eng bestuhlt, um jeden möglichen Raum auszunutzen. Junges Publikum. Italienische Küche mit Pasta und Fleischgerichten ab 4,20 €. Sehr günstiges Mittagsmenü. Empfehlenswert die *baldracca* (Nudeln mit Mehlwurst). Rua das Farinhas, 1, Ⓜ Rossio.

Einsamer Weg hinauf zur Burg

Cafés

Cerca Moura 17, tägl. 10–2 Uhr (im Winter teilweise erst ab 20 Uhr geöffnet). An der Tramlinie 28. Von der Terrasse aus hat man einen guten Blick auf São Vicente de Fora und den Tejo. Innen ist hinter einer Glasscheibe ein Stück der maurischen Stadtmauer zu sehen, die der Bar auch den Namen gab. Für die Lage zivile Preise: Bica 1,10 €. Largo das Portas do Sol, 4, ✆ 218 874859.

Pastelaria Flor da Sé 24, unterhalb der Kathedrale an den Straßenbahnschienen der Linie 28. Sa geschl. Einfaches, preiswertes Café im typischen Pastelaria-Stil. Breite Auswahl an süßem Gebäck, schmackhafte Toasts und Mittagstisch ab 3,75 € pro Gericht. Rua de Santo António da Sé, 10, Ⓜ Terreiro do Paço, ✆ 218875742.

Museu do Fado, im Fado-Museum (→ S. 140). Hier kann man im teilweise schattigen Innenhof des Fadomuseums sitzen. Schöner Blick auf die Alfama mit der Igreja de Santo Estêvão. Falls das Wetter schlecht sein sollte, stehen auch innen einige Tische hinter einer breiten Fensterfront. Zugang über den Nebeneingang des Museums (Eisengitter) möglich, ohne Entritt zu bezahlen. Abends häufig Fado-Konzerte, dann wird Eintritt erhoben oder es gilt ein Mindestverzehr.

Einkaufen

Conserveira de Lisboa 29, allein der Anblick der Holzregale voller Fischkonserven ist ein Genuss. Traditionsgeschäft seit 1930. So geschl. Der Ort, um in Lissabon Sardinen-, Thunfisch- oder Muschelkonserven zu erstehen. Große Auswahl an klassischen und außergewöhnlichen Zubereitungsvarianten wie Sardinen in Olivenöl, mit grünem Pfeffer, mit Paprika, in Limettensaft, mit Nelken oder mit Curry. Die Dosen der drei verkauften Marken Tricana, Minor und Prata do Mar werden kunstvoll in Papier eingewickelt und eignen sich als Mitbringsel der besonderen Art. Rua dos Bacalhoeiros, 34, Ⓜ Terreiro do Paço, ✆ 218864009, www.conserveiradelisboa.pt.

Trödel aller Art gibt es auf der Feira da Ladra, dem „Markt der Diebin"

Mouraria und Graça

Im Schatten des Kastells São Jorge erstrecken sich die dunklen Gassen des ehemaligen Maurenviertels Mouraria. Lichter und grüner präsentiert sich dagegen der Arbeiterstadtteil Graça östlich der Burgmauern. Ihn überragt die imposante Kirche Igreja São Vicente aus dem 16. Jh. Hauptattraktion der Graça ist der größte Flohmarkt Lissabons, die Feira da Ladra, der „Markt der Diebin".

Im Maurenviertel **Mouraria** nördlich und westlich des Burghangs musste sich nach der christlichen Rückeroberung Lissabons die moslemische Bevölkerung niederlassen. Die Mouraria ist bis heute ein Viertel der Ausgeschlossenen geblieben. Ende des 19. Jh. gab es hier eine Menge übler Spelunken, in denen Herumtreiber Fado-Gesänge zum Besten gaben. Bis heute hat sich an den sozialen Bedingungen kaum etwas geändert. Im ersten Teil der Tour bis zum Miradouro Nossa Senhora do Monte sollte man daher gewisse Vorsicht walten lassen und auf Wertgegenstände gut aufpassen. Nachts ist dieser Teil der Tour nicht zu empfehlen.

Ähnlich wie in der Alfama gehören die meisten Bewohner der Unterschicht an. Allerdings leben hier deutlich mehr Einwanderer aus den ehemaligen afrikanischen Kolonien, China und Indien als im Nachbarstadtteil. 11.000 der 15.000 Bewohner der Mouraria sind Ausländer, nirgendwo anders in Lissabon dürfte der Anteil an Einwanderern höher sein.

In der **Graça** hat der traditionsreiche Arbeiterverein *A Voz do Operário* („Stimme des Arbeiters") seine Heimat. Er residiert in einer vom Architekten Manuel Joaquim Norte Júnior 1931 erbauten Jugendstilvilla in der nach dem Verein benannten Straße Rua Voz do Operário. Auch heute noch wird der Stadtteil vor allem von Arbeitern bewohnt.

Spaziergang

Los geht es an der Praça Martim Moniz (Ⓜ Martim Moniz). Früher standen auf dem Platz die Häuschen der Unterstadt der Mouraria, die aber in den 50er Jahren unter dem Bauminister des Diktators Salazar, Duarte Pacheco, abgerissen wurden. Die engen Gassen standen dem Autoverkehr im Wege. Von dieser Zerstörungswut – eine der größten Bausünden Lissabons – hat sich der Martim Moniz immer noch nicht ganz erholt. Inzwischen haben sich zahlreiche Immigranten aus China, Indien, Pakistan und den ehemaligen portugiesischen Kolonien des Platzes angenommen. Wer Lust hat, kann sich besonders im Centro Comercial da Mouraria, dem Einkaufszentrum direkt über der Metrostation Martim Moniz, ein Bild von der Vielfalt der Einwanderer machen.

Hinter dem Einkaufszentrum geht es in die Rua do Capelão. An deren Beginn erinnert eine in Stein gehauene portugiesische Gitarre daran, dass hier in der Mouraria im 19. Jh. der Fado entstanden ist. Etwa 50 m weiter stößt man an der Ecke Beco do Forno/Largo da Severa auf das ehemalige Wohnhaus von Maria Severa Onofriana, einer Prostituierten, die als erster Fado-Star in die Geschichte einging. Sie fand mit 26 Jahren am 30.11.1846 einen frühen Tod. Etwa 30 m weiter geht es nach rechts in die Gasse Beco do Jasmin. Am nächsten Platz wurde die bekannte Fado-Sängerin Argentina Santos im Haus mit der Nummer 52 geboren. Ihr gehört heute das Fado-Restaurant Parreirinha de Alfama. Trotz des historischen Erbes der Mouraria bieten weite Teile des Stadtteils ein trauriges Bild – viele Häuser müssten dringend renoviert werden.

Über die Rua João do Outeiro, Rua Marques de Ponte do Lima und den Largo das Olarias gelangt man in den Nachbarstadtteil Graça und zum schönsten

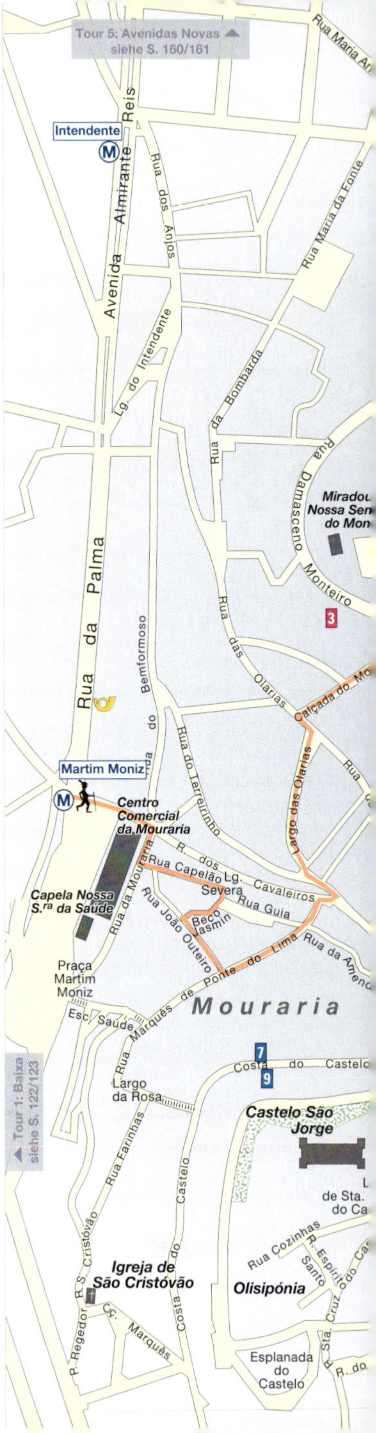

Tour 3:
Mouraria und Graça

Übernachten
- 2 Albergaria Senhora do Monte (S. 55)
- 7 This is Lisbon Hostel (S. 49)
- 8 Hotel Olissipo Castelo (S. 55)
- 9 Pensão Ninho das Águias (S. 55)

Essen & Trinken (S. 149)
- 1 Haweli Tandoori
- 3 Via Graça
- 11 Casanova
- 12 Bica do Sapato

Cafés (S. 150)
- 4 Pastelaria Bagabaga
- 5 Esplanada da Graça
- 6 As Marias com Chocolate
- 10 Deli Delux

Nachtleben (S. 82)
- 2 Albergaria Senhora do Monte

Aussichtspunkt Lissabons, dem **Miradouro da Nossa Senhora do Monte.** Doch ist dies nicht die einzige Stelle in der Graça, an der sich ein prächtiger Ausblick bietet. So kann man im Terrassen-Café *Esplanada da Graça* neben der **Igreja da Graça,** der nächsten Station dieses Spaziergangs, gemütlich die Aussicht auf Burg und Stadt genießen. Wem der Aufstieg zu Fuß zu mühsam ist, der kann vom Martim Moniz mit der Straßenbahn 28 bis hierher an den Largo da Graça fahren.

In der Rua da Voz do Operário ist auf der rechten Seite der prächtig ausgestattete Sitz des Arbeitervereins *Voz do Operário* („Stimme des Arbeiters") kaum zu übersehen. Schräg gegenüber steht eine der schönsten Kirchen Lissabons, die **Igreja e Mosteiro de São Vicente de Fora.** Besonders bei heißem Wetter empfiehlt sich ein Besuch der kühlen Kreuzgänge. Dienstags und samstags findet hinter der Kirche mit der *Feira da Ladra* Lissabons buntester und größter Flohmarkt statt (s. u. „Einkaufen" S. 150). Unmittelbar nebenan ragt die weiße Kuppel des **Panteão Nacional** in den Himmel.

Vom Nationalpantheon wendet man sich zum Abschluss in Richtung des Nachbarstadtteils Alfama mit dem alten Hauptbahnhof Santa Apolónia. Militärgeschichtlich Interessierte sollten sich einen Besuch des benachbarten **Museu Militar** nicht entgehen lassen. Zurück ins Stadtzentrum fahren Busse und die Metro ab Santa Apolónia.

Sehenswertes

Statue des heiligen Vinzenz vor „seinem" Kloster São Vicente de Fora

Igreja da Graça: Das ehemalige Kloster des Augustinerordens, eines der ältesten Lissabons, wurde im 13. Jh. erbaut und 1556 sowie nach dem Erdbeben von 1755 umgestaltet. Leider kann man den beeindruckenden Kreuzgang und die restlichen Räume des Klosters nicht besichtigen, weil das dort untergebrachte Militär den Zugang verweigert. Die in Rosa gehaltene Kirche ist dagegen offen. Die Wände säumen zahlreiche Nebenaltäre, nach all den Jahren teilweise schon ziemlich eingedunkelt. Vor der Tür bläst der Wind hin und wieder recht heftig und erinnert daran, dass die Kirche sehr exponiert auf der Spitze des Graça-Hügels liegt.

Tram 28 bis Haltestelle Graça. ✆ 218873943. Di–Fr 9.30–12.30 und 15–17 Uhr, Sa/So bis 20 Uhr.

Miradouro da Nossa Senhora do Monte: Der Aussichtspunkt „Unserer Lieben Frau vom Berg" bietet einen umwerfenden Blick über die Graça, das Castelo de São Jorge, die Mouraria und die Baixa bis zum Norden der Stadt. Der Miradouro ist zugleich ein beliebter

Wallfahrtsort mit einer Marienstatue und einer kleinen Kapelle. In der Kapelle befindet sich ein steinerner Thron, der früher im Besitz eines der ersten Lissabonner Bischöfe namens São Gens war. Der Legende zufolge sollen schwangere Frauen, die sich auf den Thron setzen, eine leichte Geburt haben …

Tram 28 bis Halt Rua da Graça.

Igreja e Mosteiro de São Vicente de Fora: Philipp II. von Spanien ließ die Kirche mit dem angeschlossenen Kloster 1582 errichten. Zu dieser Zeit herrschten die spanischen Könige in Personalunion auch über Portugal (1580 bis 1640). Die Bauarbeiten an der Kirche dauerten bis 1629. Als Architekt wird häufig der Italiener Terzi genannt, doch ist dessen Urheberschaft umstritten; wahrscheinlich ist der Bau dem Spanier Juan de Herrera zuzuschreiben. Geweiht hat man die Kirche dem hl. Vinzenz, dem offiziellen Stadtpatron von Lissabon. Das Stadtwappen zieren übrigens das Schiff, mit dem sein Leichnam von der Algarve nach Lissabon transportiert worden ist, und zwei Raben, die das Schiff der Legende nach begleitet haben sollen.

Durch sein lichtes Tonnengewölbe wirkt der manieristische Bau sehr leicht und luftig. Rechts vorne befindet sich in einer Seitenkapelle das Grab des deutschen Kreuzritters Henrique o Alemão. Er kämpfte 1147 bei der Eroberung Lissabons von den Mauren auf Seiten der Christen. Um das Grab ranken sich einige Legenden – so sollen Palmen aus ihm gewachsen sein.

Der Eingang ins Kloster liegt rechts unterhalb der großen Treppen, die zur Kirche emporführen. Heute residiert hier der Patriarch (Kardinal) von Lissabon. Kurz hinter dem Eingang ins Kloster geht übrigens nach rechts zu einem kleinen Café und zu einer Aussichtsplattform mit Blick auf den Tejo. Die Säle des Klosters sind mit prächtigen

São Vicente de Fora – Erbe der spanischen Könige

blau-weißen Azulejos aus dem frühen 18. Jh. ausgeschmückt. Sie erzählen von der Einnahme Lissabons von den Mauren, vom Bau des Klosters und zeigen Jagd- und Landschaftsszenen bzw. Motive aus den Fabeln von La Fontaine. Außerdem befindet sich hier das Pantheon der portugiesischen Dynastie Bragança mit den Särgen der letzten portugiesischen Könige. Im nächsten Saal sind Lissabons Patriarchen begraben. Dieser Raum ist fast vollkommen ungeschmückt und macht einen unwirtlichen Eindruck, sodass man froh ist, gleich wieder im hellen Licht der weißen Kreuzgänge stehen zu dürfen.

Straßenbahn 28 bis Haltestelle Voz Operário. ✆ 218810500. Kloster Di–So 10–18 Uhr (letzter Einlass 17 Uhr). Eintritt 4 €, bis 25 J. und ab 65 J. 50 % Ermäßigung, bis 12 J. frei. Kirche: Eintritt frei. So geschl. (außer während Gottesdiensten).

Da hat sich die lange Bauzeit doch gelohnt – prächtige Kuppel des Panteão Nacional

Panteão Nacional: Das Bauwerk ist eigentlich eine Kirche und wurde 1916 zum Nationalpantheon erklärt. Erst Mitte des 20. Jh. setzte man der *Igreja de Santa Engrácia* die Kuppel auf – der letzte Akt einer knapp 300-jährigen Bauzeit, die 1683 begonnen hatte. Kein Wunder, dass die lange Bauzeit der Kirche sprichwörtlich geworden ist: „obras de Santa Engrácia“ (gemeint ist: „Das dauert so lange wie die Bauarbeiten an der Kirche Santa Engrácia.“).

In den Nebenräumen des kreuzförmigen Baus sind mehrere Staatspräsidenten Portugals, der romantische Schriftsteller Almeida Garrett und die Fado-Sängerin Amália Rodrigues begraben – ihr Sarg steht im Raum rechts neben dem Eingang. Die anderen Sarkophage haben z. T. nur symbolische Bedeutung und stehen leer. Mit einem Lift kann man unter die Kuppel fahren; oben genießt man von der Aussichtsplattform einen schönen Blick über die Alfama und den Tejo.

Campo de Santa Clara, ✆ 2188 54820. Straßenbahn 28 bis Haltestelle Voz Operário. Tägl. (außer Mo und Fei) 10–17 Uhr. Einlass bis 20 Min. vor Schluss. Eintritt 3 €, mit Cartão Jovem 60 %, bis 18 J. in Begleitung eines Erwachsenen sowie ab 65 J. 50 % Ermäßigung, bis 14 J. frei. So bis 14 Uhr generell freier Eintritt.

Museu Militar: In dem prächtigen Museumsgebäude aus dem 18. Jh. befand sich früher ein Waffendepot, später eine Pulverfabrik. Die insgesamt 32 Säle hat man mit Gemälden und Skulpturen bedeutender portugiesischer Künstler des 18., 19. und 20. Jh. ausgeschmückt, die auch so sehenswert wären. Ausgestellt sind verschiedene Militärutensilien: Ritterrüstungen, Uniformen, Pistolen, Gewehre und Kanonen.

Largo do Museu de Artilharia, ✆ 218842300, www.geira.pt/mmilitar. Ⓜ Santa Apolónia. Tägl. (außer Mo und Fei) 10–17 Uhr. Eintritt 3 €, bis 7 J. frei, unter 18 J. und über 65 J. 50 % Ermäßigung. Freitagvormittags generell freier Eintritt.

Mit der Straßenbahn 12 rund um den Burgberg

Praça da Figueira – Martim Moniz – São Tomé – Praça da Figueira (nur in dieser Richtung)

Ihren Rundkurs beginnt die Linie Nr. 12 an der Praça da Figueira (Ⓜ Rossio). An der Praça Martim Moniz biegt sie in die engen Gassen der Mouraria ein, um sich dann die Rua dos Cavaleiros hinaufzuquälen. Millimetergenau passiert die Bahn Bauzäune und eng an die Bordsteine geparkte Autos. Manchmal muss dennoch kurz angehalten werden, wenn ein Bierwagen Kneipen und Geschäfte an der Strecke beliefert. Ab und zu fährt der Straßenbahnfahrer langsamer, um Freunde und Bekannte direkt vor ihrer Haustüre abspringen zu lassen. Weniger beliebt bei den Tramfahrern sind die jugendlichen „Surfer“, die hinten auf den Stufen am Ausstieg mitfahren, ohne zu bezahlen. Meist werden sie aber widerwillig geduldet. Oben angekommen, geht es durch die Rua São Tomé zum Miradouro de Santa Luzia. Hier bietet es sich an, für einen Besuch der Burg die Bahn zu verlassen. Gleich nach dem Miradouro de Santa Luzia fährt die Tram quietschend die Rua do Limoeiro hinunter. Kurz vor der Baixa hält sie vor der sehenswerten Kathedrale, der Sé. Durch die geschäftige Rua da Prata durchquert die Tram – nun deutlich schneller als in den engen Gassen der Alfama – die Baixa. An der Praça da Figueira endet der Rundkurs, ein neuer kann beginnen.

Mouraria und Graça → Seite 144/145

Praktische Infos

(→ Karte S. 144/145)

Restaurants

Via Graça 3, tägl. (außer So) 12.30–15 und 19.30–23 Uhr, Sa kein Mittagessen. Unterhalb des Miradouro da Nossa Senhora do Monte im Stadtteil Graça. Ein moderner, futuristisch anmutender Metalleingang führt in ein hässliches Haus, in dem jedoch das Restaurant mit dem besten Ausblick Lissabons zu finden ist. Zwei Stockwerke, die Tische können zwecks Aussicht vorbestellt werden. Viele Meerestiere im Angebot. Hauptgerichte ab 18 €. Rua Damasceno Monteiro, 9-B, ✆ 218870830.

Bica do Sapato 12, Restaurant 19.30–23.30 Uhr, Café 12–1 Uhr. Montagmittags und So geschl. Am Tejo neben Bahnhof Santa Apolónia. Unter den Eigentümern ist der Filmstar John Malkovich. Sehr gelungen im Design der 70er eingerichtet. Spezialität sind Fischgerichte. Auch japanische Küche mit Sushi und Nudeln. Hauptgerichte im Café ab 13,50 €, im Restaurant ab 19 €. Von der durch große Flügeltüren windgeschützten Terrasse des Cafés herrlicher Blick auf die Tejo-Südseite. Av. Infante Dom Henrique, Armazém B, Cais da Pedra à Bica do Sapato, Ⓜ Santa Apolónia, ✆ 218810320.

Casanova 11, direkt am Tejo-Ufer neben Bahnhof Santa Apolónia. Di nur abends, sonst 12.30–1.30 Uhr geöffnet, Mo geschl. Durch die mit Glasfenstern abgetrennte Küche geht es in den hohen Speisesaal. Hier sind auf einem Podest Marmortische aneinandergereiht. Platz nimmt man auf Klappstühlen. Vor allem von der Terrasse guter Blick auf den Tejo sowie die vor dem Restaurant am Kai liegenden Kreuzfahrtschiffe und Containerdampfer. Leckere Pizzen aus dem Holzofen ab 7,50 €. Dazu weitere italienische Vor- und Hauptspeisen. Cais da Pedra à Bica do Sapato, Loja 7, Armazém B, Ⓜ Santa Apolónia, ✆ 218877532.

Haweli Tandoori 1, in der Graça auf dem Weg zum Aussichtspunkt Nossa Senhora da Graça. Di geschl. Abschreckende, heruntergekommene Fassade – doch die nordindische Küche aus dem Ofen *(tandoor)* gilt als eine der besten der Stadt. Als Vorspeise sind die *chamuças* (frittierte Teigtaschen), als Beilage *nan* (indisches Brot) zu empfehlen. Vegetarische Gerichte ab 5,50 €, Hauptgerichte mit Fleisch ab 8,50 €. Travessa do Monte, 14, ✆ 218867713.

Cafés

As Marias com Chocolate 6, schmales Stehcafé im Marktgebäude des Mercado Santa Clara (an der Ostseite). Di–Sa 10–18 Uhr. Viele Schokospezialitäten: vom Kuchen über Kekse bis zum Kakao. Dazu weitere Süßigkeiten zum Verkauf. An Getränken ist außerdem die leckere, hausgemachte Limonade zu empfehlen. Campo de Santa Clara, Loja 1, Ⓜ Santa Apolónia, ✆ 965550457.

Esplanada da Graça 5, direkt am Miradouro da Graça (neben der Igreja da Graça) liegt dieses Terrassencafé mit herrlichem Blick auf die Burg, die Brücke des 25. April und das Bairro Alto. Aufgrund der langen Öffnungszeiten auch als Bar mit Aussicht sehr beliebt. Alle Tische im Freien. Tägl. von 10.30 bis 3 Uhr geöffnet. Die Bica kostet 1 €. Calçada da Graça.

Deli Delux 10, Luxus-Lebensmittelladen am Tejo-Ufer, gegenüber vom Bahnhof Santa Apolónia. Di–Fr 12–22 Uhr, Sa 10–22 Uhr, So 12–20 Uhr. Gute Auswahl an hochwertigen Weinen und Konserven. Elegante Einrichtung. Im hinteren Bereich eine Cafeteria mit Tejo-Blick. Auch Tische auf der Terrasse. Hier kann man auch einige der Spezialitäten des Ladens wie Käse verkosten. Cais da Pedra à Bica do Sapato, Armazém B, Loja 8, Ⓜ Santa Apolónia, ✆ 218862070, www.delidelux.pt.

Pastelaria Bagabaga 4, am zentralen Platz des Stadtteils Graça. Tägl. geöffnet. Wer lange auf die Tram 28 warten muss, kann gegenüber der Haltestelle Graça die *pastéis de nata* oder anderes leckeres Gebäck in der gemütlichen Pastelaria probieren. Modern mit viel Glas und Metall eingerichtet. Es gibt auch günstigen Mittagstisch. Largo da Graça, 108, ✆ 218876695.

Tasse, Bücher oder Trödel – Feira da Ladra

Einkaufen

Der **Flohmarkt Feira da Ladra** ist weltberühmt und heißt nicht umsonst „Markt der Diebin", da man dort unter Umständen seine gestohlenen Sachen wieder finden kann (eigene Erfahrung des Co-Autors). Di und Sa zwischen der São-Vicente-Kirche und dem Panteão Nacional im Stadtteil Graça (Straßenbahn 28 oder Ⓜ Santa Apolónia). Der jahrhundertealte Flohmarkt besteht aus vier Teilen: Im oberen Teil finden sich professionelle Händler, die meist billige Kleidung und Schuhe oder Elektronikramsch verkaufen, dazu gesellen sich einige Geschäfte im Umfeld, zumeist Militaryläden oder Antiquariate. In der Mitte liegt die Markthalle des Campo de Santa Clara, in der sich eine Kochschule und ein Geschäft mit lokalen Lebensmitteln befindet. Im unteren Teil dann schließlich der eigentliche Flohmarkt. Von krummen, rostigen Nägeln über gebrauchte LPs und CDs bis zu „alten" Musketen bekommt man alles. Es empfiehlt sich, nicht zu spät zu kommen, da die Schnäppchen dann alle verkauft sind. Bei Regen bleibt man besser gleich weg, dann fehlen nämlich die Kleinanbieter.

Parque Eduardo VII – Blick auf Burg, Baixa und Tejo

Avenida da Liberdade und Santana

Ein Spaziergang entlang der Prachtallee Avenida da Liberdade gehört zu einem Lissabon-Besuch wie das Flanieren auf den Champs-Elysées bei einer Paris-Visite. Die breite Allee säumen zahlreiche Hotels, Modegeschäfte und Reisebüros, sie führt direkt auf den Stadtpark Parque Eduardo VII mit seinen erfrischenden Grünanlagen zu. Oberhalb der Avenida da Liberdade erstreckt sich der Santana-Hügel – der wohl am häufigsten übersehene Stadtteil Lissabons, aber vielleicht gerade deswegen einen Besuch wert.

Die 1885 errichtete grüne Prachtstraße Avenida da Liberdade ist imposante 100 m breit. Ihr Vorgänger, der Stadtgarten *Passeio Público,* wurde bei den Bauarbeiten zerstört. Die „Freiheitsallee" erstreckt sich von der Praça dos Restauradores am Nordende der Unterstadt Baixa über eineinhalb Kilometer bis zur Praça Marquês de Pombal, die dem Wiedererbauer der Lissabonner Unterstadt gewidmet ist. Hoch über dem Platz thront eine Statue Pombals. Er scheint aus lichter Höhe die Autokolonnen zu betrachten, die den Platz umkreisen.

Spaziergang

Los geht es an der **Praça dos Restauradores** (Ⓜ Restauradores). Den „Platz der Erneuerer" ziert ein 30 m hoher Obelisk, auf dem die Daten der wichtigsten Schlachten zur Befreiung Portugals von der spanischen Herrschaft verzeichnet sind. Kurz nach dem Beginn der Avenida da Liberdade geht es nach rechts zum Largo da Anunciada und zur Talstation des **Ascensor do Lavra**.

Diese Standseilbahn hebt die Fahrgäste bequem auf die Höhe des Santana-Hügels. An der Bergstation liegt das Bakteriologische Institut der Uni Lissabon, das *Instituto Bacteriológico Câmara Pestana*, dessen Mitarbeiter Forschungen zu Diphtherie, Tuberkulose und Tollwut betreiben. Gegründet hat es 1892 der portugiesische Hygiene-Professor Luís da Câmara Pestana, der tragischerweise bereits 1899 im Alter von 36 Jahren an der Pest starb, nachdem er in Porto eine Epidemie bekämpft hatte.

Wer will, kann einen Abstecher in die Calçada de Santana anschließen. Die steil ansteigende, schmale Straße gehört zu den volkstümlichsten Lissabons, zahlreiche preiswerte Restaurants bieten sich hier zum Essen an. Ansonsten steuert man den nahe gelegenen Campo Santana an. Der Platz auf der Spitze des Hügels heißt eigentlich offiziell Campo dos Mártires da Pátria. Im Mittelalter diente das damals noch vor den Stadtmauern gelegene Feld zur Veranstaltung von Märkten und Stierkämpfen. 1817 hängte man hier die Rebellen, die sich gegen die Besetzung des Landes durch die Briten aufgelehnt hatten. Daran soll nun der offizielle Name des Platzes, „Märtyrer des Vaterlandes“, erinnern. Der alte Name Campo Santana wird aber weiterhin verwendet. Heute residieren hier die deutsche Botschaft, das Goethe-Institut und die portugiesische Bischofskonferenz. Gegenüber dem Eingang zur deutschen Botschaft bietet sich in der Mitte des begrünten Platzes das Terrassencafé Coreto für eine Pause an.

Sousa Martins – ein Arzt als Volksheiliger

Hunderte Steintafeln, Kerzen und Blumensträuße umgeben am Südrand des Campo de Santana (Campo dos Mártires da Pátria) die Statue des bekannten portugiesischen Arztes José Tomás de Sousa Martins. Der im Jahr 1843 in Alhandra nördlich von Lissabon geborene Arzt hatte sein Leben dem Studium der Tuberkulose verschrieben, einer Krankheit, der er 1897 selbst zum Opfer fiel. Dabei kümmerte er sich vor allem um die Armen: Sie mussten keine Bezahlung für die Sprechstunden leisten, hin und wieder gab Sousa Martins ihnen sogar das Geld für die nötigen Medikamente.

Vielleicht lässt sich durch diese besondere Zuwendung für die Armen erklären, dass Sousa Martins nach seinem Tod zu einem „Volksheiligen“ avancierte. Der Arzt war selbst nicht gläubig und vertraute eher der Wissenschaft bei der Heilung von Krankheiten. Die Verehrer des von der katholischen Kirche niemals selig oder gar heilig gesprochenen Arztes sehen dies heute anders: Sie setzen auf die heilende Kraft seiner Person. Ob kranke Knie, kaputte Nieren oder chronische Kopfschmerzen, Sousa Martins wird's schon richten. Als Dank für erfolgte Wundertaten legen sie dann eine steinerne Votivtafel an der Statue ab.

Die Statue des Arztes vor der medizinischen Fakultät der Technischen Universität am Campo de Santana ist so inzwischen eine wahre Pilgerstätte geworden – sicher auch zur Freude der fliegenden Devotionalien-Verkäufer, die mit der „Heiligenverehrung“ ihr Geschäft machen.

Auf dem Weg zurück in das Tal der Avenida da Liberdade bietet sich der **Jardim do Torel** für eine Pause an. Der kleine Park bietet einen der versteckten Aussichtspunkte Lissabons. Versteckt ist auch der untere Ausgang des Parks, der in die Rua do Telhal mündet, nur wenige Meter oberhalb der **Avenida da**

Liberdade. Die Prachtstraße Lissabons glänzt mit Banken, Luxus-Hotels und Boutiquen, doch zugleich gilt sie auch als der Ort mit der höchsten Luftverschmutzung in Lissabon. Vor allem an windstillen Sommertagen stauen sich Abgase in dem vom Bairro Alto sowie vom Santana-Hügel gesäumten Tal.

Doch gleichzeitig ist keine Straße der portugiesischen Hauptstadt so grün. Mehrere Café-Kioske laden mit ihren Terrassen zu einer Pause ein. Auf den beiden breiten Grünstreifen fallen Statuen ins Auge. Eine davon ehrt Simón Bolívar, den Befreier Lateinamerikas, weitere stellen Almeida Garrett und Alexandre Herculano dar, zwei Dichter der Romantik. Auf der Höhe der Metrostation Avenida sieht man auf dem linken Streifen ein Denkmal, das den portugiesischen Soldaten des Ersten Weltkriegs gewidmet ist. Direkt daneben, an der Ecke Avenida da Liberdade/Rua do Salitre, befindet sich die Botschaft Spaniens. Ein kleines Paradoxon, denn der Name „Freiheitsallee" wurde zum Gedenken an die Befreiung von der spanischen Herrschaft 1640 gewählt.

Auf der anderen Seite der Avenida, gegenüber der spanischen Botschaft, steht ein auffälliges Gebäude mit der Hausnummer 170. Es wurde zwischen 1934 und 1936 vom Architekten Cassiano Branco gebaut und ist im Stil des Art déco und des Modernismus gehalten. Früher beherbergte es das Hotel Vitória, heute ist hier das Hauptquartier des PCP, der Kommunistischen Partei Portugals, untergebracht.

Ganz in dessen Nähe liegt mit der Nummer 182 das Kino **Cine Teatro Tivoli** von Raul Lino aus dem Jahr 1924. Es war früher Lissabons prächtigster Kinosaal mit etwa 1000 Plätzen, der heute aber vor allem für Musicals, Theater und Sonderveranstaltungen genutzt wird. Im Untergeschoss befindet sich ein Einkaufszentrum.

Geschützt unter einem Dach aus Holzlatten: Statue in der Estufa Fria

Wer ein Herz für Antiquitäten hat, der sollte einen kurzen Abstecher in die Rua Rosa Araújo zum **Casa-Museu Fundação Medeiros e Almeida** unternehmen. Es zeigt die Privatsammlung des Bankiers António Medeiros e Almeida (1895–1986) in seiner ehemaligen Privatvilla. Ein Teil der prächtig geschmückten Villa ist dabei noch so belassen, wie sie der Bankier bewohnt hat.

An der Praça Marquês Pombal, dem Ende der Avenida da Liberdade, schließt sich der Stadtpark **Parque Eduardo VII** an. Früher hieß er dementsprechend auch *Parque da Liberdade*, wurde aber anlässlich eines Besuchs des englischen Königs Edward VII. umbenannt. Unter dem Stadtpark liegt Lissabons schönste Metrostation, die **Station Parque** mit prächtigen modernen Azulejos. Sie sollte man sich auf keinen Fall entgehen lassen.

Die Avenida da Liberdade → Seite 154/155

Sehenswertes

Ascensor do Lavra: Nicht weit von der Praça dos Restauradores entfernt, verbindet diese auch Elevador do Lavra genannte Standseilbahn den Largo da Anunciada mit der Rua da Câmara Pestana auf dem Santana-Hügel. Dieser älteste Aufzug Lissabons wurde am 19. April 1884 eingeweiht; er funktionierte anfangs noch mit Dampfantrieb, seit 1914 aber elektrisch.

Largo da Anunciada (Ⓜ Restauradores). Mo–Sa 7–21 Uhr, So 9–21 Uhr. Die Benutzung ist mit den normalen Vorverkaufs- und Zeitkarten der Carris oder mit der Lisboa Card möglich. Die Einzelkarte kostet 3,50 € und gilt für eine Berg- und eine Talfahrt.

Jardim do Torel: Angelegt hat den Park an diesem Aussichtspunkt der Graf von Castro Guimarães, der nebenan mit seiner Familie residierte. Von dem Garten aus genießt man eine einzigartige Aussicht auf das gegenüberliegende Bairro Alto, den Jardim Botânico und das Tal der Avenida da Liberdade. Für eine Pause bietet sich das Terrassencafé in der Nähe des unteren Ausgangs des Jardim do Torel an (→ S. 157)

Rua Camara Pestana (Ⓜ Restauradores und dann ab dem Largo da Anunciada mit dem Ascensor do Lavra). Tägl. 7–19 Uhr.

Casa-Museu Fundação Medeiros e Almeida: Eine wahre Sammelsucht muss den Bankier António Medeiros e Almeida umgetrieben haben. Anders ist es kaum zu erklären, wie er zu dieser gigantischen Antiquitätenkollektion gekommen ist. Von zerbrechlichen chinesischen Vasen der Ming-Dynastie über flandrische Wandteppiche des 16. Jh. bis hin zu kunstvollen, französischen Sekretären aus dem 19. Jh. – kaum eine Antiquität, die Medeiros e Almeida nicht auf einer Auktion gekauft hätte.

Rua Rosa Araújo, 41 (Ⓜ Marquês de Pombal), ✆ 213547892, www.fundacaomedeirosealmeida.pt. Mo–Fr 13–17.30 Uhr, Sa ab 10 Uhr,

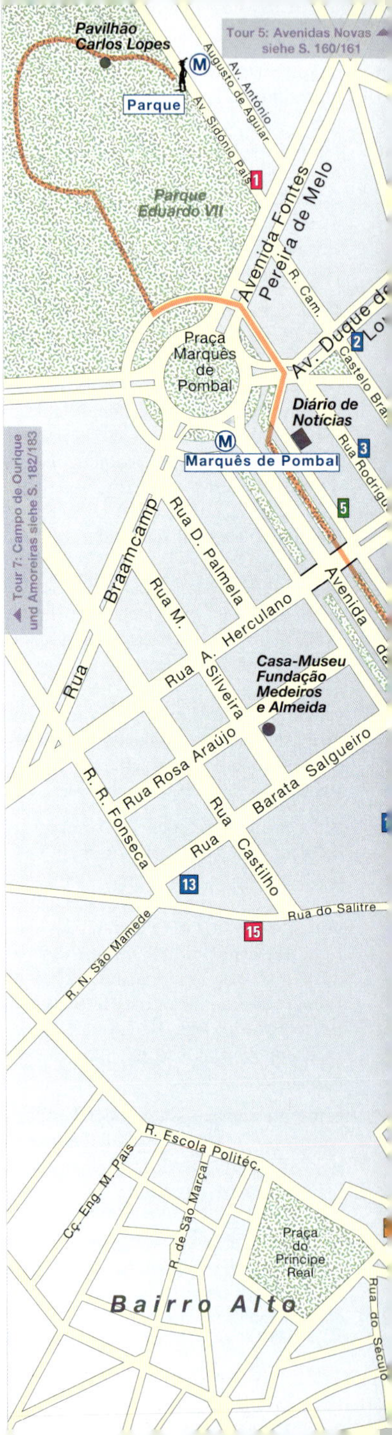

Tour 4: Avenida da Liberdade

Übernachten (S. 55-58)

2 La Pensão Residencial Casa Vila Nova
3 Lisboa Central Hostel (S. 50)
4 Pensão Residencial Dublin
8 Hotel Britânia
9 Hotel VIP Inn Veneza
10 Hotel Tivoli Lisboa
11 Hotel Tivoli Jardim
13 Hotel Ibis Lisboa Liberdade
17 Hotel Lisboa Plaza
18 Casa de Hóspedes Lavra Guest House
19 Hotel Heritage Avenida Liberdade
20 Pensão Alegria
21 Casa de Hóspedes Nova Avenida

Essen & Trinken (S. 156/157)

1 Sapore
6 PSI
7 O Forninho Saloio
12 Goetheke
14 Cervejaria Ribadouro
15 Os Tibetanos
23 A Tigelinha
25 Verde Minho

Cafés (S. 157)

5 Confeitaria Marquês de Pombal
16 Esplanada do Torel

Nachtleben (S. 83)

22 Geraldine
24 Enoteca/Chafariz do Vinho
26 Hotel VIP Eden Terraço Bar

150 m

So und Fei geschl. Einlass bis 30 Min. vor Schluss. Eintritt 5 €, ab 65 J. 3 €, unter 18 J. frei, Sa 10–13 Uhr generell freier Eintritt.

Parque Eduardo VII: Lissabons „Central Park" ist mit seinen 400.000 qm nach dem Monsanto-Park die zweitgrößte Grünanlage der Stadt. Hier hat man einen schönen Blick auf die Avenida da Liberdade und das andere Ufer des Tejo.

Im Westteil des Parks befindet sich in einem ehemaligen Basaltsteinbruch seit 1933 eine der grünen Oasen der Stadt, die **Estufa Fria**. Ein riesiges Gewächshaus mit tropischen Pflanzen, Seen und allerlei Getier. „Kalt" *(fria)* heißt es deswegen, weil die Sonne durch ein Dach aus Holzlatten abgehalten wird. Unmittelbar an die Estufa Fria angeschlossen ist das „heiße Gewächshaus", die *Estufa Quente*. Dort gedeihen Kakteen und weitere tropische Pflanzen. Am Ostrand der Estufa Fria findet man einen großen, selten benutzten Veranstaltungssaal. Sein Dach dient kurioserweise auch als Fundament der westlichen Rampe, die zum oberen Ende des Stadtparks führt.

Ⓜ Parque oder Marquês de Pombal. Tägl. 9–17 Uhr (April bis Sept. bis 18 Uhr). Einlass bis 30 Min. vor Schluss. Fei geschl. Eintritt 1,65 €, mit Cartão Jovem und ab 65 J. 50 % Ermäßigung, bis 12 J. frei. Zum Recherchezeitpunkt 2011 war der Eintritt für alle Besucher frei, es war aber unklar, ob dies so bleibt.

Gegenüber der Estufa Fria liegt im östlichen Teil des Parks der neoklassizistische Sportpalast Lissabons, der **Pavilhão dos Desportos Carlos Lopes**. Dort sind einige der schönsten Azulejos Lissabons zu besichtigen. Die 1922 entstandenen Bilder des Künstlers Jorge Colaço erinnern an wichtige Ereignisse der portugiesischen Geschichte: So zeigt das in tiefblau gehaltene Werk *Cruzeiro do Sul* das nur in der südlichen Hemisphäre sichtbare Sternbild „Kreuz des Südens" und erinnert an die Seefahrt von Pedro Álvares Cabral im Jahr 1500 nach Brasilien. Der Sportpalast wurde erstmals 1923 in Rio de Janeiro für eine Ausstellung aufgebaut, 1932 aber anlässlich einer Industrieausstellung in Lissabon abgebaut und an der jetzigen Stelle wieder errichtet. In Zukunft soll hier ein Sportmuseum unterkommen und der Pavillon endlich renoviert werden.

Metrostation Parque: Beim Bau einiger U-Bahn-Stationen hat man so viel Wert auf deren Gestaltung gelegt, dass wahre Kunstwerke entstanden sind. Das Meisterwerk der Lissabonner U-Bahn ist die Station Parque, die 1994 neu gestaltet wurde. Hier kann man stundenlang die vielfältigsten Motive betrachten. Die dunkelblauen Wände zieren Zeichnungen zur Geschichte der Sklaverei, außerdem sind Schiffe, Pflanzen, geometrische Figuren und Landkarten abgebildet. Doch am meisten beeindruckt die Decke: Buchstabe für Buchstabe ist auf je einem Azulejo die Erklärung der Menschenrechte verewigt. Die belgische Künstlerin Françoise Schein schuf hier ein Meisterwerk.

Praktische Infos

(→ Karte S. 154/155)

Restaurants

Os Tibetanos **15**, Mo–Fr 12.15–14.15 und 19.30–22 Uhr, Sa 12.45–15 und 20–22.30 Uhr, So und Fei geschl. In einer Seitenstraße unweit der Av. da Liberdade liegt das beste vegetarische Restaurant Lissabons, untergebracht in einem tibetisch-buddhistischen Meditationszentrum. Freundliche, kleine Räumlichkeiten, schöner Blick auf den Botanischen Garten und die Burg, ruhiges Ambiente. Man kann auch im gemütlich begrünten Hof essen. Große Auswahl an Tees. Tagesgerichte ab 9,50 €. Rua do Salitre, 117, Ⓜ Avenida, ✆ 213142038, www.tibetanos.com. ■

Cervejaria Ribadouro 14, neben der spanischen Botschaft etwas unterhalb des Kinos São Jorge. Tägl. 12–1.30 Uhr. Kühl-schlichte Einrichtung im Souterrain des Hauses. Eine der klassischen Cervejarias Lissabons. Von Portugiesen gerne besucht, wenn voll besetzt kann es laut werden. Im Besitz der Sagres-Brauerei. Hauptgerichte ab 8,90 €. Av. da Liberdade, 155, Ⓜ Avenida, ✆ 213549411, www.cervejariaribadouro.pt.

PSI 6, So geschl. Vegetarisches Restaurant in schöner Lage unweit der deutschen Botschaft. Esoterisch angehauchte Oase gesunder Ernährung inmitten einer kleinen Parkanlage. Im Innern freundliche Dekoration in warmen Farbtönen, oft asiatische Meditationsmusik. Im Sommer auch Betrieb im Glaspavillon und auf der Terrasse. Hauptgerichte ab 7,90 €, exotische Salate und viele Säfte. Alameda Santo António dos Capuchos – Jardim dos Sabores, ✆ 213 590573, www.restaurante-psi.com.

O Forninho Saloio 7, in einer Seitengasse nahe der Rua de Santa Marta. So geschl. Zwei kleine, mit Azulejos geschmückte Speisesäle, die mittags mit zahlreichen Büroangestellten besetzt sind. Auf Fisch und Fleisch vom Holzkohlegrill spezialisiert, die schmackhaft zubereitet werden. Einfach eingerichtet. Hauptspeisen ab 5,90 €. Travessa das Parreiras, 39, Ⓜ Marquês de Pombal, ✆ 213532195.

Goetheke 12, im 1. Stock des Goethe-Institutes. Mo–Sa 12.30–16 Uhr kleine Gerichte ab 4 € (kein Abendessen, So geschl., zu Ferienzeiten eingeschränkte Öffnungszeiten). Außerdem gute Salatauswahl. Zu Trinken gibt es Kaffee, Fruchtsäfte und auch Weizenbier. Caféambiente. Auf der Terrasse kann man den angeblich ältesten Drachenbaum Portugals bewundern. Goethe-Institut, Campo dos Mártires da Pátria, 37.

A Tigelinha 23, etwas oberhalb des Rossio auf dem Santana-Hügel. Tägl. bis 22 Uhr geöffnete Snack-Bar. Kleiner, voll verkachelter Speiseraum. TV läuft in der Ecke. Schmackhafte und reichliche Portionen. Spezialität ist gegrillter Fisch. Die Kundschaft kommt vor allem aus dem Viertel. Hauptgerichte ab 6 €. Calçada de Sant'Ana, 62, Ⓜ Rossio, ✆ 218869276.

Verde Minho 25, Mo–Sa 12–15 und 18–21.30 Uhr. Kleiner Raum, durch den der Rauch der auf Holzkohle gegrillten Fische zieht. Typisches Nachbarschaftsrestaurant: Azulejos zieren die Wände, der Fernseher

Sportpalast Carlos Lopes

fehlt natürlich auch nicht. Hauptgerichte ab 5 €. In der Nachbarschaft zahlreiche weitere preiswerte Restaurants entlang der Sant'Ana-Gasse. Calçada de Sant'Ana, 17 und 19, Ⓜ Rossio, ✆ 218860657.

Sapore 1, günstiger Italiener am Rand des Stadtparks. Tägl (außer So) bis 23 Uhr. Mittelgroßer Speiseraum. Mittags meist dicht besetzt – wenn es zu voll wird, gibt es einen weiteren Raum im Keller. Bei gutem Wetter auch einige Tische auf der Terrasse. Einfache, italienische Küche mit Pizzen und Nudelgerichten ab 4,95 €, auch Salate. Av. Sidónio Pais, 2-B, Ⓜ Parque, ✆ 213140434.

Cafés

Confeitaria Marquês de Pombal 5, Mo–Fr 7–22 Uhr, Sa 8–17 Uhr. Moderne Pastelaria an der Avenida da Liberdade. Kleiner Eingangsbereich, weiter oben ein großer Saal mit Fernseher in der Ecke. Mittags geschäftiges Treiben, da dann viele Angestellte aus der Nachbarschaft kommen, um Mittag zu essen. Sehr große Auswahl an Gebäck, Keksen und auch einige Kuchen. Der Verzehr wird auf einer Karte registriert und beim Hinausgehen bezahlt. Av. da Liberdade, 244 A/B, Ⓜ Marquês de Pombal, ✆ 213562362, www.realfabrica.pt.

Esplanada do Torel 16, tägl. 12–20 Uhr, Terrassencafé im unteren Teil des Jardim do Torel, direkt auf dem Dach einer Schule, sodass es an Schultagen auch etwas lauter werden kann. Außergewöhnliche Perspektive: Blick auf das Tal der Avenida da Liberdade, den Jardim Botânico und das Bairro Alto. An vielen Tagen kann man den Flugzeugen beim Landeanflug auf Lissabon zusehen. Bei Regen kann man es sich im

Die Avenida da Liberdade → Seite 154/155

Inneren hinter der großen Fensterfront gemütlich machen. Zum Essen gibt es Toasts und Salate. Zu trinken u. a. Bier und Kaffee. Jardim do Torel.

Linha d'Água (19, s. Karte Av. Novas S. 160/161), tägl. 10–20 Uhr (im Winter kürzer). Modernes Selbstbedienungscafé, das um den Rand eines Wasserbeckens im Jardim Amália Rodrigues gebaut wurde. Dieser Park schließt sich direkt an den Stadtpark Parque Eduardo VII an. Die weithin sichtbare, große portugiesische Fahne weht nicht weit entfernt. Viele Tische im Freien unter einem schattenspendenden Vordach aus Metalllamellen. Innen weiterer Raum mit großer Fensterfront. Beliebter Treffpunkt für frisch verliebte Paare. Rua Marquês da Fronteira, Jardim Amália Rodrigues, Ⓜ São Sebastião, ✆ 213814327.

José Saramago

Kurz vor der Praça do Marquês de Pombal befindet sich auf der östlichen Seite der Av. da Liberdade der Hauptsitz der Tageszeitung Diário de Notícias (Hausnummer 266). Bei dieser Zeitung, die in der Mitte der 70er Jahre im Staatsbesitz war, arbeitete der Literaturnobelpreisträger José Saramago 1975 als stellvertretender Chefredakteur. Diesen Posten hatte er nach der Nelkenrevolution von 1974 bekommen, zu einem Zeitpunkt, als die Mitgliedschaft in der Kommunistischen Partei, in die er bereits 1969 eingetreten war, nicht mehr nachteilig war.

Eigentlich hatte der am 16. November 1922 im mittelportugiesischen Dorf Azinhaga geborene Schriftsteller mit der faltenreichen Stirn und der charakteristischen großen Brille Maschinenschlosser gelernt. Doch diesen Beruf übte er nur kurze Zeit aus. 1966 erschien der erste Gedichtband mit dem Titel Os Poemas Possíveis (dt. „Die möglichen Gedichte"). Bereits über 50-jährig, veröffentlichte Saramago dann 1977 seinen ersten Roman Manual de Pintura e Caligrafia (dt. „Handbuch der Malerei und Kalligraphie"). Der Durchbruch auf nationaler Ebene gelang ihm 1980 mit Levantado do Chão (dt. „Hoffnung im Alentejo"), einer ergreifenden Familiensaga über die sozialen Probleme der südportugiesischen Landregion Alentejo. International erfolgreich wurde er mit seinem Roman Memorial do Convento, der in etwa 30 Sprachen übersetzt wurde (dt. „Das Memorial"). Spätestens in diesem Buch, in dem es um den Bau des Konvents von Mafra geht, werden sein ironischer Stil und seine Vorliebe für historische Themen deutlich. So befasst er sich im Roman História do Cerco de Lisboa (dt. „Geschichte der Belagerung von Lissabon") mit der Eroberung Lissabons durch die Christen im Jahr 1147.

Saramagos siebter Roman O Evangelho segundo Jesus Cristo (dt. „Das Evangelium nach Jesus Christus") löste in Portugal nach seinem Erscheinen 1991 erhebliche Kontroversen aus. Manche hätten für Saramago gerne die Inquisition wieder eingeführt, hatte der Autor doch Jesus in seinem Roman eine Liebesbeziehung mit der Prostituierten Maria von Magdala eingehen lassen. Bereits mehrfach preisgekrönt, erreichte Saramago 1998 den Höhepunkt seiner Karriere, als er als erster portugiesischsprachiger Autor den Literaturnobelpreis erhielt. Später lebte Saramago mit seiner zweiten Frau Pilar del Río, einer spanischen Journalistin, auf der Insel Lanzarote, wo er am 18. Juni 2010 verstorben ist. Und wer den Literaturnobelpreisträger auf einer Reise von Süd- nach Nordportugal begleiten möchte, kann dies mit seinem Buch Viagem a Portugal (dt. „Die portugiesische Reise") tun.

Palácio das Galveias – prachtvolle Stadtbibliothek am Campo Pequeno

Die Avenidas Novas

In den Avenidas Novas pulsiert das Leben der portugiesischen Hauptstadt. Moderne Bürogebäude prägen das Bild, aber auch alte Paläste aus dem 19. Jh. und die pseudomaurische Stierkampfarena am Campo Pequeno. Mehrere Museen lohnen den Besuch, darunter das weltbekannte Museum des armenischen Kunstsammlers und Ölmagnaten Calouste Gulbenkian.

Unter der Woche sind die Avenidas Novas („Neue Alleen") sehr belebt, besonders während der Rushhour schieben sich lange Autoschlangen durch die Hauptverkehrsachsen Avenida Almirante Reis, Avenida Fontes Pereira de Melo und Avenida da República. Am Wochenende dagegen, wenn die Büros geschlossen sind, fällt eine gewisse Schläfrigkeit über die sonst so quirligen Viertel. Bei gutem Wetter spielt sich das Leben dann in den Grünanlagen der Avenidas Novas ab. Hier sitzen die Rentner und spielen eine Partie *sueca,* ein portugiesisches Kartenspiel, während die Kinder einem Fußball hinterher tollen.

Die „Neuen Alleen" wurden Ende des 19. und Anfang des 20. Jh. angelegt, um Lissabon in das vom Tejo abgewandte Gebiet hinein zu erweitern. Spätestens mit dem Bau der U-Bahn ab 1959 mauserte sich die Gegend zum modernen Zentrum der portugiesischen Hauptstadt: Große, mehrstöckige Bürogebäude, Hotels und Einkaufszentren verdrängten die alten Villen aus Wendezeit vom 19. zum 20. Jh. Obwohl die meisten Gebäude aus dieser Epoche inzwischen der Abrissbirne zum Opfer gefallen sind, entdeckt man zwischen den modernen Bürogebäuden immer wieder schöne Altbauten und kleine Jugendstilpaläste.

Vielen Gebäuden ist es von außen nicht anzusehen, dass die Avenidas Novas zu den teuersten Wohnvierteln der Stadt gehören. Unter den reichen Lisboetas gilt besonders die Gegend um die Avenida de Roma als schick, vor allem wegen ihrer exklusiven Geschäfte. Auch das ehemalige Arbeiterviertel Arco do Cego ist inzwischen eher etwas für Wohlhabendere. Wer weniger hat, wohnt dagegen vor allem um die südliche Hälfte der Avenida Almirante Reis im Ostteil der Avenidas Novas.

Übernachten (S. 57/58)

9 VIP Grand Lisboa Hotel & Spa
11 Hotel Olissipo Marquês de Sá
12 Pensão Residencial Saldanha
16 Hotel Zenit Lisboa
21 Fontana Park Design Hotel
22 Pousada de Juventude de Lisboa (S. 50)
23 Hotel AC Lisboa
24 Hotel Tiara Park Atlantic Lisboa
26 Pensão Residencial Casa Vila Nova
27 Ritz Four Seasons Hotel

Essen & Trinken (S. 165/166)

1 Salsa & Coentros
3 Os Courenses
6 Pizzeria Ristorante Lucca
7 Pizzeria Da Beppi
13 Cafetaria do Centro de Arte Moderna - CAM
17 Sete Pecados
18 Espiral
28 Bocca
29 Cervejaria Ramiro

Cafés (S. 166/167)

2 O Chá Tearoom
5 Frutalmeidas
10 Pastelaria Mexicana
14 Pastelaria Sequeira
19 Linha d'Água (S. 158)
25 Esplanada do Miradouro do Monte Agudo

Nachtleben (S. 83)

4 Templários Bar

Einkaufen (S. 168)

8 Ana Salazar
20 Mercado 31 de Janeiro

Sonstiges (S. 167)

15 K@netpoint

Tour 5:
Avenidas Novas
150 m
Ziele im Osten Lissabons siehe S. 223
Tour 7: Campo de Ourique und Amoreiras siehe S. 182/183
Tour 4: Avenida da Liberdade siehe S. 154/155
Saldanha
Estefânia
Anjos
Santana
Olaias
Penha de França
Caixa Geral de Depósitos
Bahnhof Chelas
Instituto Superior Técnico
A. do Cego
Casa da Moeda
Igreja Nossa S.ra de Fátima
Fundação Calouste Gulbenkian
Centro de Arte Moderna
C. Comercial Monumental
Centro Comercial Atrium Saldanha
Casa-Museu A. Gonçalves
El Corte Inglés
Igreja São Sebastião da Pedreira
Centro Comercial Picoas Plaza
Pavilhão Carlos Lopes
Estufa Fria
Parque Eduardo VII
Jardim Amália Rodrigues
Hospital Dona Estefânia
Museu do Banco de Portugal
Miradouro do Monte Agudo
Igreja Penha de França
Igreja dos Anjos
Cemitério do Alto de São João
Campo Pequeno
Praça de Espanha
São Sebastião
Saldanha
Parque
Picoas
Marquês de Pombal
Arroios
Alameda
Anjos
Olaias
Avenida da República
Avenida dos Defensores de Chaves
Avenida de Berna
Avenida Almirante Reis
Alameda Afonso Henriques
Av. Guerra Junqueiro
Av. Duque de Ávila
Av. Fontes Pereira de Melo
Rua Dona Estefânia
Rua Barão de Sabrosa
Av. Afonso Costa
Av. de Paris
Praça de Londres
Rotunda das Olaias
Pr. do Chile
Pr. Saldanha
Pr. J. Fontana
Pr. Paiva Couceiro
Praça Marquês de Pombal
Praça Espanha
10
11
12
13
14
15
16
17
18
19
20
21
22
23
24
25
26
27
28
29

Metrostation Parque – von den port. Überseefahrten inspirierte Dekoration

Spaziergang

Mit der Metro geht es zur Station Praça de Espanha, um dort zwei der bedeutendsten Kunstmuseen Portugals, das **Museu Calouste Gulbenkian** und das angeschlossene **Centro de Arte Moderna**, zu besichtigen.

Quer durch den Gulbenkian-Park, danach schlendert man zu Fuß die grüne Avenida Elias Garcia entlang. An der Kreuzung mit der Avenida Marquês de Tomar lohnt sich ein kurzer Abstecher nach links zur Kirche Igreja de Fátima mit ihrer modernistischen Architektur aus der Zeit des Diktators Salazar. Über die Avenida da República erreicht man den Campo Pequeno mit der prächtig dekorierten Stierkampfarena Lissabons. Auch der an der Avenida João XXI gelegene Hauptsitz der Nationalsparkasse Caixa Geral de Depósitos (CGD), der mit seinem weißen Granit an eine gigantische Akropolis erinnert, zieht die Blicke auf sich (wer will, kann das Foyer betreten). Auf der benachbarten Avenida de Roma mit ihren Modegeschäften kann man gut einen Einkaufsbummel unternehmen.

Die Gebäude an der Praça de Londres am Beginn der Avenida de Roma sind typische Beispiele der Estado-Novo-Architektur unter Salazar. Dieser Stil wird in Portugal wegen seiner schnörkellosen und regelmäßigen Bauweise *Português Suave* („sanfter portugiesischer Stil") genannt. In derselben Epoche wurde auch die Prachtallee Alameda Dom Afonso Henriques mit ihrem beleuchteten Springbrunnen und der Technischen Universität *Instituto Superior Técnico* errichtet. Ein besonders auffälliges Beispiel der Salazar-Architektur sind die ältesten Hochhäuser Lissabons an der Praça do Areeiro, die offiziell Praça Francisco Sá Carneiro heißt.

Wer sich für chinesisches Porzellan interessiert, sollte zum Schluss des Spaziergangs noch mit der U-Bahn bis zur Station Saldanha fahren (von der Station Alameda fährt die rote Linie direkt dorthin). Hier bietet die **Casa-Museu Dr. Anastásio Gonçalves** eine sehenswerte Sammlung in einem Jugendstilhaus.

Sehenswertes

Museu de Calouste Gulbenkian: Erbaut wurde das Museum mit den Dollars des reichen Armeniers Calouste Sarkis Gulbenkian, der den Lebensabend in Lissabon verbrachte und seine Ölmilliarden einer Stiftung vermachte. Das Museumsgebäude wurde 1969 speziell für die 6000 Werke umfassende Kunstsammlung Gulbenkians errichtet. Die Ausstellung, die den persönlichen Geschmack des armenischen Kunstliebhabers widerspiegelt, gibt einen guten Überblick über die Kunstgeschichte vom Jahr 2800 v. Chr. bis zur Mitte des 20. Jh. Der Rundgang gliedert sich in zwei große Blöcke: Der eine widmet sich der orientalischen, fernöstlichen und griechisch-römischen Kunst, der andere der europäischen Kunst ab dem 11. Jh. Ausgestellt sind neben Möbeln, Teppichen und Skulpturen vor allem Gemälde, darunter Werke von Rubens, Renoir, Rembrandt, La Tour, van Dyck und vielen anderen europäischen Meistern. Raumfüllend ist eine Serie Wandteppiche aus Mantua, Italien. Sie sind um 1540 entstanden und zeigen Kinderspiele.

Zahlreiche Werke stammen aus dem Nahen, Mittleren und Fernen Osten: Perserteppiche sowie Azulejos aus Persien, Syrien und der Türkei aus dem 16./17. Jh. (sie sind mit geometrischen Mustern und Koransuren verziert), Glaslampen aus ägyptischen und syrischen Moscheen. Aus China sind Porzellangefäße des 17./18. Jh. ausgestellt. Ein eigener Raum ist der anmutigen Diana-Statue von Jean-Antoine Houdon gewidmet (Paris 1780). In einem weiteren Saal werden Schmuck, Kämme und Vasen präsentiert, die der französische Jugendstilkünstler René Lalique im 20. Jh. in Paris entworfen hat.

Av. de Berna, 45, ✆ 217823000, www.museu.gulbenkian.pt. Ⓜ Praça de Espanha. Di–So 10–17.45 Uhr, Fei geschl. Eintritt 4 €, Kombiticket mit Centro de Arte Moderna 7 €, ab 65 J., für Studenten bis 25 J. und mit Cartão Jovem 50 % Ermäßigung, bis 12 J. und generell jeden So Eintritt frei.

Centro de Arte Moderna: Nebenan liegt ein Neubau der Stiftung Gulbenkian von 1983, in dem die erste Dauerausstellung mit Werken portugiesischer Maler des 20. Jh. untergebracht ist, darunter der von Paul Cézanne beeinflusste Eduardo Viana (1881–1967), der Pionier des Surrealismus Portugals António Dacosta (1914–1990) oder José de Almada Negreiros (1893–1970), einer der bekanntesten und vielseitigsten portugiesischen Künstler des 20. Jh. Dazu gibt es wechselnde Ausstellungen weiterer Werke. Wer will, kann mittags exzellente Menüs in der angeschlossenen Cafeteria zu sich nehmen (s. u. „Restaurants"). Zum Verweilen lädt auch der benachbarte Park Jardim Gulbenkian ein.

Rua Dr. Nicolau Bettencourt, ✆ 217823474, www.cam.gulbenkian.pt. Ⓜ São Sebastião. Di–So 10–18 Uhr, Mo und Fei geschl. Eintritt 4 €, Kombiticket mit Museu de Calouste Gulbenkian 7 €, ab 65 J., für Studenten bis 25 J. und mit Cartão Jovem 50 % Ermäßigung, bis 12 J. und generell jeden So Eintritt frei.

Campo Pequeno: Die Stierkampfarena mit ihrer verspielt pseudomaurischen Architektur wurde am 18. August 1892 eröffnet. Der kreisrunde Innenraum hat einen Durchmesser von 40,7 m. Um ihn reihen sich die Tribünen mit Platz für 8500 Zuschauer. Seit der Renovierung 2006 ist der Innenraum komplett überdacht, sodass hier inzwischen auch Konzerte stattfinden. Restaurants, Modegeschäfte sowie einen Supermarkt findet man im Einkaufszentrum im Erd- und Untergeschoss der Arena.

Ⓜ Campo Pequeno.

Casa-Museu Dr. Anastásio Gonçalves: Der erste Schwerpunkt des Museums

Die Avenidas Novas → Seite 160/161

ist eine der international bedeutendsten Sammlungen von blau-weißem chinesischem Porzellan des 16./17. Jh. Der zweite Schwerpunkt sind naturalistische Gemälde und Aquarelle bekannter portugiesischer Künstler des 19. und 20. Jh., darunter Silva Porto, Columbano Bordalo Pinheiro, Domingos António de Sequeira und José Malhoa. Untergebracht ist das Museum im ehemaligen Haus des Malers José Malhoa, das 1904 im Jugendstil erbaut wurde. Später wohnte hier der Arzt und Kunstsammler Dr. Anastásio Gonçalves, aus dessen Sammlung die etwa 2000 Ausstellungsstücke stammen.

Av. 5 de Outubro, 6–8, ✆ 213540823, www.cmag.imc-ip.pt. Ⓜ Saldanha. Di 14–18 Uhr, Mi–So 10–18 Uhr, Fei geschl. Eintritt 3 €, bis 14 J. frei, ab 65 J. und Kinder bis 17 J. in Begleitung eines Elternteils 50 % Ermäßigung, mit Cartão Jovem 60 %, So bis 14 Uhr freier Eintritt.

Mister 5 Percent – Calouste Sarkis Gulbenkian

Geboren wurde der Ölmilliardär als Sohn armenischer Eltern am 14. April 1869 in Konstantinopel. Aufgewachsen ist er in Marseille und London, wo er 1902 die englische Staatsbürgerschaft erwarb. Die langen Aufenthalte in verschiedenen Ländern sind auch der Grund für seine ungewöhnlichen Sprachkenntnisse: Calouste Sarkis Gulbenkian sprach neben Armenisch, Türkisch, Arabisch, Englisch und Französisch auch Deutsch und Italienisch. Als Vermittler für den amerikanischen Ölkonzern Standard Petroleum erwarb er kurz vor dem Ersten Weltkrieg die alleinigen Bohrrechte in den damaligen türkischen Gebieten und gründete die Turkish Petroleum. An ihr war er wie auch an der Nachfolgefirma Iraq Petroleum und der in Saudi-Arabien tätigen Arabian American Oil Company (Aramco) mit 5 % beteiligt. Das brachte ihm den Spitznamen „Mister 5 Percent“ ein. Neben Öl handelte Gulbenkian mit Kupfer, Kautschuk und Motoren. Zeitweise galt er mit einem auf zwischen 600 Millionen und 2,4 Milliarden Euro geschätzten Vermögen sogar als der reichste Mann der Welt. Bis zum Zweiten Weltkrieg lebte der Armenier in einem Palast in Paris und begann dort, seine riesige Kunst- und Münzensammlung anzuhäufen. Dann zog er nach Lissabon ins Hotel Aviz, das später dem Betonbau des Sheraton-Hotels weichen musste. Im Alter von 86 Jahren starb Gulbenkian am 20. Juli 1955 in Lissabon. Sein Vermögen hinterließ er zum größten Teil der Gulbenkian-Stiftung.

Ölmagnat und Kunstmäzen Gulbenkian

Praktische Infos

(→ Karte S. 160/161)

Restaurants

››› Mein Tipp: **Bocca 28**, tägl. (außer So/Mo) 12.30–14.30 (Sa 13–15 Uhr) und 19.30–23 Uhr. Eines der besten Restaurants der Stadt. Die Küche ist für ihre frischen Zutaten und ihre kreativen Interpretationen traditioneller portugiesischer Gerichte bekannt. Modernes, aber gehobenes Ambiente in zwei hellen Speisesälen. Kleine Portionen – wer größeren Hunger hat, dem empfiehlt sich das als Vorspeise mit Olivenöl gereichte Brot. Preiswertes Mittagsmenü Di–Sa für 21 € (zwei Gänge, inkl. Wasser, Kaffee und Brot). Ansonsten à la carte ab 18 € pro Hauptgericht. Große Auswahl an Weinen in der Flasche oder im Glas. Rua Rodrigo da Fonseca, 87-D, Ⓜ Marques de Pombal, ✆ 213808383, www.bocca.pt. ‹‹‹

Cervejaria Ramiro 29, etwas nördlich der Praça Martim Moniz. Tägl. (außer Mo) 12–0.30 Uhr. Typische Lissabonner Cervejaria mit holzgetäfelter Decke. Langusten drehen in Aquarien ihre letzten Runden. Ausschließlich Meeresfrüchte im Angebot. Die meisten werden nach Gewicht verkauft. Es kann, wenn voll besetzt und wenn die Kellner durch die Gänge eilen, auch etwas laut werden. Die Portion Muscheln ab 10,30 €, empfehlenswert die *amêijoas à Bulhão Pato* (Herzmuscheln in Zitronensoße). Av. Almirante Reis, 1 G-H, Ⓜ Intendente, ✆ 218851024.

Sete Pecados 17, thailändisches Restaurant etwas versteckt in einer Querstraße südlich des Gulbenkian-Museums. Tägl. (außer So) 12–15.30 und 19–23 Uhr, Sa mittags geschl. Reichhaltige Auswahl, angefangen beim Couvert aus Gemüserollen, Salat und verschiedenen Soßen – für den normalen Hunger dürfte das als Vorspeise ausreichen. Große Auswahl an Hauptgerichten ab 8,50 €, die dem thailändischen Original nahekommen. Der Speiseraum ist mit bunten Regenwaldmotiven bemalt, sonst aber eher gehobenes Ambiente. Av. Luis Bivar, 7-A, Ⓜ São Sebastião, ✆ 213160529, www.restaurantesetepecados.com.

››› Mein Tipp: **Salsa & Coentros 1**, etwas abseits touristischer Pfade im Stadtteil Alvalade gelegen. So Ruhetag, sonst mittags und abends geöffnet. Die im Keller befindliche Küche ist bis 23 Uhr in Betrieb, im mittelgroßen Speiseraum im OG kann man noch etwas länger sitzen bleiben. Fast immer komplett reserviert, dann bleiben nur noch die Tische unter der Markise auf dem Bürgersteig. In gehobenem Ambiente werden als Vorspeise leckere Hähnchenpasteten (*empada de galinha*) für 1 € sowie Brot und schmackhafte Leber-Pâté gereicht. Spezialität ist Wild wie z. B. Rebhuhn (*perdiz*). Große Auswahl auch an Gerichten mit Fleisch vom sog. schwarzen Schwein (Iberisches Schwein): empfehlenswert ist z. B. die gegrillte Lende mit einer Soße aus Öl, Essig und Petersilie sowie frischem Koriander (*lombos de porco preto com molho de salsa & coentros*). Hauptgerichte ab 8,25 €. Rua Coronel Marques Leitão, 12, Ⓜ Alvalade (oder Bus 44 ab Saldanha bis Halt Bombeiros Alvalade), ✆ 218410990. ‹‹‹

Os Courenses 3, in der Nähe der Metrostation Alvalade. Sa abends und So ganztags geschl. Die Küche erfreut sich bei den Bewohnern des Stadtteils großer Beliebtheit: mittags häufig komplett besetzt, dann

Residenz des spanischen Botschafters an der Praça de Espanha

Die Avenidas Novas → Seite 160/161

muss mit Wartezeiten gerechnet werden. Oben ein langgestreckter Speiseraum, hinter dem sich überraschend ein weiterer, dicht bestuhlter Saal öffnet. Gerichte aus verschiedenen portugiesischen Regionen von der deftigen Schlachtplatte über gegrillten Fisch bis zu Muscheln. Tagesgerichte ab 8 €. Rua José Duro, 27-D, Ⓜ Alvalade, ✆ 218473619.

Pizzeria Ristorante Lucca 6, Pizzeria in der Nähe des Bahnhofs Roma-Areeiro. Tägl. 12–15.30 und 19–1 Uhr. Großer Speiseraum mit gelb gestrichenen Wänden, die von leicht grünlichem Licht angestrahlt werden. Hinten kann man durch ein breites Fenster in die Küche schauen. Gerne von Familien aus der Nachbarschaft besucht, daher geht es ab und zu auch mal lebhafter zu. Leckere Pizzen und Calzoni aus dem Holzofen ab 8,90 €. Auch Nudeln und Fleisch. Travessa Henrique Cardoso, 19-B, Ⓜ Roma, ✆ 217972687, www.pizzerialucca.com.

Espiral 18, ein vegetarisches Restaurant im Stadtteil Estefânia, tägl. mittags und abends bis 22.30 Uhr geöffnet. Frühstück in der Cafetaria ab 8 Uhr. Im Keller eine Selbstbedienungstheke und der mit viel Holz eingerichtete Speiseraum. Man hat die Wahl zwischen fertig zusammengestellten Gerichten oder Einzelkomponenten. Es gibt makrobiotisches, vegetarisches und veganes Essen wie Pizzen, Omeletts und Crêpes. Im Speiseraum kann man sich kostenlos Tee einschenken. Hauptgerichte 6,45 €. Oben findet man ein Geschäft mit esoterischen Artikeln, einen Naturkostladen und nebenan mit der Hausnummer 14-B eine kleine Selbstbedienungs-Snack-Bar. Praça da Ilha do Faial, 14-A, Ⓜ Saldanha, ✆ 213553990.

Café Linha d'Água (S. 158)

Cafetaria do Centro de Arte Moderna – CAM 13, Cafeteria tägl. (außer Mo und Fei) 10–17.45 Uhr (Mittagstisch 12–15.45 Uhr). Die Cafeteria des Centro de Arte Moderna der Gulbenkian-Stiftung bietet von einigen Tischen aus einen schönen Ausblick auf den Gulbenkian-Park. In dem Selbstbedienungsrestaurant kann man günstig und gut essen. Täglich wechselnde Tagesgerichte ab 5,50 €. Eine außergewöhnlich große Auswahl an leckeren Salaten und Nachspeisen. Einziger Nachteil: Oft gibt es lange Warteschlangen. Rua Dr. Nicolau Bettencourt, Ⓜ São Sebastião, ✆ 217935131. Eine zweite Cafeteria mit ähnlichem Angebot findet sich im Untergeschoss des Gulbenkian-Museums. Tägl. (außer Mo) 10–17.30 Uhr (Mittagstisch 12.30–15.30 Uhr). Hier kann man sogar auf einer kleinen Terrasse inmitten des Gulbenkian-Parks speisen. Die Preise sind hier etwas teurer und die Auswahl an Speisen etwas kleiner als im CAM.

Pizzeria Da Beppi 7, in einer der Seitenstraßen hinter der Stierkampfarena. 8–22.30 Uhr, So geschl. Langer Raum, an den Seiten Sitzecken mit Holzbänken. Große Auswahl an Pizzen, die mit dünnem Teig zubereitet werden. Die kleinen Pizzen ab 4,20 € sind für eine Person bei normalem Appetit völlig ausreichend. Auch Nudelgerichte. Av. Sacadura Cabral, 28, Ⓜ Campo Pequeno, ✆ 217975733.

Cafés

››› Mein Tipp: **O Chá Tearoom 2**, Lissabons bestsortiertestes Teehaus, etwa abseits „touristischer Pfade“ im Stadtteil Alvalade. Mo/Di 12–20.30 Uhr, Mi–Sa bis 23 Uhr, So 14.30–20.30 Uhr. Über 50 verschiedene Teesorten (grün, weiß, schwarz) von den Azoren, aus Kenia, Indien, Sri Lanka, China

Blick auf das Hotel Sheraton und die Avenidas Novas

und Japan. Sie werden auf den Punkt zubereitet und serviert. Auch Kaffee im Angebot. Etwas überladene, orientalische Dekoration der zwei Stockwerke. Ruhige Musik. Rua Luís Augusto Palmeirim, 18, Ⓜ Alvalade, ✆ 916745863. «««

Pastelaria Sequeira 14, an der Ecke Av. da República/Av. Duque d'Ávila. So geschl. Moderne Einrichtung mit großer Fensterfront. Seit 1902 stellt diese Pastelaria eine große Auswahl an gutem Gebäck her. Selbstbedienung am Tresen. Der Verbrauch wird auf einer Magnetkarte registriert. Bezahlt wird beim Gehen. Av. da República, 11-C, Ⓜ Saldanha, ✆ 213140749.

Pastelaria Mexicana 10, an der Südostecke der Praça de Londres. Tägl. 8–24 Uhr. Das bekannte Café wurde 1946 eröffnet und blieb bis heute in Familienbesitz. 1962 wurde es neu eingerichtet und bewahrt seitdem auf einzigartige Weise den Stil der 60er Jahre. Auffällig besonders ein großes Keramikbild von Querubim Lapa am Ende des Saales. In der Mitte des Cafés zwei lange Tresen mit allerlei Süßigkeiten. Man sollte etwas davon probieren, z. B. die Fackeltropfen *pingo de tocha*. Av. Guerra Junqueiro, 30, Ⓜ Alameda, ✆ 218485004.

Frutalmeidas 5, direkt neben dem Südwestausgang der Metrostation Roma. So geschl. Obstladen, der auch zahlreiche günstige Fruchtsäfte aus Tanks serviert. Außerdem Suppen, Gebäck und einfache Gerichte im Angebot. Ein Tresen und ein paar Tische in einem verglasten Vorbau. Av. de Roma, 45, Ⓜ Roma, ✆ 217964516.

Esplanada do Miradouro do Monte Agudo 25, tägl. 10.30 Uhr bis Sonnenuntergang. Café an einem der unbekanntesten Aussichtspunkte Lissabons. Zu erreichen von der Metrostation Anjos über die Rua de Angola und die Rua Ilha do Príncipe (hier die Treppen rechts hoch). Nur Terrassencafé, keine Tische im Inneren. Blick auf die Avenidas Novas, Santana, Estrela, die Brücke des 25. April und die Graça. Miradouro do Monte Agudo, Ⓜ Anjos.

Internetcafés

K@netpoint 15, tägl. 10–23 Uhr. Im Untergeschoss des Einkaufszentrums Monumental stehen mehrere Computer zum Surfen. Pro Stunde 2,50 €. Mindestnutzung 15 Min. Centro Comercial Monumental, Praça Duque de Saldanha, Ⓜ Saldanha.

Einkaufen

Einkaufszentren: *El Corte Inglés*, direkter Eingang von der Metrostation São Sebastião. Am oberen Ende des Stadtparks Eduardo VII. Das einzige große Kaufhaus deutschen Stils in Lissabon und zugleich die erste portugiesische Filiale dieser spanischen Kette. Mo–Do 10–22 Uhr, Fr/Sa bis

Die Avenidas Novas → Seite 160/161

23.30 Uhr, So bis 20 Uhr. Im Untergeschoss ein Supermarkt mit einer guten Lebensmittelauswahl, darunter zahlreiche portugiesische Weine und deutsche Biersorten. Ansonsten die üblichen Abteilungen für Damen- und Herrenmode, Sport, Haushalt und Kosmetik. Beeindruckende Ausmaße auf 13 Etagen. Av. António Augusto de Aguiar, 31, Ⓜ São Sebastião, www.elcorte ingles.pt.

Märkte: *Mercado 31 de Janeiro* **20**, sehr zentral hinter dem Portugal-Telecom-Gebäude gelegene Markthalle mit bunter Fassade, die Tier-, Obst- und Gemüsemotive zieren. Tägl. (außer So) 7–14 Uhr. Rua Engenheiro Vieira da Silva, Ⓜ Picoas.

Mode: *Ana Salazar* **8**, exklusive Damenmode sowie Taschen und Schuhe. Die Kollektionen der berühmtesten portugiesischen Modeschöpferin sind nicht gerade preiswert, aber unter den Modellen der vergangenen Jahre finden sich ab und zu auch günstige Exemplare. Avenida de Roma, 16-E, Ⓜ Roma, ✆ 218486799, www.anasalazar.pt.

Portugiesischer Stierkampf

Im Gegensatz zu Spanien und Südamerika wird in Portugal der Stier beim Kampf niemals getötet. Dieser Grundsatz wurde 1928 gesetzlich festgelegt. Der portugiesische Stierkampf ist deswegen jedoch keineswegs unbrutal. Im Vergleich zu ihren spanischen Artgenossen bleiben den portugiesischen Stieren lediglich die Lanzenstiche der *picadores* und das unwürdige Herumstochern von spanischen Anfängertoreros erspart, die es nicht schaffen, dem Stier den tödlichen Degenstoß zu versetzen. Stierkämpfe gibt es übrigens nur in Südportugal; nördlich der Estremadura und des Ribatejo wird diese Tradition nicht gepflegt.

Die Saison wird normalerweise an Ostern eröffnet und geht bis Oktober. Während der Vorführung am Nachmittag wird meist mit sechs verschiedenen Stieren nacheinander gekämpft. Der Kampf auf dem Pferd ist dabei der wichtigste, adlige Tradition hat sich hier erhalten. Der Stier wird von den *cavaleiros* (Reitern) angegriffen. Ein Wettkampf zwischen Reiter und Pferd auf der einen und Stier auf der anderen Seite beginnt, wobei der Reiter versucht, *farpas* (Pfeile mit bunten Bändeln) in den Nacken des Tieres zu stoßen, um es noch mehr zu reizen. Der Stier hat keine echte Chance, sich zu wehren, da seine Hörner mit Lederkappen versehen sind, damit die Pferde geschont werden. Anschließend betritt ein *matador* zu Fuß die Arena, um den Stier mit einem roten Tuch, der *muleta,* zu reizen und weiter zu ermüden. Danach müssen die *forcados* (Stiertreiber) den Stier zu Fuß ohne Waffen zum Anhalten bringen – gegenüber den Praktiken der spanischen Matadores eine fairere Art des Kampfes. Einer springt todesmutig dem Stier zwischen die Hörner, die anderen helfen von den Flanken, um den Stier zu stoppen.

Wenn das geschafft ist, kommt das für den Stier unerwartete Ende. Indem nämlich mit Kuhglockengeläute mehrere Ochsen oder Kühe in die Arena geführt werden, wird der gerade noch wilde, tobende Stier wieder zum Rindvieh! Leicht verwirrt steht er da – vermutlich kommen ihm jetzt Gedanken an die heimatliche Weide, an seine Stier- und Ochsenfreunde – und trottet dann bereitwillig mit seinen Artgenossen hinaus. Allerdings sehen nur wenige Stiere jemals ihre heimische Weide wieder. Die allerbesten werden als Zuchtbullen verwendet, den Rest erwartet der Schlachthof. Dennoch haben die Stiere ein weitaus besseres Leben als die Rinder aus der Massentierhaltung, denn die meiste Zeit ihres Lebens dürfen sie auf schönen Weiden verbringen.

Pause unter Palmen – Praça Dom Luís Primeiro

Das Bairro Alto

In diesem Altstadtgebiet mit seinen zahlreichen Bars spielt sich ein Großteil des Lissabonner Nachtlebens ab. Mehrere schöne Aussichtspunkte und der Botanische Garten lockern die rechtwinklig verlaufenden Gassen ein wenig auf. Im Bairro Alto sind außerdem die Musik- und Kunsthochschule sowie viele kleine Modeläden und Galerien zu finden.

Das Bairro Alto (= Oberstadt) entstand bereits im 16. Jh. Durch die Reichtümer aus den Kolonien erlebten der städtische Handel und das Handwerk einen enormen Aufschwung, neue Geschäftsviertel wurden benötigt. Ein idealer Kandidat war das noch weitgehend brachliegende Bairro Alto. Nachdem die Jesuiten hier 1553 ihren Lissabonner Hauptsitz eingerichtet hatten, zogen zunehmend auch Adelige in die Oberstadt und errichteten dort zwischen den Wohnhäusern der Unterschichten ihre noblen Paläste.

Noch heute hat das Viertel ein ganz besonderes Flair. In den letzten Jahren ließen sich hier viele Modedesigner und Galeristen nieder. Nachmittags herrscht im Bairro Alto ein buntes Durcheinander aus Journalisten und Handwerkern sowie aus Jugendlichen und Hausfrauen, die auf dem Balkon ein Schwätzchen halten. Für die Lissabonner bedeutet das Bairro Alto jedoch vor allem Nachtleben (→ S. 80–91)!

Spaziergang

Von der Praça dos Restauradores (Ⓜ Restauradores) ist die Oberstadt mit dem Aufzug *Ascensor da Glória* bequem zu erreichen. Oben angekommen, kann man vom Aussichtspunkt *Miradouro de São Pedro de Alcântara* einen schönen Blick auf die Burg genießen. Gleich oberhalb der Haltestelle bietet

Das Bairro Alto → Seite 170/171

Tour 4: Avenida da Liberdade siehe S. 154/155
Tour 8: Die Westlichen Altstadtviertel siehe S. 190/191
Museu de Ciência/ Museu Nacional de História Natural
Jardim Botânico
Rua da Escola Politécnica
Palácio Ribeiro da Cunha
Praça do Príncipe Real
Rua D. Pedro V
Miradouro São Pedro de Alcântara
Elevador da Glória
Praça dos Restauradores
Restauradores
Bahnhof Rossio
Convento dos Cardaes
Tribunal Constitucional
Hospital Saint Louis
Igreja de São Roque
Casa do Marquês de Pombal
Chafariz do Século
Museu Geológico
Igreja de Jesus
Museu Maçónico Português
Largo Trindade Coelho
Largo da Trindade
Igreja de Santa Catarina
Centro Comercial Espaço Chiado
Praça de Luís Camões
Largo do Chiado
Baixa/Chiado
Museu da Farmácia
Miradouro de Santa Catarina
Elevador da Bica
Largo do Conde Barão
Museu das Comunicações
Igreja de São Paulo
Igreja do Corpo Santo
Praça Dom Luís Primeiro
Mercado da Ribeira
Praça do Duque da Terceira
Avenida Vinte e Quatro de Julho
Cais do Sodré
Bahnhof Cais do Sodré
Estação Fluvial Cais do Sodré (Fährbahnhof)
Cacilhas
Cais da Ribeira
Rua do Século
Rua da Misericórdia
Calçada do Combro
Rua da Boavista
Rua de Dom Luís Primeiro
Rua de São Paulo
Rua dos Remolares
Rua da Academia das Ciências
Rua dos Poiais de S. Bento
Calçada da Glória
Rua de S. Pedro de Alcântara
Av. da Liberdade
Pr. das Flores
Rua Nova da Piedade
Rua da Palmeira
Rua Eduardo Coelho
Travessa das Mercês
Rua Fernandes Tomás
Cç. Bica Grande
Rua do Alecrim
Rua das Flores
Rua Nova do Carvalho
Rua do Instituto Industrial

Übernachten
12 Pensão Londres (S. 59)
34 Royal Lisbon Hostel (S. 50)
35 Bairro Alto Hotel (S. 58)
40 Oasis Backpackers' Mansion (S. 51)
44 Lisbon Old Town Hostel (S. 50)
51 LX Boutique Hotel (S. 58)

Essen & Trinken (S. 176/177)
3 Antiga Casa Faz Frio
4 Refeições Rápidas Tascardoso
7 Tascardoso
8 La Paparrucha
13 Terra
18 O Cantinho das Gáveas
29 Tasca do Manel
31 1.° de Maio
38 La Brasserie de L'Entrecôte
47 Sol e Pesca

Cafés (S. 177/178)
2 Corallo Cacao & Caffè
6 Fabrico Infinito
10 Boutique do Pão de São Roque
41 Noo Bai Café
46 Cais do Chiado

Nachtleben (S. 83-85)
9 Pavilhão Chinês
11 Português Café
15 Pão com Chouriço (S. 92)
16 Etílico
19 Frágil (S. 88)
20 O Século Centro Cultural
21 Portas Largas/Bar do Record
22 Páginas Tantas
24 Tasca do Chico (S. 92)
25 A Capela
26 Clube da Esquina
28 Majong
30 Café Suave
32 Maria Caxuxa
35 O Terraço Bairro Alto Hotel
36 Baliza
37 Bicaense Café-Bar
39 Club Souk (S. 88)
42 Quiosque O Adamastor
45 Lounge Bar
48 Musicbox Lisboa (S. 88)
49 O'Gilins Irish Pub
50 British Bar
52 Cacau da Ribeira (S. 92)

Einkaufen (S. 178/179)
1 Casa dos Tapetes de Arraiolos
5 Solar
14 Solar do Vinho do Porto
23 Lena Aires
27 Fátima Lopes
33 Filipe Faísca
43 Fábrica Sant'anna

Sonstiges (S. 178)
17 Web C@fe

200 m

Tour 6:
Die Oberstadt/ Bairro Alto

das Portweinprobierlokal *Solar do Vinho do Porto* seine Dienste an – nicht nur bei schlechtem Wetter ein exzellenter Ort, um bei einem edlen Glas Port zu relaxen (→ Kasten S. 179).

Nur wenige Meter sind es dann die Rua São Pedro de Alcântara hinunter bis zur barocken Jesuiten-Prunkkirche **Igreja de São Roque** mit dem Museum für sakrale Kunst, dem **Museu de São Roque**.

Nun geht es in die Gassen des Bairro Alto – über die Travessa da Queimada und die Rua Diário de Notícias in die Rua do Grémio Lusitano. Mitten zwischen den diversen Bars im Herzen des Bairro Alto findet der aufmerksame Besucher hinter der Hausnummer 25 ein unauffälliges Gebäude: Hier ist der Sitz einer der einflussreichsten Freimaurer-Dachverbände Portugals, des Grande Oriente Lusitano. Im **Museu Maçónico Português** kann man sich über die Geschichte der Freimaurer in Portugal informieren.

Es lohnt sich übrigens abends diesen Teil des Bairro Alto erneut zu besuchen, er hinterlässt dann mit seinen zahlreichen Bars einen komplett anderen Eindruck. Überhaupt sollte man sich auch tagsüber ruhig durch die Gassen zwischen der Praça Luís de Camões und der Rua Dom Pedro V treiben lassen, da es hier zahlreiche Szenegeschäfte zu entdecken gibt.

Weiter geht es in die Rua da Atalaia und dann über die Travessa dos Inglesinhos und die Rua Luz Soriano in die Rua São Bonaventura, vorbei am französischen Krankenhaus Hospital Saint Louis, zur Rua da Rosa und Rua Dom Pedro V. Auf der Anhöhe angekommen, erreicht man den elegantesten Platz der Oberstadt, die **Praça do Príncipe Real**. Hier kann man sich in den Untergrund begeben und ab dem Wasserspeicher **Reservatório da Patriarcal** das historische Wassernetz Lissabons kennenlernen.

Das Bairro Alto → Seite 170/171

Aussichtspunkt auf zwei Ebenen – Miradouro de São de Alcântara

Direkt hinter dem Príncipe Real liegt der **Jardim Botânico**. Die grüne Oase inmitten der Stadt lohnt nicht nur wegen der exotischen Pflanzen aus aller Welt; fast ebenso aufregend ist die schöne Aussicht auf den gegenüberliegenden Santana-Hügel und das Tal, in dem die Avenida da Liberdade verläuft.

Schnurstracks geht es dann die Rua do Século nach unten bis zum barocken **Convento dos Cardaes**, einem der wenigen noch bewohnten Klöster Lissabons, die zu besichtigen sind. An der Ecke Rua da Academia das Ciências kommt man am ehemaligen Wohnhaus des Premierministers Marquês de Pombal vorbei, unter dessen Ägide Lissabon nach dem verheerenden Erdbeben von 1755 wieder aufgebaut wurde. Auch die deutsche kaiserliche Gesandtschaft hatte hier bis zum Ersten Weltkrieg ihren Sitz. Auf der anderen Straßenseite liegt der schlichte *Chafariz do Século,* einer der vom Aquädukt einst gespeisten Brunnen, an dem sich die Lissabonner in früheren Zeiten mit Trinkwasser versorgten. An dieser Stelle bietet sich ein Abstecher nach rechts zum **Museu Geológico** an. Mit seinen alten Holzvitrinen und den vergilbten, handgeschriebenen Zettelchen, mit denen die Fundstücke beschriftet sind, ist das Museum eine Reise in die Museumsgeschichte des 19. Jh.

Geht man aber auf der Rua do Século weiter geradeaus, gelangt man fast automatisch zur Travessa de Santa Catarina, die zum zweiten Aussichtspunkt des Bairro Alto führt, dem **Miradouro de Santa Catarina**. Er bietet den schönsten Blick auf die Lissabonner Hafenanlagen. Nebenan entführt das gut gestaltete Apothekenmuseum **Museu da Farmácia** in die Welt der Medikamente.

Unten am Tejo sollte man sich einen Besuch des ehemaligen Großmarkts *Mercado da Ribeira* mit seinem weit sichtbaren Kuppeldach nicht entgehen lassen (s. u. „Einkaufen“). Gegenüber der Markthalle ist der Bahnhof Cais do Sodré mit der gleichnamigen Metrostation nicht zu übersehen – hier fahren die Vorortzüge nach Cascais und Estoril ab.

Sehenswertes

Igreja de São Roque: Bietet sich dem Besucher zuerst eine eher schlichte Fassade im manieristischen Stil, so wird er beim Betreten der Kirche von der überladen-prunkvollen Inneneinrichtung schier erdrückt. Überdacht ist die einschiffige Jesuitenkirche, deren Grundstein 1566 gelegt wurde, mit einer perspektivisch bemalten Holzdecke. Acht Seitenkapellen protzen mit barockem Überfluss: geschnitzte Heiligenfiguren, umgeben von rosafarbenen und goldenen Engeln, dazu Reliquien- und Marmoraltäre. Besonders zu beachten ist die *Kapelle Johannes des Täufers* aus blauem Marmor ganz vorne links. Sie wurde komplett in Rom gefertigt, in Einzelteile zerlegt und nach Lissabon verschifft! Vor der Kirche steht das Denkmal des Losverkäufers, des *cauteleiro*. Hier nebenan versorgen sich die Verkäufer bei der Wohlfahrtsorganisation *Santa Casa da Misericórdia,* die das einträgliche Losgeschäft betreibt, mit neuen Scheinen.

Largo Trindade Coelho. Ⓜ Baixa/Chiado. Tägl. (außer Fei) 9–18 Uhr, Mo erst ab 14 Uhr, Do bis 21 Uhr.

Prachtkirche der Jesuiten: São Roque

Museu de São Roque: Neben der Kirche ist das Museum für sakrale Kunst zu besichtigen. Ausgestellt sind prächtige sakrale Gerätschaften, kunstvolle Priestergewänder und Heiligenbilder. Zum Museum gehört auch ein Museumscafé im schön renovierten und angenehm schattigen Kreuzgang aus dem 16. Jh.

Largo Trindade Coelho, ✆ 213235065, www.museudesaoroque.com. Ⓜ Baixa/Chiado. Di–Mi und Fr–So 10–17 Uhr, Do 14–21 Uhr, Mo und Fei geschl. Einlass bis 30 Min. vor Schluss. Eintritt 2,50 €, bis 14 J., Studenten und ab 65 J. sowie So bis 14 Uhr freier Eintritt.

Museu Maçónico Português: In drei kleinen Sälen wird die Geschichte der Freimaurer von ihrer Gründung in Portugal bis zum Sturz der Monarchie und dem Beginn der maßgeblich von Freimaurern getragenen Republik im Jahr 1910 gezeigt. Die Beschriftungen sind leider nur auf Portugiesisch.

Rua do Grémio Lusitano, 25, ✆ 213424506, www.gremiolusitano.eu. Ⓜ Baixa/Chiado. Mo–Fr 14.30–17.30 Uhr, Sa/So/Fei geschl. Am Eingang klingeln. Eintritt 2 €.

Praça do Príncipe Real: Wer sich der Praça do Príncipe Real von der Rua Dom Pedro V nähert, dem fällt in der Mitte der Grünanlage sofort ein großer, ausladender Baum ins Auge. In der Platzmitte kann man im Café eine Ruhepause einlegen und die sehenswerten Paläste betrachten, die um den Platz gruppiert sind. Besonders auffällig ist der pseudo-maurische Palácio Ribeiro da Cunha aus dem 19. Jh. mit der Hausnummer 26.

Ⓜ Rato.

Reservatório da Patriarcal – Galeria do Loreto: In der Mitte der Praça do Príncipe Real führen enge Treppenstufen nach unten zum 1864 errichteten Wasserreservoir. 31 Säulen mit 9,25 m Höhe stützen die Decke, unter der 880 m^3 Wasser Platz hatten, die dem Speicher über das Aquädukt zuflossen.

Der Speicher befindet sich an einer zentralen Stelle der Trinkwasserversorgung Lissabons des 19. Jh. Das Wasser wurde hier über die 2,8 km lange Galeria do Loreto an öffentliche Brunnen im Chiado und dem Bairro Alto verteilt. Auf einer Länge von 410 m kann der unterirdische Gang besichtigt werden. Der Besuch ist weitgehend trockenen Fußes und erhobenen Hauptes möglich, da die Wasserleitungen heute nicht mehr verwendet werden und die Decke nur auf kurzen Abschnitten niedriger als 2 m ist. Der Ausgang befindet sich übrigens hinter einer unscheinbaren Tür am Aussichtpunkt São Pedro de Alcântara. Es ist geplant, die Galeria do Loreto bis zu ihrem Endpunkt an der Oper im Chiado zu öffnen.

Praça do Príncipe Real, ✆ 218100215, http://museudaagua.epal.pt, Ⓜ Rato. Mo–Sa 10–18 Uhr, So/Fei geschl. Eintritt 2,50 €, ab 65 J., mit Cartão Jovem und Studenten 1,50 €; bis 12 J. frei. Führungen durch die Galeria do Loreto Mi/Sa 11 und 15 Uhr; vorherige telefonische Anmeldung unter o. g. Nummer (Museu da Água) oder im Reservatório da Patriarcal erforderlich.

Jardim Botânico: Der Botanische Garten gehört zur Naturwissenschaftlichen Fakultät der *Universidade de Lisboa*. In dem 1873 angelegten Park wachsen auf abschüssigem Gelände verschiedenste Pflanzen aus der ganzen Welt, die fast alle genauestens etikettiert sind. Besonders hervorzuheben sind die tropischen und subtropischen Gewächse, darunter eine schöne Palmenallee und sehenswerte Kakteen. In den vergangenen Jahren ist der Park aber etwas heruntergekommen, da zu wenig investiert wird, um ihn zu erhalten.

Rua da Escola Politécnica, 58 (Nähe Príncipe Real, Ⓜ Rato), ✆ 213921800, www.jb.ul.pt. April bis Okt. Mo–Fr 9–20 Uhr, Sa/So/Fei 10–20 Uhr, Nov. bis März Mo–Fr 9–18 Uhr, Sa/So/Fei 10–18 Uhr. Eintritt 1,50 €, ab 65 J., Studenten und mit Cartão Jovem 50 % Ermäßigung, bis 6 J. frei.

Convento dos Cardaes: In diesem Kloster aus dem Jahr 1677 wohnten einst Barfüßige Karmeliterinnen in völliger Isolation. Die Ordensschwestern lebten bis zu ihrem Tod in strenger Klausur. Nicht einmal zu Gottesdiensten zeigten sich die Schwestern: In der Kapelle nahmen sie hinter einem schweren, mit Spitzen bewehrten Eisengitter für die anderen Gläubigen unsichtbar an den Messen teil.

Während der Konvent von außen durch seine schlichten weiß gekalkten Wände kaum auffällt, beeindruckt er im Inneren durch reiche barocke Kunst. So ist die Kapelle mit blau-weißen Azulejos des Amsterdamer Künstlers Jan van Oort ausgefliest, die Szenen aus dem Leben der hl. Teresa von Ávila, der Gründerin des Karmeliterordens, zeigen.

Kurios ist die Drehschublade im heutigen Museumsladen: Durch sie konnten die Schwestern Waren empfangen, ohne von den Lieferanten gesehen zu werden.

Auch heute leben übrigens noch Ordensschwestern im Konvent, allerdings inzwischen acht Schwestern der weltoffeneren Dominikanerinnen, die sich um etwa 30 blinde Kinder kümmern.

Rua do Século, 123, ✆ 213427525. Ascensor da Glória oder Tram 28 bis Halt Calhariz-Bica, Ⓜ Baixa/Chiado. Tägl. (außer So und an Feiertagen) 14.30–17.30 Uhr. Wenn das Kloster während der offiziellen Öffnungszeiten geschlossen sein sollte, kann man am Klostereingang um die Ecke in der Rua Eduardo Coelho 1 nachfragen. Eintritt 2 €.

Museu Geológico: Das Geologiemuseum zeigt die ersten in Portugal systematisch gesammelten geologischen Funde. Im Dachboden des ehrwürdigen Gebäudes der Akademie der Wissenschaften, der *Academia das Ciências*, sind unglaubliche Mengen an Mineralien sowie Pflanzen- und Reptilienfossilien ausgestellt, darunter versteinerte Seeschnecken, Anemonen und Dinosaurierknochen. Höhepunkte sind ein versteinerte Baumstumpf neben dem Eingang, die mittelsteinzeitlichen Funde aus Muge im Tejo-Tal sowie römische Werkzeuge aus den Minen von Ajustrel im Alentejo.

Rua da Academia das Ciências 19-2°, ✆ 213463915, www.ineti.pt. Ab Cais do Sodré mit Bus 758 bis Haltestelle Príncipe Real. Di–Sa 10–17 Uhr, Mo, So und Fei geschl. Eintritt 2,50 €, Studenten und ab 65 J. 50 % Ermäßigung, unter 10 J. frei.

Miradouro de Santa Catarina: Bäume umrahmen den schönen Aussichtspunkt mit Blick auf die gegenüberliegende Tejo-Seite, die Brücke des 25. April und die Hafenanlagen von Santos und Alcântara. Im Sommer kann man am kleinen Kiosk *O Miradouro* neben der Adamastor-Statue eine Bica trinken.

Bica heißt übrigens auch das Stadtviertel. Mit dem Ascensor Elevador da Bica verfügt es über den kleinsten Aufzug der Stadt. Das Tal, in dem der Aufzug den Berg erklimmt, öffnete sich übrigens beim Erdbeben von 1597.

Mit der Straßenbahn 28 bis zur Haltestelle Calhariz-Bica oder Ⓜ Baixa/Chiado. Betriebszeiten des Aufzugs: tägl. 7–21, So erst ab 9 Uhr. Bezahlt wird in der Talstation. Die Benutzung ist mit den normalen Fahrkarten der Carris oder der Lisboa Card möglich. Die Einzelkarte kostet 3 € und gilt für eine Berg- und eine Talfahrt.

Museu da Farmácia: Alte Werbeschilder von Bayer und Schering, die Wunder gegen Kopfschmerzen und andere Wehwehchen versprechen, oder liebevoll restaurierte Apotheken. Im Erdgeschoss findet man z. B. die Farmácia Liberal aus

Steile Gassen in der Bica

dem Jahr 1890 mit ehrwürdigen Holzschränken, genau so, wie sie früher einmal an der Avenida da Liberdade existierte. Sehenswert ist auch die Feldapotheke von 1908 des portugiesischen Militärs aus Afrika oder die chinesische Apotheke Tai Neng Tong aus Macao mit Medizin aus Nashornschädeln und Krokodilen im Obergeschoss. Besonders kurios ein englisches Kondom aus Schafshaut aus dem 18. Jh. am Ende der Ausstellung. Im ersten Stock des Apothekenmuseums findet man das mit alten Arzneischränken und Behandlungsstühlen dekorierte Museumsrestaurant *Pharmacia*, das auch über seine Terrasse mit Tejo-Blick gegenüber dem Miradouro de Santa Catarina erreichbar ist.

Rua Marechal Saldanha, 1, ✆ 213400688. Mit der Straßenbahn 28 bis zur Haltestelle Calhariz-Bica oder Aufzug Ascensor da Bica, Ⓜ Baixa/Chiado. Mo–Fr 10–18 Uhr. Eintritt 5 €, bis 2 J. frei, Studenten und ab 65 J. 3,50 €. Am Eingang kann ein Buch mit engl. Erklärungen ausgeliehen werden.

Das Bairro Alto → Seite 170/171

Hier wird Fisch aus Konserven serviert: Restaurant Sol e Pesca

Praktische Infos

(→ Karte S. 170/171)

Restaurants

La Paparrucha 8, argentinisches Steakhouse etwas oberhalb des Miradouro de São Pedro de Alcântara. Mo–Fr 12–15 Uhr, Sa/So 13–16 Uhr, dazu tägl. 19–2 Uhr (Küche bis 24 Uhr). Nach dem Eingangsbereich mit Fotografien aus Argentinien erreicht man den zweistöckigen Speisesaal. Die Gäste genießen ein herrliches Panorama über die Avenidas Novas, die Avenida da Liberdade und den Stadtpark. Am besten ist der Blick vom Obergeschoss. Im Sommer kann man die Aussicht nach oder vor dem Essen auch in den Sesseln auf der Garten-Terrasse genießen. Im Angebot vor allem Steaks, aber auch Fisch und Nudeln. Tischreservierung empfohlen, da gerne von wohlhabenden Portugiesen und Touristen besucht. Mittagsbuffet Mo–Fr für 10 €. Hauptgerichte ab 17 € (exklusive Beilagen). Rua Dom Pedro V, 18/20, ✆ 213425333, www.lapaparrucha.com.

La Brasserie de L'Entrecôte 38, unterhalb der Praça Luís de Camões. Tägl. 12–15 Uhr und 20–24 Uhr (So nur bis 23 Uhr). Große, sehr stilvoll eingerichtete Speisesäle. Hohe Granitbögen, ausladende Spiegel und dunkles Holz schaffen eine angenehme Atmosphäre. Es werden nur Steaks auf französische Art für 17,45 € serviert. Darin eingeschlossen ist ein Salat, eine Kräuter-Steaksoße und beliebig viel Pommes frites (nur das Couvert muss extra bezahlt werden). Die einzige Wahl: blutig, medium oder gut durch. Für Vegetarier gibt es Seitan-Steaks, ein Fleischersatz der japanischen Küche aus Weizen- oder Glutenmehl. Rua do Alecrim, 117, Ⓜ Baixa/Chiado, ✆ 213473616, www.brasserieentrecote.pt.

Terra 13, wer vom Príncipe Real nach unten Richtung São Bento geht, erreicht dieses vegetarische Restaurant. Tägl. 12.30–15.30 und 19.30–24 Uhr (Küche bis 22.30 Uhr). Länglicher Speiseraum, nach hinten geht es auf eine komplett begrünte Terrasse unter Bäumen. Ruhige Stimmung. Veganes Buffet mit reichhaltiger Auswahl von Pizzen über Nudeln bis zu Salaten. Preis für das Buffet Mo–Fr mittags 12,50 € pro Person, abends sowie Sa/So ganztags 15,90 €. Es sind viele Getränke aus biologischem Anbau im Angebot: Säfte, Kakao, Kaffee, Bier, Wein. Rua da Palmeira, 15, ✆ 707108108, www.restauranteterra.pt.

1.° de Maio 31, samstagabends und So geschl. Kleiner, enger L-förmiger Raum. Viele portugiesische Stammgäste, daher ist es in dem Traditionsrestaurant oft schwer, einen Tisch zu bekommen. Große Auswahl an portugiesischen Fisch- und Fleischgerichten, tägl. wechselnd. Zahlreiche selbst gemachte Nachtische. Hauptspeisen ab 9 €. Rua da Atalaia, 8, Ⓜ Baixa/Chiado, ✆ 213426840.

Tasca do Manel **29**, etwas nordwestlich der Praça Luís de Camões. Sa mittags und So ganztags geschlossen. Etwas altmodisch eingerichtet mit dunklem Holz und ockerfarbenen Wänden. Zwei Speisesäle, die sehr dicht bestuhlt sind, sodass dem international-portugiesischen Publikum wenig Platz bleibt. Große Auswahl an schmackhaften, selbst gemachten Nachspeisen: empfehlenswert der *Pudim Flan*. Portugiesische Küche mit Hauptgerichten ab 9 €. Rua da Barroca, 24, Ⓜ Baixa/Chiado, ✆ 213463813.

O Cantinho das Gáveas **18**, Mo–Fr 12–15 Uhr und tägl. 19.30–23.30 Uhr. In einer Seitenstraße etwas unterhalb der Igreja de São Roque. Einfach eingerichtetes Restaurant mit kleinem Speiseraum. Wände mit Marmor verkleidet. Beliebt und daher oft lange Wartezeiten. Regionale Küche. Hauptgerichte ab 8,50 €. Rua das Gáveas, 82 und 84, Ⓜ Baixa/Chiado, ✆ 213426460.

Antiga Casa Faz Frio **3**, wenige Meter von der Praça do Príncipe Real entfernt. Bis 22.30 Uhr warme Küche, So geschl. Sehr rustikales Inneres mit Granitfußboden. Als absoluten Gag gibt es Séparées, in denen man ungestört speisen kann. Spezialität des Hauses ist *paelha de marisco* (Meeresfrüchte-Paella, für 2 Pers. 30 € – da sie frisch zubereitet wird, Wartezeit von ca. 45 Min.). Jeden Tag eine andere Art *bacalhau* als Tagesgericht. Hauptgerichte ab 8 €. Rua Dom Pedro V, 96–98, ✆ 213461860.

Tascardoso **7**, am Rande des Parks Príncipe Real. Tägl. (außer So) 10–24 Uhr. Kleine Auswahl an portugiesischen Fisch- und Fleischgerichten. Extrem kleiner Speiseraum mit familiärer Atmosphäre. An den Wänden hängen Teller mit schlauen Sprüchen. Hauptgerichte ab 6,75 €. Rua do Século, 242, ✆ 213475698.

Sol e Pesca **47**, im ehemaligen Seemannsviertel am Cais do Sodré. Di/Mi 12–2 Uhr, Do–Sa 12–4 Uhr. Das „Fischkonserven-Bistro" dürfte eines der außergewöhnlichsten Restaurants Portugals sein. Denn es werden ausschließlich Fischkonserven serviert. Die Dosenfische werden auf einem Teller mit Kräutern und Zitronen angerichtet und mit Brot serviert (das kostet den Preis der Konserve und 2 € für Service und Brot). Mein Tipp: die nachhaltig gefangenen Thunfische der Firma Santa Catarina von der Azoren-Insel São Jorge, z. B. mit Süßkartoffeln (*batata doce)*, Oregano (*orégão*) oder Thymian (*tomilho*). Das ungewöhnliche Restaurant ist in einem ehemaligen Geschäft für Fischereibedarf untergekommen. Zwischen Angeln, Netzen und Haken haben die neuen Besitzer einfach kleine Tische aufgestellt. Die Schaufenster sind mit Dosen der diversen portugiesischen Konservenfabriken wie Manná, Minerva oder Minor gefüllt. Alle stehen auch zum Verkauf und sind mit ihren schönen Dosen ein gutes Urlaubsmitbringsel. Es gibt auch komplette Gerichte aus Konservenfischen ab 6 € pro Hauptgericht. Rua Nova do Carvalho, 44, Ⓜ Cais do Sodré, ✆ 213467203, www.solepesca.com.

Refeições Rápidas Tascardoso **4**, mittags geöffnet sowie nachmittags/abends bis 20 Uhr, Sa/So/Fei geschl. Einfaches, sehr günstiges Stehrestaurant in unmittelbarer Nähe zur Praça Príncipe Real. Gehört zum Tascardoso-Restaurant um die Ecke, mit dem es sich auch die Küche teilt. Nur kleine Auswahl an Tagesgerichten ab 3,40 €. Rua Dom Pedro V, 137.

Cafés

Boutique do Pão de São Roque **10**, tägl. 7–19 Uhr. In der Hausecke der Pensão Londres. Schöne, alte Bäckerei mit aufwendigen Verzierungen an Wänden und Decken. Eine im Halbrund angeordnete stattliche Säulenreihe vollendet das Ensemble. Allerlei Gebäck und Kaffee. Rua Dom Pedro V, 57, ✆ 213224356.

Cais do Chiado **46**, Mo–Fr 8–24 Uhr, Sa ab 10 Uhr, So 10–16 Uhr. Moderne Cafeteria am Aufstieg zum Bairro Alto. Hohe Betondecken, funktional und minimalistisch eingerichtet. Bioprodukte zum Verkauf. Auch das Essen ist überwiegend (aber nicht vollständig) bio: Salate, Bagels und Burger sowie Tagesgerichte im Self-Service. Rua do Alecrim, 26-M, Ⓜ Cais do Sodré, ✆ 213431072.

››› Mein Tipp: **Corallo Cacao & Caffè** **2**, in einer Seitenstraße nahe des Príncipe Real. Geschäft des italienischen Chocolatiers Claudio Corallo, der im zentralafrikanischen Inselstaat São Tomé und Príncipe Kakao anbaut und daraus luxuriöse Schokolade

Das Bairro Alto → Seite 170/171

I'm late = Estou atrasad?

Die Metrostation am Bahnhof Cais do Sodré wird von einer großen, unterirdischen Halle mit 25 m Breite und über 100 m Länge überspannt. Ihre Seitenwände schmücken Azulejo-Hasen. Die in Anlehnung an das Buch „Alice im Wunderland“ von Lewis Carroll gestalteten Tiere halten eine Stoppuhr in der Hand, und unten steht geschrieben *„Estou atrasad“.* Der letzte Buchstabe, je nach Geschlecht O oder A, fehlt, eigentlich müsste es *„Estou atrasado“* bzw. *„Estou atrasada“* heißen. Der Grund dafür ist kurios: Nach den Plänen des vor der Vollendung seiner Arbeit verstorbenen Künstlers António Dacosta hätte es eigentlich auf Englisch *„I'm late“* heißen sollen. Doch der danach mit dem Projekt beauftragte Maler Pedro Morais überlegte es sich anders, und dann fehlte – Grammatik hin, Grammatik her – der Platz für den letzten Buchstaben.

herstellt. Geschmacksrichtungen u. a. mit Orange und Ingwer oder in Form von Bonbons. Die Produkte können im Laden verkostet und gekauft werden (keine Tische). Ebenso gibt es Kaffee, heiße Schokolade und leckeres Schoko-Eis für 1,50 € pro Kugel. Sündhaft gut und sündhaft teuer … Rua Cecílio de Sousa, 85, ✆ 213862158, www.claudiocorallo.com. «

Fabrico Infinito 6, kurz vor der Praça do Príncipe Real. So und Mo geschl., sonst 11–19 Uhr. Im Vorderteil ein Modeladen, weiter hinten dann ein hell und liebevoll eingerichtetes Café. Deutsche Besitzerin, die ein sehr leckeres Kuchenbuffet anbietet. Dazu wird Schlagsahne serviert. Viel Wert wird auf Details wie ausgefallenes Geschirr gelegt. Man bekommt übrigens guten portugiesischen Espresso und keine lauen Filterkaffee-Kännchen. Ruhige Atmosphäre, besonders auf der weitgehend windgeschützten Terrasse unter einer hohen Araukarie (Schuppentanne). Samstagmorgens Brunch. Rua Dom Pedro V, 74, ✆ 212467629, www.fabricoinfinito.com.

Noo Bai Café 41, Café und Bar direkt am Aussichtspunkt Santa Catarina, mit dem es den herrlichen Blick teilt. Tägl. 12–24 Uhr. Eine Eisentreppe führt auf die Terrasse mit Panorama von der Ponte 25 de Abril über den Tejo bis auf die andere Flussseite nach Almada. Wer will, kann auch innen sitzen, wo ein paar Holztische aufgestellt sind. Ruhiges Ambiente mit Jazzmusik. In einer Spielecke können sich Kinder beschäftigen. Zum Essen gibt es Bagels, Toasts und Suppen. Mittags auch ein komplettes Menü. Miradouro de Santa Catarina, Rua Santa Catarina, ✆ 213465014, www.noobaicafe.com.

Internetcafés

Web C@fé 17, kleines Internetcafé mitten im Bairro Alto. Tägl. von 19 bis 2 Uhr geöffnet. So kann man noch kurz zwischen zwei Bars im Bairro Alto nachschauen, ob nicht doch noch eine neue Mail gekommen ist. Auch als Bar recht beliebt. Pro Stunde 2 €. Rua do Diário de Notícias, 126, ✆ 213421181.

Einkaufen

Antiquitäten: Antiquitätengeschäfte finden sich hauptsächlich in der Rua Dom Pedro V und in der Rua da Escola Politécnica (beim Botanischen Garten).

Azulejos: *Fábrica Sant'anna* **43**, kunstvoll von Hand bemalte Wandfliesen aus eigener Werkstatt. Auch Teller und Porzellanfiguren finden sich hier. Ein nützliches Mitbringsel sind die Hausnummern (ab 10 €). Allerdings ist diese renommierte Firma vergleichsweise teuer, da sie viele Touristen als Kunden hat. Rua do Alecrim, 91–97, Ⓜ Baixa/Chiado, ✆ 213422537, www.fabrica-santanna.com. Hinweis: Die Fabrik der Marke steht übrigens im Stadtteil Ajuda in der Calçada da Boa-Hora, 96 und kann Mo–Fr 10–12 und 14–17 Uhr besichtigt werden (Tram 15, Haltestelle Hospital Egas Moniz).

Solar **5**, am Eingang Nr. 70 klingeln. Der ganze Keller ist voll mit Azulejos aus vergangenen Jahrhunderten. Historische Azulejos sind aber ein beliebtes Mitbringsel, sie werden dementsprechend teuer gehandelt. Rua Dom Pedro V, 66–72 (Nähe Príncipe Real), ✆ 210459966.

Märkte: *Mercado da Ribeira*, der ehemalige Großmarkt für Obst- und Gemüse ist in einer wunderschönen Markthalle aus dem Jahr 1882 untergebracht. Von weitem nicht zu übersehen ist das charakteristische weiße Kuppeldach dieses ältesten Marktes Lissabons. Seit dem Umzug des Zentralmarkts nach São Julião do Tojal im Norden Lissabons nur noch Verkauf von Obst, Gemüse, Fleisch und Fisch in kleineren Mengen und Blumenmarkt. Farbenprächtiges Ambiente, besonders interessant am frühen Morgen. Tägl. (außer So) 6–14 Uhr geöffnet. Blumenverkauf zusätzlich Mo–Fr 15–19 Uhr. In der ersten Etage treffen sich jeden Sonntag Vormittag Münzen- und Briefmarkensammler. Av. 24 de Julho, Ⓜ Cais do Sodré.

Mercado Biológico, Bio-Markt mit Anbietern aus den ländlichen Regionen um Lissabon jeden Sa 9–14 Uhr. Jardim do Príncipe Real, Praça do Príncipe Real, www.agrobio.pt.

››› Mein Tipp: Solar do Vinho do Porto 14, Mo–Fr 11–24, Sa 14–24 Uhr, So und Fei geschl. Von der Praça dos Restauradores per Ascensor da Glória den Berg hinauf, das Lokal liegt gleich oberhalb der Haltestelle im Palácio São Pedro de Alcântara aus dem Jahr 1747. Wer aus der riesigen Auswahl der über 100 Sorten etwas Besonderes trinken will, dem sei der trockene weiße Port Taylor's Chip Dry empfohlen. Unter den roten Ports sind die Marken Ferreira, Graham oder die Edelports der Quinta do Noval kein schlechter Griff. Das Glas schon ab 1,30 €. Wer keinen Portwein kosten will, kann auch Bier oder eine Bica trinken. Rua São Pedro de Alcântara, 45, ✆ 213 475707, www.ivdp.pt. ‹‹‹

Mode: In den Gassen des Viertels finden sich zahlreiche Szeneläden mit gebrauchter und fabrikneuer Kleidung, Schuhen sowie Einrichtungsgegenständen. Daneben betreiben auch exklusive Modedesigner einige Geschäfte im Bairro Alto.

Fátima Lopes **27**, elegante Damen- und Herrenmode. Hier kaufen viele VIPs ein, dementsprechend sind die Preise. Auch Bademode und Schuhe. Fátima Lopes experimentiert viel mit neuen Chemiefasern und verwendet für ihre eng geschnittenen Kleider gerne glänzende Stoffe. Rua da Atalaia, 36, Ⓜ Baixa/Chiado, ✆ 213240546, www.fatima-lopes.com.

Denkmal des Losverkäufers

Filipe Faísca **33**, einer der bekanntesten portugiesischen Modedesigner. Elegante Damen und Herrenmode. Schlichte, klare Linien. Nicht schrill, eher klassische Farben. Stellt auch Kostüme für Theater und Oper her. Sein kleines Geschäft kann man im Vorbeigehen leicht übersehen. Cç. do Combro, 99, ✆ 213420699, www.filipefaisca.com.

Lena Aires **23**, kleiner, orange gestrichener Laden. Lena Aires kreiert psychedelisch anmutende Kleider. Bequeme Mode v. a. für ein jüngeres Publikum. Viele spielerische Elemente. Geringe Auswahl, aber günstigere Preise als bei anderen Modedesignern. Rua da Atalaia, 96, ✆ 213461815, www.lena-aires.com.

Souvenirs: *Casa dos Tapetes de Arraiolos* **1**, gegenüber dem Eingang zum Botanischen Garten. Offizieller Verkaufsposten der bekannten portugiesischen Knüpfteppiche aus Arraiolos im Alentejo. Die kostbaren Teppiche werden komplett in Handarbeit gefertigt. Man kann auch Teppiche nach eigenen Motiven in Auftrag geben. Rua da Imprensa Nacional, 116-E, ✆ 213 963354, www.casatapetesarraiolos.com.

Das Bairro Alto → Seite 170/171

Von viel Grün umsäumt: die Basílica da Estrela

Campo de Ourique und Amoreiras

Der Stadtteil Campo de Ourique wird aufgrund seiner rechtwinkligen Anlage und der vielen Geschäfte auch als „Baixa des Lissabonner Westens" bezeichnet. Nachts weithin sichtbar erhebt sich hier die weiße Kuppel der Basílica da Estrela, der „Sternenbasilika", in den Lissabonner Himmel. Den Nachbarstadtteil Amoreiras beherrschen ein futuristisches Einkaufszentrum und das prachtvolle Aquädukt.

Campo de Ourique wird hauptsächlich von Arbeitern bewohnt und bietet mit seinen grünen, baumgesäumten Straßen ein sehr angenehmes Erscheinungsbild. Dies schätzte schon der berühmte Dichter Fernando Pessoa, der hier seinen Lebensabend verbrachte.

Amoreiras ist das älteste Arbeiterviertel ganz Portugals. Die ersten Industriebetriebe das Landes hat hier Premierminister Marquês de Pombal im 18. Jh. unter König Dom José I. errichten lassen. Die königlichen Manufakturen stellten zum ersten Mal Kämme, Messer und Uhren in Massenfabrikation her. Die dafür notwendige kontinuierliche Wasserversorgung sicherte das 1748 fertiggestellte Aquädukt Lissabons. Der Name Amoreiras wird mittlerweile aber fast ausschließlich als Synonym für das hiesige Einkaufszentrum verwendet. Das 1985 eröffnete *Centro Comercial das Amoreiras* war der erste große Konsumtempel Lissabons. Das Werk des Architekten Tomás Taveira wirkt wie eine Mischung aus Spaceshuttle und Zuckerbäckerarchitektur. Über den Geschäften sind in verschiedenen Türmen Büros und Luxuswohnungen gut Betuchter untergebracht. Ansonsten leben in Amoreiras vor allem Angehörige des einfachen Mittelstands.

Spaziergang

Dieser Spaziergang beginnt an der Hauptsehenswürdigkeit des Stadtteils Campo de Ourique, am grünen Friedhof **Cemitério dos Prazeres**. Man erreicht ihn mit der Straßenbahn 28 (ab der Rua da Conceição in der Baixa bis Endhaltestelle Campo de Ourique/Prazeres). Von dort geht es in die Rua Saraiva de Carvalho, vorbei an der Igreja do Santo Condestável, eine für den Baustil unter dem Diktator Salazar typischen Kirche. Sehenswert sind die modernistischen Glasgemälde von José de Almada Negreiros in den Querschiffen. Am Eckhaus mit der Rua do Patrocínio sieht man schöne Jugendstil-Azulejos des in Zürich geborenen Künstlers Ernesto Korrodi aus dem Jahr 1910.

Über die Rua Domingos Sequeira erreicht man die **Basílica da Estrela**. Den Besuch der prachtvollen Barockbasilika sollte man mit einem Abstecher in den gegenüberliegenden „Sternenpark" verbinden. Besonders an Sommerwochenenden nutzen ihn die Lissabonner für einen gemütlichen Plausch im Grünen.

Die Rua da Estrela („Sternenstraße") führt zum ehemaligen Wohnhaus Fernando Pessoas, des bekanntesten modernen Dichters des Landes (1888–1935). Heute widmet sich die **Casa Fernando Pessoa** dem Nachlass des Schriftstellers.

Über die Rua Saraiva de Carvalho und die Rua do Sol ao Rato kommt man zur nächsten Station des Spaziergangs, der **Mãe d'Água**. Die „Mutter des Wassers" diente früher als Kopfpunkt der Lissabonner Trinkwasserversorgung. Von hier aus wurde das kostbare Nass auf die Privathäuser der reichen Bürger und die öffentlichen Brunnen *(chafarizes)* in der ganzen Stadt verteilt.

Gegenüber der Mãe d'Água befindet sich das Museum der **Fundação Arpad Szenes/Vieira da Silva**, das dem gleichnamigen ungarisch-portugiesischen Künstlerehepaar gewidmet ist. Vor allem Liebhaber moderner Kunst sollten sich das Museum nicht entgehen lassen. Mit der Metro kommt man vom Largo do Rato zurück ins Stadtzentrum.

Abstecher zum Aquädukt

In den Monaten März bis November kann man bei gutem Wetter einen Besuch des beeindruckenden Lissabonner Aquädukts anschließen. Zum Eingang des **Aqueduto das Águas Livres** ist es noch ein kleiner Fußmarsch; wer bereits ein wenig müde ist, kann zumindest ein Teilstück der Strecke mit dem Bus absolvieren. Zunächst der Fußweg:

Wahrzeichen Lissabons – Aqueduto das Águas Livres

Ziele im Norden Lissabons
siehe S. 218
São Sebastião
Bahnhof Campolide
Bairro da Serafina
Aqueduto das Águas Livres
Campolide
Avenida Calouste Gulbenkian
Rua de Campolide
Estabelecimento Prisional de Lisboa
Rua Marquês de Fronteira
Alameda Cardeal Cerejeira
Parque Eduardo VII
Estufa Fria
Rua Gen. Taborda
Rua dos Mestres
Rua Dom Carlos de Mascarenhas
Calçada da Quintinha
Rua do Arco do Carvalhão
Av. C. F. de Sousa
Rua Artilharia Um
R. Artilharia Um
Rua Castilho
Rua Joaquim António de Aguiar
Tour 4: Avenida da Liberdade
siehe S. 154/155
Übernachten (S. 59)
8 Hotel da Estrela
Essen & Trinken (S. 187/188)
1 Casa da Comida
2 O Cantinho do Rato
6 Nood
7 Stop do Bairro
9 A Bota Velha
Cafés (S. 188)
4 Pastelaria 1800
5 Obra Vicentina/Casa Nossa Senhora do Amparo
Einkaufen (S. 188)
3 Mercado do Rato

Tour 7:
Campo de Ourique und Amoreiras
Amoreiras
Campo de Ourique
Fundação Arpad Szenes/ Vieira da Silva
Jardim das Amoreiras
Centro Comercial das Amoreiras
Mãe d'Água
Igreja da Conceição
Largo do Rato
Rato
Britischer Friedhof
Estrela Hall
Casa Fernando Pessoa
Jardim da Estrela
Basílica da Estrela
Praça da Estrela
Jardim da Parada
Mercado Campo de Ourique
Igreja do Santo Condestável
Schweizer Botschaft
Deutsch-katholische Kirche
Cemitério dos Prazeres
Av. Engenheiro Duarte Pacheco
Rua José Gomes Ferreira
Rua Carlos Alberto da
Rua Dom João V
Rua do Sol ao Rato
Rua Dom Dinis
Av. Pedro Álvares Cabral
Rua de São Bento
Rua Escola Politécnica
Rua A. Herculano
R. de São Filipe de Neri
Cç. Bento R. Cabral
Rua das Amoreiras
Rua Silva Carvalho
Rua da Arrábida
Rua do Cabo
Rua Saraiva de Carvalho
R. de S. Jorge
R. da Estrela
R. Domingos Sequeira
Rua do Patrocínio
Tv. do Jardim
R. de S. António à Estrela
Av. Infante Santo
Calçada da Estrela
Rua Ferreira Borges
Rua Quatro de Infantaria
Rua Tomás da Anunciação
Rua Francisco Metrass
Rua Tenente Ferreira Durão
Rua Azedo Gneco
Rua Carlos da Maia
Rua Correia Teles
Rua de Infantaria Dezasseis
Rua Almeida e Sousa
Rua Coelho da Rocha
Rua Sampaio Bruno
Rua de Campo de Ourique
Rua do Arco do Carvalhão
Rua Maria Pia
R. Padre Francisco
Possolo
250 m
Tour 8: Die westlichen Altstadtviertel siehe S. 190/191

Ab der Fundação Arpad Szenes/Vieira da Silva geht man die Rua das Amoreiras Richtung Rua Carlos Alberto da Mota Pinta. Dort kommt man am nicht zu übersehenden Einkaufszentrum *Centro Comercial das Amoreiras* vorbei (s. u. „Einkaufen"), hält sich dort rechts und geht die Avenida Conselheiro Fernando de Sousa bis zum Kreisverkehr, wo man links in die Rua Dom Carlos de Mascarenhas einbiegt. Dort die erste Straße rechts in die Rua dos Mestres und gleich wieder links in die Calçada da Quintinha; von hier kann man den Eingang zum Aquädukt nicht mehr verfehlen.

Wer lieber den Bus nimmt, steigt am Lago da Rato in die Linie 758 (Richtung Portas de Benfica) und fährt bis zur Haltestelle Campolide am oben erwähnten Kreisverkehr. Von dort geht es wie beschrieben zu Fuß weiter.

Sehenswertes

Cemitério dos Prazeres: Der „Friedhof der Vergnügungen" existiert seit 1833 und ist eine kleine Stadt für sich. Unter den Alleen reiht sich ein Familienmausoleum an das andere, alle reich verziert und aus edlem Stein. An der letzten Ruhestätte der Verstorbenen wird wahrhaftig nicht gespart. Der sonderbare Name des Friedhofs soll übrigens aus einer Zeit stammen, als hier häufig Feste gefeiert wurden, was schließlich verboten wurde. Eine ganz besondere Art des Totengedenkens.

Romantischer Grabesschmerz – Cemitério dos Prazeres

In der Friedhofskapelle befindet sich ein Dokumentationszentrum zur Grabgeschichte Lissabons. In wechselnden Ausstellungen werden Tod und Bestattung thematisiert sowie Einblicke in den Alltag des Friedhofs gegeben. Vom hinteren Bereich des Friedhofs hat man einen guten Blick auf die Tejo-Brücke und Alcântara.

Straßenbahn 25 (nur Mo–Fr) und 28 bis Haltestelle Campo de Ourique (Prazeres). Tägl. 9–17 Uhr (Mai bis Sept. bis 18 Uhr), Einlass bis 30 Min. vor Schluss. Informationszentrum: tägl. 10–16.30 Uhr. Eintritt frei. ✆ 213961511.

Basílica da Estrela: Die blendend weiße „Sternenbasilika" ist eines der schönsten spätbarocken Bauwerke der Stadt. Architekt Mateus Vicente de Oliveira hat die Basilika zwischen 1776 und 1790 auf Veranlassung Königin Dona Marias I. errichtet. Der Grund: Sie hatte ein Gelübde abgelegt, in dem sie sich zum Bau verpflichtete, falls sie einen Sohn gebären würde. Beeindruckend ist die prächtige Fassade mit Statuen aus der Schule von Mafra. Im Inneren erhebt sich über der Kreuzung beider Kirchenschiffe eine große Kuppel, die von außen weithin sichtbar ist. Bei gutem Wetter ist die Kuppel im Rahmen einer Führung begehbar, ebenso einer der beiden Glockentürme – zum richtigen Zeitpunkt erlebt man auch die mächtigen Glocken.

„Mutter des Wassers" – Mãe d'Água

Dazu muss man 114 Stufen über eine enge Wendeltreppe auf das Dach steigen. Belohnt wird man mit interessanten Blicken ins Innere der Kirche und auf Lissabon. Besonders der Jardim da Estrela lässt sich von oben gut betrachten.

Largo da Estrela. Straßenbahn 25 (nur Mo–Fr) und 28 bis Haltestelle Estrela. Basilika: tägl. 8–13 und 15–19 Uhr. Eintritt frei. Führungen auf die Dachterrasse: tägl. 9.30–12 und 14–17 Uhr alle 30 Min. (im Sommer bis 19 Uhr). Eintritt 5 €. Treffpunkt im Gang zur Rezeption direkt rechts neben dem Haupteingang der Basilika. Für kleine Kinder nicht zu empfehlen, da das Dach nicht sehr gut gesichert ist und elektrische Drähte gegen Tauben freiliegend verlegt sind. Des Weiteren kann man Mo–Sa 10–11.45 und 15.30–17 Uhr die imposante Krippenausstellung der Basilika besuchen. Eintritt frei.

Jardim da Estrela: Gegenüber dem Eingang der Basílica da Estrela erwartet den Besucher ein schöner Park mit einer Palmenallee, Schwanenteichen und einem Terrassencafé. Sein offizieller Name ist *Jardim Guerra Junqueiro*, im Volksmund wird er aber Jardim da Estrela genannt. Mit 57.000 qm ist er der drittgrößte Park der Stadt. Dazu gibt es eine Kuriosität zu bewundern: die kleinste Bibliothek der Stadt, die in einem winzigen Kiosk untergebracht wurde. Im hinteren Bereich bietet eine künstlich angelegte Aussichtsplattform einen schönen Ausblick.

Largo da Estrela. Straßenbahn 25 (nur Mo–Fr) und 28 bis Haltestelle Estrela oder Ⓜ Rato. Tägl. 7–24 Uhr.

Casa Fernando Pessoa: Der Dichter Fernando Pessoa verbrachte hier von 1920 bis 1935 seinen Lebensabend. Das Haus ist inzwischen modern umgestaltet worden und präsentiert neben einer umfangreichen Pessoa-Bibliothek u. a. persönliche Gegenstände aus dem Nachlass des Dichters.

Der Durchgang zum Innenhof (separater Eingang von der Straße aus) verdient besondere Aufmerksamkeit: Hier sind an der Wand die Horoskope zweier Herren namens *Ricardo Reis* und *Alberto Caeiro* aufgemalt. Dazu muss man wissen, dass Pessoa nicht nur unter seinem eigenen Namen schrieb, sondern unter insgesamt 17 verschiedenen Pseudonymen, zu denen auch die besagten Herren gehörten. Das Außergewöhnliche ist, dass Pessoa sie als jeweils eigenständige künstlerische Persönlichkeiten mit individuellem poetischem Stil anlegte und ihnen sogar Biografien zudachte.

Rua Coelho da Rocha, 16–18, ✆ 213968190. Straßenbahn 25 (nur Mo–Fr) und 28 bis Haltestelle Rua Saraiva Carvalho. Mo–Mi und Fr 10–18 Uhr, Do 13–20 Uhr, Sa/So/Fei geschl. Eintritt frei.

Campo de Ourique und Amoreiras → Seite 182/183

Mãe d'Água: In diesem großen, kastenförmigen Gebäude findet das Lissabonner Aquädukt seinen Schlusspunkt (→ „Aqueduto das Águas Livres"). Entworfen hat die Mãe d'Água der ungarische Architekt Carlos Mardel im Jahr 1746. Das beeindruckende, 7 m tiefe Reservoir hat eine Kapazität von 550.000 l und steht auch heute noch voll Wasser. Im hinteren Teil des Saals führt eine enge Treppe steil nach oben auf eine Plattform mit Aussicht auf den Tejo, die Burg und das Stadtviertel Amoreiras.

Jardim das Amoreiras, ✆ 218135522, www.museudaagua.epal.pt. Ⓜ Rato. Tägl. (außer So und Fei) 10–18 Uhr. Eintritt 2,50 €, ab 65 J., mit Cartão Jovem und Studenten 1,50 €, Kinder bis 12 J. frei.

Fundação Arpad Szenes/Vieira da Silva: Im Haus der Stiftung sind auf zwei Stockwerken über 80 Werke des ungarisch-portugiesischen Künstlerehepaars Arpad Szenes (1897–1985) und Maria Helena Vieira da Silva (1908–1992) zu besichtigen. Beide lebten Mitte des 20. Jh. in Paris und Rio de Janeiro. Ihr Werk ist von Surrealismus und Kubismus sowie von Künstlern wie Matisse und Cézanne beeinflusst. Wechselausstellungen mit unterschiedlichen Themenschwerpunkten ergänzen die Sammlung.

Jardim das Amoreiras, 56–58, ✆ 2138800-44/-53, www.fasvs.pt. Ⓜ Rato. Tägl. (außer Di und Fei) 10–18 Uhr. Eintritt 3 €, Studenten und ab 65 J. 50 % Ermäßigung, bis 14 J. und So bis 14 Uhr freier Eintritt.

Maria Helena Vieira da Silva

Die bekannteste portugiesische Künstlerin kam am 13. Juni 1908 in Lissabon zu Welt. Ihr Vater, ein Zeitungsdirektor, förderte früh ihr künstlerisches Talent durch Museumsbesuche und Kunstunterricht. Ab 1928 studierte Maria Helena Vieira da Silva in Paris an der *Académie de la Grande Chaumière* Bildhauerei und Malerei. An der Akademie lernte sie den ungarischen Juden *Arpad Szenes* kennen, den sie 1930 heiratete. Auf einer Reise nach Marseille soll sie beim Anblick der Schwebefähre *Le Pont Transbordeur* ein visuelles Schlüsselerlebnis gehabt haben. Fortan entwickelte Vieira da Silva ihren eigenen künstlerischen Stil, der in der Vereinfachung von Formen bestand und von ihr selbst mit dem Begriff „mathematische Klarheit" belegt wurde. Was damit genau gemeint ist, wird sofort klar, wenn man sich die von ihr gestaltete Lissabonner Metrostation *Cidade Universitária* anschaut.

1933 stellte Vieira da Silva in der Pariser Galerie *Jeanne Bucher* zum ersten Mal aus. Aus Furcht vor den Nationalsozialisten gingen Vieira da Silva und Arpad Szenes 1939 nach Rio de Janeiro ins Exil. Nach dem Krieg kehrte das Ehepaar 1945 wieder nach Paris zurück. Dort schuf Vieira da Silva 1949 mit *Gare Saint-Lazare* ihr bekanntestes Gemälde. 1956 wurde sie französische Staatsbürgerin und gründete mit anderen Künstlern (u. a. mit Hans Hartung) die Gruppe *École de Paris* (Schule von Paris), die ihre Arbeiten trotz aller Abstraktionen als „lyrisch" bezeichnete.

Im Alter von 83 Jahren starb Maria Helena Vieira da Silva am 6. März 1992 in ihrem Haus in Yévre-le-Chatel bei Paris. Ihre Werke sind heute in vielen amerikanischen und europäischen Museen ausgestellt, so im Museum of Modern Art in New York, der Tate Gallery in London und im Centre Pompidou in Paris.

Treffpunkt nicht nur für Tauben: Jardim das Amoreiras

Campo de Ourique und Amoreiras → Seite 182/183

Aqueduto das Águas Livres: Das Aquädukt erstreckt sich auf 19 km Länge von Queluz bis Lissabon; mit allen Nebenverzweigungen misst es insgesamt sogar mehr als 58 km. Am auffälligsten ist es bei Campolide, wo auf 941 m Länge 35 imposante Bögen das Tal von Alcântara überspannen (darunter 14 Spitz- und 21 Rundbögen). Der größte Bogen überbrückt 28 m und erreicht eine Höhe von 65 m. Damit ist er der größte aus Stein gemauerte Spitzbogen der Welt. Das elegante Bauwerk wurde zwischen 1731 und 1748 errichtet, um des chronischen Wassermangels der Stadt Herr zu werden. Wie durch ein Wunder überstand das Aquädukt das Erdbeben von 1755 unbeschadet. Heute verlaufen im Inneren zwar noch Wasserleitungen, die aber seit 1974 nicht mehr für die Trinkwasserversorgung der Stadt verwendet werden.

Ab Cais do Sodré Bus 758 bis Haltestelle Campolide (von dort zu Fuß weiter, s. o. „Spaziergang"). Eingang auf der Seite Campolide/Amoreiras in der Calçada da Quintinha. ✆ 218100215, http://museudaagua.epal.pt. Tägl. (außer So und Fei) 10–18 Uhr. Eintritt 2,50 €, ab 65 J., mit Cartão Jovem und Studenten 1,50 €, bis 12 J. freier Eintritt. Dez. bis Febr. geschlossen!

Praktische Infos

(→ Karte S. 182/183)

Restaurants

Casa da Comida 1, gehobenes Restaurant in der Nähe des Wasserspeichers Mãe d'Água. Di–Fr 13–15 Uhr und Mo–Sa 20–24 Uhr, So Ruhetag. Heller Speisesaal mit Fensterfront und Holzdach. Auch einige Tische im schattigen Innenhof. Seit 1977 eine der ersten Adressen der Lissabonner Gastronomie. Die Küche hat sich auf kreative Neuinterpretationen portugiesischer Gerichte spezialisiert. Di–Fr Mittagsmenü 25 €. Hauptgerichte ab 16 €. Reservierung empfohlen. Travessa das Amoreiras, 1, Ⓜ Rato, ✆ 213885376, www.casadacomida.pt.

A Bota Velha 9, Mo–Sa 12–15 und 19–1.30 Uhr, Fr/Sa nur Abendessen. Das kleine, sympathische Restaurant mit den alten Stiefeln an der Wand *(bota velha)* liegt in nächster Nähe der Basílica da Estrela. Sehr gut schmeckt das *bife à Bota Velha* (Rindersteak). Hauptgerichte ab 7 €, auch halbe Portionen. Rua Domingos Sequeira, 34–38, ✆ 213904447.

Nood 6, tägl. mittags und abends geöffnet. Ableger des Fast-Food-Restaurants aus dem Chiado. Schwarze Holzbänke und Tische. Japanische Küche mit Nudel- und Reisgerichten (auch zum Mitnehmen). Im Angebot ebenso Sushi, vegetarische Gerichte sowie Fruchtsäfte. Hauptgerichte ab 6,75 €. Rua Ferreira Borges, 96, ✆ 213879529, www.nood.pt.

Stop do Bairro 7, beliebtes Restaurant im Stadtteil Campo de Ourique. Mo geschl. Kleiner, sehr eng bestuhlter Speisesaal (Rauchen erlaubt). Die Einrichtung ist etwas in die Jahre gekommen, der portugiesischen Küche tut das keinen Abbruch. Nicht zu übersehen ist die Fußballleidenschaft des Wirts João Sabrino, der für den dritten Lissabonner Club, die Belenenses, fiebert: Die Wände sind überall mit Fanschals und Trikots verziert. Viele Kunden aus der Nachbarschaft. Hauptgerichte ab 6,50 €. Rua Tenente Ferreira Durão, 55-A, ✆ 21388856.

O Cantinho do Rato 2, kleines Restaurant auf dem Gelände der Rato-Markthalle, gleich nach der Einfahrt auf der rechten Seite. Mo–Sa nur mittags geöffnet, So geschl. Schlichte Einrichtung in einem grünen Wintergarten. Vor allem von Angestellten naher Büros besucht. Hauptgerichte ab 5 €. Ein komplettes Menü für 8 €. Mercado do Rato, Rua Alexandre Herculano, 64, Ⓜ Rato, ✆ 213883160.

Hotelschule Lissabons

Cafés

Pastelaria 1800 4, auffälliges Café mit schöner Azulejo-Fassade an der Ecke Rua da Escola Politécnica und Largo do Rato. So geschl. Ein altes Eisentor führt in den schlicht eingerichteten Caféraum, der von einem hohen Steinbogen überspannt wird. Largo do Rato, 7, Ⓜ Rato.

Obra Vicentina/Casa Nossa Senhora do Amparo 5, wenige Meter unterhalb des Largo do Rato. Di–Sa 15.30–19 Uhr, So/Mo/Fei geschl. Café der katholischen Vinzentinerinnen. Der Eingangsbereich erinnert mit seinen Heiligenstatuen eher an ein Devotionaliengeschäft. Im weiter hinten gelegenen, düsteren Raum servieren die Schwestern verschiedene Tees und Kuchen. Die Zeit scheint hier stehengeblieben zu sein. Darauf deutet auch die alte Standuhr in der Ecke hin, deren Zeiger den Betrieb bei 12 Uhr eingestellt haben. Rua de São Bento, 700, Ⓜ Rato.

Einkaufen

Einkaufszentrum: *Centro Comercial das Amoreiras*, tägl. 10–23 Uhr geöffnet (sogar an Feiertagen). Der Bau wirkt wie eine Stadt in der Stadt – und ist es auch. Von der Post bis zur Kirche ist alles vorhanden. Auf den beiden riesigen Stockwerken mit über 300 Geschäften gibt es Straßennamen, damit man sich nicht verläuft. Im Erdgeschoss ein großer Supermarkt *(Pão de Açúcar)*. Edle Shops für Schmuck und vor allem Mode. Ebenso mehrere Buchhandlungen, CD-Läden sowie über 50 Restaurants und Cafés. Darüber hinaus stehen 10 Kinos zur Auswahl. Av. Engenheiro Duarte Pacheco, Ⓜ Rato, www.amoreiras.com.

Märkte: *Mercado do Rato* **3** in unmittelbarer Nähe zum Largo do Rato, versteckter Eingang neben dem schönen Jugendstilgebäude der *Auto Industrial*. Tägl. (außer So) 7–14 Uhr. Rua Alexandre Herculano, Ⓜ Rato.

Mercado de Campo de Ourique, schöne, südamerikanisch anmutende Markthalle. Gute Einkaufsmöglichkeit für Fisch und Gemüse. Tägl. (außer So) 7–14 Uhr. Rua Coelho da Rocha, 100.

Platz für eine Pause gegenüber dem Museu Nacional de Arte Antiga – Largo Dr. José de Figueiredo

Die westlichen Altstadtviertel

Die Altstadtviertel westlich des Bairro Alto werden zu Unrecht oft übersehen. Vor allem der kleine Stadtteil Madragoa mit seinen entzückenden Gassen ist einen Besuch wert. Der Nachbarstadtteil Lapa dagegen ist mit seinen Botschaften und Palästen das aristokratischste und vornehmste Viertel Lissabons.

Ein Besuch der **Lapa** kann zuweilen etwas frustrierend sein: viele schöne Paläste mit hübschen Gartenanlagen, doch kommt man nirgendwo hinein. Der Grund: In vielen Gebäuden sind ausländische Botschaften untergebracht, die wenig Wert auf fremde Besucher legen. Einen Vorteil hat das Ganze dennoch: Es gibt eine Reihe erstklassiger Restaurants, denn der hungrige Botschaftermagen lässt sich nicht mit Durchschnittsküche verköstigen (das gilt auch für die Abgeordneten des nahen portugiesischen Parlaments). Wer dagegen Einkaufsmöglichkeiten sucht, wird in der Lapa nicht gerade verwöhnt.

Die **Madragoa** ist einer der ältesten Stadtteile Lissabons. Früher lebten hier hauptsächlich Fischer und Fischverkäuferinnen (die berühmten *varinas).* Dem Charme der engen Gassen und kleinen Häuschen des gut erhaltenen Stadtteils kann sich kaum ein Besucher entziehen. Die meisten kommen jedoch nachts in die Madragoa, befindet sich hier doch eines der Zentren des modernen Lissabonner Nachtlebens (→ S. 80–91). Teilweise wird das Viertel auch *Santos* genannt, was sich dann vor allem auf den unteren Teil in der Nähe des Tejo bezieht. Hier haben sich in den vergangenen Jahren zahlreiche Designer und Einrichtungshäuser niedergelassen.

Östlich des großen Gebäudes des portugiesischen Parlaments erstrecken sich die Gassen und Straßen von **São Bento**. Weiter südlich liegt die Rua do Poço dos Negros, wo zahlreiche Kapverdianer für afrikanisches Flair inmitten Lissabons sorgen. Der Straßenname „Brunnen der Schwarzen“ ist beziehungsreich: Hier wurde früher ein Sklavenmarkt abgehalten.

Spaziergang

Die Tour beginnt am **Museu Nacional de Arte Antiga** im Stadtteil Lapa. Zu erreichen ist es mit der Straßenbahn 15 ab der Praça do Comércio; von dort fährt man bis zur Haltestelle Cais da Rocha. Das „Nationalmuseum der alten Künste" wurde bereits 1884 eröffnet und zählt damit zu den ältesten Museen des Landes. Untergebracht ist es im großen, gelb gestrichenen Alvor-Palast oberhalb der Tramhaltestelle. Nach seinen grünen Fenstern wird es auch *Janelas Verdes* genannt. In der hiesigen Ausstellung hat der portugiesische Staat vor allem die Kunstschätze der bei der Säkularisierung von 1834 aufgelösten Klöster zusammengetragen.

Im Gegensatz zu den pompösen Palästen der Lapa wirkt der kleine Nachbarstadtteil Madragoa mit seinen engen Gassen äußerst bescheiden. Im Zentrum der Madragoa kann das ehemalige Kloster **Convento das Bernardas** besichtigt werden, das inzwischen als Wohnort für zahlreiche Familien dient. Außerdem ist in den alten Klostermauern das Marionetten-Museum **Museu da Marioneta** untergebracht.

Wer über die Rua do Machadinho die Gassen der Madragoa verlässt, erreicht bald den Nachbarstadtteil **São Bento**. Auf dem Weg passiert man an der Ecke der Rua das Francesinhas mit der Travessa do Pasteleiro einen der letzten öffentlichen Waschplätze Lissabons. Tagsüber seifen, schrubben und spülen Frauen aus der nahe gelegenen Madragoa hier ihre Tischdecken, Bettlaken und Kleider.

Das São-Bento-Viertel wird vom portugiesischen Parlament **Assembleia da República** mit seiner weit ausladenden Fassade dominiert. Direkt hinter dem Parlament verläuft die „Antiquitätenmeile" Rua de São Bento, die sich für einen Einkaufsbummel anbietet.

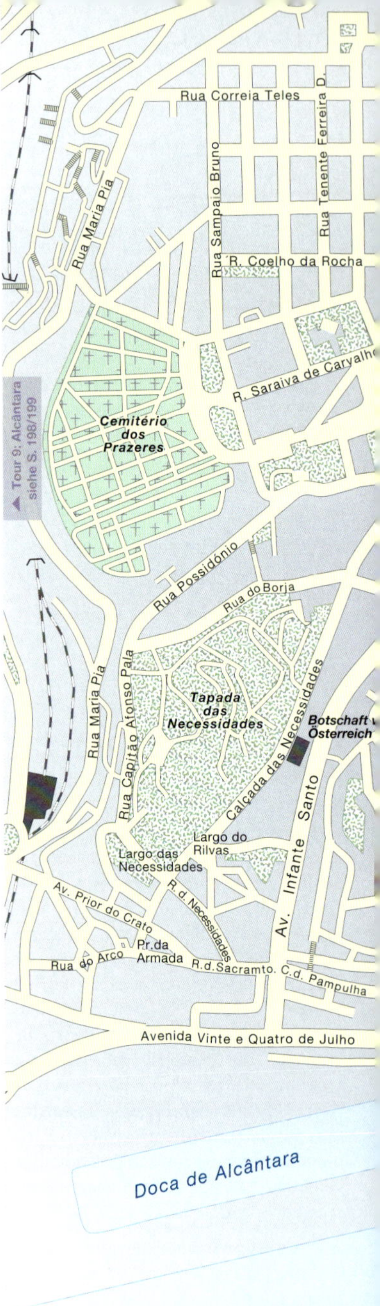

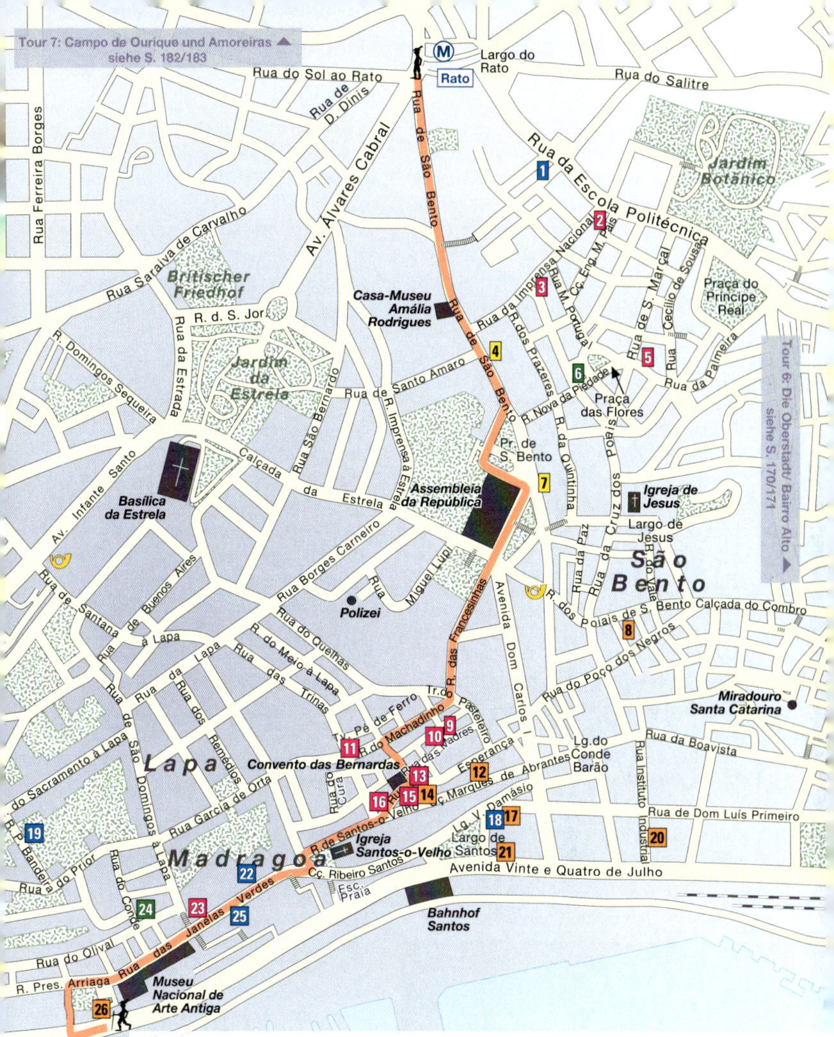

Essen & Trinken (S. 194/195)
2 Comida de Santo
3 Estrela Morena
5 Frei Contente
9 Varina da Madragoa
10 Mercearia
11 Piccolo Napoli
13 Taberna Ideal
15 Caldo Verde
16 O Aregos
23 Picanha Janelas Verdes

Cafés (S. 195)
6 Café Pão de Canela
24 O Chá da Lapa

Nachtleben
8 Incógnito (S. 89)
12 La Hora Española (S. 85)
14 Ko-Zee (S. 89)
17 Left (S. 86)
20 The Loft (S. 89)
21 Merendeira de Santos (S. 92)
26 Le Chat (S. 86)

Einkaufen (S. 195)
4 Depósito da Marinha Grande
7 Depósito da Marinha Grande

Übernachten (S. 59/60)
1 Pensão Residencial Casa de São Mamede
18 Jardim de Santos Hostel (S. 51)
19 Lapa Palace
22 Residencial York House
25 Residencial As Janelas Verdes

Tour 8:
Die westlichen Altstadtviertel

Hinter der Hausnummer 193 verbirgt sich der Eingang zur Casa-Museu Amália Rodrigues, dem ehemaligen Wohnhaus der berühmtesten Fado-Sängerin Portugals. Als Amália, wie sie kurz genannt wird, am 6. Oktober 1999 starb, gab es kaum eine gesellschaftliche Gruppierung, die es versäumt hätte, auf ihre besonderen Beziehungen zu der Fado-Ikone hinzuweisen. Selbst die portugiesischen Kommunisten der PCP entdeckten, dass sie von ihr Spenden erhalten hatten. Das Museum in ihrem ehemaligen Wohnhaus ist aber nur für eingefleischte Amália-Fans zu empfehlen.

Wer schließlich die Rua de São Bento ganz nach oben durchgeht, stößt dort auf die Metrostation am Largo do Rato.

Sehenswertes

Museu Nacional de Arte Antiga: Hier ist die bedeutendste Kunstsammlung Portugals zusammengetragen worden: sakrale Gold- und Silberarbeiten, portugiesische Keramik, asiatisches Porzellan, antike Möbel, Skulpturen, persische Teppiche, Knüpfteppiche aus Arraiolos im Alentejo sowie afrikanische Kunst. Im Inneren kann man die barocke *Capela das Albertas* mit ihren Schnitzarbeiten und Azulejos bewundern. Sie ist ein Überbleibsel eines im Zuge der Museumserweiterung abgerissenen Albertinerklosters. Als interessanteste Abteilung gilt jedoch die umfangreiche Bildergalerie mit Gemälden aus dem 14. bis 19. Jh. Vertreten sind zahlreiche namhafte europäische Künstler, u. a. Lucas Cranach der Ältere, Albrecht Dürer und Hans Holbein der Ältere. Herausragende Einzelstücke sind das *Triptychon mit der Versuchung des hl. Antonius* von Hieronymus Bosch und das *Poliptychon von São Vicente* des portugiesischen Malers Nuno Gonçalves. Ebenfalls sehr sehenswert sind japanische Wandschirme, welche die Ankunft der ersten Portugiesen in Japan zeigen, sowie Arbeiten des portugiesischen Künstlers Domingos António de Sequeira aus dem 19. Jh. Der schöne Museumsgarten lädt mit seinem Café zum Verweilen ein.

Rua das Janelas Verdes, Straßenbahn 15 bis Haltestelle Cais da Rocha. ✆ 213912800, http://mnaa.imc-ip.pt. Di 14–18 Uhr, Mi–So ab 10 Uhr (letzter Einlass jeweils 17.15 Uhr). Mo/Fei geschl. Eintritt 5 €, ab 65 J. 50 % Ermäßigung, mit Cartão Jovem 60 %, bis 18 J. in Begleitung eines Elternteils 50 % Ermäßigung, bis 14 J. und So bis 14 Uhr freier Eintritt.

Convento das Bernardas: Kreuzgang

Convento das Bernardas/Museu da Marioneta: Die Geschichte des Gebäudes ist bemerkenswert. Von seinem Bau 1655 bis zum Verbot aller religiösen Orden 1834 lebten hier Zisterziensernonnen. Danach wurde das Kloster wie viele andere religiöse Gebäude als Schule genutzt, bis sich Anfang des 20. Jh. über 100 arme Familien in den engen und dunklen Klosterzellen niederließen. Die neuen Bewohner gestalteten „ihren“ *Convento das Bernardas* recht eigenwillig um: Wintergärten, angebaute Balkone und Waschtröge machten sich

Tiefer Blick vom Dach ins Innere der Basílica da Estrela (S. 184)

im Kreuzgang breit. Ende der 90er Jahre wurde der Konvent schließlich auf Betreiben der Stadtverwaltung saniert. Seitdem leben nur noch 35 Familien im Kloster, allerdings unter erheblich besseren sanitären Bedingungen als zuvor. Den anderen hat die Stadt neue Wohnungen außerhalb angeboten.

Im Konvent ist außerdem das Marionettenmuseum untergebracht, das über 1.000 Figuren aus unterschiedlichen Zeiten und Kulturkreisen präsentiert. Einen großen Raum nehmen dabei die portugiesischen Marionetten ein. Zu sehen gibt es eine Menge, besonders für Kinder (auch moderne Animationskurzfilme). Im Kreuzgang findet man das gehobene Restaurant-Café A Travessa.

Rua da Esperança, 146, Tram 25 (nur Mo–Fr) ab Praça do Comércio bis Haltestelle Santos-o-Velho oder Tram 15 bis Haltestelle Santos. Zugang in den Klosterkreuzgang über das Museu da Marioneta. ✆ 213942810, www.museudamarioneta.pt. Tägl. (außer Mo und Fei) 10–13 und 14–18 Uhr, letzter Einlass 30 Min. vor Schluss. Eintritt 4 €, unter 14 J., ab 65 J. sowie Studenten bis 25 J. 2,50 €, bis 5 J. 1 €.

Assembleia da República: Besonders beeindruckend ist die Säulenfront am Haupteingang des Parlaments, zusätzlich unterstrichen durch den breiten Treppenaufgang. Das Gebäude, auch *Cortes* oder *São Bento* genannt, wurde 1896 auf den Ruinen des alten Konvents *São Bento da Saúde* erbaut. Dabei hat der Architekt Miguel Ventura Terra neoklassizistische Elemente verwendet. Seit 1902 tagt das portugiesische Parlament hier im Plenarsaal, der mit Steinstatuen des bekannten portugiesischen Künstlers Artur Gaspar Anjos Teixeira ausgestaltet ist. Im hinteren Gebäudeteil liegt der Amtssitz des portugiesischen Premierministers.

Straßenbahn 28 bis Haltestelle Rua São Bento/Calçada da Estrela. Besichtigungen sind im Rahmen von Plenarsitzungen möglich, die in der Regel mittwochs und donnerstags am Nachmittag ab 15 Uhr sowie freitags am Vormittag ab 10 Uhr stattfinden. Die Parlamentsdebatten können mitverfolgt werden, die restlichen Räume außer dem Plenarsaal bleiben aber verschlossen. Der Eingang für Besucher befindet sich an der Nordostseite des Parla-

Die westlichen Altstadtviertel → Seite 190/191

ments – Personalausweis oder Pass mitbringen! Von Mitte Juli bis Mitte Sept. tagt das Parlament in der Regel aber nicht. Außerdem gibt es am letzten Samstag im Monat um 15 und 16 Uhr (nicht Aug. und Dez.) geführte Besuche für die man sich unter ✆ 213919625 oder cic.rp@ar.parlamento.pt anmelden muss. www.parlamento.pt.

Praktische Infos

(→ Karte S. 190/191)

Restaurants

Comida de Santo 2, kleines, brasilianisches Restaurant in der Straße gegenüber dem Eingang zum Jardim Botânico. Tägl. 12.30–15.30 und 19.30–0.30 Uhr. Am Eingang klingeln. Unbedingt reservieren, da sehr beliebt. An der Wand große Holzpapageien. Am Anfang wird eine Caipirinha angeboten – in Brasilien nicht gerade ein typischer Aperitif. Ansonsten kommt die schmackhafte Küche dem brasilianischen Original aber sehr nahe, auch was die großen Portionen betrifft. Hauptgerichte ab 15 €. Es gibt auch vegetarische Gerichte ab 10 €. Calçada do Engenheiro Miguel Pais, 39, ✆ 213963339, www.comidadesanto.pt.

Calçada do Castelo Picão – eine der steilsten Gassen der Madragoa

Picanha Janelas Verdes 23, nur abends, Reservierung empfohlen. Neben dem Museu Nacional de Arte Antiga. Brasilianisches Steakrestaurant. Zwei schöne, kleinere Räume, einer vollständig mit Azulejos ausgekleidet. Das einzige Hauptgericht besteht aus zartem gegrilltem Fleisch mit einer Fettkruste *(picanha)* und Beilagen. Unbegrenzte Portionen Fleisch für 15 €. Vorspeisen extra. Rua das Janelas Verdes, 96, ✆ 213975401, www.picanharestaurantes.com.

Frei Contente 5, etwas oberhalb der Praça das Flores. Tägl. außer Di 19–2 Uhr. Der Boden ist weiß-schwarz gepflastert, ähnlich wie die Bürgersteige Lissabons. Gedämpftes Licht und eine große Fensterfront. Der Name des Restaurants stammt von einem „zufrieden grinsenden Mönch", der an der Wand als Gemälde zu sehen ist. Kreativ zusammengestellte und schmackhafte Gerichte der portugiesischen Küche. Tagesgerichte ab 9 €. Rua de São Marçal, 94, ✆ 213475922.

Varina da Madragoa 9, im Herzen der Madragoa. Mo geschl. Reservierung vor allem abends sinnvoll (bis 23.30 Uhr geöffnet). Das Lokal war in den 70er Jahren eine einfache Taverne, was noch an der Einrichtung der zwei kleinen Speiseräume zu erkennen ist. Die Wände sind mit Zeitungsartikeln und Fotografien der Stammgäste geschmückt, darunter zwei sich politisch nicht gerade nahestehende: der verstorbene Literaturnobelpreisträger José Saramago und Staatspräsident Cavaco Silva. Regionale Küche wie *bacalhau à Brás* (Stockfisch mit Ei und Pommes frites). Hauptgerichte ab 8,50 €. Rua das Madres, 34, ✆ 213 965533.

Mercearia 10, ein paar Häuser hinter der Varina da Madragoa. Di geschl. Reservierung empfohlen. Untergebracht im ehemaligen Krämerladen *Mercearia Covilhense*. Kleiner Speiseraum, in eine Ecke hat man die Küche gezwängt. Die Tische sind aus alten Nähmaschinenfüßen hergestellt. Zusammen mit dem massiven Steinboden sowie den alten Werbeplakaten und Spiegeln an den Wänden ergibt dies ein gemütliches, nostalgisches Ambiente. Portugiesische Küche. Hauptgerichte ab 7,50 €. Rua das Madres, 52, ✆ 213977998.

Caldo Verde 15, schräg gegenüber dem Convento das Bernardas. Mo geschl. Die Besitzerin, die zugleich Köchin des Hauses ist, kommt aus Trás-os-Montes. Der Küche aus der nordöstlichsten Region Portugals ist sie auch in Lissabon treu geblieben. Der Gastraum ist klein und etwas dunkel. Einfache Holzstühle und Holztische. Die Decke ist mit bäuerlichen Arbeitsgeräten, Flaschenkürbissen und Knoblauchzöpfen dekoriert. Fisch und Fleischgerichte ohne große Schnörkel, aber sehr schmackhaft und reichlich. Hauptgerichte ab 7,50 €, viele Gerichte aber auch deutlich teurer. Rua da Esperança, 89–91, ✆ 213903581.

››› Mein Tipp: **Taberna Ideal 13**, kurz vor dem Convento das Bernardas in der Madragoa. Mi–So 12–0.30 Uhr (So mittags geschl.), Sa/So bis 2 Uhr. Im Stil eines französischen Bistros eingerichtet. Dazu passt das alte Gewölbe des Gebäudes sehr gut. Holztische mit Steinplatten, ruhige Musik, sanfte Beleuchtung. Viele Portugiesen unter den Gästen. Die Gerichte werden mit Kreide auf einer Tafel angeschrieben. Nach Ende der Essenszeit auch Weinbar. Viele kleinere Gerichte und Vorspeisen, aber auch Tagesgerichte (ab 6,90 €). Rua da Esperança, 110, ✆ 213962744. In Hausnummer 100/102 gibt es den Ableger Petiscaria Ideal, falls in der Taberna wieder einmal kein Platz sein sollte. ‹‹‹

Piccolo Napoli 11, etwas oberhalb des Convento das Bernardas im Nordteil der Madragoa. Tägl. 12–15 und 19–23.30 Uhr. Hell eingerichteter, geräumiger Speiseraum. Italienische Küche mit guten Nudelgerichten, auch Pizzen im Angebot. Als Nachtisch kann man die Panna Cotta empfehlen. Hauptgerichte ab 6 €. Rua das Trinas, 22, ✆ 213903233.

O Aregos 16, volkstümliches Restaurant gegenüber der französischen Botschaft. So geschl. Einfacher Speiseraum mit ein paar Azulejos und einem Fernseher. Spezialität ist *bife na pedra*, ein Steak, das zum Selberbraten auf einem heißen Stein serviert wird. Viele Portugiesen aus der Nachbarschaft unter den Gästen. Hauptgerichte ab 5,50 €. Rua da Esperança, 182–186, ✆ 213965034.

Estrela Morena 3, kapverdisches Restaurant zwischen Rato und Praça das Flores. So geschl., oft auch samstagmittags, wenn die kapverdischen Besitzer noch vom Vorabend zu erschöpft sind. Schlichter, kleiner Speiseraum. Sehr beliebt bei der kapverdischen Gemeinde in Lissabon und abends regelmäßig komplett ausgebucht (Reservieren empfehlenswert). Einfache kapverdische und portugiesische Küche. Selbst wenn sie nicht auf der Karte stehen sollte, so gibt es dennoch oft *cachupa* – der Bohneneintopf mit Spiegelei ist das kapverdische Nationalgericht. Hauptgerichte ab 4,50 €. Rua da Imprensa Nacional, 64-B, Ⓜ Rato, ✆ 213963909.

Cafés

››› Mein Tipp: **Café Pão de Canela 6**, an der hübschen, verkehrsberuhigten Praça das Flores unweit des Parlaments. Tägl. 7–24 Uhr. Zwei getrennte Räume und zwei Terrassen, auf denen man gemütlich dem Treiben auf dem Platz zusehen kann. Mit viel Holz und einigen Azulejos dekoriert. Großes Angebot an Toasts, Hamburgern, Wraps, Blätterteiggebäck und Ähnlichem. Auch Mittag- und Abendessen. Die Preise sind draußen etwas höher als drinnen. Praça das Flores, 25 und 27, ✆ 213972220. ‹‹‹

O Chá da Lapa 24, direkt oberhalb des Museu Nacional de Arte Antiga. Von außen an der bordeauxroten Fassade gut zu erkennen. Di–Fr 10–19 Uhr, Sa/So ab 12 Uhr. Klassizistisches Teehaus. Schwere Polstersessel, Holzstühle und Tische sorgen für eine gediegene Atmosphäre. Große Auswahl an Kuchen und leckeren Süßigkeiten vom Apfelstrudel bis zu Walnuss-Schoko-Pralinen. Rua do Olival, 8, ✆ 213957029.

Einkaufen

Antiquitäten: Die Rua de São Bento (vom Parlament zum Largo do Rato) ist eine regelrechte Antiquitätenmeile, hier reiht sich ein Geschäft an das nächste. Für Liebhaber alter Möbel, Drucke, Haushaltswaren etc. ein heißer Tipp.

Gläser/Vasen: *Depósito da Marinha Grande (4 und 7)*, in der Nähe des Parlaments São Bento. Die beiden Geschäfte sind von unten bis oben voller Gläser aus dem für seine Glasherstellung berühmten Ort Marinha Grande in Mittelportugal. Vom kleinen Schnapsglas über den filigranen Sektkelch bis zur großen Blumenvase ist praktisch alles zu haben. Rua de São Bento, 418 und 234, Ⓜ Rato, ✆ 213963096 bzw. 213955818.

Die westlichen Altstadtviertel → Seite 190/191

Alcântara

Das Zentrum des Lissabonner Hafens prägt den Stadtteil Alcântara. Über das Viertel schwingen sich erhaben die Ausläufer der Brücke des 25. April, die Lissabon mit der Tejo-Südseite verbindet. Tagsüber quirliges Verkehrszentrum, bringen nachts zahlreiche Bars und Diskotheken Leben in den Stadtteil. Tagsüber lohnt das Orient-Museum mit einer der besten Sammlungen asiatischer Kunst in Europa einen Besuch.

Auch wenn die Zeiten Alcântaras als industrielles Zentrum Lissabons definitiv vorbei sind, ist die Arbeiteratmosphäre des Viertels dennoch weiter unverkennbar. Alte Fabrikhallen zeugen von Zeiten, in denen Alcântara Schauplatz heftiger Streiks war. Leider sind viele dieser Industriebauten inzwischen der Abrissbirne zum Opfer gefallen und mussten teuren Appartements weichen. In einigen Fällen blieb immerhin die Fassade erhalten. Noch gut erschnuppern kann man die alte Industrieatmosphäre im Kultur- und Designzentrum LX Factory, das in eine leerstehende Textilfabrik eingezogen ist (→ „Alternative Kulturzentren“ S. 77).

Aber auch an klassischen Sehenswürdigkeiten mangelt es in Alcântara nicht. Man kann das Straßenbahn- oder das Orient-Museum besuchen und sich das portugiesische Außenministeriums, den allerdings nicht öffentlich zugänglichen Palácio das Necessidades, anschauen oder in dessen weitläufigem Park spazieren gehen.

1966 vom Stahlkonzern US Steel gebaut: die Brücke des 25. April

Spaziergang

Die Tram Nr. 15 (z. B. ab der Praça do Comércio) fährt bis zur Haltestelle Santo Amaro am Straßenbahndepot von Alcântara, dem Ausgangspunkt dieses Spaziergangs. Hier lädt das **Museu da Carris** zu einem Besuch ein; präsentiert wird eine eindrucksvolle Sammlung historischer Busse und Straßenbahnen. Gegenüber dem Ausgang führen Steintreppen auf einen kleinen Hügel zur Kapelle **Ermida de Santo Amaro** hinauf. Von der Plattform der Kapelle eröffnet sich ein prächtiger Blick auf die Tejo-Brücke **Ponte 25 de Abril** und den Hafen von Alcântara. Über die Treppen wieder nach unten, geht es links in die Rua da Junqueira. Liebhaber chinesischer Kunst sollten einen Besuch des Ostasien-Museums **Museu de Macau** anschließen.

Links in die Travessa da Guarda und nun geht es – vorbei am Centro de Congressos de Lisboa, dem modernen Kongresszentrum der Stadt – an das Tejo-Ufer. Zuerst überqueren wir die Eisenbahnlinie und die Schnellstraßen auf der Fußgängerbrücke. Dann, am Tejo-Ufer angekommen, halten wir uns links und gehen unter der Brücke des 25. April hindurch zum Segelhafen Doca de Santo Amaro. Hier haben sich mehrere Bars und Restaurants in alten Hafenanlagen angesiedelt.

Auf der andern Seite des Jachthafenbeckens steht der Hafenbahnhof Gare Marítima de Alcântara mit seiner interessanten Architektur aus den 40er-Jahren. Über ihn flüchteten im Zweiten Weltkrieg Emigranten aus ganz Europa vor den Nazis in die USA oder nach Lateinamerika. Später fuhren Schiffe voller portugiesischer Soldaten in die Kolonialkriege nach Afrika. Heute legen hier moderne Container- und Kreuzfahrtschiffe an. Sollte das Gebäude gerade einmal geöffnet sein, lohnt ein Blick ins Innere, um die Fresken des portugiesischen Künstlers José de Almada Negreiros aus dem Jahr 1945 anzusehen.

Zurück geht es bis zur Hauptstraße Av. de Brasília und dann nach rechts. Hier fällt das Edifício Pedro Álvares Cabral ins Auge, ein lang gestreckter Betonbau im Estado-Novo-Stil aus dem Jahr 1939. Entworfen hat ihn Architekt João Simões Antunes. Sehenswert sind vor allem die Reliefe des Bildhauers Barata Feyo auf der Nordseite. Jahrzehntelang wurde hier eingesalzener Kabeljau *(bacalhau)* kühl gelagert. Das Gebäude beherbergt heute das Orient-Museum, **Museu do Oriente**, mit einer der führenden Sammlungen ostasiatischer Kunst in Europa. Beim Umbau der ehemaligen Lagerhalle in das 2008 eröffnete Museum hatten die Bauarbeiter übrigens

Alcântara → Seite 198/199

einige Mühe, den intensiven Fischgeruch aus dem Gebäude zu bekommen.

Nach dem Besuch des Museums geht es wieder die Av. de Brasília zurück, bis zur Fußgängerunterführung, über die wir die Straßen und die Eisenbahnlinie am Bahnhof Alcântara-Mar queren. Auf der anderen Seite folgen wir dem Fußgängerweg neben der Güterbahnlinie an der stark befahrenen Rua de Cascais entlang bis zum Bahnhof Alcântara-Terra, wo wir in die Rua Prior do Crato nach rechts einbiegen.

Hier geht es links die Calçada do Livramento (die kleinere, erste Straße Travessa do Livramento ignorieren und in die größere, zweite Straße!) nach oben bis zum **Palácio das Necessidades**, dem Sitz des Außenministeriums. Der prächtige Palast ist der Öffentlichkeit allerdings nicht zugänglich, anders der zugehörige Wildpark **Tapada das Necessidades**.

Die steile Gasse gegenüber dem Palast führt uns nach unten zur nahe gelegenen Praça da Armada. Hier fährt die Buslinie 760 (Richtung Martim Moniz) zurück ins Zentrum. Wer lieber mit der Straßenbahn 15 fährt, findet die nächste Haltestelle an der Ecke Av. 24 de Julho/Rua de Cascais.

Sehenswertes

Museu da Carris: Die erste Abteilung des Museums zeigt Dokumente zur Geschichte der Lissabonner Verkehrsbetriebe Carris, die 1870 kurioserweise in Rio de Janeiro gegründet wurden. Alte Uniformen, Fahrkarten und Fotografien runden diesen Teil der Ausstellung ab. Mit einer historischen Straßenbahn gelangt man in den zweiten Teil des Museums. Hier können Straßenbahnen und Busse aus allen Epochen von 1901 bis zur Gegenwart bewundert werden. Ein Besuch der Straßenbahnwerkstätten schließt sich an.

Rua Primeiro de Maio, 101/103, ✆ 213613087, http://museu.carris.pt. Straßenbahn 15 bis Haltestelle Santo Amaro. Mo–Fr 10–17 Uhr, Sa 10–13 und 14–17 Uhr, So und Fei geschl. Einlass jeweils bis 30 Min. vor Schluss. Eintritt 2,50 €, bis 12 J. und ab 65 J. 50 % Ermäßigung.

Ermida de Santo Amaro: Bei der manieristischen Kapelle handelt es sich um einen Rundbau, eine in Portugal recht seltene Bauform. Er stammt aus dem Jahr 1549 und wurde vom Erdbeben 1755 verschont. Auch die herrlichen Azulejos der Ermida datieren aus dem 16. Jh.

Straßenbahn 15 bis Haltestelle Santo Amaro.

Ponte 25 de Abril: Die Anfahrt auf der 2,3 km langen Hängebrücke über den Tejo ähnelt einem Landeanflug – 70 m über Normalnull schwebt man in die Hauptstadt ein. 1966 wurde die damals

Ponte Salazar genannte Brücke nach nur vierjähriger Bauzeit eingeweiht. Nach der Nelkenrevolution erhielt sie ihren heutigen Namen. Obwohl bereits beim Bau der Brücke eine Eisenbahnlinie unter der Autofahrbahn vorgesehen war, um Lissabon auch per Zug mit der Tejo-Südseite zu verbinden, dauerte es über 30 Jahre, bis die Bahnlinie 1999 fertiggestellt war.

Wer die Brücke mit öffentlichen Verkehrsmitteln queren will, nimmt am besten einen Fertagus-Zug ab Entrecampos (Ⓜ Entrecampos) oder Sete Rios (Ⓜ Jardim Zoológico) Richtung Süden, z. B. bis Pragal. Alternativ kann man auch die TST-Busse Richtung Süden nehmen. Sie fahren an der Av. de Ceuta auf der gegenüber dem Bahnhof Alcântara-Terra gelegenen Seite ab.

Museu de Macau: Reproduktionen alter Karten, Schiffsmodelle sowie religiöse Figuren und Gemälde illustrieren die Geschichte Macaos, des ehemaligen portugiesischen Verwaltungsgebiets gegenüber von Hongkong. Daneben gibt es die größte Sammlung chinesischer Kunst in Portugal zu sehen: Porzellan, Silberarbeiten und Fächer aus dem 18. bis 20. Jh. Zeitlich weiter zurück reicht die umfangreiche Kollektion von 1200 Münzen, die im 11. Jh. v. Chr. beginnt. Sehenswert ist auch die Abteilung mit Opiumpfeifen. Im Museum findet sich auch ein kleines, sehr liebevoll mit chinesischer Holzarbeit eingerichtetes Café.

Rua da Junqueira, 30, ✆ 21361 7570, www.cccm.pt. Tram 15 ab Praça do Comércio bis Haltestelle Rua da Junqueira. Tägl. (außer Mo und Fei) 10–18 Uhr. Eintritt 3 €, mit Cartão Jovem, Studenten und ab 65 J. 50 % Ermäßigung, bis 14 J. und So bis 14 Uhr freier Eintritt.

Museu do Oriente: Das Museum ist in zwei Kernbereiche aufgeteilt: Der 1. Stock ist den portugiesisch-asiatischen Beziehungen und der zweite asiatischen

Alcântara → Seite 198/199

Gottheiten gewidmet. Daneben gibt es im Erdgeschoss Platz für wechselnde Expositionen. Alles ist portugiesisch und englisch beschildert, was die Orientierung erleichtert. Finanziert hat dieses Museum die Stiftung Fundação Oriente, die mit Mitteln aus dem Spielbanken-Monopol des Casino-Magnaten Stanley Ho in der ehemaligen portugiesischen Kolonie Macau (China) ins Leben gerufen wurde.

Die Ausstellung im 1. Stock führt den Besucher nach Indien, Macau und Japan, die drei Regionen Asiens, mit denen die Portugiesen am meisten Kontakt hatten. Der vierte Teil zu Ost-Timor kommt dagegen deutlich kürzer – hier werden archaisch wirkende Holzmasken, Statuen und Tücher gezeigt.

Aus Macau bzw. China sind kunstvolle Seidengewänder, handbemaltes Porzellan und liebevoll verzierte Spielkisten zu sehen. Besonders auffällig ist das detailgetreue Modell einer 13-stöckigen Pagode aus Holz und Elfenbein, gefertigt im Jahr 1809. Eher kurios mutet die umfangreiche Sammlung von Riechfläschchen an, die der ehemalige portugiesische Präsident Manuel Teixeira Gomes zusammengetragen hat (er regierte 1923–1925). Aus Japan präsentiert das Museum beeindruckende Ritterrüstungen, kunstvolle Schwerter und winzige Medikamenten-Kisten. Kirchenmodelle, Kruzifixe und Monstranzen veranschaulichen die Expansion des Christentums in Indien durch die Portugiesen. Auch eine der Erstausgaben des legendären Werkes *Os Lusíadas*, in dem der Dichter Luís de Camões die Reisen der Portugiesen nach Asien verewigt hat, ist zu sehen.

Der 2. Stock widmet sich dagegen komplett den asiatischen Gottheiten. Prachtvoll beladene Altäre aus Indien, Tibet, China, Vietnam und Japan lassen die Religionen Asiens lebhaft vor Augen treten. Diese auch Kwok On genannte Sammlung hat der französische Sinologe Jacques Pimpaneau zusammengetragen – sie gilt als eine der besten ihrer Art in Europa. In schneller Folge kann man sich ein Bild von Hinduismus, Buddhismus, Taoismus und Schintoismus verschaffen. Idealerweise würde man sich aber vor dem Museumsbesuch noch ein paar grundlegende Kenntnisse asiatischer Religionen aneignen, denn dann kann man die Masken, Götterstatuen und Gebetsrollen noch besser einordnen. Nicht verpassen sollte man vor allem die liebevoll hergestellten Figuren eines hinduistischen Schattentheaters von der indonesischen Insel Java.

Avenida de Brasília – Doca de Alcântara, ✆ 213585200, www.museudooriente.pt. Direkt neben dem Bahnhof Alcântara-Mar. Mit der Tram 15 ab Praça do Comércio bis Haltestelle Av. Infante Santo (dann die Brücke über die Bahnlinie nehmen). Di–So 10–18 Uhr, Fr bis 22 Uhr (freier Eintritt ab 18 Uhr), Mo geschl. Einlass bis 30 Min. vor Schluss. Eintritt 4 €, bis 12 J. und Studenten 2 €, ab 65 J. 3 €, Familien mit bis zu drei minderjährigen Kindern 12 €, bis 5 J. sowie

Weinreben in Alcântara – im Hintergrund die Brücke Ponte 25 de Abril

generell Fr 18–22 Uhr Eintritt frei. Das Museums-Restaurant im obersten Stock verfügt über einen herrlichen Blick auf den Hafen von Alcântara. Es ist mittags und abends zu normalen Essenszeiten geöffnet. Das Museumscafé dagegen ist weniger attraktiv – man findet es etwas verloren im Keller. Für Café und Restaurant ist der Eintritt frei.

Palácio das Necessidades: An der Stelle, an der sich heute der rosarote Palast befindet, hatten im 16. Jh. Matrosen aus der Mannschaft Vasco da Gamas eine kleine Einsiedlerkapelle gebaut, die der *Nossa Senhora das Necessidades* („Maria, Heil der Kranken") geweiht wurde. Zum Dank dafür, dass er nach Gebeten zu Maria von einer schweren Krankheit geheilt wurde, ließ König Dom João V. die Kapelle später in eine barocke Kirche umgestalten. Direkt daneben ließ er vom Architekten Caetano Tomás de Sousa einen Palast für seine Brüder, die Prinzen Dom Manuel und Dom António, errichten, der 1750 fertiggestellt wurde. Heute ist hier das portugiesische Außenministerium untergebracht.

Tapada das Necessidades: Im ehemaligen Wildpark des portugiesischen Königshauses dominieren heute exotische Pflanzen, Wild bekommt man dagegen nicht mehr zu Gesicht. Der junge deutsche König Portugals aus dem Hause Sachsen-Coburg-Gotha, Fernando II., hat hier im 19. Jh. mit Hilfe des französischen Gärtners Bonard zahlreiche fremdländische Arten angepflanzt. In der Parkmitte finden sich Teiche und die prächtige Glaskuppel eines früheren Gewächshauses, etwas weiter oben ein großes Kakteen- und Agavenfeld. Vom Park aus öffnen sich immer wieder schöne Ausblicke auf Alcântara und die Ponte 25 de Abril.

Largo das Necessidades, ✆ 213 932110. Straßenbahn 15 bis Haltestelle Alcântara (Av. 24 de Julho). Der Eingang zum Park liegt auf der linken Seite des Palasts. Mo–Fr 8–18 Uhr, Sa/So ab 10 Uhr (im Sommer jeweils bis 19 Uhr). Eintritt frei.

Alcântara → Seite 198/199

Praktische Infos

(→ Karte S. 198/199)

Restaurants

Espaço Lisboa 6, tägl. 19.30–24 Uhr. Eine ehemalige Schlosserei, die man liebevoll umgebaut hat und die jetzt Platz für 135 Personen bietet. Aus der Zeit der Metallverarbeitung sind noch Haken, Kessel und Öfen zu sehen. Den Boden hat man mit Holzdielen, Marmor und Pflastersteinen versehen. In der Ecke befindet sich die Küche mit einer riesigen Dunstabzugshaube. Durch die teilweise verglaste Decke kommt Licht herein. Als Vorspeise reicht man leckere Oliven und verschiedene Brotsorten. Die Gerichte werden vor allem im Holzofen zubereitet. Hauptspeisen ab 14,50 €. Rua da Cozinha Económica, 16, ✆ 213610210.

Restaurantmeile Doca de Santo Amaro

Banthai 3, thailändisches Restaurant im Appartementkomplex Alcântara-Rio. Man muss auf die Rückseite des Gebäudes gehen, um das Restaurant zu finden. Tägl. geöffnet. Angenehm ruhige Atmosphäre in dem geräumigen Speisesaal unter Steingewölben. Sehr schmackhafte Hauptgerichte ab 11 €. Wer sein Essen thailändisch scharf haben möchte, sollte das direkt bei der Bestellung sagen. Den Koch wird es freuen. Rua Fradesso da Silveira, 2 (traseira), Loja 9, ✆ 213621184, www.restaurantebanthai.com.

O Mercado 2, tägl. 7–24 Uhr. Unter einem Brückenpfeiler der Ponte 25 de Abril in der Markthalle von Alcântara gelegen, nebenan eine Lidl-Filiale. Terrasse unter Zeltdach, dazu Speisesäle auf drei Etagen. Im ersten Stock hat man Einblick in den Markt. Fisch und Fleisch werden hier wie in einem Lebensmittelgeschäft in einer Kühltheke präsentiert. Große Auswahl an gut zubereiteter portugiesischer Kost. Hauptgerichte ab 7,95 €. Rua Leão de Oliveira, Mercado Rosa Agulhas, ✆ 213649113.

Cafés

Espaço Zarco 8, tägl. 8–20.30 Uhr. Café am Hafendock von Alcântara, etwas verloren gelegen in den ehemaligen Lagerhallen direkt hinter dem Museu do Oriente. Zusätzlich zum Innenraum auch ein paar Tische auf der Terrasse, die Arkaden spenden Schatten. Guter Blick auf den Containerhafen. Moderne, weiß-grüne Plastikmöbel. Moderates Preisniveau, Selbstbedienung. Auch preiswerte Mittagsgerichte. Edifício Gonçalves Zarco, Loja 10/11, Doca de Alcântara, ✆ 919714423.

Einkaufen

Markt: *Mercado Rosa Agulhas* **1**, Rua Leão de Oliveira, direkt unter der Brücke des 25. April, etwas oberhalb des Largo do Calvário. Mo–Sa 7–14 Uhr. Früh am Morgen ist am meisten los.

Wein: *Agrovinhos/Adegas Cooperativas do Norte ao Sul* **4**, Angeboten werden über 2000 verschiedene Weine von Kooperativen aus ganz Portugal. Gut für einen günstigen Einkauf von Urlaubsmitbringseln. Rua Fradesso da Silveira, 45, ✆ 213636944, www.lojadovinho.com.

Doca de Belém – Lissabons beliebtester Yachthafen

Belém und Ajuda

Belém ist ein freundlicher Stadtteil an der Tejo-Mündung, etwa 7 km westlich des Zentrums. Viel Grün, gepflegte Parks, mehrere interessante Museen und das bemerkenswerteste Bauwerk Lissabons: das Jerónimos-Kloster im verspielten manuelinischen Stil der Entdeckerzeit. Beeindruckend ist auch das über Belém thronende Königsschloss Palácio Nacional da Ajuda.

Der eigentliche Kern von **Belém** ist relativ klein; entsprechend wohnen hier nur wenig Menschen. Dazu gehörten allerdings seit Anfang des 18. Jh. die gekrönten Häupter des Landes, die im Palácio de Belém residierten (sofern sie sich nicht gerade in einem ihrer übrigen Paläste in Ajuda, Queluz, Sintra oder Mafra aufhielten). Diese Tradition wird heute durch den portugiesischen Staatspräsidenten fortgeführt.

Nordwestlich von Belém liegt der Stadtteil Restelo, das vornehmste Wohnviertel Lissabons. In den Einfamilienhäusern mit Garten und Tejo-Blick leben zahlreiche Diplomaten. Vom Ankerplatz in Restelo starteten die portugiesischen Seefahrer ihre Reisen ins Ungewisse: so Vasco da Gama, der im Juli 1497 aufbrach, um den Seeweg nach Indien zu entdecken, oder Pedro Álvares Cabral, der als erster Europäer nach Brasilien segelte. Allerdings wird die Anekdote erzählt, er sei nur deshalb dort angekommen, weil er bei der Umsegelung Afrikas einen zu großen Bogen Richtung Westen schlug …

Der nördlich von Belém gelegene Stadtteil **Ajuda** wirkt mit seinen einfachen, einstöckigen Häusern wie eine Kleinstadt oder sogar wie ein Dorf. Hier haben sich vor allem Angehörige der unteren Mittelschicht Lissabons niedergelassen.

Belém und Ajuda → Karte Seite 204/205

Spaziergang

Auf dieser Route liegen so viele Museen, dass man sie an einem Tag sicher nicht alle besichtigen kann. Deswegen sollte man vorab eine Auswahl treffen bzw. das eine oder andere Museum separat besuchen.

Ab Praça do Comércio (Metro Terreiro do Praço) kann mit Bus 760 (Richtung Cemitério da Ajuda) bis Haltestelle Lg. Ajuda (Palácio) der Ausgangspunkt der Tour, der **Palácio Nacional da Ajuda**, bequem erreicht werden. Der große, weiße Bau war Sitz der letzten portugiesischen Könige und beherbergt eine Fülle von Möbelstücken und Kunstwerken aus dem 19. Jh. Gegenüber dem Ajuda-Palast bietet sich der herrliche Garten **Jardim Botânico da Ajuda** für eine Pause an.

Unten am Tejo steht ein weiterer ehemaliger Königspalast, der rosarote **Palácio de Belém**, heute Sitz des portugiesischen Präsidenten. In einem Seitenflügel ist das Kutschenmuseum, das **Museu Nacional dos Coches**, untergebracht. Mit seinen 400.000 Besuchern pro Jahr ist es Portugals meistbesuchtes Museum. Weniger Menschen zieht es ins **Museu da Electricidade**. Dennoch lohnt sich ein Abstecher zum Elektrizitätsmuseum, das in einem ehemaligen Kohlekraftwerk untergekommen ist. Es handelt sich um eines der wenigen gut erhaltenen Industriedenkmäler Lissabons.

In der Rua de Belém empfiehlt sich unbedingt eine kleine Pause in der Konditorei *Pastéis de Belém:* Der Duft der herrlichen Sahnepasteten *(pastéis de Belém* bzw. *pastéis de nata)* durchzieht die ganze Konditorei (s. u. „Cafés"). Bei den Lissabonnern ist die Fábrica besonders beliebt für ein kleines Schwätzchen nach dem Wochenendspaziergang in Belém.

Am Ende der Rua de Belém liegen der „Überseegarten" **Jardim do Ultramar** und Lissabons wichtigste Sehenswürdigkeit, das Hieronymiten-Kloster **Mosteiro dos Jerónimos**. Es gilt als vollkommenstes Werk der Manuelinik, der portugiesischen Variante der Spätgotik. Durch die weite Parkanlage vor dem 300 m langen Gebäude kommt die reich verzierte Kalksteinfassade voll zur Geltung. Der Besuch des Klosters ist ein Muss.

In Nebenflügeln des Klosters sind das **Museu Nacional de Arqueologia** und das Marinemuseum **Museu de Marinha** untergebracht. Der Kuppelbau neben dem Marinemuseum beherbergt das Planetarium der portugiesischen Marine, das **Planetário Calouste Gulbenkian**.

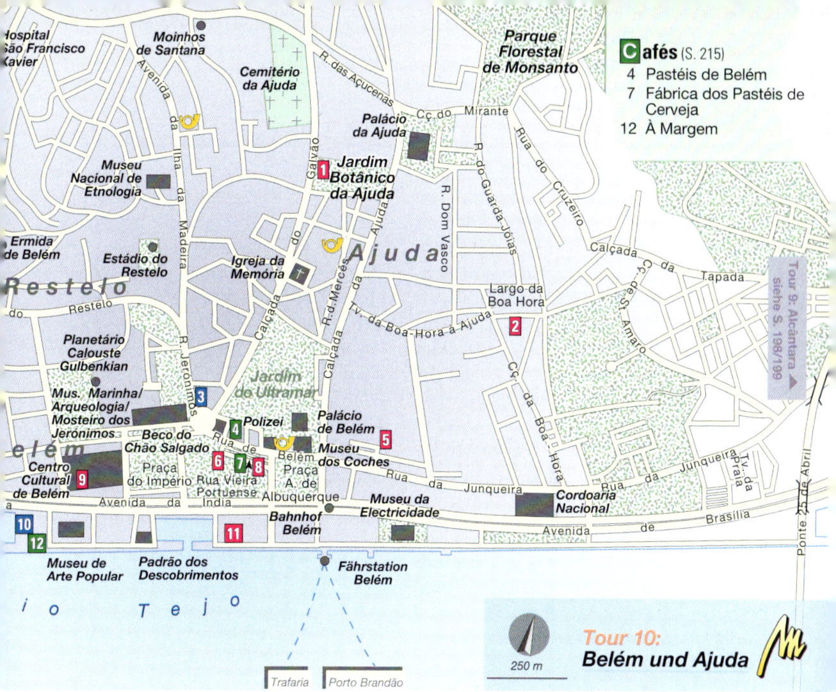

Schräg gegenüber dem Kloster fällt ein moderner, in leicht rosafarbenem Marmor gehaltener Komplex mit ähnlichen Dimensionen wie das Hieronymiten-Kloster ins Auge. Es handelt sich um das **Centro Cultural de Belém**, das Kulturzentrum von Belém, mit dem sehr sehenswerten Museum für Moderne Kunst **Museu Colecção Berardo**.

Auf der anderen Seite der Bahnlinie (Fußgängerunterführung) kann man sich noch den **Padrão dos Descobrimentos** (Denkmal der Entdeckungen) anschauen. Nebenan stellt das nationale Volkskunstmuseum *Museu Nacional de Arte Popular* typische portugiesische Kunsthandwerkserzeugnisse in einem deutlich von der Ästhetik des italienischen Faschismus inspirierten Gebäude aus. Noch weiter Richtung Westen erhebt sich an der Tejo-Einfahrt Lissabons beliebtestes Fotomotiv, der Wehrturm **Torre de Belém** – das zweite berühmte Gebäude Lissabons im manuelinischen Stil.

Wer von hier aus zurück ins Zentrum von Belém oder an die Praça do Comércio will, kann die Straßenbahnlinie 15 (Richtung Praça da Figueira) ab der Haltestelle Largo da Princesa nehmen. Dazu muss die Eisenbahnlinie über die Fußgängerbrücke an der Avenida de Brasília gequert und bis zur Rua de Pedrouços gegangen werden.

Wer dagegen noch Lust auf einen kleinen Bummel hat, steigt den Hügel bis zur Einsiedelei **Ermida de Belém** nach oben. Dort wird man mit einem fantastischen Blick auf Belém und den Tejo bis weit hinaus aufs Meer belohnt.

Belém und Ajuda → Karte Seite 204/205

Sehenswertes

Palácio Nacional da Ajuda: Den Grundstein des Königspalasts hatte man im Jahr 1795 gelegt. Aber schon 1807, als König João VI. vor den Invasionstruppen Napoleons nach Brasilien floh, ruhten die Bauarbeiten. Erst nach mehr als einem Jahrzehnt nahm man sie wieder auf; der Westflügel blieb allerdings unvollendet. 1861 zog die königliche Familie unter König Dom Luís I. in den klassizistischen Palast. Heute wird er von den portugiesischen Präsidenten für Zeremonien und Festbankette genutzt.

Immer wieder, zuletzt 1995, hat man die Arbeiten am Westflügel wieder aufgenommen. Geplant war die Fertigstellung für 1998, aber die Bauarbeiten wurden bald wieder eingestellt. Es wird wohl noch lange Jahre dauern, bis der Palast vollendet ist ...

Fertig gebaut – Ostfassade des Palácio Nacional da Ajuda

Im unteren Geschoss kann man die Gemächer des Königs und der Königin bewundern; das Zimmer der Königin ist ganz in Blau gehalten und mit einem riesigen Himmelbett ausgestattet. Im oberen Stockwerk liegt die ganz in dunklem Holz gehaltene Kunstgalerie von König Dom Luís. Anschließend folgen nach 130 m Korridor der prächtige Kronsaal und zwei Ballsäle mit großen Gemälden, glitzernden Kronleuchtern und hohen Decken.

Calçada da Ajuda, ✆ 213637095, www.pnajuda.imc-ip.pt. Ab Praça do Comércio (Metro Terreiro do Paço) mit Bus 760 (Richtung Cemitério da Ajuda) bis Halt Lg. Ajuda (Palácio). Tägl. (außer Mi und Fei) 10–17.30 Uhr (letzter Einlass 30 Min. vor Schluss). Eintritt 5 €, ab 65 J. und bis 18 J. in Begleitung eines Elternteils 50 % Ermäßigung, mit Cartão Jovem 60 %, bis 14 J. und So bis 14 Uhr freier Eintritt. Kombiticket Conjunto Museus de Belém mit Museu Nacional dos Coches, Museu Nacional de Arqueologia und Museu Nacional de Etnologia 12 €. Kombiticket Circuito Palácios Reais mit Palácio Nacional de Sintra, Palácio Nacional de Queluz und Palácio Nacional de Mafra 17 €. Kombiticket „Lisboa Monumental" mit Torre de Belém und Mosteiro dos Jerónimos 13 €.

Jardim Botânico da Ajuda: Er gilt als ältester botanischer Garten Portugals. König Dom José I. ließ ihn bereits 1768 durch den italienischen Botaniker Domingos Vandelli anlegen. Seit 1910 gehört der botanische Garten der landwirtschaftlichen Fakultät der Technischen Universität von Lissabon. Die schönste Zeit für einen Besuch ist Ende Mai bis Anfang Juni, wenn im oberen Teil eine herrliche Allee von Jacaranda-Bäumen violett blüht. Den unteren Teil dominieren dagegen exakt gestutzte Buchshecken in Dreiecksform. Im Schatten der seltenen tropischen Bäume streiten sich alte Männer beim Kartenspiel und toben eine Menge Kinder herum. Spektakulärer Höhepunkt des Gartens ist

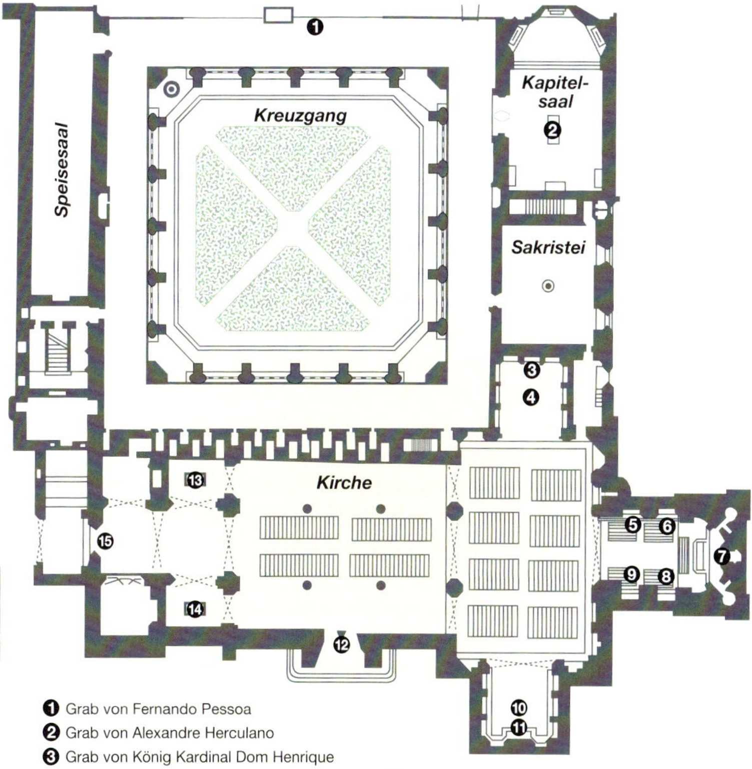

1 Grab von Fernando Pessoa
2 Grab von Alexandre Herculano
3 Grab von König Kardinal Dom Henrique
4 Gräber der Kinder von Dom Manuel I.
5 Grab von Königin Dona Maria de Castela
6 Grab von König Dom Manuel I.
7 Grab von König Dom Alfonso VI. und Herzogin Dona Catarina de Bragança
8 Grab von König Dom João III.
9 Grab von Königin Dona Catarina de Castela
10 Gräber der Kinder von Dom João III.
11 Symbolisches Grab von Dom Sebastião
12 Südportal
13 Grab von Vasco da Gama
14 Symbolisches Grab von Luís de Camões
15 Westportal

10 m

Mosteiro dos Jerónimos

der Brunnen *Fonte das 40 Bicas,* dessen 40 Wasseröffnungen als abenteuerliche Tiere gestaltet sind: Schlangen, Enten, Frösche, Fische und Seepferdchen speien um die Wette.

Calçada da Ajuda, ✆ 213622503, www.jardimbotanicodajuda.com. Bus 732 (Richtung Caselas) ab Praça do Comércio bis Halt Rua Jardim Botânico. Oder ab Praça do Comércio Bus 760 (Richtung Cemitério da Ajuda) bis Halt Lg. Ajuda (Palácio). Tägl. 9–18 Uhr, April bis 19 Uhr, Mai bis Sept. bis 20 Uhr. Eintritt 2 €, Studenten und ab 65 J. 50 % Ermäßigung, bis 7 J. freier Eintritt. Am Wochenende etwas günstiger.

Palácio de Belém: Der rosarote Palast dient den portugiesischen Staatspräsidenten seit 1912 als Amtssitz und offizielle Wohnung. König Dom João V. hatte den Palast im Jahr 1726 erworben und ihn zur königlichen Residenz umbauen lassen. Die Säle sind mit goldenen Wandtüchern, Kronleuchtern und Wandgemälden verziert. Ein schöner Springbrunnen liegt inmitten der herrlichen Gärten, umgeben von gelben und roten Rosen sowie kunstvoll beschnittenen Buchshecken. Unterhalb des Palastbalkons mit herrlichem Tejo-Blick sind in einer kleinen Einbuchtung Reliefe römischer Kaiser zu sehen; so kann sich selbst der republikanische Präsident ein bisschen als Monarch fühlen. In einem Nebengebäude ist das Museu da Presidência untergebracht. Hier sind Geschenke anderer Staatsoberhäupter, Orden und persönliche Gegenstände der Präsidenten ausgestellt, darunter das berühmte Monokel António de Spínolas, des ersten Präsidenten nach der Nelkenrevolution.

Praça Afonso de Albuquerque, ✆ 213614660, www.museu.presidencia.pt. Straßenbahn 15 bis Haltestelle Belém. Museum: tägl. (außer Mo und Fei) 10–18 Uhr. Besichtigung des Palastes nur Sa 10.30–17.30 Uhr und So 14–16.30 Uhr. Eintritt Di–Fr (nur Museum): 2,50 €, bis 25 J. und ab 65 J. 1,50 €, unter 14 J. frei, Familien (bis 5 Pers.) 5 €. Eintritt Sa/So (Museum und Palast-Führung): 5 €, bis 25 J. und ab 65 J. 3,50 €, unter 14 J. frei, Familien (bis 5 Pers.) 12 €. So bis 14 Uhr freier Eintritt. Sicherheitschecks wie am Flughafen.

Mosteiro dos Jerónimos: das imposante Südportal

Museu Nacional dos Coches: Königin Amélia rief 1905 diese weltweit einzigartige Kutschensammlung ins Leben und brachte sie in der ehemaligen Reithalle des Königsschlosses von Belém unter. Gezeigt werden 54 gold glitzernde Gefährte aus dem 16. bis 19. Jh., die von der Prunksucht und Verschwendung früherer Zeiten zeugen. Ihre Gestalter haben sich teilweise eher um extravagante Formen denn um Zweckmäßigkeit und Fahrkomfort bemüht. Darüber hinaus sind im Obergeschoss Objekte aus Stierkampf und Reiterspielen, Jagdtrompeten und Ölporträts der Dynastie Bragança ausgestellt.

Praça Afonso de Albuquerque, ✆ 213610850, www.museudoscoches.pt. Straßenbahn 15 bis Haltestelle Belém. Tägl. (außer Mo und Fei) 10–18 Uhr, letzter Einlass 17.30 Uhr. Eintritt 5 €, ab 65 J. 50 % Ermäßigung, mit Cartão Jovem 60 %, bis 14 J. und So bis 14 Uhr freier Eintritt. Kombiticket Conjunto Museus de Belém mit Museu Nacional de Arqueologia, Museu Nacional de Etnologia und Palácio Nacional da Ajuda 12 €. **Hinweis:** Das Museu dos Coches soll in den nächsten Jahren in einen modernen Glas-Beton-Neubau auf der anderen Straßenseite ziehen.

Museu da Electricidade: Das Elektrizitätsmuseum des ehemaligen Strommonopolisten EDP befindet sich in einem sehenswerten alten E-Werk direkt am Tejo gegenüber der Bahnstation Belém. Das ehemalige Kohlekraftwerk war 1914 erbaut worden und versorgte Lissabon bis 1951 mit Strom; danach wurde es durch das Wasserkraftwerk Castelo do Bode abgelöst. Tejo-Schiffe lieferten die Kohle an, die dann Förderbänder ins Kraftwerk transportierten. Überbleibsel aus dieser Zeit sind heute noch zu sehen, z. B. Hochdruckkessel, Turbinen, Generatoren, Kondensatoren, Dynamos und Kommandotische. Für eine Pause bietet sich das Museumscafé Amo-te Tejo inmitten der Anlagen des ehemaligen Kraftwerks an – im Sommer auch Terrassenservice mit Tejo-Blick vor dem Museum.

Central Tejo, Av. de Brasília, ✆ 210028190, www.fundacao.edp.pt. Straßenbahn 15 bis Haltestelle Belém. Tägl. (außer Mo und Fei) 10–18 Uhr. Eintritt frei.

Gesalzene Strafe – Beco do Chão Salgado

Am Ende der Rua de Belém, kurz vor dem Mosteiro dos Jerónimos, liegt auf der rechten Straßenseite eine kleine Sackgasse mit einem steinernen Denkmal. Die Säule erinnert an den am 12. Januar 1759 auf Befehl des Marquês de Pombal zerstörten Palast der Familie Mascarenhas. Dom José de Mascarenhas, Oberhaupt der Adelsfamilie und Herzog von Aveiro, hatte am 3. September 1758 ein Attentat auf König Dom José I. initiiert, das aber scheiterte. Pombal ließ den Fürsten und vier weitere Mitglieder der Familie am 12. Januar 1759 in Belém hinrichten – an die fünf Toten erinnern die fünf Ringe der Gedenksäule. Außerdem befahl Pombal, den Boden zu versalzen, damit die Gärten auf immer unfruchtbar blieben. So erklärt sich auch der Name der Sackgasse, den man mit „Gasse des versalzenen Bodens" übersetzen kann.

Jardim do Ultramar/Jardim Botânico Tropical: An der Straßenbahnschleife an der Rua de Belém sollte man kurz nach rechts einen Abstecher in den „Überseegarten" unternehmen. Inmitten schöner Palmenalleen und kleiner Teiche wachsen auf der sieben Hektar großen Anlage tropische und subtropische Pflanzen aus allen Erdteilen. Picknicken ist leider aber verboten!

Largo dos Jerónimos, ✆ 213620210, www.iict.pt. Straßenbahn 15 bis Haltestelle Mosteiro dos Jerónimos. Mo–Fr 9–18 Uhr, Sa/So 11–19 Uhr, Fei geschl. (Nov. bis April Mo–Fr 9–17 Uhr, Sa/So 10–17 Uhr). Letzter Einlass 30 Min. vor Schluss. Eintritt 2 €, bis 18 J. und ab 65 J. 50 % Ermäßigung, unter 12 J. freier Eintritt.

Mosteiro dos Jerónimos: Laut einer weit verbreiteten Legende ließ König Manuel I. das Kloster 1499 zu Ehren der Entdeckung des Seewegs nach Indien bauen. Die historischen Fakten sehen allerdings anders aus: Bereits 1496 hatte Papst Alexander VI. dem portugiesischen König den Bau eines Hieronymiten-Klosters in Belém genehmigt – ein Jahr, bevor Vasco da Gama zu seiner berühmten Reise aufbrach ... Die Arbeiten an dem auch *Santa Maria de Belém* genannten Kloster begannen 1501. Bis zur Fertigstellung vergingen etwa hundert Jahre, beteiligt waren insgesamt vier Architekten: Diogo de Boitaca, João de Castilho, Diogo de Torralva und Jerónimo de Ruão. Der lange Westflügel ist gar erst in der zweiten Hälfte des 19. Jh. vollendet worden, um dort das Marine- und das Archäologiemuseum unterzubringen.

Geweiht wurde das Kloster dem Ordensgründer Hieronymus, dessen kirchengeschichtliche Bedeutung vor allem darin liegt, im Auftrag von Papst Damasius I. eine verbindliche lateinische Bibelübersetzung geschaffen zu haben, die sog. *Vulgata*. Hieronymus, der zwei Jahre seines Lebens im heutigen Syrien in völliger Abgeschiedenheit verbrachte, übersiedelte im Jahr 385 nach Bethlehem, wo er mehrere Klöster leitete. In Portugal hatten die Mönche des Hieronymiter-Ordens u. a. die Aufgabe, für die Seele des Königs zu beten und den am Strand von Restelo abfahrenden Seeleuten geistlichen Beistand zu leisten.

Das Kloster wurde infolge der Säkularisierung 1834 aufgelöst. Bis 1940 diente es als Waisenhaus der *Casa Pia de Lisboa.* Heute gilt es als *das* Bauwerk der portugiesischen Nation schlechthin. Sein Symbolwert ist beträchtlich, denn hier ruhen nicht nur die Könige der Dynastie Aviz, unter der Portugal seinen Höhepunkt an internationaler Bedeutung erreichte, sondern mit Luís de Camões, Alexandre Herculano und Fernando Pessoa auch drei der wichtigsten portugiesischen Schriftsteller sowie der bedeutende Seefahrer Vasco da Gama. Seit 1984 zählt das Kloster zum UNESCO-Weltkulturerbe.

Über dem großartig geschmückten *Südportal* an der 300 m langen Fassade ist Maria mit dem Jesuskind dargestellt, über dem **Westportal** die Geburt Jesu – beides Anspielungen auf den Namen des Klosters (Belém = Bethlehem). Außerdem sind am Westportal zwei Figurengruppen des Bildhauers Nicolau de Chanterenne zu sehen: Die linke zeigt König Manuel I. (kniend) mit dem hl. Hieronymus; rechts Königin Dona Maria, begleitet von Johannes dem Täufer.

Das **Kirchenschiff** wird von zitronengelbem Licht durchflutet, welches durch eine Rosette an der Westseite hereinfällt. Sechs reich verzierte, 25 m hohe Säulen erinnern an einen Palmengarten. Unter der Empore stehen zwei mächtige Sarkophage. Gleich links neben dem Eingang erkennt man das Grabmal Vasco da Gamas mit den Symbolen von Macht und Eroberung: Weltkugel, Karavelle und Kreuzritterzeichen. Auf der anderen Seite befindet sich das Grabmal der Schönen Künste mit Buch, Federkiel und Leier. Letzteres wurde symbolisch zu Ehren des Dichters Luís de Camões geschaffen, der dort nicht wirklich beigesetzt werden konnte, da er 1580 als Opfer einer Pestepidemie seine letzte Ruhe in einem Massengrab fand.

Der **Chor** entstand erst einige Jahrzehnte nach dem Kirchenschiff unter der Leitung der Architekten Diogo de Torralva und Jerónimo de Ruão als Mausoleum für das Königshaus Aviz. Er hebt sich mit seinem farbigen Marmor und seinem italienischen klassisch-nüchternen Renaissancestil völlig von der übrigen Kirchengestaltung ab.

Märchenhaft verspielt ist der *Kreuzgang.* Dessen Untergeschoss wurde 1517 vom französischen Architekten Boytac (in Portugal *Diogo de Boitaca* genannt) im rein manuelinischen Stil entworfen. Einige Jahrzehnte später entstand das Obergeschoss unter dem Baumeister João de Castilho – es ist bereits deutlich sichtbar von Renaissance-Einflüssen geprägt. Im oberen Teil des Kreuzgangs befindet sich auch der Eingang zur Empore der Kirche. Auf dem Gang im Untergeschoss erinnert ein Monument an den Dichter Fernando Pessoa. Er wurde 1985 vom Friedhof Cemitério dos Prazeres hierher umgebettet.

Praça do Império, ✆ 213620034, www.mosteirojeronimos.pt. Straßenbahn 15 bis Haltestelle Mosteiro dos Jerónimos. Tägl. (außer Mo und Fei) 10–17.30 Uhr (Mai bis Sept. bis 18.30 Uhr). Letzter Einlass 30 Min. vor Schluss. Freier Eintritt in die Kirche. Eintritt Kreuzgang 7 €, bis 18 J. (nur in Begleitung eines Elternteils) und ab 65 J. 50 % Ermäßigung, mit Cartão Jovem 60 %, bis 14 J. und So/Fei bis 14 Uhr freier Eintritt. Kombiticket mit Torre de Belém 10 €. Kombiticket „Lisboa Monumental" mit Torre de Belém und Palácio Nacional da Ajuda 13 €.

Museu Nacional de Arqueologia: Das Museum im Hauptgebäude des Jerónimos-Klosters präsentiert archäologische Fundstücke aus der Bronze- und Eisenzeit, der römischen Epoche und dem hohen Mittelalter – alles gut arrangiert. Eine eigene Abteilung ist der Geschichte Ägyptens gewidmet. Darüber hinaus wechselnde Ausstellungen zu unterschiedlichen Themen.

Praça do Império, ✆ 213620000, www.mnarqueologia-ipmuseus.pt. Straßenbahn 15 bis Haltestelle Mosteiro dos Jerónimos. Tägl. (außer Mo und Fei) 10–18 Uhr. Eintritt 5 €, ab 65 J. und bis 18 J. in Begleitung

Lissabons beliebtestes Fotomotiv – die Torre de Belém

eines Elternteils 50 % Ermäßigung, mit Cartão Jovem 60 %, bis 14 J. und So bis 14 Uhr freier Eintritt. Kombiticket Conjunto Museus de Belém mit Museu Nacional dos Coches, Museu Nacional de Etnologia und Palácio Nacional da Ajuda 12 €.

Museu de Marinha: In den Ausstellungsräumen des Marinemuseums im Westflügel des Jerónimos-Klosters wird die Geschichte der portugiesischen Seefahrt dokumentiert. Zu sehen gibt es Schiffsmodelle, Karten und Marineuniformen. Am interessantesten sind die Karavellen der alten portugiesischen Entdecker. In einer Nebenhalle *(Pavilhão das Galeotas)* können traditionelle Fischer- und Fährboote, Yachten, Galeeren, Kanus und alte Walfangboote von den Azoren im Original bewundert werden.

Praça do Império, ✆ 213620019, http://museu.marinha.pt. Straßenbahn 15 bis Haltestelle Centro Cultural de Belém. Tägl. (außer Mo und Feiertage) 10–17 Uhr, April bis Sept. bis 18 Uhr. Eintritt 4 €, bis 17 J., Studenten und über 65 J. 50 % Ermäßigung, unter 6 J. und So bis 14 Uhr freier Eintritt.

Planetário Calouste Gulbenkian: Der auffällige Beton-Kuppelbau aus dem Jahr 1965 westlich des Hieronymitenklosters beherbergt das Planetarium der portugiesischen Marine. Das Rund des Planetariums hat einen Durchmesser von 24 m und fasst bis zu 330 Personen. Ein moderner Zeiss-Projektor illustriert den Sternenhimmel über Lissabon sowie die Planeten- und Kometen-Bewegungen.

Praça do Império, ✆ 213620002, http://planetario.online.pt/. Straßenbahn 15 bis Haltestelle Centro Cultural de Belém. Vorführungen Do 16 Uhr und Sa/So 15 Uhr, So Kindermorgen um 11.30 Uhr. Eintritt 4 €, bis 18 J. und ab 65 J. 50 % Ermäßigung. Vorführungen auch auf Englisch und Französisch.

Centro Cultural de Belém – CCB: Das Kulturzentrum von Belém ist der bedeutendste zeitgenössische Neubau, der vom portugiesischen Staat in Auftrag gegeben wurde. Der gigantische Komplex, ganz in leicht rosafarbenem Marmor aus dem Alentejo gehalten, verschlang gleich mehr als das Sechsfache der ursprünglich vorgesehenen Baukosten von 32,5 Mio. Euro. Dabei war der Bau nicht einmal pünktlich fertig geworden. Ursprünglich sollte das Gebäude zum Beginn der ersten EG-Präsidentschaft

Belém und Ajuda → Karte Seite 204/205

Portugals im Januar 1992 betriebsbereit sein, doch erst zum abschließenden EG-Gipfeltreffen im Juni des gleichen Jahres konnte man einige wenige Bereiche provisorisch einweihen. Architektonisch scheiden sich an diesem Bau außerdem die Geister: Die einen finden ihn sehr schön und gelungen, andere halten ihn für ein hässliches Monstrum. Auf jeden Fall gelang es der *Fundação das Descobertas* das von ihr betreute Kulturzentrum mit Leben zu erfüllen: In den Auditorien finden gut besuchte Konferenzen, Konzerte und Theateraufführungen statt (→ „Konzerte" auf S. 76).

Hauptattraktion des Centro Cultural de Belém ist jedoch das Museum für moderne Kunst des madeirensischen Unternehmers und Kunstsammlers Joe Berardo, Besitzer unter anderem der Weinfirma *Bacalhôa Vinhos*. Für das 2007 eröffnete *Museu Colecção Berardo* mussten im Kulturzentrum von Belém das Museu do Design sowie zahlreiche Flächen für wechselnde Ausstellungen weichen. Auf Drängen des Ministerpräsidenten José Sócrates persönlich hat der portugiesische Staat den Raum für das neue Museum zu Verfügung gestellt, nachdem Berardo damit gedroht hatte, seine Sammlung ins Ausland zu verlegen.

Mammutbau –
Centro Cultural de Belém

Praça do Império, ✆ 213612400, www.ccb.pt. Straßenbahn 15 bis Haltestelle Centro Cultural de Belém.

Museu Colecção Berardo: Das Museum im Centro Cultural de Belém beherbergt Portugals beste Sammlung moderner Kunst. Gezeigt werden Werke aus der Sammlung des 1944 auf Madeira geborenen Finanzinvestors Joe Berardo. Sie geben einen guten Überblick über moderne Kunstrichtungen, von Surrealismus über Pop Art bis zu Videoinstallationen. Der erste Teil der Ausstellung im Erdgeschoss mit dem Titel „Surrealismus und mehr" zeigt Künstler des 20. Jh. wie Hans (Jean) Arp, Salvador Dalí, Marcel Duchamp, Max Ernst, René Magritte, Joan Miró und Pablo Picasso. Sehenswert ist besonders das riesige Wandgemälde „Watchman, What of the Night?" des Chilenen Roberto Matta, das mit seiner düsteren Aura den dritten Saal dominiert. Portugiesen sind in diesem Teil des Museums mit Ausnahme des 1920 in Amadora geborenen Cruzeiro Seixas nur spärlich vertreten.

Auf den Surrealismus folgt im Untergeschoss eine Abteilung zur Pop Art. Die weiten Hallen lassen die großformatigen Werke von Künstlern wie Roy Lichtenstein, Piet Mondrian, Sigmar Polke, Robert Rauschenberg und Andy Warhol gut zur Geltung kommen. Beachtenswert ist beispielsweise der gut gelungene Akt „Mother and Daughter" des US-Amerikaners Eric Fischl aus dem Jahr 1984. Ausgestellt sind hier auch Arbeiten zahlreicher Künstler aus Portugal: Julião Sarmento, Luís Noronha da Costa und der 1956 in Lissabon geborene Pedro Cabrita Reis mit seinen Farbtafeln (Acryl auf Glas), die einen kompletten Raum umspannen. Ein eigener Gang ist für Videoinstallationen reserviert. Das Obergeschoss steht wechselnden Ausstellungen komplett zur Verfügung.

Praça do Império, ✆ 213612878, www.museuberardo.com. Tram 15 bis Halt Centro Cultural de Belém. So–Fr 10–19 Uhr, Sa 10–22 Uhr. Letzter Einlass 30 Min. vor Schluss. Eintritt frei.

Padrão dos Descobrimentos: Das wie der Bug einer Karavelle geformte „Denkmal der Entdeckungen" stammt aus der Salazar-Zeit. Die erste Version des Denkmals war 1940 im Rahmen einer Ausstellung zur Präsentation Portugals und seiner Kolonien noch aus schlecht haltbarem Material erbaut worden. 1960, im Jahr des 500. Todestages Heinrich des Seefahrers, dessen Seefahrerschule von Sagres die Keimzelle der überseeischen Expeditionsfahrten war, ersetzte die Regierung es durch eine stabile Stahlbetonkonstruktion. Vorne auf der Reling sind die Heroen der portugiesischen Entdeckungsfahrten aufgereiht, an ihrer Spitze Prinz Heinrich.

Betrachtet man das Denkmal von einem vorbeifahrenden Schiff, so sieht es wie der Bug einer echten Karavelle aus. Von Landseite erscheint es dagegen wie ein riesiges Schwert, das Wahrzeichen der Dynastie Aviz, unter der die Kolonien erobert und unterworfen wurden. Man kann das Denkmal auch von innen erklimmen. Von oben hat man einen sehr guten Ausblick auf Belém und den Tejo. Auf dem Platz vor dem Denkmal sind auf einer Windrose mit riesiger Marmorweltkarte alle ehemaligen überseeischen Kolonien des Landes eingearbeitet. Portugal erhielt die Weltkarte als Geschenk der Republik Südafrika.

Av. Brasília, ✆ 213031950, www.padraodosdescobrimentos.egeac.pt. Straßenbahn 15 bis Haltestelle Centro Cultural de Belém. Tägl. (außer Mo) 10–18 Uhr (Mai bis Sept. bis 19 Uhr). Letzter Einlass 30 Min. vor Schluss. Eintritt 2,50 €, unter 18 J., Studenten mit Cartão Jovem 1,50 €, bis 12 J. frei, Familienkarte 6 €.

Torre de Belém: Der kunstvoll im manuelinischen Stil gehaltene Verteidigungsturm wurde zwischen 1514 und 1520 erbaut. Ab 1580 diente er den spanischen Eroberern als Kerker für unbequeme Patrioten. Während der Napoleonischen Invasion zwischen 1807 und 1809 wurde er dann zerstört; knapp 40 Jahre später, im Jahr 1846, ließ man ihn rekonstruieren. Ursprünglich stand der Turm mitten im Fluss, das Jerónimos-Kloster direkt am Ufer. Durch Aufschüttungen und das Erdbeben von 1755 trat das Ufer weiter vor, sodass der Turm nun vom Land aus zugänglich ist. Über eine Zugbrücke geht es ins Innere. Die Aussichtsplattform ganz oben bietet einen guten Blick auf die umliegenden Stadtteile und den Tejo.

✆ 213620034, www.torrebelem.pt. Straßenbahn 15 bis Haltestelle Largo da Princesa. Tägl. (außer Mo und Fei) 10–17.30 Uhr (Mai bis Sept. bis 18.30 Uhr). Letzter Einlass 30 Min. vor Schluss. Eintritt 5 €, bis 18 J. in Begleitung eines Elternteils und ab 65 J. 50 % Ermäßigung, mit Cartão Jovem 60 %, bis 14 J. und So/Fei bis 14 Uhr freier Eintritt. Kombiticket mit Mosteiro dos Jerónimos 10 €. Kombiticket „Lisboa Monumental" mit Mosteiro dos Jerónimos und Palácio Nacional da Ajuda 13 €.

Ermida de Belém: Die kleine, viereckige Einsiedelei ist im manuelinischen Stil gehalten, wirkt aber vor allem durch ihre weiße Fassade im Vergleich zu vielen anderen manuelinischen Bauwerken sehr nüchtern. Die Kapelle im Stadtteil Restelo wurde 1514 nach einem Plan des berühmten Architekten Diogo de Boitaca erbaut. Eigentlich heißt sie *Capela de São Jerónimo*, da sie früher zum Jerónimos-Kloster gehörte.

Straßenbahn 15 bis Haltestelle Largo da Princesa. Die Einsiedelei ist innen leider nicht zu besichtigen.

Belém und Ajuda → Karte Seite 204/205

Manuelinik

Die Manuelinik ist die portugiesische Variante der Spätgotik. Benannt wurde diese Stilform nach König Manuel I. (1495–1521). Er regierte zur großen Zeit Portugals im 15. und 16. Jh., als die Weltmeere befahren und überseeische Entdeckungen und Eroberungen gemacht wurden. Die Seefahrer und Abenteurer kamen damals mit einer Fülle von Eindrücken zurück, die insbesondere den Baumeistern der Epoche viel Stoff für neue künstlerische Ideen lieferten. Der strenge gotische Stil wurde zusehends von fantastischen und exotischen Elementen überlagert, wobei neben indischer und orientalischer Ornamentik vor allem Fabelmotive und maritime Symbole wie Algen, Muscheln, Schnecken, Korallen und Anker eine bedeutende Rolle spielten. Die Baumeister profitierten bei ihren Arbeiten vom Reichtum, der aus den Kolonien nach Portugal floss, denn erst dadurch wurde es möglich, die Bauten so üppig zu dekorieren, wie es in dieser Zeit geschah.

Praktische Infos

(→ Karte S. 204/205)

Restaurants

Estufa Real 1, im Westteil des Botanischen Gartens von Ajuda (nur beim Betreten via Calçada do Galvão muss kein Eintritt für den Garten bezahlt werden). Der Speisesaal im Inneren ist Mo–Fr 12.30–15 Uhr sowie So 12.30–16 Uhr geöffnet, die Terrasse dagegen tägl. 10–17 Uhr (nur kleine Speisen und Getränke). Der Speisesaal ist in einem ehemaligem Gewächshaus untergebracht. Schöner Blick in den Garten. Spielerische Einrichtung in hellen Farben. Serviert wird exquisite mediterrane Küche mit frischen Gewürzen. Mo–Fr Hauptgerichte à la carte ab 16 €, am So Brunch. Jardim Botânico da Ajuda, Calçada do Galvão, ✆ 213619400, www.estufareal.com.

Picanha Belém 6, tägl. 11–24 Uhr (Küche bis 23 Uhr). Brasilianisches Restaurant in der „zweiten Reihe" in Belém, in der Fußgängerzone hinter dem McDonalds. Speiseraum mit massivem Granitboden und bunt gestrichenen Wänden. Innen recht dunkel, da ohne Fenster, dafür aber große Terrasse vor der Tür neben den Grünlagen von Belém. Filiale der Picanha in der Rua das Janelas Verdes. Das einzige Hauptgericht besteht auch hier aus zartem, gegrilltem Fleisch mit einer Fettkruste (*picanha*) und Beilagen (Bohnen, Reis und Kartoffeln) für 15 €. Vorspeisen extra. Rua Vieira Portunese, 78, ✆ 213658300, www.picanharestaurantes.com.

O Pedrouços – Pina & Tavares – Clube Sportivo de Pedrouços 11, ab 9 Uhr Frühstück und Snacks, ab 12 Uhr Mittagessen, Küche abends bis 22.30 Uhr geöffnet. Mo Ruhetag. Am Tejo-Ufer auf halbem Weg zwischen dem Padrão dos Descobrimentos und dem Museu da Electricidade. Nebenan im Gebäude des Clube Naval noch weitere andere Restaurants. Innen im 1. Stock einige Tische mit Tejo-Blick. Die Stammgäste – darunter viele Lissabonner Segler – ziehen aber die Terrasse im Erdgeschoss direkt am Tejo-Ufer vor. Einfache portugiesische Gerichte, im Erdgeschoss gibt es auch leckere Hamburger. Hauptgerichte ab 10 €. Av. Brasília – Doca de Belém, ✆ 213644475.

››› Mein Tipp: **Espaço Açores 2**, im linken Seitenflügel des Marktes von Ajuda. Bus 760 hält direkt vor der Tür (Haltestelle Boa Hora). Tägl. 12–15 und 19.30–24 Uhr (Küche bis 22.30 Uhr). Gehobenes Ambiente, lichter Raum mit Holzdecke und Granitboden. Herrlicher Blick durch die riesige Fensterfront auf die Brücke des 25. April und den Cristo Rei. Sehr gute regionale Küche von den Azoren (auch die Weine kommen von den Inseln). Vor allem Fleisch, aber auch Fisch im Angebot. Leckeres Couvert mit azorischem Käse und Butter. Empfehlenswert die *espetada açoriana* (Rindfleischspieß mit Chili, dazu Ananas und frittierter Maniok). Freitags mittags und sonntags mittags gibt es den berühmten *cozido* *das Furnas* (Eintopf mit Schlachtwürsten). Hauptgerichte ab 10,90 €. Largo da Boa Hora, ✆ 213640881, www.espacoacores.com. «

Cafetaria Quadrante 9, im 1. Stock des Kulturzentrums. Café tägl. 10–22 Uhr. Restaurant tägl. 12.30–15 Uhr (Sa/So 30 Min. länger), abends nur bei Veranstaltungen im Auditorium. Helle Einrichtung mit Holzboden. Kann hin und wieder etwas laut werden. Im hinteren Teil der Cafeteria Selbstbedienungsrestaurant mit Salatbar. Wer will, kann auch auf der schattigen Terrasse mit Tejo-Blick Platz nehmen. WLAN-Zugang. Hauptgerichte werden nach Gewicht berechnet und kosten ab 1,70 € pro 100 g. Centro Cultural de Belém, Praça do Império, ✆ 213612613.

Estrela de Belém 5, in der ersten Parallelstraße nördlich der Rua da Junqueira. So und Fei geschl. Ein paar schlichte Holztische im Eingangsbereich, am meisten Platz bietet allerdings der Saal im 1. Stock. Vor allem deftige Fleischgerichte. Mittags gerne von Arbeitern besucht, die aufgrund der günstigen Menus kommen. Hauptgerichte ab 3,95 € (inkl. ein Wasser). Rua do Embaixador, 112, ✆ 213625100.

Floresta de Belém 8, in der zweiten Häuserreihe an der Rua de Belém. Sonntagabends und Mo geschl. Innen kleiner, düsterer Speiseraum, einfach eingerichtet. Draußen große Terrasse. Vorwiegend portugiesisches Publikum. Spezialität sind Fleisch und Fisch, auf Holzkohle gegrillt. Hauptgerichte ab 4 €. Praça Afonso de Albuquerque, 1-A, ✆ 213636307, www.florestadebelem.com.

Cafés

Fábrica dos Pastéis de Cerveja 7, an der Hauptstraße in Belém. Tägl. 7–20 Uhr. Gut munden die *pastéis de cerveja*, die aus Bierteig hergestellt werden, aber eher süß als nach Bier schmecken. Auch Mittagstisch. Rua de Belém, 17, ✆ 213634338.

» Mein Tipp: **Pastéis de Belém** 4, neben dem Mosteiro dos Jerónimos. Tägl. 8–23 Uhr. Legendäre Konditorei. Innen ein Labyrinth mit mehreren Sälen, die insgesamt 500 Plätze bieten. Hier gibt's die besten *pastéis de Belém* (auch *pastéis de nata* genannt), köstliches Blätterteiggebäck mit Sahnecreme, das nach alten Rezepten der Mönche des Jerónimos-Klosters hergestellt wird. Nach der Säkularisierung und Auflösung der Klöster in Portugal, hatten für viele Klosterbewohner wirtschaftlich harte Zeiten begonnen. Und so hat wohl jemand aus dem Kloster 1837 angefangen, hier neben dem Mosteiro dos Jerónimos Pastéis zu verkaufen. So lautet zumindest die offizielle Geschichte der Pastéis der Belém. Sie sind übrigens auch zum Mitnehmen im Karton zu einem halben Dutzend und je einer Tüte Zimt und Puderzucker erhältlich. Nur wer *pastéis* mitnehmen möchte oder am Tresen verzehren will, muss sich übrigens in der Schlange vor der Kasse anstellen und vorausbezahlen. Sonst einfach an einen freien Tisch setzen. *Pastéis de Belém* pro Stück 0,95 €, Bica 0,70 €. Rua de Belém, 84–92, ✆ 213637423, www.pasteisdebelem.pt. «

Poesie auf dem Tejo-Radweg

À Margem 12 Café in einer Glas-Metall-Konstruktion am Tejo-Ufer, neben dem Leuchtturm hinter dem Museu de Arte Popular. Tägl. 10–1 Uhr. Ein Dutzend Tische im Freien. Dazu einige Metalltische im Inneren, hinter breiten Glasscheiben gut windgeschützt. Schöner Blick auf den Fluss mit den kreuzenden Transtejo-Fähren nach Trafaria und Porto Brandão sowie auf die Ponte 25 de Abril. Neben der Bica für 1,50 €, weitere Getränke, Hauptgerichte und kleine Speisen wie Toasts im Angebot. ✆ 91822 5548, www.amargem.pt.

Belém und Ajuda → Karte Seite 204/205

Ziele im Norden Lissabons

Mit ihren großen Wohngebieten wirken die Stadtteile im Norden Lissabons auf den ersten Blick eher abschreckend. Dennoch lohnt sich ein Besuch, da es noch reizvolle Überbleibsel aus der ländlichen Vergangenheit zu sehen gibt. So z. B. Parks wie den Parque do Monteiro-Mor im Stadtteil Lumiar, der zu den schönsten Grünanlagen Lissabons zählt, oder prächtige Stadtpaläste wie den Palácio Marquês de Fronteira in Benfica.

Mit seinen ca. 70.000 Einwohnern ist **Benfica** im Nordwesten Lissabons heute eines der wichtigsten Viertel der Stadt. Der Stadtteil erstreckt sich entlang der Estrada de Benfica, die am Zoologischen Garten beginnt und an den Portas de Benfica, den Stadttoren an der Grenze zum Kreis Amadora, endet.

Früher war Benfica nicht mehr als eine Ansammlung weniger Bauernhöfe und Stadtpaläste. Ab den 60er und besonders in den 70er Jahren des 20. Jh. wandelte sich das Bild des Viertels aber völlig. Überall entstanden vielgeschossige Wohnblöcke und Bürogebäude aus Beton und Glas und verdrängten die Bauernhöfe und Landgüter fast vollständig. Heute leben hier vor allem Angestellte und Beamte sowie andere Angehörige des Mittelstands.

Idol aller Benfiquistas – Eusébio

Im Gegensatz zu Benfica ist der alte Ortskern von **Carnide** fast komplett erhalten geblieben. Mit seinen ein- bis zweistöckigen Häusern macht dieses Viertel östlich von Benfica auch heute noch einen ländlichen, geradezu dörflichen Eindruck. Der historische Dorfkern von Carnide liegt zwischen dem Largo da Luz und der Estrada da Correia (Ⓜ Carnide). Dass der Stadtteil durchaus sehenswert ist, scheint jedoch kaum bekannt zu sein – die Touristen jedenfalls kann man hier an einer Hand abzählen.

Noch etwas weiter östlich liegt **Lumiar**. Der Stadtteil ist praktisch ein reines Wohnviertel, das zunehmend durch moderne, vielgeschossige Luxusappartementbauten geprägt wird. Im Süden von Luminar liegen das sehenswerte Stadtmuseum Museu da Cidade und das Stadion von *Sporting*, dem nach *Benfica* zweitwichtigsten Lissabonner Fußballclub. Auch wenn viele alte Gebäude dem Bauboom der 90er Jahre zum Opfer gefallen sind, so finden sich doch besonders entlang der Alameda das Linhas de Torres und im Bezirk Paço do Lumiar noch mehrere schöne Paläste.

Sehenswertes

Jardim Zoológico: Der Zoo wurde 1884 als erster Tiergarten der Iberischen Halbinsel gegründet; seit 1905 befindet er sich auf dem Gelände in Benfica. Auf einer Fläche von 18 Hektar sind etwa 2000 Tiere untergebracht. Insgesamt gibt es 370 verschiedene Arten zu sehen, darunter Davidshirsche, Pinguine, Lamas, Raubvögel und Giraffen. Besonders beliebt bei den Besuchern ist ein Elefant, der gegen „Bezahlung" eine Glocke läutet. Weitere Attraktionen sind das Reptilienhaus, die Gondelbahn und das Delfinarium. Länger als andere zoologische Gärten Europas behielt er das alte, nicht artgerechte Prinzip bei, die Tiere in Käfigen auszustellen. Seit den 80er Jahren hat man den Lissabonner Zoo aber Schritt für Schritt modernisiert, sodass er inzwischen ein wesentlich freundlicheres Bild abgibt als früher. Leider hat der Zoo aber dennoch nicht auf das Delphinarium verzichtet, obwohl die Meeressäuger nicht artgerecht in Gefangenschaft gehalten werden können und in der Regel dort deutlich früher sterben als in Freiheit.

Estrada de Benfica, 158, ✆ 217232900, www.zoo.pt. Ⓜ Jardim Zoológico. Tägl. 10–18 Uhr (vom 21. März bis Ende September bis 20 Uhr). Eintritt 17 €, ab 65 J. 13,50 €, bis 11 J. 12,50 €, bis 2 J. frei. Der vordere Bereich des Zoos mit den Gartenanlagen ist kostenlos.

Palácio Marquês de Fronteira: Diesen herrschaftlichen Palast direkt am Fuße des Monsanto-Parks ließ Dom João de Mascarenhas, der erste Marquês de Fronteira, im 17. Jh. erbauen. Anlass war die Wiedererlangung der portugiesischen Unabhängigkeit. So sind in der *Sala das Batalhas* die Wände mit Azulejos bedeckt, welche die acht wichtigsten Schlachten gegen die Spanier nach 1640 darstellen.

Nach draußen gelangt man über einen Balkon, dessen berühmte Azulejos mit Affenmotiven man auf Grund der witzigen Motive beachten sollte. Sie karikieren das Leben der herrschenden Schichten. Am Ende des Balkons liegt eine Kapelle, die kunstvoll mit Muscheln und zerbrochenem Porzellan ausgekleidet ist.

Wunderschön ist der Garten mit seinen exotischen Pflanzen. Das einzigartige Licht der dunkelblauen Mauern erzeugt ein ganz besonderes romantisches Flair. Den unteren Teil des Gartens dominiert eine große Galerie mit Büsten fast aller Könige Portugals, die sich in einem Teich spiegeln. Um exakt zurechtgestutzte Buchshecken gesellen sich Statuen und Azulejos mit Motiven, die für die einzelnen Monate des Jahres typisch sind.

Largo São Domingos de Benfica, 1, ✆ 217782023, www.fronteira-alorna.pt. Zwischen Zoo und Monsanto-Park. Ⓜ Jardim Zoológico, weiter mit Bus 70 (Richtung Espaço Monsanto) oder zu Fuß über die Rua das Furnas und die Rua de São Domingos de Benfica, die Bahnlinie auf der Fußgängerüberführung queren, bis zum Palast. Führungen durch Palast und Garten (kurz vorher am Haupteingang einfinden) Mo–Sa 11 und 12 Uhr, von Juni bis Sept. auch 10.30 Uhr. Besichtung des Gartens Mo–Sa 10.30–13, Mo–Fr auch 14–17 Uhr (So und Fei geschl.). Bei Veranstaltungen kann der Palast auch unter der Woche geschlossen sein. Eintritt Palast und Garten 7,50 €, nur Garten 3 €, keine Ermäßigungen. Fotografieren nur im Garten erlaubt.

Estádio da Luz: Die Bauarbeiten für das „Stadion des Lichtes" begannen am 1. Dezember 1954. Erst nachdem man den dritten Zuschauerring 1985 vollständig geschlossen hatte, war die Arena vollendet und Platz für 120.000 Zuschauer geschaffen – damals das größte Stadion Europas. Das reine Fußballstadion war aber fast nie ausverkauft und litt nach Ansicht der Club-Offiziellen unter der fehlenden Überdachung. Im Hinblick auf die Europameisterschaft 2004 in Portugal ließ der Verein das Estádio da Luz daher komplett abreißen, neu aufbauen und überdachen.

Ziele im Norden Lissabons → Karte Seite 218

Dabei sank allerdings die Zahl der Sitzplätze auf 65.000. Verloren ging damit leider auch das herrliche offene Rund des alten Stadions, das zu den schönsten Europas zählte, auch wenn es vielleicht den „modernen“ Erfordernissen von VIPs und Presse nicht genügte.

Für den Neubau schoss der portugiesische Staat immerhin 21 Mio. der insgesamt 96,1 Mio. Euro Baukosten zu, schließlich hatte man schon dem Konkurrenten Sporting bei dessen Stadionneubau geholfen. Das Ergebnis kann sich durchaus sehen lassen: Auch das neue Luz-Stadion gehört weiterhin zu den schönsten Spielstätten Portugals.

Auf dem Vorplatz steht eine Statue des Fußballers Eusébio, Benficas berühmtester Spieler aus der ehemaligen portugiesischen Kolonie Moçambique und schon zu Lebzeiten eine Legende. Er erzielte in seinen 715 Spielen für Benfica 727 Tore und galt seinerzeit als der beste Spieler Europas. Mit ihm hat der Verein von 1961 bis 1975 einige seiner größten Erfolge erzielt. In dieser Zeit gewannen die „Roten" alleine zehnmal die portugiesische Meisterschaft.

Av. General Norton de Matos, ✆ 217219500. Ⓜ Colégio Militar/Luz. Zum Kartenverkauf → „Unterhaltung und Kultur/Fußball" auf S. 74. Es werden 1,5-stündige Stadionbesichtigungen angeboten, während deren man Spielerkabinen, die Präsidentenloge und eine kleine Ausstellung zur Geschichte des Klubs und des Stadions ansehen kann. Treffpunkt ist Eingangstor Porta 18. Beginn 10, 11, 12, 14.30, 15.30 und 16.30 Uhr. An Spieltagen keine Führungen! Preis 10 €, unter 13 J. 5 €, unter 4 J. freier Eintritt.

Parque do Monteiro-Mor: Der dritte Marquês de Angreja ließ diesen elf Hektar großen Park in der zweiten Hälfte des 18. Jh. anlegen. Neben Ulmen und Eschen wurden viele exotische Bäume gepflanzt, darunter Palmen und die erste Araukarie (Schuppentanne) Portugals. Dazu gibt's einen Skulpturengarten und zwei Museen, die beide in schönen Palästen untergebracht sind (s. u.).

Largo Júlio Castilho. Ⓜ Lumiar. Di 14–18 Uhr, Mi–So ab 10 Uhr. Letzter Einlass 17.30 Uhr. Mo und Fei geschl. Eintritt in den Park (ohne Museen) 2 €, ab 65 J. 50 %, mit Cartão Jovem 60 % Ermäßigung, bis 14 J. und So bis 14 Uhr freier Eintritt.

Museu Nacional do Traje e da Moda: Auf dem Programm stehen portugiesische Trachten, Kostüme und andere Kleidungsstücke aus der Zeit zwischen dem 4. und dem 20. Jh. – insgesamt 30.000 thematisch und chronologisch sortierte Exponate (Beschriftungen in der Regel nur auf Portugiesisch). Besonders elegant sind die höfischen Kleider aus dem 18. Jh., die in den prächtigen Rokokosälen des Palácio do Marquês de Angreja aus dem 18. Jh. voll zur Geltung kommen.

Ergänzt wird die Sammlung des Trachtenmuseums durch die Präsentation von Webstühlen und Werkzeugen wie Textildruckstempeln.

Largo Júlio de Castilho, Parque do Monteiro-Mor, ✆ 217590318, http://museudotraje.imc-ip.pt. Ⓜ Lumiar. Tägl. (außer Mo) 10–18 Uhr. Eintritt 3 € (gültig auch für Parque Monteiro-Mor). Kombiticket mit Parque Monteiro-Mor und dem benachbarten Theatermuseum Museu do Teatro 4 €. Jeweils ab 65 J. 50 % und mit Cartão Jovem 60 % Ermäßigung, bis 14 J. und So bis 14 Uhr freier Eintritt.

Museu da Cidade: Untergebracht ist das Stadtmuseum im gut erhaltenen Palácio Pimenta aus dem 18. Jh., der alleine schon einen Besuch wert wäre. Das Museum spannt den Bogen von prähistorischer Zeit bis zur Ausrufung der Republik im Jahr 1910. Dokumentiert wird die Geschichte u. a. mit Bildern, Zeichnungen, Holzschnitten, Keramiken und historischen Gebrauchsgegenständen. Interessant ist das große Stadtmodell, das jedes einzelne Haus Lissabons vor dem großen Erdbeben von 1755 zeigt.

Campo Grande, 245, ✆ 217513200. Ⓜ Campo Grande. Tägl. (außer Mo und Fei) 10–13 und 14–18 Uhr. Eintritt 2 €, ab 65 J. 50 % Ermäßigung. So vormittags generell freier Eintritt.

Estádio de Alvalade: Das Stadion gehört zum zweiten Lissabonner Fußballclub, dem *Sporting Clube de Portugal*, kurz *Sporting* genannt. Zur Europameisterschaft 2004 hat der Verein dieses Stadion komplett neu erbaut, das alte nebenan hat man abgerissen. Die 52.000 Zuschauer fassende Arena ist in grellem Gelb und Grün gehalten. Nicht jeder hält diese Farbwahl des Stararchitekten Tomás Taveira für gelungen (er zeichnete auch schon für das Amoreiras-Einkaufszentrum verantwortlich). Unter dem Stadion erstreckt sich ein Einkaufszentrum, das noch greller gestaltet ist. Kostenpunkt des Neubaus waren 79 Mio. Euro, davon kamen 18,3 Mio. vom Staat.

Rua Francisco Stromp, 2, ✆ 217516000. Ⓜ Campo Grande. Zum Kartenverkauf → „Unterhaltung und Kultur/Fußball" auf S. 74.

Praktische Infos

(→ Karte S. 218)

Restaurants

››› Mein Tipp: O Coreto de Carnide 2, tägl. (außer So) 12–15 und 19–22 Uhr. Im Zentrum des Stadtteils Carnide liegt das kleine Restaurant, das nach dem Musikerpavillon (*coreto*) vor der Haustür benannt ist. Reservierung dringend empfohlen, ansonsten bei großem Andrang in die Warteliste vor der Tür eintragen. Fantasievolle portugiesische Küche aus den Beira-Regionen Mittelportugals. Hausspezialität ist *picanha na pedra* und *naco na pedra*, auf einer heißen Steinplatte serviertes Rindfleisch bzw. Rindernacken. Hauptgerichte ab 9,50 €. Rua Neves Costa, 57, Ⓜ Carnide, ✆ 217152372. ‹‹‹

Solar de Benfica 5, in einer Seitengasse der Estrada de Benfica, ca. 50 m vor der Kirche rechts. Tägl. (außer Mi) 12–15 und 19–22 Uhr. Stilvoll mit grünen Säulen gestaltet. An den Seitenwänden sind typisch portugiesische Hauseingänge nachempfunden. Ländliche portugiesische Küche zu günstigen Preisen und in guter Qualität. Auch halbe Portionen. Hauptgerichte ab 9 €. Tv. Cruz da Era, 7, ✆ 217649274.

O Miudinho 3, am Hauptplatz von Carnide. Tägl. (außer So) 12–15 und 19–22 Uhr. Namensgeber ist die Figur eines pinkelnden Jungen im Vorderraum. Drei mit modernen Azulejo-Wandbildern eingerichtete Speiseräume. Traditionelle ländliche Küche, deren Zutaten frisch vom Markt kommen. Als Vorspeise werden gebratener *chouriço* (Räucherwurst) und *morcela* (Blutwurst) gereicht. Große Auswahl an Fleisch und Fisch, die auf dem Grill zubereitet werden. Hauptgerichte ab 7,50 €. Rua Neves Costa, 21, Ⓜ Carnide, ✆ 217140120.

Paço de Carnide 1, in einer Seitengasse direkt gegenüber dem Coreto de Carnide und dem Musikerpavillon. Tägl. (außer Mo) 12–15 und 19–22 Uhr. Heller Speiseraum mit portugiesischem Straßenpflaster, aber am besten geht man nach hinten durch zur windgeschützten und überdachten Terrasse mit Blick auf den Vorort Pontinha. Hier kann man auch den Köchen beim Grillen von Fleisch und Fisch zusehen, der Spezialität des Hauses. Man kann sich auch Steaks zum Selberbraten auf einem heißen Stein bestellen (*naco na pedra*). Reichhaltige Portionen. Hauptgerichte ab 7,50 €. Rua do Norte, 11, Ⓜ Carnide, ✆ 217161144.

Cafés

Pastelaria Califa 6, tägl. 7–23 Uhr. In der Nähe der Stadtautobahn Segunda Circular und des Einkaufszentrums Fonte Nova. Bekannte Pastelaria mit sehr großem Angebot an Süßigkeiten. Spezialität sind *jesuitas*, ein nach den Jesuiten benanntes, süßes Blätterteiggebäck. Auch Hauptgerichte im angeschlossenen Restaurant. Estrada de Benfica, 463, Ⓜ Colégio Militar/Luz, ✆ 217785030, www.califa.com.pt.

Internetcafés

K@netpoint 4, Tägl. 10–23 Uhr. Von der Metro aus findet man das Internetcafé über den Durchgang zum Einkaufszentrum, kurz hinter dem Südeingang in den Centro Comercial Colombo. Zehn Rechner stehen hier in der Mitte des Gangs Rua das Índias. Pro Stunde 3 €. Mindestnutzung 15 Min. Centro Comercial Colombo, Piso 0, Loja E0.06, Ⓜ Colégio Militar/Luz.

Einkaufen

Einkaufszentrum: *Centro Comercial Colombo*, direkt neben der Metrostation Colégio Militar/Luz erhebt sich dieser Konsumtempel. Die Geschäfte haben tägl. 10–24 Uhr geöffnet. Parallelen mit dem Amoreiras-Zentrum (→ S. 188) drängen sich auf, nur ist alles mit etwa 420 Geschäften auf ca. 400.000 qm noch größer: Immerhin handelt es sich um eines der größten Einkaufszentren der gesamten Iberischen Halbinsel. Verteilt sind die Läden auf drei Stockwerken. Ganz unten befindet sich der Hipermercado Continente. Er ist so groß geraten, dass ihn die Angestellten auf Rollschuhen durchqueren. Av. Lusíada, Ⓜ Colégio Militar/Luz, www.colombo.pt.

Sport Lisboa e Benfica

Der überall schlicht und einfach unter *Benfica* bekannte Club ist der erfolgreichste Fußballverein Portugals. Er hat etwa die Hälfte aller nationalen Meisterschaften und Pokale gewonnen, konnte zweimal den begehrten Europapokal der Landesmeister mit nach Hause nehmen und brachte es darüber hinaus auf fünf weitere Endspielteilnahmen in diesem Wettbewerb.

In den vergangenen Jahren machte der Verein, der den stolzen Adler als Wappentier trägt, aber auch einige Krisen durch: vor allem nach dem Pokalsieg von 1995/96. Ohnmächtig mussten die *Benfiquistas* mit ansehen, wie der *FC Porto* aus Nordportugal Meisterschaft für Meisterschaft mit großem Abstand gewann. Auch finanziell bewegte sich der Verein mit einem Schuldenberg von etwa 200 Mio. Euro schnell in Richtung Abgrund. Außerdem soll der ehemalige Vereinspräsident João Vale e Azevedo den Club in 14 Fällen zu seinen Gunsten betrogen haben, wofür er später auch inhaftiert wurde.

Sein Nachfolger Luís Filipe Vieira zog den Club auch noch in den Schiedsrichter-Skandal „Apito Dourado“ (*Goldener Pfiff*) hinein. Er hatte in einem Telefonat mit dem Präsidenten der portugiesischen Fußball-Liga Valentim Loureiro mehrere Schiedsrichter für ein Pokalspiel in der Saison 2003/4 abgelehnt, da ihm diese zu feindlich gesinnt erschienen. In der Saison 2004/5 gab es mit dem Gewinn der portugiesischen Meisterschaft aber wieder einen Lichtblick. 2006 schaffte man sogar den Eintrag ins Guiness-Buch der Rekorde: Mit mehr als 160.000 Mitgliedern wurde Benfica zum mitgliederstärksten Fußballverein der Welt. 2009/10 gewann man erneut die Meisterschaft

Doch als ob es der Skandale nicht genug wären, entschied der portugiesische Rechnungshof im Jahr 2011, dass die Stadt Lissabon sowohl Benfica als auch dem Konkurrenzclub Sporting ungerechtfertigt mehrere Millionen Euro bezahlt hat. Der städtische Immobilienentwickler EPUL hatte im Rahmen des Baues der Stadien für die EM 2004 insgesamt 10 Mio. Euro an Benfica bezahlt, damit der Club 200 Wohnungen errichtet. Auch Sporting erhielt für den Bau von Wohnungen die gleiche Summe. In beiden Fällen wurde der Bau nicht mal begonnen.

Außerdem hat der Anschluss des Luz-Stadions an Versorgungsleitungen die Stadt 8 Mio. Euro gekostet, von denen sage und schreibe 5,7 Mio. für „Consulting-Leistungen“ an den Sportverein Benfica geflossen sind. Vor dem portugiesischen Rechnungshof hatte bereits die Kriminalpolizei wegen dieser und anderer merkwürdiger Finanzströme ermittelt.

Ansicht von der Torre Vasco da Gama
auf den Hauptteil der Ponte Vasco da Gama

Ziele im Osten Lissabons

Im Osten liegt am Tejo Lissabons neuester Stadtteil, das ehemalige Gelände der Weltausstellung von 1998. Faszinierender Höhepunkt ist das größte Ozeanarium Europas. Weitere Sehenswürdigkeiten sind das ebenfalls im Osten gelegene Azulejo-Museum und der Friedhof Alto de São João.

Früher wurde diese Gegend weitgehend landwirtschaftlich genutzt. Später ließen sich mehrere Orden und Adelsfamilien hier nieder. Einige der damals erbauten Konvente und Paläste sind noch heute zu sehen, so z. B. der *Convento Madre de Deus,* in dem inzwischen das Museu Nacional do Azulejo untergebracht ist.

Auch das größte Stadtviertel des Lissabonner Ostens, **Olivais**, war früher ein Dorf. Als die portugiesische Regierung zwischen 1955 und 1960 begann, hier in großem Stil Sozialwohnungen zu bauen, war es mit der ländlichen Idylle aber schnell vorbei. Die EXPO 98 brachte einen neuen Entwicklungsschub. Rund um das Ausstellungsgelände, das heute **Parque das Nações** genannt wird, entstand auf etwa 50 Hektar ein komplett neuer Stadtteil am Tejo-Ufer, allerdings eher für Lissabonner mit mittlerem bis gehobenem Einkommen.

Das Gelände ist dank seiner Attraktionen wie dem Meeresaquarium **Oceanário**, dem Technikmuseum **Pavilhão do Conhecimento** und dem **Casino Lisboa** ein beliebtes Ausflugsziel der Lissabonner und der Bewohner der nördlichen Vororte. Viele kommen auch hierher, um im Einkaufszentrum *Vasco da Gama* zu shoppen, Konzerte in der Mehrzweckhalle *Pavilhão Atlântico* anzuschauen oder um das internationale Messegelände der *Feira International de Lisboa (FIL)* zu besuchen.

Inzwischen haben sich auch zahlreiche Firmen wie Vodafone und IBM im Parque das Nações niedergelassen, der sich so zu Lissabon modernstem Büro-Standort entwickelt hat. Attraktiv machen ihn besonders die exzellente Verkehrsanbindung mit der **Gare do Oriente**, Lissabons modernem Hauptbahnhof. Das herrliche Gebäude scheint fast zu schweben.

Neben der Uferpromenade laden im Parque das Nações die *Jardins Garcia de Orta* zum Verweilen ein. Sie sollen die Landschaften darstellen, die die portugiesischen Entdecker auf ihren Reisen vorfanden. Neben den Pflanzen aus Macau, São Tomé und von den Azoren findet man kleine Wasserfälle, Bäche

und Gartenlauben. Nicht weit entfernt steht am Tejo-Ufer mit der *Torre Vasco da Gama* das höchste Gebäude Lissabons. Der schlanke Betonturm bringt es auf 142 m. Weiter nördlich verbindet die *Ponte Vasco da Gama* Lissabon mit der Tejo-Südseite. Mit ihren 18 km ist sie die längste Brücke Europas.

Sehenswertes

Cemitério do Alto de São João: Der prächtigste und größte Friedhof der Stadt wurde erst 1841 nach den Choleraepidemien von 1830 bis 1835 angelegt. Zuvor waren die Toten in den Kirchen bestattet worden, was der Ausbreitung von Seuchen sehr förderlich war. Gleich links neben dem Eingang steht kaum zu übersehen die beeindruckende neomanuelinische Grabkapelle der katholischen Wohlfahrtsorganisation *Santa Casa da Misericórdia*, rechts gegenüber befindet sich die Gruft des Grafen von Valbom. Geradeaus geht es zum einzigen Krematorium Lissabons. Im rechten Teil des Friedhofs, der sich den Hügel hinunter erstreckt, findet man die einfacheren Gräber und Beinhäuser.

Zuerst mit der Metro bis zur Station Arroios an der Praça do Chile. Weiter mit den Bussen 718 (Richtung Isel) oder 742 (Richtung Bairro Madre de Deus). Tägl. 9–17, Mai bis Sept. bis 18 Uhr, letzter Einlass 30 Min. vor Schließung.

Museu Nacional do Azulejo: Dokumentiert wird die ca. 500-jährige Geschichte der Azulejos und ihrer Fertigung (→ „Wissenswertes/Azulejos" auf S. 98). Zu bewundern sind viele kunstvolle Exemplare aus Portugal und anderen Ländern vom 15. Jh. bis zur Gegenwart. Besonders eindrucksvoll ist ein über 20 m langes Stadtbild aus blauweißen Azulejos im Kreuzgang, das Lissabon vor dem Erdbeben 1755 darstellt. Neben der Dauerausstellung werden wechselnde Sonderausstellungen mit

modernen Keramiken präsentiert. Auf dem Rundgang durch das Museum kann man zudem die ehemalige Klosterkirche Madre de Deus besuchen. Diese vielleicht „portugiesischste Kirche" Lissabons stammt aus dem Jahr 1509. Außen sind ein schlichtes, aber dennoch schönes Portal und Fenster im manuelinischen Stil zu bewundern. Innen ist die Kirche mit interessanten Azulejos ausgefliest, die historische Motive der Stadt zeigen. Vor allem an heißen Tagen lädt das Café-Restaurant im Museumsinnenhof zu einer Verschnaufpause ein.

Rua Madre de Deus, ✆ 218100340, http://mnazulejo.imc-ip.pt. Ⓜ Arroios (an der Praça do Chile), weiter mit den Bussen 718 (Richtung Isel) oder 742 (Richtung Bairro Madre de Deus) oder ab der Praça do Comércio bzw. Santa Apolónia mit dem Bus 794 (Richtung Estação Oriente) jeweils bis Haltestelle Igreja Madre Deus. Di 14–18 Uhr, Mi–So 10–18 Uhr, Mo und Fei geschl. Letzter Einlass 17.30 Uhr. Eintritt 5 €, ab 65 J. und bis 18 J. in Begleitung eines Elternteils 50 % Ermäßigung, mit Cartão Jovem 60 %, bis 14 J. und So bis 14 Uhr freier Eintritt.

Gare do Oriente: Der Ostbahnhof wurde nach Plänen des valencianischen Architekten Santiago Calatrava pünktlich zur Weltausstellung 1998 als neuer Hauptbahnhof Lissabons fertiggestellt. Bei der Auswahl der Überdachung hat sich Calatrava von Bäumen inspirieren lassen und ein „waldartiges" Glasdach über die Bahnsteige gespannt. Der Bahnhof soll in den nächsten Jahren ausgebaut werden, damit dort in Zukunft die Züge der geplanten Hochgeschwindigkeitsstrecke nach Madrid halten können.

Ⓜ Oriente.

Pavilhão do Conhecimento/Ciência Viva: Unweit des Bahnhofs Gare do Oriente finden im „Pavillon des Wissens" wechselnde Ausstellungen zu wissenschaftlichen Themen statt. Sie sind allgemeinverständlich und kindgerecht aufbereitet. Es kann auch selbst experimentiert werden. Da kein eigener Fundus vorhanden ist, werden nur fremde Ausstellungen gezeigt, z. B. aus dem Deutschen Museum in München.

Der Pavillon ist mit seinem großen Innenhof, um den sich lange Aufgänge nach oben winden, architektonisch sehr interessant.

Parque das Nações, Alameda dos Oceanos, Lote 2.10.01, ✆ 218917100, www.pavconhecimento.pt. Ⓜ Oriente. Tägl. 10–18 Uhr, Sa/So und Fei 11–19 Uhr, Mo sowie Weihnachten, Silvester und Neujahr geschl. Eintritt 7 €, bis 17 J. und ab 65 J. 4 €, bis 6 J. 3 €, bis 2 J. frei, Familienkarte 15 €, mit Cartão Jovem und Studenten 50 % Ermäßigung.

Casino Lisboa: 1.100 Slot-Maschinen und 28 Spieltische warten auf Besucher, die hier ihr Geld verlieren wollen. Regelmäßig werden auch Konzerte im Auditorium veranstaltet. Einen kuriosen Anblick bietet das kreisrunde Arena-Lounge-Restaurant.

Alameda dos Oceanos, Lote 1.03.01, ✆ 218929000, www.casino-lisboa.pt. Ⓜ Oriente. Tägl. 15–3 Uhr (Fr/Sa 16–4 Uhr). Der Zugang zu den Slot-Machines sowie zu einigen Roulette- und Black-Jack-Tischen ist frei, für die anderen Spieltische muss Eintritt bezahlt werden.

Oceanário: Hier können sich die Besucher Fische aus fünf verschiedenen Klimazonen der Erde hinter Glasscheiben ansehen – manchmal hat man jedoch den Eindruck, dass es eher die Fische sind, die sich Besucher aus fünf Kontinenten anschauen.

Der auffällige quadratische Bau des englischen Architekten Peter Chermayeff ragt aus einer Wasserfläche an der Doca dos Olivais heraus. Die Besucher erreichen das Ozeanarium über einen langen Steg, der sie auf die obere Ebene des Gebäudes bringt. Insgesamt sind 15.000 Tiere etwa 200 verschiedener Arten von Fischen über Vögel und Säugetiere bis hin zu Reptilien zu sehen.

Im Haupttank, an vielen Stellen durch große Glaswände einsehbar, ist die typische Flora und Fauna des offenen Meeres nachempfunden. Hier tummeln sich neben großen Makrelenschwärme auch Stachelrochen und Barrakudas. Am auffälligsten sind die Manta-Rochen sowie die kreisrunden Mondfische. Die vorbeiziehenden Haie sorgen beim Publikum immer wieder für leichtes Frösteln, auch wenn es sich dabei vor allem um harmlose Riffhaie handelt.

An die vier Ecken des Haupttanks schließen sich Nachbildungen felsiger Küstenregionen der Weltmeere an. Der Nordatlantik wird durch die Azoren vertreten. Zu sehen gibt es hier neben Lachsen auch Kabeljaue, die die Grundlage für das Lieblingsgericht der Portugiesen, den *bacalhau*, bilden. Der Indische Ozean wird durch ein Seychellen-Korallenriff mit typischen Tropenfischen repräsentiert. Die Antarktis bietet Pinguine und Seevögel. Wer Glück hat, erlebt hier, wie die Wärter die Tiere füttern. Die „Stars" des Ozeanariums sind aber die beiden Otter, die man Amália und Eusébio getauft hat, und die im Pazifik-Nebentank schwimmen. Wer werktags am Vormittag kommt, hat übrigens gute Chancen, die Mitarbeiter des Ozeanariums dabei zu erleben, wie sie die Fische füttern, mit den Haien tauchen oder die Anemonen von Schmutz befreien. In einem Nebengebäude werden wechselnde Sonderausstellungen gezeigt (separater Eingang und separater Eintrittspreis).

Doca dos Olivais, ✆ 218917002, www.oceanario.pt. Ⓜ Oriente. Tägl. 10–19 Uhr, im Sommer bis 20 Uhr, letzter Einlass 1 Std. vor Schluss. Eintritt 12 €, bis 12 J. 50 % Ermäßigung, ab 65 J. 6,50 €, bis 3 J. frei, Familienticket 29 € (2 Erw. und 2 Kinder bis 12 J.). Sonderausstellung 6 €, bis 12 J. und ab 65 J. 3,50 €, bis 3 J. frei, Familienticket 15 €.

Teleférico: Wer den Tejo und die Gärten Jardins Garcia de Orta lieber von oben betrachten will, kann eine Seilbahn *(teleférico)* benutzen, die in der Nähe des Ozeanariums zur Torre Vasco da Gama startet.

Parque das Nações, ✆ 218956143. Ⓜ Oriente. Mo–Fr 11–19 Uhr, Sa/So/Fei 10–20 Uhr. 3,95 € einfach, hin und zurück 6,05 €, bis 15 J. und ab 65 J. 45 % Ermäßigung, bis 4 J. frei. Bei Sturm geschlossen.

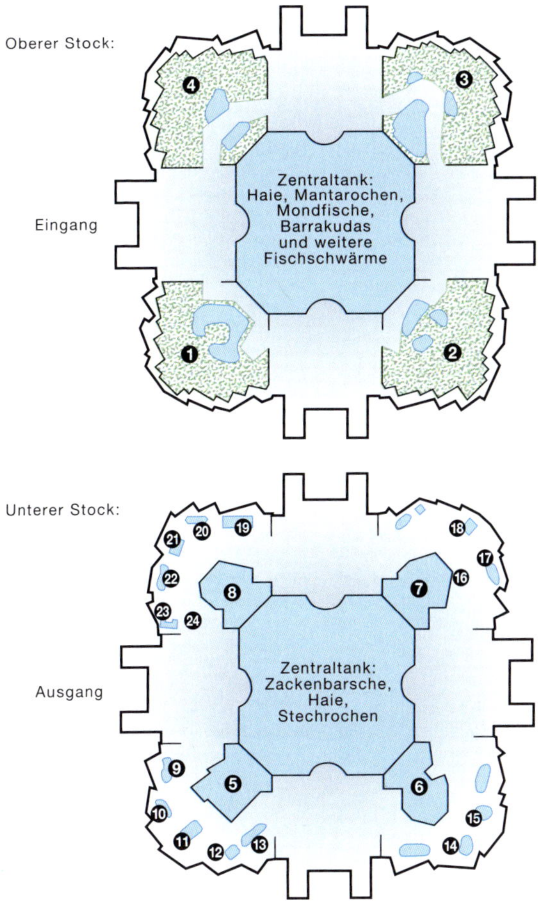

Oberer Stock:

1. Nordatlantik: Papageientaucher, Trottellumme, Tordalken, Katzenhaie
2. Südlicher Ozean: Pinguine, Inkaseeschwalben
3. Pazifik (gemäßigtes Klima): Otter
4. Indischer Ozean: Korallenriffe

Unterer Stock:

5. Nordatlantik: Kabeljau, Katzenhaie
6. Südlicher Ozean: Pinguine
7. Pazifik (gemäßigtes Klima): Otter
8. Indischer Ozean (tropisches Klima): Korallenriffe
9. Felsenriffe
10. Plattfische
11. Schwarmfische
12. Seegraswiesen
13. Fische der Azoren
14. Fische aus Südaustralien
15. Fetzenfische
16. Kelpwald
17. Seewölfe
18. Kraken (Octopus)
19. Korallenriffe
20. Fluoreszierende Korallen
21. Clownfische
22. Muränen
23. Mangrovenwälder
24. Seenadeln

Oceanário

Ziele im Osten Lissabons → Seite 223u. 224/225

Praktische Infos

Touristeninformation

Infoposten des **Parque das Nações** in der Alameda dos Oceanos gegenüber dem Centro Comercial Vasco da Gama. Tägl. 10–19 Uhr, im Winter bis 18 Uhr. Ⓜ Oriente, ✆ 218919333, www.portaldasnacoes.pt.

Restaurants

A Casa do Bacalhau 1, → Karte S. 223, etwas schwer zu finden im alten Stadtteil Beato, der hinter Industrieanlagen versteckt liegt. Am besten ab Praça do Chile (Ⓜ Arroios) Bus 718 (Richtung Isel) bis Haltestelle Alameda Beato. Oder Bus 28 ab Cais do Sodré oder Gare do Oriente bis Haltestelle Rua Açúcar bei den großen „Nacional"-Silos und dann ca. 10 Min. die Rua do Açúcar und Rua do Beato nach Süden gehen. Mo–Sa 12–15 und 19.30–23 Uhr, So nur 12–15 Uhr. Untergebracht im Gewölbe des ehemaligen Reitstalls des Conde de Lafões. Etwa zehn verschiedene Bacalhau-Gerichte. Wer den Kabeljau nicht zu schätzen mag, der findet auch Fleischgerichte und Vegetarisches im Angebot. Gehobenes portugiesisches Publikum. Hauptgerichte ab 9,75 €, Couvert (Brot, Butter, Oliven) 2,20 €. Rua do Grilo, 54, ✆ 218620007.

Serra da Estrela 4, → Karte S. 224/225, im 2. Stock des Einkaufszentrums Vasco da Gama. Tägl. 12–24 Uhr. Innen kleiner, mit Granitsteinen eingerichteter Speiseraum, weitere Tische auf dem Gang des Einkaufszentrums. Von der Decke hängen große Schweineschinken. Vor allem Fleischgerichte aus Mittelportugal wie leckere *chanfana* (Ziegenfleisch in Rotwein). Couvert mit schmackhafter Auswahl portugiesischer Brotsorten. Achtung: Das, was sonst mit dem Couvert angeboten wird, ist teilweise sehr teuer. Hauptgerichte am Tisch ab 8,80 €. Am Tresen oder zum Mitnehmen an die Gemeinschaftstische im Einkaufszentrum günstiger. Centro Comercial Vasco da Gama, Piso 2 – J2, Alameda dos Oceanos, Parque das Nações, Ⓜ Oriente, ✆ 210114878.

Capricciosa 7, → Karte S. 224/225, tägl. 12.30–15.30 und 19.30–24 Uhr. Am Tejo-Ufer hinter dem Pavilhão Atlântico. Die Pizzeria findet man im 1. Stock. Rot dekorierte Holztische und -stühle im Inneren. Am breiten Fenster hat man einen schönen Blick auf den Tejo, am besten ist er jedoch von der

Gräber mit Tejo-Blick – Cemitério do Alto de São João

Veranda, auf der bei gutem Wetter einige Tische stehen. Pizzen und Calzone aus dem Holzofen ab 8,20 €. Auch mehrere Nudel-Gerichte. Passeio das Tágides, lote 2.26.01, Parque das Nações, Ⓜ Oriente, ✆ 218922595, www.grupodocadesanto.com.pt.

Sr. Frango da Guia 5, → Karte S. 224/225, tägl. 12–24 Uhr. Rot-schwarz gestrichener Speisesaal im 2. Stock des Einkaufszentrums, auch einige Tische auf dem Gang. Diese Restaurant-Kette serviert Grillhähnchen, die nach der Art von Guia bei Albufeira an der Algarve zubereitet werden. Den halben Broiler gibt es für 5,95 €, den ganzen für 11,90 €. Man hat die Wahl zwischen mit Chili scharf gegrillt (*picante*) und nicht scharf gegrillt. Extra bestellen und bezahlen muss man die Beilagen wie Reis, Pommes oder Salat. Mo–Fr günstiges Menü mittags. Centro Comercial Vasco da Gama, Piso 2 – J3, Alameda dos Oceanos, Parque das Nações, Ⓜ Oriente, ✆ 218951331, www.srfrangodaguia.com.

A Marítima de Xabregas 2, → Karte S. 223, nur 5 Min. zu Fuß vom Museu Nacional do Azulejo entfernt: unter der Eisenbahnbrücke am Museum durch, dann die dritte Straße rechts bis Ecke Av. Infante Dom Henrique. Oder direkt mit Bus 28 ab Cais do Sodré bis Haltestelle Xabregas. Sa geschl. Etwas bieder mit „Fackeln" als Lampen eingerichtet, dafür überzeugt die Küche. Ihre Spezialität sind Fisch und Fleisch vom Grill, dessen Eisenrost neben dem Eingang gut einsehbar ist. Mehrere Speisesäle, in der Ecke die obligatorischen Fernseher. Hauptgerichte ab 8 €. Rua da Manutenção, 40–42, ✆ 218682235.

Internetcafés

Cib@rcafé, tägl. 10–18 Uhr, Sa/So 11–19 Uhr, Mo sowie Weihnachten, Silvester und Neujahr geschl. Im Internetcafé im Eingangsbereich des Technikmuseums Pavilhão do Conhecimento (→ Karte S. 224/225) kann 30 Min. lang kostenlos gesurft werden (bei geringem Andrang auch länger). Pavilhão do Conhecimento – Ciência Viva, Parque das Nações, Alameda dos Oceanos, Ⓜ Oriente, ✆ 218917138, www.pavconhecimento.pt.

Ciberoceanos, am Eingang zur Metro im ersten Untergeschoss des Bahnhofs Oriente (→ Karte S. 224/225). Tägl. 10–22 Uhr. Eintauchen in den „Cyberocean" für 2,20 € pro Stunde. Mindestnutzung 15 Min. Gare do Oriente, Ⓜ Oriente, ✆ 218951995, www.ciberoceanos.com.

Einkaufen

Einkaufszentrum: *Centro Comercial Vasco da Gama*, im ehemaligen Haupteingang der EXPO 98 eingerichtet. Tägl. 10–24 Uhr geöffnet. Ca. 160 Geschäfte und 35 Restaurants. Das Einkaufszentrum ist vom Motto Meer geprägt. Sehenswert ist das gläserne Dach, über das als natürliche Klimaanlage Wasser fließt. Hauptgeschäft ist ein Continente-Hipermercado im Erdgeschoss. Ganz oben gelangt man auf eine Terrasse mit Restaurants und einem Panoramablick über den Tejo und den Parque das Nações. Alameda dos Oceanos, Ⓜ Oriente (direkter Zugang von der Metrostation), www.centrovascodagama.pt.

Centro Comercial Vasco da Gama

Ausflug nach Estoril und Cascais

25 km westlich von Lissabon erstrecken sich entlang der Atlantikküste mit Estoril und Cascais die nobelsten Badeorte in der Umgebung der Metropole. Zahlreiche Paläste, Sandstrände und Felsküsten gibt es hier zu entdecken. Die Gegend hat zwar nur wenige Sehenswürdigkeiten im klassischen Sinn zu bieten, doch schon allein ihre landschaftliche Schönheit ist beeindruckend.

Kein Wunder, dass der portugiesische Tourismus zu Beginn des 20. Jh. in Estoril seinen Ausgang nahm. Zu den ersten, die es sich an der Lissabonner Costa do Sol gut gehen ließen, zählten Monarchen, die im Zuge politischer Umwälzungen abdanken und ihr Land verlassen mussten.

Das Zentrum Estorils wird vom Casino und seinem Palmengarten dominiert. Nachts ist der Park eine von Tausenden Lämpchen erhellte Oase, am oberen Ende thront in helles Flutlicht getaucht das größte Spielcasino Europas aus Glasbeton.

Eine felsenreiche Küste mit nur wenigen sandigen Buchten umgibt Cascais. Der Ort war früher ein kleines Fischernest und zeigt heute eigenwillige Kontraste: In den Hafenbecken liegen bunt bemalte Fischerboote neben stromlinienförmigen Aluminiumjachten, im Ort stehen alte Prunkvillen vor hoch aufragenden Appartmenthäusern.

In Cascais und Estoril hat sich die Oberschicht der Region Lissabon niedergelassen, dazu eine ganze Reihe von Ausländern, besonders Engländer und Deutsche (in Estoril gibt es sogar eine deutsche Schule). Man zahlt die höchsten Miet- und Wohnungspreise in ganz Portugal, speist in guten und teuren Restaurants, ist Mitglied in einem der zahlreichen Golfclubs und genießt ansonsten das angenehme Klima, das durch den Atlantik bedingt ist: Im Winter ist es nicht zu kalt, im Sommer nicht zu warm, und auch die Temperaturschwankungen zwischen Tag und Nacht halten sich in Grenzen.

Von Lissabon aus fahren Züge nach Estoril und Cascais ab dem Kopfbahnhof Cais do Sodré (Ⓜ Cais do Sodré). Es ist auch möglich, unterwegs an den Bahnhöfen Santos (Stadtteil Madragoa), Alcântara-Mar und in Belém zuzusteigen. Eventuell muss dann aber in Oeiras oder in São Pedro do Estoril umgestiegen werden. Die Züge verkehren in der Hauptverkehrszeit alle 12 Min., sonst alle 20–30 Min. Sie fahren tägl. bis spätnachts. Der Preis für die einfache Fahrt beträgt 1,95 € (ab 65 J. sowie bis 12 J. 50 %, bis 4 J. frei). Die Einzelfahrkarten müssen auf eine Viva Viagem Chipkarte geladen werden, die am Automaten bzw. am Schalter für 0,50 € erhältlich ist (pro Person eine Chipkarte). Nicht vergessen, vor dem Einsteigen die Chipkarte an das Lesegeräte am Bahn-

steig zu halten, damit die Fahrkarte aktiviert wird! Die Fahrt bis Estoril dauert ca. 30–35 Min., bis Cascais 35–40 Min. Ein Großteil der Strecke führt direkt am Tejo- bzw. Meeresufer vorbei. Um die Küste besser betrachten zu können, eignen sich die Fensterplätze auf der linken Seite der Züge am besten.

Spaziergang

Gegenüber dem Bahnhof von Estoril fällt sofort das Casino mit seinem Palmenpark ins Auge. Den Hauptstrand von Estoril, die Praia do Tamariz, erreicht man dagegen über die Unterführung direkt am Bahnhof. Von hier bietet sich über die Strandpromenade ein herrlicher Spaziergang zur Praia da Conceição in der Nachbarstadt Cascais an. Dort angekommen, kann man sich ins Getümmel der belebten Fußgängerzone in der Rua Frederico Arouca stürzen, die sich durch die pittoreske, weitgehend erhaltene Altstadt zieht.

Etwas außerhalb des Stadtzentrums präsentiert die **Casa das Histórias Paula Rego** sehenswerte Ausstellungen von Werken der portugiesischen Malerin Paula Rego. Gegenüber dem Museum erstreckt sich der erfrischend grüne Parque Municipal da Gandarinha. Dort erhebt sich auch einer der schönsten Paläste von Cascais, in dem heute das **Museu Condes de Castro Guimarães** untergekommen ist.

Über die Estrada da Boca do Inferno – über den Marinehafen von Cascais, den kleinen Strand Praia de Santa Marta und das sehenswerte Leuchtturm-Museum **Farol Museu Santa Marta** – ist es noch ein knapper Kilometer bis zur **Boca do Inferno**, dem „Höllenschlund". Dieser Felsenkessel, durch den das Meereswasser hindurchschäumt, bietet besonders an Tagen mit starkem Wellengang ein unvergessliches Naturschauspiel.

Zerklüftete Felsenküste an der Boca do Inferno in Cascais

Estoril und Cascais → Seite 232/233 u. 234/235

Von der Boca do Inferno verläuft der Rückweg über die Avenida Vigia do Facho und die Avenida da República. Hier kommt man an vielen herrschaftlichen Villen vorbei. Über die Rua Marquês Poncada, die Rua dos Navegantes und die Rua Alexandre Herculano geht es durch die Altstadt zurück zum Bahnhof.

An der Boca do Inferno hält auch der Stadtbus 427 *BusCas*, der bis zum Bahnhof fährt. Abfahrt alle 10 Min., Fahrpreis 0,80 €.

Sehenswertes

Mit dem Rad durch Cascais

In Cascais bietet die Stadt kostenlose Leihräder an. Die sog. *BiCas* kann man gegen Vorlage eines Personalausweises gegenüber dem Bahnhof neben der Bank Millennium BCP, vor der Fortaleza und am Kreisverkehr von Guia ausleihen (Mo–Fr 9–16 Uhr, Sa/So und an Feiertagen 9–17 Uhr, im Sommer tägl. 8–18.30 Uhr). Keine Schlösser, wer das Rad abschließen will, sollte eines mitbringen. Durch die Parks darf aber nicht geradelt werden, auf der Strandpromenade sind Zweiräder nur zu Randzeiten erlaubt, wenn sich weniger Fußgänger dort aufhalten (Aushänge beachten).

Casa das Histórias Paula Rego: Dieses Museum präsentiert Werke der 1935 in Lissabon geborenen, heute in Großbritannien lebenden Malerin Paula Rego (früher verheiratet mit dem 1988 verstorbenen, britischen Maler Victor Willing). Rego hat der Stadt Cascais mehr als 400 Gemälde und Stiche überlassen. Viele Gemälde ähneln zerstückelten Geschichten, die neu zusammengesetzt wurden, oft mit einer surrealistischen Anmutung. Frauen und ihre Unterdrückung, aber auch weibliche Stärke spielen eine zentrale Rolle in Regos Werken.

Kleine Schaufläche, daher nur wechselnde Ausstellungen. Es lohnt sich auch der Besuch des Museumscafés mit Terrasse.

Av. da República, 300, ✆ 214826970, www.casadashistoriaspaularego.com. Tägl. 10–20 Uhr. Eintritt frei.

Museu Condes de Castro Guimarães: Erst Anfang des 20. Jh. hat der in Lissabon geborene, irischstämmige Adelige Jorge O'Neill das schlossartige Gebäude errichten lassen. Später verkaufte O'Neill sein traumhaftes Anwesen an den Grafen von Castro Guimarães. Besonders die verschiedenartigen Azulejos und der schöne Kreuzgang mit Löwenbrunnen sind sehenswert. Ebenfalls sehenswert ist die schlichte *Capela da Gandarinha* aus dem 17. Jh. mit ihren schönen Azulejos. Sie liegt direkt gegenüber dem Museum.

Parque Municipal da Gandarinha, ✆ 214815304. Museum: Di–Fr 10–17 Uhr, Sa/So 10–13 und 14–17 Uhr, Mo und Fei geschl. Eintritt frei. Park: tägl. 8.30–19.45 Uhr, im Winter nur bis 17.45 Uhr. Eintritt frei.

Farol Museu de Santa Marta: Die weiß-blauen Streifen des viereckigen Leuchtturms fallen schon von Weitem ins Auge. Im Jahr 1868 hat man ihn hier in den Gemäuern eines kleinen Forts aus dem 17. Jh. erbaut. Mit seinem Licht sollte er den Schiffen den Weg in die Fahrrinne des Tejo nach Lissabon leiten. Bis 1981 kümmerten sich Wärter um die Leuchten, seitdem funktionieren sie automatisch. Neben dem Turm selbst ist in den ehemaligen Wohnungen der Wärter eine Ausstellung zur Geschichte dieser Warnanlagen in Portugal zu besichtigen. Lampen, Karten und Filme bringen dem Besucher die etwa 50 portugiesischen Leuchttürme näher.

Rua do Farol, ✆ 214815328. Di–So 10–18 Uhr (Mai bis September bis 19 Uhr), Mo und Fei geschl. Eintritt frei. Der Stadtbus 427 BusCas fährt vom Bahnhof bis zur Haltestelle Estalagem do Farol.

Boca do Inferno: Der „Höllenschlund" ist ein großer, vom Meer ausgewaschener Felsenkessel mit kleinen Höhlen. Er wirkt besonders reizvoll, wenn die hohe Brandung das Felsenloch zum Überschäumen bringt, begleitet vom wild tosenden Geräusch der Wellen – vor allem an windigen und wellenreichen Tagen ein beeindruckendes Spektakel. Dann sollte man aber nicht zu nahe an die Wellen herangehen, die hier recht gefährlich werden können.

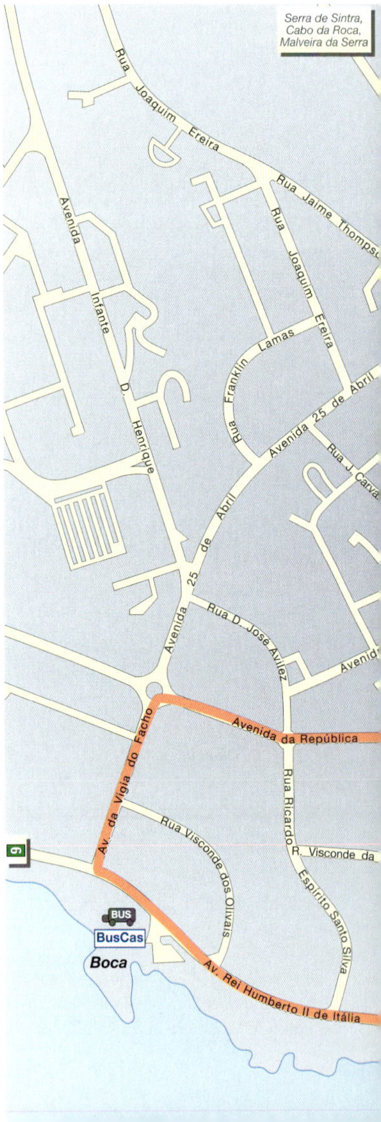

Praktische Infos

(Karten S. 232/233 und 234/235)

Touristeninformation

Estoril: Der Turismo liegt an den Arcadas do Parque in der Nähe des Bahnhofs, ✆ 214647570, 📠 214647576, www.estoril-portugal.com. Tägl. 10–18 Uhr.

Cascais: Der Turismo befindet sich in der Rua Visconde Luz in der Altstadt. ✆ 214822327, www.estoril-portugal.com. Tägl. 10–13 und 14–18 Uhr.

Restaurants in Estoril
→ Karte S. 232/233

Tertúlia do Monte 3, im Ortsteil Monte. Sa mittags geschl., So Ruhetag. Restaurant mit gehobener portugiesischer Küche. Häufig von lokalen Gästen besucht. Der Dielenboden verleiht dem Speiseraum eine angenehme, gediegene Atmosphäre. Grün gestrichene Wände mit Blumenmotiven. Mittagsmenü inkl. Getränk und Espresso für 12 €. Ansonsten à la carte, Hauptgerichte ab 14,20 €. Av. Sabóia, 515-D, ✆ 214681508.

O Sinaleiro 2, etwas oberhalb des Grande Hotel im Stadtteil Monte Estoril. Mi geschl. Mehrere Tische auf der Terrasse, der Speiseraum innen ist etwas düster, da mit viel Holz eingerichtet. Portugiesische Küche. Eine gut bestückte Tageskarte, darunter zahlreiche Fleischgerichte, auch vom Porco Preto, der Landschweinrasse aus Südportugal, die artgerecht unter Korkeichen gehalten wird. Umfangreiches und preisgünstiges Couvert mit leckerem Frischkäse. Hauptgerichte ab 8,80 €. Av. de Saboia, 595, ✆ 214685439.

Di Casa Pizza 1, etwas abseits des Zentrums am Rand des Stadtteils Monte. Tägl. (außer So) 12.30–15 und 19.30–23 Uhr (Mo–Do schon ab 12 Uhr). Großer Speiseraum mit viel Beton und kahlen Wänden, daher etwas laut. In der Ecke kann man dem Pizzabäcker zuschauen. Ein weiterer Saal im Keller. Die Pizzen ab 5,50 € sind nicht besonders groß, haben aber einen leckeren dünnen und knusprigen Teig. Auch Nudeln, Fleisch- und Fischgerichte sowie Salate im Angebot. Av. Fausto Figueredo, 195-A, ✆ 214685949, www.dicasa.pt.

Restaurants in Cascais
→ Karte S. 234/235

Jardim Cerveja 10, typisch deutsches Biergartenrestaurant am Rand des Stadtparks Parque Marechal Carmona wie man sie sonst selten in Portugal findet. Tägl. warme Küche 12.30–3.30 Uhr. 100 Plätze im Grünen, besonders angenehm in lauen Sommernächten. Auch einige Tische im mit dunklem Holz eingerichteten Inneren. Serviert werden deutsche Klassiker wie Haxen und Eisbein, aber auch portugiesische Steaks. Abends häufig Livemusik von Fado über Salsa bis Karaoke. Fußballspiele auf der Leinwand. Erdinger-Bier vom Fass. Mo–Fr Mittagsgericht mit Nachtisch, Getränk und Kaffee für 7,90 €, sonst Hauptgerichte ab 10 €. Rua Frei Nicolau de Oliveira, ✆ 214840760, www.jardimcerveja.com.

Eduardos 1, nahe dem großen Kreisverkehr (Praça Dr. Francisco Sá Carneiro), versteckt in einem Hinterhof. So geschl. Sonst 12–15 und 19.30–23.30 Uhr. Von außen durch das dunkle Holz an der Fassade gut zu erkennen. Unten kleiner Speiseraum im Vorbau, oben größerer, etwas repräsentative-

An Sommerwochenenden knallvoll: Praia do Tamariz in Estoril

rer Saal und ein Raum nur für Nichtraucher. Tägl. wechselnde portugiesische Gerichte, sonst belgische Küche. Hauptgerichte ab 9,50 €, mittags auch günstige Tagesgerichte. Largo das Grutas, 3, ✆ 214831901.

Duche Bar 3, im Dezember und Januar ganz geschl., in der Nebensaison Mi zu, sonst tägl. offen. Schöne Lage direkt am Strand mit Blick auf die Bucht. Fast alle Tische stehen auf der Terrasse. Gebratene Sardinen ab 7,85 €. Praia da Conceição, ✆ 214831379.

Apeadeiro 6, nicht weit von der Igreja dos Navegantes und Av. Emídio Navarro entfernt. So-Abend und Mo ganztags geschl. Zweigeteilt: rechts ein lichter Speisesaal, links ein Speiseraum mit Grill, auf dem die Fisch- und Fleischgerichte zubereitet werden. Gegrilltes wie Fleischspieße sind die Spezialität des Hauses. Wechselnde Tageskarte mit Gerichten ab 7,50 €. Av. Vasco da Gama, 252-A/B, ✆ 214832731.

Capricciosa 2, wenige Meter vom Bahnhof entfernt, direkt über dem Strand Praia da Duquesa gelegen. Lange Fensterfront mit herrlichem Meerblick auf zwei Etagen. Tägl. mittags bis Mitternacht geöffnet. Kleine, rot eingedeckte Tische. Italienische Pizzen und Pasta. Die Pizza Margherita für 7,90 €, Nudelgerichte ab 7,50 €. Alameda Duquesa de Palmela, Praia da Duquesa, ✆ 214820953.

O Viriato 5, einstöckiges Eckhaus in der Nähe der Igreja dos Navegantes. Dienstagabends und Mi geschl. 2 rustikal dekorierte Speisesäle. Von den Wänden baumeln Hunderte Postkarten, die von den Gästen an das Lokal geschickt wurden. Am Eingang sind die Fische ausgelegt, die später auf den Holzkohlegrill wandern. Portugiesische Küche. Leckerer Frischkäse zum Couvert. Vor allem älteres Stammpublikum aus der Nachbarschaft. Hauptgerichte ab 7,40 €. Av. Vasco da Gama, 34, ✆ 214868198.

Dom Pedro I 7, in einer kleinen Gasse rechts hinter dem Rathaus von Cascais. So geschl. Innen kleiner Speiseraum mit blauweißen Azulejos und bunten Gemälden. Auch draußen kann gegessen werden. Große Auswahl an Gerichten, tägl. wechselnd. Gute Fischspeisen. Reichliche Portionen, es gibt aber auch halbe. Hauptgerichte ab 6,50 €. Beco dos Inválidos, 32, ✆ 214833734.

O Cantinho da Bélinha 8, Restaurant im Haus des Fischereiverbands. Mo geschl. Terrasse im Innenhof, innen ein etwas düsterer Speisesaal. An einer Auslage kann man sich die Fische aussuchen, die dann auf dem Grill sehr schmackhaft zubereitet werden. Auch Fleisch im Angebot. Hauptgerichte ab 6 €. Av. Vasco da Gama, 133, ✆ 214822504.

Cafés in Estoril → Karte S. 232/233

››› Mein Tipp: **Garrett do Estoril 4**, in der Nähe des Bahnhofs, neben dem Hotel Palácio. Tägl. (außer Di) 8–19 Uhr. Traditionsreichstes Café in Estoril: seit 1934. Man kann entweder an einem der Tische im Wintergarten oder drinnen im Saal mit Kaffeehaus-Ambiente Platz nehmen. Treffpunkt vieler wohlhabender Familien Estorils. Große Auswahl an Gebäck. Berühmt ist die Konditorei für ihren Bolo Rei, einen in Portugal traditionell an Weihnachten gegessenen Kuchen. Bica 0,90 €. Av. de Nice, 54, ✆ 214680365. ‹‹‹

Eisdielen und Cafés in Cascais → Karte S. 234/235

Gelateria Santini 4, versteckt in einer Parallelstraße der Fußgängerzone. So–Do 11–20 Uhr, Fr/Sa bis 24 Uhr. Vom italienischen Einwanderer Attilio Santini bereits 1949 eröffnet. Zu seinen Stammkunden zählte der exilierte italienische König Umberto II. Das Eis gilt als das beste im ganzen Großraum Lissabon. Die Werbung der Eisdiele suggeriert sogar ganz bescheiden, es sei gleich das beste der Welt („*I gelati piú fini del mondo*"). Auch als treue Santini-Kunden finden wir das etwas sehr dick aufgetragen. Av.Valbom, 28-F, ✆ 214872504, www.santini.pt.

Espaço da Guia 9, Café auf dem ehemaligen Landgut Quinta São José da Guia, direkt neben dem auffälligen Guia-Leuchtturm. Tägl. 8–20 Uhr (im Sommer bis 23 Uhr). Zu Fuß sind es ca. 1,5 km ab der Boca do Inferno, schöner Weg immer an der Küste entlang Richtung Westen. BusCas 427 bis Haltestelle Guia. Pavillon mit breiter Fensterfront, die den Blick auf die Felsenküste freigibt. Auch eine große, teils schattige Terrasse, von der aus man den Tauchern vor der Steilküste zuschauen kann. Nebenan mehrere Restaurants sowie das herrschaftliche Haupthaus Casa da Guia aus dem Jahr 1895. In der ehemaligen Residenz der Grafen von Alcáçovas sind heute Kunsthandwerksläden untergebracht. Quinta São José da Guia, Estrada Nacional 247/Estrada do Guincho, Guia, ✆ 214866022.

Die beste Aussicht auf den Palácio da Pena hat man von der Cruz Alta aus

Ausflug zu den Königsschlössern in Sintra

Hauptsehenswürdigkeiten des 20 km nordwestlich von Lissabon gelegenen Ortes Sintra sind die pittoreske Altstadt mit ihren kleinen Gassen, die Maurenburg sowie die beiden Königspaläste Palácio Nacional de Sintra und Palácio Nacional da Pena. Sintra ist der sehenswerteste Ort in der Umgebung Lissabons und sollte in keinem Besuchsprogramm fehlen.

Den entscheidenden Entwicklungsschub bekam Sintra unter König Dom Dinis (1279–1325), der den Palácio Real zur königlichen Sommerresidenz ausbauen ließ. Mit dem Ende der Dynastie Aviz und dem Beginn der spanischen Herrschaft im Jahr 1580 war aber auch Sintras Ära als königlicher Sommersitz zunächst vorbei. Erst 1839 ließ König Dom Fernando II. auf einem der Berggipfel der Serra de Sintra eine neue Königsresidenz errichten, den Palácio da Pena – der königliche Hof kehrte nach Sintra zurück. Dem Königshof folgten viele Aristokraten in die Stadt, um hier ihre eigenen Paläste zu errichten. Sie zogen es vor, dem heißen Sommer Lissabons ins kühle Sintra zu entfliehen.

Im 19. Jh. entdeckten die Romantiker Sintra für sich, darunter bekannte Schriftsteller wie Lord Byron. Heute leben vor allem Industriellen- und Bankiersfamilien in den prächtigen Palästen an den Berghängen der Stadt. Auch unter Ausländern erfreut sich Sintra großer Beliebtheit, und so werden besonders an Wochenenden große Touristenströme durch die Altstadt geschleust. Seit 1996 ist diese in ihrer Gesamtheit als UNESCO-Weltkulturerbe klassifiziert.

Wenn Sie nach Sintra fahren, sollten Sie auch im Hochsommer eine Windjacke oder einen Pullover mitnehmen, da es hier zu fast jeder Jahreszeit kühl, windig oder neblig werden kann. Mit der geeigneten Kleidung sollte dies aber kein

Hinderungsgrund für einen Besuch sein, denn gerade bei Nebel wirkt die Stadt noch romantischer und geheimnisvoller. Am 29. Juni ist in Sintra übrigens Stadtfeiertag, dann haben alle Paläste und Museen geschlossen.

Nach Sintra fahren Vorortzüge der *Linha de Sintra* ab dem Kopfbahnhof Rossio (Ⓜ Restauradores). Tagsüber fährt alle 30 Min., Mo–Fr in der Rushhour alle 15 Min. ein Zug. Fahrtdauer 39 Min. Preis einfach 1,95 € (ab 65 J. sowie bis 12 J. 50 %, bis 4 J. frei). Die Fahrkarten müssen auf eine Viva Viagem Chipkarte geladen werden (erhältlich am Automaten oder Schalter für 0,50 € pro Pers.). Vor der Abfahrt die Chipkarte unbedingt ans Lesegerät halten, damit die Fahrkarte aktiviert wird.

Spaziergang

Wer vor dem Bahnhof Sintras nach links abbiegt, stößt bald auf das prunkvoll neomanuelinisch ausgestattete Rathaus der Stadt (Câmara Municipal) mit seinem schönen Turm. Ein Stück weiter, in der Volta do Duche Nr. 12, bietet die *Fábrica das Verdadeiras Queijadas da Sapa* (→ Karte S. 240/241, 5) eine köstliche Spezialität an, die man unbedingt probieren sollte: *queijadas,* kleine Törtchen, die mit einer Mischung aus Frischkäse, Eigelb, Zucker und Zimt gefüllt sind. Sie werden vielerorts auch am Straßenrand verkauft.

Den Beginn der Altstadt, vor der sich der weitläufige Parque da Liberdade ausbreitet, markiert der massive Königspalast **Palácio Nacional de Sintra** mit seinen charakteristischen Kaminen. Gegenüber liegt das sehr sehenswerte Spielzeugmuseum **Museu do Brinquedo**.

Danach geht es weiter zum **Castelo dos Mouros**: zunächst durch die Altstadt und dann entlang der Rua Marechal Saldanha zur Quelle Fonte da Sabuga, deren klares Wasser von den Einheimischen gerne in Flaschen abgefüllt wird. Am Brunnen dann weiter nach rechts in die Calçada dos Clérigos und an der nächsten Straßenkreuzung die Rampa do Castelo nach oben in den Wald. Der Weg führt steil den Berg hinauf, bei den Gabelungen im Wald sollte man sich rechts halten.

Insgesamt wandert man von der Altstadt zum Castelo dos Mouros ca. 30 Min. Wer die Burg betreten will, muss allerdings erst einmal bis zum Ausgang an der Straße, um dort im Tickethäuschen eine Eintrittskarte zu kaufen.

Für diejenigen, die es bequem lieben: Alternativ fährt Bus 434 *(Circuito da Pena)* der Gesellschaft ScottURB tägl. alle 20 Min. vom Bahnhof Sintra und ab dem Turismo in der Altstadt (Sintra Vila) zum Castelo dos Mouros und Palácio Nacional da Pena. Der Fahrpreis beträgt 5 € mit beliebig vielen Stopps auf der Hinfahrt und einer Rückfahrt.

Von der Maurenburg kann die Altstadt von Sintra gut überschaut werden. Außerdem ist das zweite Königsschloss von Sintra, der **Palácio Nacional da Pena** im Parque da Pena, schon gut zu sehen. Von den Plattformen dieses Märchenschlosses aus bietet sich dann eine schöne Sicht auf Lissabon, die Serra de Sintra und Sintra selbst.

Vom Haupteingang des Parque da Pena, dem *Portão Principal,* geht es über die Calçada da Pena in den schönen Ortsteil **São Pedro de Sintra** mit seinen historischen Villen und Palästen und dem jeden zweiten und vierten Sonntag im Monat stattfindenden Markt.

Über die Calçada de São Pedro und die nach etwa 200 m halbrechts abzweigende Rua Dr. Higino de Sousa erreicht man einen besonderen Aussichtspunkt:

Sintra → Seite 240/241

einen der wenigen Orte der Stadt, an denen man gleichzeitig einen guten Blick auf Castelo dos Mouros und Palácio da Pena genießt.

Anschließend geht es nach links in die Rua Rodrigo Pereira, um nach 150 m bei der Quinta do Arrabalde in den Fußweg Caminho da Alba Longa einzubiegen. An dessen Ende rechts in die Rua Conde de Seisal und gleich wieder links bis zur Rua João de Deus, die zum Bahnhof Sintra führt.

Kunstinteressierte können vor der Rückfahrt nach Lissabon – sofern die Zeit und Energie noch reicht – im Stadtteil Estefânia das **Museu de Arte Moderna** in der Av. Heliodoro Salgado besichtigen.

Sehenswertes

Palácio Nacional de Sintra: Schon zu maurischen Zeiten stand hier eine Burg *(Alcácer)*. Nach der Eroberung durch die Christen wurde diese unter König Dom João I. (1385–1433) erweitert und zur Sommerresidenz ausgebaut. Mit seinen beiden auffälligen konischen Küchenkaminen ist der Königspalast seither das Wahrzeichen Sintras. Unter Dom Manuel I. (1495–1521) erfolgte eine weitere maßgebliche Umgestaltung, welche das manuelinische Element in die Architektur des Palastes einbrachte. Aufgrund der vielen Umbauten wirkt der Palast deshalb heute uneinheitlich und etwas zusammengewürfelt. Dennoch ist er der letzte noch erhaltene Königspalast Portugals, dessen Bausubstanz auf das Mittelalter zurückgeht.

Der Rundgang führt durch prächtig mit Deckengemälden, Wappen sowie arabischen bzw. chinesischen Kunstgegenständen geschmückte Gemächer und Säle. Höhepunkt ist die Großküche mit ihren beiden imposanten, 33 m hohen konischen Kaminen. Besonders sehenswert auch die alten Azulejos im Arabischen Saal in Grün, Weiß und Blau aus dem 15. Jh.

Praça da República, ✆ 219106840, http://pnsintra.imc-ip.pt. Tägl. (außer Mi und Fei) 9.30–17.30 Uhr, letzter Einlass 17 Uhr. Eintritt 7 €, mit Cartão Jovem 60 % Ermäßigung, über 65 J. 50 %, bis 14 J. und So bis 14 Uhr freier Eintritt. Kombiticket Circuito Palácios Reais mit Palácio Nacional de Sintra, Palácio Nacional de Queluz und Palácio Nacional de Mafra 17 €.

Museu do Brinquedo: Das Museum beherbergt die fast unüberschaubare Menge von 20.000 Spielzeugen aus aller Welt, die der portugiesische Sammler João Arbués Moreira in 50 Jahren akribischer Kleinarbeit zusammengetragen hat. Darunter sind Heerscharen von Zinnsoldaten, Spielzeugautos, Modellstraßenbahnen, Miniaturzüge, Dampfmaschinen, Brett- und Computerspiele sowie Puppen. Besonders sehenswert ist das mechanische Blechspielzeug, fabriziert in Deutschland in den 20er und 30er Jahren.

Rua Visconde Monserrate, ✆ 219242171, www.museu-do-brinquedo.pt. Tägl. (außer Mo) 10–18 Uhr. Letzter Einlass 17.30 Uhr. Eintritt 4 €, Kinder, Studenten und ab 65 J. 50 % Ermäßigung, bis 2 J. frei.

Castelo dos Mouros: Die Burg wurde unter arabischer Herrschaft im 8. oder

Sintra → Seite 240/241

9. Jh. angelegt. Nach der Eroberung Lissabons durch Dom Afonso Henriques im Jahr 1147 verfiel sie zusehends und wurde erst unter König Dom Fernando II. (1816–1885) restauriert. Die nationale Denkmalverwaltung gab der Burg in den 40er Jahren schließlich ihr heutiges Gesicht – nicht unbedingt getreu den historischen Vorgaben.

Bus 434 (s. o.), ✆ 219237300, www.parquesdesintra.pt. Tägl. 10–18 Uhr (April bis Sept. 9.30–20 Uhr). Einlass bis 1 Std. vor Schluss. Nur am 25. Dez. und am 1. Jan. geschl. Eintritt 6 €, unter 18 J. und ab 65 J. 5 €, unter 6 J. frei, Familien ab 16 €. Alle Karten müssen am Tickethäuschen oben am Ausgang zur Straße gekauft werden.

Spartipp: Wer mehr als eine der von *Parques de Sintra – Monte da Lua* verwalteten Sehenswürdigkeiten besuchen möchte, sollte beim ersten Besuch ein Kombiticket kaufen. So kostet beispielsweise das 30 Tage lang gültige Komplett-Kombiticket namens *4 Parques* (Castelo dos Mouros, Parque da Pena, Palácio da Pena, Palácio de Monserrate und Convento dos Capuchos) 20 € pro Person und ab 49 € für Familien. Wer nur das Castelo dos Mouros, den Parque da Pena und den Palácio da Pena besuchen möchte, zahlt 14 € für das entsprechende nur einen Tag gültige Kombiticket (Familien ab 37 €). Weitere Kombinationen werden angeboten.

Parque da Pena: Dieser Wald, den König Fernando II. im 19. Jh. anlegen ließ, umgibt das Märchenschloss Palácio da Pena. Der Garten sollte eine Mischung aus tropischem Wald und Wäldern der deutschen Heimat des Königs sein. Vor allem die zweite Frau von Fernando, Elise Hensler Gräfin von Edla, gestaltete den Park maßgeblich. Sie ließ zahlreiche Baumarten wie Sequoien und Thujen aus Nordamerika anpflanzen, wo sie einen Teil ihrer Kindheit verbracht hatte. Später vererbte ihr König Fernando II. den kompletten Park samt Palácio da Pena. Die portugiesische Öffentlichkeit war über diese großzügige Geste ihres deutschen Königs so erbost, dass Elise Hensler dem Druck nachgab und im Jahr 1889 Park und Palast an den Staat veräußerte.

Bus 434 (s. o.), ✆ 219237300, www.parquesdesintra.pt. Tägl. 10–18 Uhr (April bis Sept. 9.30–20 Uhr). Einlass bis 1 Std. vor Schluss. Nur am 25. Dez. und am 1. Jan. geschl. Der Eingang Portão dos Lagos schließt jeweils 15 Min. früher. Eintritt Park ohne Palast (Percurso P): 6 €, unter 18 J. und ab 65 J. 5 €, unter 6 J. frei, Familien ab 16 €. Tickets nicht am Portão dos Lagos erhältlich, sondern nur am Eingang zum Castelo dos Mouros oder am Haupteingang des Parque da Pena.

Palácio Nacional da Pena: König Dom Fernando II. (1816–1885) ließ das märchenhafte Schloss für seine Gemahlin Dona Maria II. erbauen. Die Mitglieder des Königshauses bewohnten den Palast jedoch recht selten, da es ihnen hier zu windig und zu neblig war. Baumeister war der Deutsche Wilhelm Baron von Eschwege; er bediente sich romanischer, gotischer, manuelinischer, barocker, maurischer und indischer Stilelemente. Das Ergebnis ist ein Horror für jeden Stilpuristen, aber die wahre Freude für Liebhaber unkonventioneller Bauweisen.

Einst stand hier ein kleines manuelinisches Bergkloster aus dem Jahr 1511, das beim Erdbeben 1755 stark beschädigt wurde. Dessen Kreuzgang und Kapelle sind in den Palácio da Pena integriert worden.

Bus 434 (s. o.), ✆ 219237300, www.parquesdesintra.pt. Tägl. 10–18 Uhr (April bis Sept. 9.45–19 Uhr). Einlass bis 1 Std. vor Schluss. Fotografieren verboten. Tickets in jedem Fall bereits am Eingang in den Park kaufen. Eintritt Park und Palast (Percurso T): 12 €, unter 18 J. und ab 65 J. 9 €, unter 6 J. frei, Familien ab 32 €.

Das portugiesische Neuschwanstein – Palácio da Pena

Sintra Museu de Arte Moderna: Mit der *Colecção Berardo* kann das Museum der modernen Kunst auf eine der besten Sammlungen zeitgenössischer Kunst in Portugal zurückgreifen. Gezeigt werden wechselnde Ausstellungen mit Gemälden und Skulpturen aus den 30er Jahren bis zur Gegenwart. Unter den bisher ausgestellten Künstlern befanden sich Max Ernst, Joan Miró, Pablo Picasso, Gerhard Richter und Roy Lichtenstein. Untergebracht ist das Museum im prächtigen, historischen Casino von Sintra aus dem Jahr 1924.

Av. Heliodoro Salgado, ✆ 2192 48170, www.berardocollection.com. Tägl. (außer Mo) 10–18 Uhr. Letzter Einlass 30 Min. vor Schluss. Eintritt 3 €, für Schüler unter 18 J. sowie ab 65 J. 50 % Ermäßigung, unter 10 J. frei. So bis 14 Uhr generell frei.

Praktische Infos

(→ Karte S. 240/241)

Touristeninformation

Turismo an der Praça da República, 23, im Zentrum der Altstadt, ✆ 219231157, ℻ 219238787. **Turismo im Bahnhof**, ✆/℻ 219241623. Beide Büros haben tägl. 9–19 Uhr geöffnet, Juni–Sept. bis 20 Uhr.

Restaurants

Lugar dos Sabores 7, direkt am Marktplatz im Stadtteil São Pedro. So geschl. Nur Mittagstisch 12–15 Uhr. Einfaches Café-Restaurant im Kantinenstil. Die Reis-, Nudel-, Fleisch- und Fischgerichte liegen vorgewärmt in Blechwannen und können an der Theke in Augenschein genommen werden. Kleine Auswahl. Gerichte ab 7 €. Vergleichsweise günstig und sättigend. Bei gutem Wetter mit Terrasse. Praça D. Fernando II, 27, ✆ 219231470.

Restaurante Regional de Sintra 4, direkt rechts neben dem Rathaus, der Câmara Municipal. Zwei große Säle, etwas altmodisch mit schweren Vorhängen und dunklem Holz eingerichtet. Häufig von Familien aus der Region Sintra besucht. Lokale Küche, dazu noch ein paar Nudelgerichte. Preiswertes Couvert für 1,50 € mit leckerem Roggenbrot, Oliven, Käse und Butter. Hauptgerichte ab 5,50 €. Travessa do Município, 2, ✆ 219 234444, www.restaurante-regional-sintra.pt.

Sintra → Seite 240/241

Restaurante Pastelaria Tirol de Sintra 2, in der Fußgängerzone im Stadtteil Estefânia. Tägl. nur mittags geöffnet. Heller Speisesaal im 1. Stock des Cafés, die Wände mit Marmor verkleidet. Wer Glück hat, kann an der breiten Fensterfront sitzen und dem Treiben in der Fußgängerzone zusehen. Viele portugiesische Stammgäste. Einige Tagesgerichte Mo–Fr für 4,75 €, aber auch à la carte ab 7 €. Av. Heliodoro Salgado, 7, ✆ 219230505.

Cafetaria Tulipa 1, am Ende der Fußgängerzone in der Neustadt, kurz vor dem Museu de Arte Moderna. So geschl. Kleine Pastelaria, mit hellem Kiefernholz und Marmor eingerichtet. In der Ecke unterhalten zwei Fernseher die Gäste aus der Nachbarschaft. Mittags leckere Crêpes ab 2,50 €, auch Salate und Hauptgerichte ab 4,75 €. Av. Heliodoro Salgado, 53, ✆ 219243528.

Cafés

››› Mein Tipp: **A Raposa – Casa de Chá 3**, in einer Seitenstraße unweit des Rathauses. Tägl. 10–24 Uhr. In einem mit Stuck verzierten Saal werden Tee, Kaffee und Torten kredenzt. Kunstvoll verzierte Leuchter, liebevoll eingedeckte Tische und breite Spiegel. Die Teeauswahl ist extrem umfangreich von Kenia über Sri Lanka und China bis nach Japan (die Tees liefert O Chá Tearoom aus Lissabon). Es werden auch Mittag- und Abendessen serviert. Rua Conde Ferreira, 29, ✆ 219244482, www.araposa.com. ‹‹‹

Pastelaria Piriquita 6, eine alte, weit bekannte Queijadas-Fabrik. Der Hauptsitz liegt direkt am Anfang der Altstadtgasse, schräg gegenüber dem Palácio Nacional. Tägl. (außer Mi) 9–22 Uhr. Nicht nur vorzügliche *queijadas* (können auch im Pack zum Mitnehmen gekauft werden), sondern auch *travesseiros* (ein süßes Blätterteiggebäck) und anderes mehr. Schöne Einrichtung mit weiß-grünen Azulejos und Marmorboden. Die Gasse weiter nach oben gehend, erreicht man an der Hausnummer 18 die Filiale *Piriquita Dois*, die sogar über eine kleine Terrasse verfügt. Auch hier ist der Andrang besonders an Wochenenden enorm. Den meisten Besuchern entgeht dabei, wie geschichtsträchtig die Rua das Padarias ist: Hinter dem Torbogen zu Beginn der Gasse befindet sich der Eingang in das alte jüdische Ghetto Sintras – hier im Beco da Judiaria mussten sich die Juden Sintras zu Zeiten des portugiesischen Königsreiches ansiedeln. Rua das Padarias, 1 und 18, ✆ 219230626 und 219231595.

Sintra ist die Stadt der Paläste: Quinta da Regaleira

Panorama von Almada nach Lissabon

Ausflug nach Almada auf die Südseite des Tejo

Almada ist Lissabons unmittelbarer Nachbar auf der Südseite des Tejo. Wahrzeichen der Stadt ist die weithin sichtbare Christkönigstatue Cristo-Rei. Nicht nur wegen der Aussicht von der Christkönigstatue, sondern auch wegen der schönen Fährfahrt lohnt sich dieser Ausflug.

Im Stadtteil **Cacilhas** mit seinem hübschen, aber kleinen historischen Ortskern befand sich einst das Zentrum des portugiesischen Schiffbaus. Im Jahr 1861 lief in den Werftanlagen Almadas das erste Eisenschiff Portugals vom Stapel, zahlreiche weitere folgten. Doch die Werftenindustrie kriselt auch in Portugal, und so werden in Almada seit Ende 2000 keine Frachter und Tanker mehr gebaut oder aufgemöbelt. Zurück blieb das gigantische, 300 t schwere Stahlportal der ehemaligen *Lisnave*-Trockendockanlage.

Bewohnt wird Almada, dessen Name sich vom arabischen Wort *al ma'din* (Gold- oder Silbermine) ableitet, vor allem von Zuwanderern aus der südportugiesischen Provinz Alentejo. Dazu kommen viele Menschen aus den ehemaligen portugiesischen Kolonien Afrikas. Die meisten Einwohner Almadas gehören den mittleren und unteren Einkommensklassen an. Viele von ihnen, die sog. *cacilheiros,* pendeln tägl. mit der Fähre nach Lissabon zur Arbeit.

In den Stadtteil Cacilhas alle 10–20 Min. mit der Tejo-Fähre ab dem Cais do Sodré (Ⓜ Cais do Sodré). Die Fähren pendeln von frühmorgens bis spät in die Nacht. Die Fahrt dauert ca. 15 Min. und kostet 1,05 €. Die Fahrkarten müssen auf eine leere 7-Colinas-Chipkarte pro Person geladen werden (diese kostet 0,50 €). Idealerweise verwendet man die 7-Colinas-Zapping-Karte, wenn man eine solche besitzt (→ „Unterwegs in Lissabon", S. 33).

Almada → Seite 247

Sehenswertes

Cristo-Rei: Die 1959 geschaffene Christkönigstatue ist der berühmten Cristo-Redentor-Statue in Rio de Janeiro nachempfunden. Während das brasilianische Vorbild auf einem Berg steht (dem Corcovado), dient in Almada ein 82 m hoher Betonsockel als Plattform für die 28 m große Christusfigur. Die Aussichtsplattform der Statue bietet ihren Besuchern einen fantastischen Ausblick auf Lissabon, die benachbarte Brücke des 25. April und die ganze Region südlich des Tejo. Seine Entstehung verdankt der Cristo-Rei von Almada einem Gelübde, das die portugiesischen Bischöfe 1942 in Fátima abgelegt hatten: Man versprach, die Statue zu errichten, falls Portugal nicht in den Zweiten Weltkrieg hineingezogen werden würde. Geplant war auch die Errichtung eines großen Wallfahrtszentrums, das sich von der Statue bis an den Tejo hinunter erstrecken sollte. In dieser Hinsicht ist allerdings bis heute nichts Konkretes geschehen.

✆ 212751000, www.cristorei.pt. Vom Busbahnhof am Fährhafen Cacilhas mit der Linie 101 (alle 20 Min., Samstagnachmittag und So alle 40 Min.) bis zur Endstation an der Statue. Tägl. 9.30–18 Uhr. Eintritt 4 €, im Sommer 5 €, bis 15 J. 50 % Ermäßigung, unter 8 J. frei. Zur Plattform fährt ein Lift.

Palácio da Cerca/Centro de Arte Contemporânea: Der Palast aus dem 18. Jh. beherbergt mit dem Centro de Arte Contemporânea wechselnde Ausstellungen zeitgenössischer Kunst, ist aber schon allein wegen seiner exponierten Lage hoch oben über dem Tejo und seiner architektonischen Schönheit einen Besuch wert.

Auf der Buslinie 101 von Cacilhas zum Cristo-Rei am Largo Luís de Camões aussteigen, dann zu Fuß über die Calçada da Cerca und die Rua da Cerca zum Palácio da Cerca. Di–Fr 10–18 Uhr, Sa/So 13–18 Uhr, Mo und Fei geschl. Eintritt frei. ✆ 212724950.

Aussichtspunkt: Vom benachbarten Miradouro Luís de Queirós ist der still dahinfließende Fluss herrlich zu beobachten. Wer Lust auf ein Essen mit wunderschönem Blick auf Lissabon hat, der sollte vom Aussichtspunkt zum Cais do Ginjal am Tejo hinunter. Dazu kann man entweder über die Treppenstufen gehen oder den Panorama-Aufzug Elevador da Boca do Vento benutzen.

Aufzug tägl. 8–24 Uhr alle 15 Minuten. Fahrpreis rauf und runter 1 €, ab 65 J. 50 % Ermäßigung, unter 8 J. frei.

Unten am Kai kann in zwei Restaurants in gepflegtem Ambiente gespeist werden (s. u.). Zum Fährhafen Cacilhas geht es anschließend über die lange Kaimauer des Cais do Ginjal zurück.

Praktische Infos

(→ Karte S. 247)

Restaurants

››› Mein Tipp: **Ponto Final** **1**, über den engen Weg ab der Fährstation in Cacilhas entlang des Tejos zu erreichen (ca. 10 Min. immer geradeaus). Nachts mag mancher den Weg etwas unheimlich finden. Dann lieber die alternativen Wege nehmen: vom Miradouro in Almada die Stufen hinabsteigen oder mit dem Aufzug Elevador da Boca do Vento hinunterfahren. Di geschl. Sehr stilvoll mit einer von der Seefahrt inspirierten Dekoration. Von der Terrasse vor allem nachts überwältigender Blick auf das gegenüberliegende Lissabon. Im Obergeschoss eine Bar. Spezialität ist gegrillter Fisch. Hauptgerichte ab 14 €. Rua do Ginjal, 72, ✆ 212760743. ‹‹‹

Atira-te ao Rio **2**, neben dem Ponto Final und damit ebenfalls direkt am Tejo gelegen. Tägl. (außer Mo) 13–24 Uhr. Brasilianisches Restaurant in extravaganter Lage. Untergebracht neben verfallenen Hafenanlagen mit einem sehr schönen Blick auf Lissabon. Rustikales Interieur. Spezialität am Sa ist bra-

E ssen & Trinken (S. 246/247)

1 Ponto Final
2 Atira-te ao Rio
3 O Novo Nevada
4 Cova Funda
5 O Rei da Sardinha Assada

silianische *feijoada* (Fleischeintopf mit schwarzen Bohnen mit Büffet) für 12,50 €. Hauptgerichte ab 12 €. Rua do Ginjal, 69/70, ✆ 212751380.

O Novo Nevada 3, an der Hauptstraße im modernen Zentrum Almadas. Mo–Sa 12–24 Uhr. Am Eingang Barbereich, hinten hell eingerichteter Speiseraum. Gehobenes Restaurant mit überaus großem Angebot an leckeren Fisch- und Fleischgerichten ab 8 €, Mittagsteller ab 6 €. Av. Dom Afonso Henriques, 18-A, ✆ 212750521.

Cova Funda 4, in der Straße, die neben dem Busbahnhof von Cacilhas nach oben führt. So geschl. Ein sehr kleiner, enger und mit Fliesen ausgeschmückter Speiseraum. Zur Mittagszeit vor allem von Einheimischen besucht. Der Wirt brät die Fische, die im Kühlschaufenster zu sehen sind, in einer kleinen Grillecke auf der Straße. Günstiger Wein frisch vom Fass. Hauptgerichte ab 7,50 €. Rua Cândido dos Reis, 103, Cacilhas, ✆ 212764035.

O Rei da Sardinha Assada 5, tägl. geöffnet. Kurz vor dem Cova Funda gelegen. Einfacher Speisesaal mit Veranda. Gut besucht. Sardinen sind beim „König der gebratenen Sardine" selbstverständlich im Angebot, aber auch andere Fische und Fleisch. Hauptgerichte ab 6,95 €. Rua Cândido dos Reis, 51-B, ✆ 212740105.

Almada → Seite 247

Etwas Portugiesisch

Betonung und Aussprache

Prinzipiell wird die zweitletzte Silbe eines Wortes betont. In folgenden Fällen wird dagegen die letzte Silbe betont: Das Wort endet mit einem Konsonanten (Ausnahme -**s** und -**m**), oder die letzte Silbe enthält ein **i** oder ein **u**. Trägt eine Silbe einen **Akzent**, wird diese Silbe betont, z.B. bei escândalo (Skandal) oder cómodo (bequem). Vokale mit Tilde, also **ã** oder **õ**, werden nasaliert, d. h. ähnlich ausgesprochen wie die französischen Laute *-in* [*matin*] und *-an* [*Sagan*]. Die Silbe mit dem **ã** oder **õ** ist im Wort zu betonen, Bsp. corações (Herzen).

Die korrekte **Aussprache** ganz ausführlich darzustellen würde mehrere Seiten ausfüllen, daher etwas vereinfacht und in Kürze: Die Buchstaben **b, d, f, k, l, m, n, p, t** und **u** werden ähnlich wie im Deutschen ausgesprochen (Ausnahme: Folgt **m** oder **n** auf einen Vokal, so ist dieser zu nasalieren). **Diphthonge**, das sind zwei Vokale in einer Silbe, sind im Portugiesischen immer getrennt auszusprechen: also *E-u-ro*, statt *Eu-ro*.

Buchstabe	Bedingung	Aussprache
a	betont	wie deutsches **a** in <Magen>
a	unbetont	wie deutsches **ä** in <eine>
à, á	immer	wie deutsches **a** in <Magen>
â	immer	wie deutsches **a** in <Kamera>
e	betont	wie deutsches **ä** in <Säle>
e	unbetont	geschlossenes **e** wie in <Esel>
e	unbetont am Wortende	fast völlig verschluckt
es, ex	nur am Wortanfang	ähnlich wie deutsches **isch**
é	immer	wie deutsches **ä** in <Säle>
ê	immer	geschlossenes **e** wie in <See>
i	zwischen zwei Vokalen	wie deutsches **j** in <Jubel>
i	sonst	wie deutsches **i**
o	betont	offenes **o** wie in <Sonne>
o	unbetont	wie ein **u**
ó	immer	offenes **o** wie in <Sonne>
ô	immer	geschlossenes **o** wie in <Ofen>
c	vor e oder i	stimmloses **s** wie in <Maß>
c	vor t	meist stumm (arquitecto = *arkitätu*)
c	vor a, o oder u	wie **k**
ç	immer	stimmloses **s** wie in <Maß>
ch	immer	stimmloses **sch** wie in <Fisch>
g	vor a, o und u	wie deutsches **g**
g	vor e und i	stimmhaftes **sch** wie in <Journalist>
gu	vor a, o und u	wie deutsches **gu**
gu	vor e und i	wie deutsches **g**
h	am Wortanfang	wird nicht ausgesprochen
lh	immer	wie **lj**

nh	immer	wie **nj**
j	immer	stimmhaftes **sch** wie in <Journalist>
qu	vor a und o	wie **qu** in <Qualle>
qu	vor e und i	wie **k**, das u bleibt stumm (que = *ke*)
r	zwischen zwei Vokalen	Einfaches Zungen geschlagenes **r**
r	am Anfang eines Wortes	wie deutsches Gaumen-**r**
rr	immer	wie deutsches Gaumen-**r**
s	zwischen zwei Vokalen	stimmhaftes **s** wie in <Rose>
s	vor l, m, n, r, v	stimmhaftes **sch** wie in <Journalist>
s	vor anderen Konsonanten	stimmloses **sch** wie in <Fisch>
s	am Wortende, wenn nächstes Wort mit Vokal beginnt	stimmhaftes **s** wie in <Rose>
s	am Wortende	stimmloses **sch** wie in <Fisch>
s	sonst	stimmloses **s** wie in <Maß>
v	immer	wie deutsches **w**
x	meistens	wie stimmloses **sch** wie in <Fisch>
x	ab und zu	wie stimmhaftes **s** wie in <Rose>
x	selten	wie deutsches **x**
z	am Wortende	stimmhaftes **sch** wie in <Journalist>
z	normal	stimmhaftes **s** wie in <Rose>

Wortschatz und Wendungen

Anrede / Entschuldigungen

Frau	*dona* oder *senhora dona*
Herr	*senhor*
Wie geht es Ihnen?	*Como está?*
sehr gut	*muito bem*
Danke!	Männer: *Obrigado!* Frauen: *Obrigada!*
Hallo!	*Olá!*
Guten Morgen!	*Bom dia!* (bis 12 h mittags)
Guten Tag!	*Boa tarde!* (nachmittags ab 12 h)
Guten Abend / Gute Nacht!	*Boa noite!* (nach Sonnenuntergang)
Auf Wiedersehen!	*Adeus!*
Ich heiße ...	*Chamo-me ...*
ja / nein	*sim / não*
bitte	*faz favor* oder *por favor*
Ich verstehe nichts.	*Não entendo nada.*
Sprechen Sie bitte etwas langsamer!	*Fale mais devagar, por favor!*
Sprechen Sie Deutsch?	*Fala alemão?*
... Englisch; ... Französisch	*... inglês; ... francês*
... Italienisch; ... Spanisch	*... italiano; ... espanhol*
Entschuldigung! (um Erlaubnis bitten)	*Com licença!*
Entschuldigung!	*Desculpe!* oder *desculpa!*
Keine Ursache.	*De nada.*

Zahlen

1	*um* (männlich) *uma* (weiblich)	16	*dezasseis*
2	*dois* (m.), *duas* (w.)	17	*dezassete*
3	*três*	18	*dezoito*
4	*quatro*	19	*dezanove*
5	*cinco*	20	*vinte*
6	*seis*	30	*trinta*
7	*sete*	40	*quarenta*
8	*oito*	50	*cinquenta*
9	*nove*	60	*sessenta*
10	*dez*	70	*setenta*
11	*onze*	80	*oitenta*
12	*doze*	90	*noventa*
13	*treze*	100	*cem*
14	*catorze*	1.000	*mil*
15	*quinze*	1.000.000	*um milhão*

Zeiten

Wie spät ist es?	*Que horas são?*
Wann?	*Quando?*
Um wie viel Uhr?	*A que horas?*
Es ist (zu) früh / spät.	*É (muito) cedo / tarde.*

morgens	*de manhã*	Januar	*Janeiro*
mittags	*ao meio-dia*	Februar	*Fevereiro*
nachmittags	*à tarde*	März	*Março*
abends	*à noite*	April	*Abril*
nachts	*à noite*	Mai	*Maio*
heute Abend	*esta noite*	Juni	*Junho*
heute	*hoje*	Juli	*Julho*
gestern	*ontem*	August	*Agosto*
morgen	*amanhã*	September	*Setembro*
übermorgen	*depois de amanhã*	Oktober	*Outubro*
vorgestern	*anteontem*	November	*Novembro*
morgen Abend	*amanhã à noite*	Dezember	*Dezembro*
Jahr	*ano*	Montag	*segunda-feira (2.ª)*
Monat	*mês*	Dienstag	*terça-feira (3.ª)*
Woche	*semana*	Mittwoch	*quarta-feira (4.ª)*
Tag	*dia*	Donnerstag	*quinta-feira (5.ª)*
Stunde	*hora*	Freitag	*sexta-feira (6.ª)*
Minute	*minuto*	Samstag	*sábado*
Sekunde	*segundo*	Sonntag	*domingo*
Werktage	*dias úteis*	Feiertage	*feriados*

Hinweis: Die portugiesischen Wochentage werden beginnend mit dem Sonntag durchnummeriert! Daher ist Montag der „zweite Markttag" (*segunda-feira* oder *2.ª*).

Übernachten

Ich möchte ein Zimmer.	*Queria um quarto.*
Haben Sie ein Einzelzimmer?	*Tem um quarto para uma pessoa só?*
... Doppelzimmer	*... quarto duplo*
... Zimmer mit Ehebett	*... quarto com cama de casal*
... Zimmer mit zwei Betten	*... quarto com duas camas*
... Zimmer mit Bad	*... quarto com casa de banho*
... Zimmer mit Dusche	*... quarto com duche*
... Zimmer ohne eigenes Bad	*... quarto sem casa de banho*
Wir haben ein Zimmer reserviert.	*Reservámos um quarto.*
Kann ich das Zimmer sehen?	*Posso ver o quarto?*
Wie viel kostet das pro Tag?	*Quanto custa por dia?*
Es ist zu teuer.	*É muito caro.*
Können Sie einen Rabatt geben?	*Pode fazer um desconto?*
Frühstück inbegriffen	*com pequeno almoço incluído*
Ich bleibe ... Tage.	*Vou ficar ... dias.*

Geld / Einkauf

Wo ist eine Bank?	*Onde fica um banco?*
Ich möchte Geld wechseln.	*Queria cambiar dinheiro.*
... eine Quittung	*... um recibo*
Wie viel kostet das?	*Quanto custa?*
Wechselgeld	*o troco*
Bitte 500 Gramm davon.	*Quinhentos gramas disto, por favor.*
Bitte drei Stück von jenem dort.	*Três daquilo, por favor.*
Ich möchte gerne ein Kilo Fisch.	*Queria um quilo de peixe.*
Wo ist das nächste Postamt?	*Onde fica a estação dos correios mais próxima?*
Briefmarken	*selos*
Telefonkarte	*cartão telefónico*

Notfall / Gesundheit

Hilfe!	*Socorro!*
Ich fühle mich schlecht.	*Não me sinto bem.*
Rufen Sie einen Arzt!	*Por favor, chame um médico!*
Können Sie einen Arzt empfehlen?	*Pode indicar-me um bom médico?*
Wo ist das nächste Krankenhaus?	*Onde é o hospital mais próximo?*
Rufen sie mir einen Krankenwagen!	*Chame uma ambulância!*
Ich habe hier Schmerzen.	*Dói-me aqui.*
Ich habe eine Erkältung.	*Apanhei uma constipação.*
Ich habe Kopfschmerzen.	*Tenho dores de cabeça.*
... Zahnschmerzen	*... dores de dentes*
Wo ist eine Apotheke?	*Onde fica uma farmácia?*
Ich möchte gerne Papiertaschentücher.	*Queria lenços de papel.*

... Damenbinden		... *pensos higiénicos*	
... Kopfschmerztabletten		... *comprimidos para dores de cabeça*	
... Toilettenpapier		... *papel higiénico*	
Abführmittel	*laxativo*	Lungenentzündung	*pneumonia*
Entzündung	*inflamação*	Sonnenstich	*insolação*
Fieber	*febre*	Pflaster	*emplasto*
Husten	*tosse*	Tampons	*tampões*
Kondome	*preservativos*	Verbrennung	*queimadura*
Krampf	*convulsão*	Wunde	*ferida*

Weg und Richtung

Wo ist ...?		*Onde é ...?* oder *Onde fica ...?*	
Wo ist die nächste Bushaltestelle?		*Onde fica a mais próxima paragem de autocarro?*	
... Straßenbahnhaltestelle		*... de eléctrico*	
... U-Bahnhaltestelle		*... do Metro*	
Wo ist der nächste Bahnhof?		*Onde fica a estação de comboios mais próxima?*	
Wo ist der Flughafen?		*Onde fica o aeroporto?*	
Bitte eine Fahrkarte nach ...		*Queria um bilhete para ...*	
Bitte eine Tageskarte.		*Queria um bilhete de dia.*	
Welchen Bus nehme ich nach ...?		*Qual é o autocarro que vai para ...?*	
Muss ich umsteigen?		*Tenho que mudar?*	
An welcher Haltestelle muss ich raus?		*Qual é a paragem onde tenho que sair?*	
Wir haben eine Panne.		*O nosso carro está avariado.*	
Wo ist eine Werkstatt?		*Onde fica uma estação de serviço?*	
Geben sie mir 10 Liter Diesel.		*Queria dez litros de gasóleo.*	
... Normalbenzin		*... de gasolina normal*	
nach rechts	*à direita*	geradeaus	*em frente*
nach links	*à esquerda*	immer geradeaus	*sempre em frente*

Speisealexikon

Im Restaurant

Haben Sie einen freien Tisch?	*Tem uma mesa livre?*
Bitte die Karte!	*A ementa, por favor!*
Ober!	*Faz favor!*
Ich möchte gerne mehr Brot.	*Queria mais pão.*
... noch ein Bier	*... mais uma cerveja*
Wo ist die Toilette?	*Onde fica a casa de banho?*
Was empfehlen Sie?	*O que recomenda?*
Die Rechnung, bitte!	*A conta, se faz favor!*
Die Rechnung stimmt nicht.	*A conta está errada.*

Das Beschwerdebuch, bitte!	*Traga-me o livro de reclamações, por favor!*
Guten Appetit!	*Bom proveito!* oder *bom apetite!*
Auf Ihr Wohl! Prost!	*Saúde!*

Suppen (sopas)

Grünkohlsuppe	*caldo verde*	Fischsuppe	*... de peixe*
Gemüsesuppe	*sopa de legumes*	Hühnerbrühe	*canja*
Meeresfrüchtesuppe	*... de marisco*	Kalte Gemüsesuppe	*gaspacho*

Fische und Meeresfrüchte (peixes e mariscos)

Herzmuschel	*amêijoa*	Hummer	*lavagante*
Thunfisch	*atum*	Seezunge	*linguado*
Kabeljau, Stockfisch	*bacalhau*	Kalmar	*lula*
Meerbrasse	*besugo*	Miesmuschel	*mexilhão*
Garnele	*camarão*	Austern	*ostras*
Krabbe	*caranguejo*	Degenfisch	*peixe-espada*
Bastardmakrele	*carapau*	Seefüße	*percebes*
Makrele	*cavala*	Seehecht	*pescada*
Silberbarsch	*cherne*	Krake	*polvo*
Sepia (Tintenfisch)	*choco*	Wolfsbarsch	*robalo*
Rabenfisch	*corvina*	Lachs	*salmão*
Goldbrasse	*dourada*	Meerbarbe	*salmonete*
Aal	*eiró, enguia*	Spinnenkrabbe	*santola*
Schwertfisch	*espadarte*	Taschenkrebs	*sapateira*
große Garnelen	*gambas*	Makrele	*sarda*
Barsch	*garoupa*	Sardinen	*sardinhas*
Languste	*lagosta*	Seeteufel	*tamboril*
Kaisergranat	*lagostim*	Forelle	*truta*

Fleisch (carne)

Fleischknödel	*almôndegas*	Lebergericht	*iscas*
Rindersteak	*bife*	Hase	*lebre*
kl. Rindersteak	*bitoque*	Spanferkel	*leitão*
Lamm	*borrego*	Zunge	*língua*
wild	*bravo*	dünne Wurst	*linguiça*
Zicklein	*cabrito*	Lende	*lombo, lombinho*
Schnecken	*caracóis*	Schinkenwurst	*paio*
geräucherte Wurst	*chouriço*	Ente	*pato*
Kaninchen	*coelho*	Truthahn	*peru*
Kotelett	*costeletas*	Hackbraten	*picado*
Mittelrippenstück	*entrecosto*	Schwein	*porco*

Schnitzel	*escalopes*	kl. Rinderschnitzel	*prego*
mageres Fleisch	*febras*	Räucherschinken	*presunto*
Kochschinken	*fiambre*	Würstchen	*salsichas*
Hähnchen	*frango*	Kutteln	*tripas*
Huhn	*galinha*	Rind	*vaca*
Hühnerinnereien	*moelas*	Kalb	*vitela*

Gemüse/Gewürze (legumes/condimentos)

Kürbis	*abóbora*	Blumenkohl	*couve-flor*
grüner Salat	*alface*	Erbsen	*ervilhas*
Knoblauch	*alho*	Spinat	*espinafre*
Reis	*arroz*	dicke Bohnen	*favas*
Olivenöl	*azeite*	Bohnen	*feijão*
Oliven	*azeitonas*	Kichererbsen	*grão*
gekochte Kartoffeln	*batatas cozidas*	Linsen	*lentilhas*
Pommes frites	*batatas fritas*	Mais	*milho*
Curry	*caril*	Pfeffer	*pimenta*
Zwiebel	*cebola*	Paprika	*pimento*
Karotte	*cenoura*	Chili	*piri-piri*
grüner Koriander	*coentro*	gemischter Salat	*salada mista*
Pilze	*cogumelos*	Petersilie	*salsa*
Grünkohl	*couve*	Tomate	*tomate*
Rosenkohl	*couve de bruxelas*	Essig	*vinagre*

Nachspeisen (sobremesas)

Milchreis	*arroz doce*	Sahne	*nata*
Kuchen	*bolo*	Pudding-Karamell	*pudim flan*
Schlagsahne	*chantilly*	Käse	*queijo*
Eiscreme	*gelado*	Fruchtsalat	*salada de frutas*
Milchcreme	*leite creme*	Torte	*tarte*
Mousse au chocolat	*mousse de chocolate*	Eigelbspeise mit Mandel	*toucinho do céu*

Obst/Nüsse (frutas/nozes)

Mandeln	*amêndoas*	Zitrone	*limão*
Erdnüsse	*amendoins*	Apfel	*maçã*
Banane	*banana*	Wassermelone	*melancia*
Kirsche	*cereja*	Honigmelone	*melão*
Feige	*figo*	Erdbeere	*morango*
Himbeere	*framboesa*	Birne	*pêra*
Orange	*laranja*	Pfirsich	*pêssego*
Limette	*lima*	Trauben	*uvas*

Zubereitung (modo de preparação)

gebraten	*assado*	schlecht durch	*mal passado*
gut durch	*bem passado*	über Holzkohle gegrillt	*na brasa*
gekocht	*cozido*	am Bratspieß	*no espeto*
süß	*doce*	im Ofen	*no forno*
geschmort	*estufado*	paniert	*panado*
frittiert	*frito*	scharf	*picante*
gegrillt	*grelhado*	Püree	*puré*
geschmort	*guisado*	gefüllt	*recheado*

Diverse Gerichte

Brotbrei mit ...	*açorda de ...*
Herzmuscheln mit Zitronensaft	*amêijoas à Bulhão Pato*
Reiseintopf mit ...	*arroz de ...*
Bacalhau mit Pommes Frites und Eiern vermischt	*bacalhau à Brás*
Bacalhau mit gekochten Kartoffeln und Zwiebeln	*bacalhau à Gomes de Sá*
Rindersteak mit Sahne	*bife à café* oder *à Marrare*
Thunfischsteak (aus frischem Thunfisch)	*bife de atum*
Spieß mit ...	*espetada de ...*
Fischeintopf	*caldeirada*
Schweinefleisch mit Muscheln	*carne de porco à alentejana*
In einer Kupferpfanne gekochte und servierte Meeresfrüchte, Fleisch- oder Fischstücke	*cataplana*
In Rotwein zubereitetes Ziegenfleisch	*chanfana*
Eintopf mit Rinds-, Schweine- und Hühnerfleisch, dazu Schlachtwurst, Reis, Kartoffeln und Karotten	*cozido à portuguesa*
Rinderkutteln mit Hühnerfleisch und Bohnen	*dobrada*
Gulasch (mit Fleisch, Fisch oder Meeresfrüchten)	*ensopado de ...*
Spaghetti	*espaguete*
Bohneneintopf mit Räucherwurst (*chouriço*), Blutwurst und Speck	*feijoada à portuguesa*
Rindfleisch mit gekochten Kartoffeln, Karotten, Erbsen und Schlachtwurst	*jardineira*
frittierte Tintenfischringe mit Reis und Salat	*lulas à sevilhana*
frittierte Tintenfischringe mit gekochten Kartoffeln	*lulas à francesa*
Tintenfische mit gemischtem Hackfleisch gefüllt	*lulas recheadas*
Nudeleintopf mit ...	*massada de ...*

Garnelenfrikadellen	*rissóis de camarão*
Schweinefleischstückchen mit geronnenem Schweineblut, Leber, Innereien und Kartoffeln	*rojões*
Thunfischsalat mit schwarzen Oliven, Tomaten- und grünem Salat sowie gekochten Kartoffeln	*salada de atum*
Fleischbrühe mit Brot, Ei, Knoblauch und Koriander	*sopa alentejana*

Sonstiges (diversos)

Mittagessen	*almoço*	Abendessen	*jantar*
Nachtimbiss	*ceia*	Beschwerdebuch	*livro de reclamações*
Löffel	*colher*	Butter	*manteiga*
Rechnung	*conta*	halbe Portion	*meia dose*
Bedienung	*empregado(a)*	Tisch	*mesa*
Terrasse	*esplanada*	Sauce	*molho*
Messer	*faca*	Zahnstocher	*palitos*
Gabel	*garfo*	Brot	*pão*
Geschäftsführer	*gerente*	Frühstück	*pequeno almoço*
Serviette	*guardanapo*	Teller	*prato*

Getränke (bebidas)

Leitungswasser	*água da torneira*	Flasche (klein, groß)	*garrafa (pequena, grande)*
Mineralwasser mit/ ohne Kohlensäure	*água mineral com/ sem gás*	normales Fassbier	*imperial*
Kaffee (Espresso)	*bica*	Krug	*jarro*
voller Espresso	*bica cheia*	Dose	*lata*
Koffeinfreier Kaffee	*café descafeinado*	Milch	*leite*
doppelter Espresso	*café duplo*	Kakao	*leite com chocolate*
großes Fassbier	*caneca de cerveja*	Kaffee halb mit Milch verdünnt	*meia de leite*
Espresso mit Wasser verdünnt	*carioca*	lauwarm	*morno*
Bier	*cerveja*	normal temperiert	*natural*
Tee	*chá*	heiß	*quente*
Glas	*copo*	trocken	*seco*
kleines Fassbier	*fino*	Fruchtsaft aus ...	*sumo natural de ...*
kalt	*fresco*	Weißwein	*vinho branco*
großer Milchkaffee	*galão*	Portwein	*vinho do Porto*
kleiner Milchkaffee	*garoto*	Rotwein	*vinho tinto*

Abruzzen • Ägypten • Algarve • Allgäu • Allgäuer Alpen *MM-Wandern* • Altmühltal & Fränk. Seenland • Amsterdam *MM-City* • Andalusien • Andalusien *MM-Wandern* • Apulien • Athen & Attika • Australien – der Osten • Azoren • Bali & Lombok • Baltische Länder • Bamberg *MM-City* • Barcelona *MM-City* • Bayerischer Wald • Bayerischer Wald *MM-Wandern* • Berlin *MM-City* • Berlin & Umgebung • Bodensee • Bretagne • Brüssel *MM-City* • Budapest *MM-City* • Bulgarien – Schwarzmeerküste • Chalkidiki • Cilento • Cornwall & Devon • Dresden *MM-City* • Dublin *MM-City* • Comer See • Costa Brava • Costa de la Luz • Côte d'Azur • Cuba • Dolomiten – Südtirol Ost • Dominikanische Republik • Ecuador • Elba • Elsass • Elsass *MM-Wandern* • England • Fehmarn • Franken • Fränkische Schweiz • Fränkische Schweiz *MM-Wandern* • Friaul-Julisch Venetien • Gardasee • Gardasee *MM-Wandern* • Genferseeregion • Golf von Neapel • Gomera • Gomera *MM-Wandern* • Gran Canaria • Graubünden • Griechenland • Griechische Inseln • Hamburg *MM-City* • Harz • Haute-Provence • Havanna *MM-City* • Ibiza • Irland • Island • Istanbul *MM-City* • Istrien • Italien • Italienische Adriaküste • Kalabrien & Basilikata • Kanada – Atlantische Provinzen • Kanada – der Westen • Karpathos • Katalonien • Kefalonia & Ithaka • Köln *MM-City* • Kopenhagen *MM-City* • Korfu • Korsika • Korsika Fernwanderwege *MM-Wandern* • Korsika *MM-Wandern* • Kos • Krakau *MM-City* • Kreta • Kreta *MM-Wandern* • Kroatische Inseln & Küstenstädte • Kykladen • Lago Maggiore • La Palma • La Palma *MM-Wandern* • Languedoc-Roussillon • Lanzarote • Lesbos • Ligurien – Italienische Riviera, Genua, Cinque Terre • Ligurien & Cinque Terre *MM-Wandern* • Liparische Inseln • Lissabon & Umgebung • Lissabon *MM-City* • London *MM-City* • Lübeck *MM-City* • Madeira • Madeira *MM-Wandern* • Madrid *MM-City* • Mainfranken • Mallorca • Mallorca *MM-Wandern* • Malta, Gozo, Comino • Marken • Mecklenburgische Seenplatte • Mecklenburg-Vorpommern • Menorca • Mittel- und Süddalmatien • Mittelitalien • Montenegro • Moskau *MM-City* • München *MM-City* • Münchner Ausflugsberge *MM-Wandern* • Naxos • Neuseeland • New York *MM-City* • Niederlande • Niltal • Nord- u. Mittelgriechenland • Nordkroatien – Zagreb & Kvarner Bucht • Nördliche Sporaden – Skiathos, Skopelos, Alonnisos, Skyros • Nordportugal • Nordspanien • Normandie • Norwegen • Nürnberg, Fürth, Erlangen • Oberbayerische Seen • Oberitalien • Oberitalienische Seen • Odenwald • Ostfriesland & Ostfriesische Inseln • Ostseeküste – Mecklenburg-Vorpommern • Ostseeküste – von Lübeck bis Kiel • Östliche Allgäuer Alpen *MM-Wandern* • Paris *MM-City* • Peloponnes • Pfalz • Pfalz *MM-Wandern* • Piemont & Aostatal • Piemont *MM-Wandern* • Polnische Ostseeküste • Portugal • Prag *MM-City* • Provence & Côte d'Azur • Provence *MM-Wandern* • Rhodos • Rom & Latium • Rom *MM-City* • Rügen, Stralsund, Hiddensee • Rumänien • Rund um Meran *MM-Wandern* • Sächsische Schweiz *MM-Wandern* • Salzburg & Salzkammergut • Samos • Santorini • Sardinien • Sardinien *MM-Wandern* • Schleswig-Holstein – Nordseeküste • Schottland • Schwarzwald Mitte/Nord *MM-Wandern* • Schwäbische Alb • Shanghai *MM-City* • Sinai & Rotes Meer • Sizilien • Sizilien *MM-Wandern* • Slowakei • Slowenien • Spanien • Span. Jakobsweg *MM-Wandern* • St. Petersburg *MM-City* • Südböhmen • Südengland • Südfrankreich • Südmarokko • Südnorwegen • Südschwarzwald • Südschwarzwald *MM-Wandern* • Südschweden • Südtirol • Südtoscana • Südwestfrankreich • Sylt • Teneriffa • Teneriffa *MM-Wandern* • Thassos & Samothraki • Toscana • Toscana *MM-Wandern* • Tschechien • Tunesien • Türkei • Türkei – Lykische Küste • Türkei – Mittelmeerküste • Türkei – Südägäis • Türkische Riviera – Kappadokien • Umbrien • Usedom • Venedig *MM-City* • Venetien • Wachau, Wald- u. Weinviertel • Westböhmen & Bäderdreieck • Warschau *MM-City* • Westliche Allgäuer Alpen und Kleinwalsertal *MM-Wandern* • Westungarn, Budapest, Pécs, Plattensee • Wien *MM-City* • Zakynthos • Zentrale Allgäuer Alpen *MM-Wandern* • Zypern

MM-Wandern

ie innovativen Tourenbegleiter aus dem Michael Müller Verlag

Register

Die (in Klammern gesetzten) Koordinaten verweisen auf die beigefügte Lissabon-Karte.

Open your arms to
change, but don't
let go your values.
Learn the rules so
you know how to
break them properly.

Was haben Sie entdeckt?

Haben Sie ein empfehlenswertes Restaurant gefunden, eine nette Bar, ein gemütliches Hotel? Wenn Sie Tipps, Anregungen oder Verbesserungsvorschläge zum Buch haben, lassen Sie es uns bitte wissen.

Schreiben Sie an: Johannes Beck, Stichwort „Lissabon" | c/o Michael Müller Verlag GmbH | Gerberei 19 | D – 91054 Erlangen | johannes.beck.@michael-mueller-verlag.de

Ein Dankeschön

für viele wertvolle Hinweise und Tipps in den vergangenen Jahren geht an: Boris Planer, Claudia Rutschmann, David Soares, Eduarda Vicente, Frithjof und Silke Gauss, João do Rosário, Leslie Simon, Martin Heiden, Michael Ferreira, Petra Schwirtz, Rui Peres Jorge, Teresa Bomba Correia, Tiago Falcão. Ein besonderer Dank gebührt auch Carlos Martins für das Korrekturlesen sowie António Cascais, Carla Fernandes, João Carlos, Maria-João Pombo, Marta Barroso und Sarah Albrecht. Ebenso möchte ich mich bei Familie da Silva Zacharias bedanken, durch deren Unterstützung ich preisgünstig bei mehreren Recherchereisen in Lissabonner Ferienwohnungen übernachten konnte. Auch das Hotel-Unternehmen Heritage hat mit einer zweitägigen Gratis-Übernachtung im Janelas Verdes die Recherchen unterstützt. Sehr geholfen hat vor allem in den hektischen Phasen des Aktualisierens dieses Buches auch Wiebke Lindner, die meine Tochter engagiert betreut hat.

Herzlichen Dank auch an folgende LeserInnen für ihren hilfreichen Tipps: Andrea Lübbe, Annette Durand, Annette v. Stieglitz, Bettina Seybold, Brigitte Wimmer, Burghard Rauschelbach, Christa Abbing, Christiane Krüger, David Gerards, Dr. Friedrich-Karl Hebeker, Dr. J. Barth-Buchenberg, Dr. Thorsten Hemming, Ernst Pachner, Eva Döring-Tarcan, Florian Rudolf, Frank Heimbächer, Gunter Bartling, Hannelore Quade, Ilse Mohr, Jan Eickenboom, Johanna Ellenberger, Kirsten Austermann, Margret Goebel, Maria Sobel, Mathias Umbach, Michael Koepke, Michaela Kramer, Robert Mohr, Sandra Albers, Sebastian Sabors, Siegfried Weber, Stefan Börger, Stephan Mager, Ulrich Jobst, Walter Gerritsen van der Hoop.

ISBN 978-3-89953-697-3

 Druck: Wilhelm & Adam, Heusenstamm.